PARENTS, REBELLEZ-VOUS

www.editions-jclattes.fr

Heather Shumaker

PARENTS, REBELLEZ-VOUS

Stop à la pression du parent parfait

Traduit de l'anglais
par Isabelle Crouzet

JC Lattès

Titre de l'édition originale
IT'S OK NOT TO SHARE
publiée par Penguin Group (USA), Inc.

Collection PARENT +
dirigée par Isabelle FILLIOZAT

Maquette de couverture : Le Petit Atelier
Illustration : Hélène Crochemore

ISBN : 978-2-7096-6163-8

Ce livre a été publié avec l'accord de TarcherPerigee, une collection de Penguin Publishing Group, une division de Penguin Random House LLC.

Première édition juin 2021.

À ma mère, bien sûr.
Et à Rick, qui y a toujours cru.

Note de l'auteur

Je suis reconnaissante aux nombreuses familles et enseignants qui ont partagé leurs histoires avec moi. Leurs récits donnent vie aux idées que je présente ici. Afin de protéger l'identité des enfants, j'ai modifié leur nom et certains détails. En revanche, je n'ai modifié ni leur âge ni leur sexe.

Sommaire

Présentation de la collection 15
Introduction 21

I.
RENOUER AVEC LE JEU

Règle n° 1 : Le jeu est un besoin inaliénable 31
Règle n° 2 : C'est OK si ça ne blesse personne et n'abîme rien 51
Règle n° 3 : Les enfants ont besoin de conflits 69

II.
ACCEPTER LES ÉMOTIONS FORTES

Règle n° 4 : Toutes les émotions sont OK. Tous les comportements ne le sont pas 101
Règle n° 5 : Laisser les enfants taper des mains et des pieds 115
Règle n° 6 : « Je te déteste ! » n'est pas une attaque personnelle 130

Règle n° 7 : Le bambin peut dicter 145
Règle n° 8 : Il peut détester le bébé ! 159

III.
PARTAGER LES GENS, PARTAGER LES JOUETS

Règle n° 9 : Partager n'est pas une obligation 173
Règle n° 10 : Les laisser s'approprier un jouet toute la journée 194
Règle n° 11 : On n'est pas forcément tous copains 206
Règle n° 12 : On a le droit de dire : « Tu joues pas avec nous » 225
Règle n° 13 : Un panneau « interdit aux filles/aux garçons » doit être respecté 249
Règle n° 14 : Tolérer les rejets, ça s'apprend 264

IV.
DE LA PLACE POUR COURIR : LES ENFANTS, LE POUVOIR ET L'ACTION

Règle n° 15 : « Ici, interdit aux chaises, pas au loup » 277
Règle n° 16 : Donner du pouvoir aux enfants 291
Règle n° 17 : On ne joue à la bagarre qu'avec des amis 308
Règle n° 18 : « Ici, bombes et pistolets pour de faux ont le droit d'entrer. Les méchants aussi » 330
Règle n° 19 : Les garçons peuvent porter des tutus 358

V. CRÉATIVITÉ, PERSISTANCE ET FAUSSES LOUANGES

Règle nº 20 : Un dessin n'est pas obligatoirement joli 379
Règle nº 21 : On peut peindre en dehors du papier........ 393
Règle nº 22 : Arrêter de dire bravo 404

VI. LES GROS MOTS, LA POLITESSE ET LES MENSONGES

Règle nº 23 : S'excuser n'est pas une obligation................ 419
Règle nº 24 : Laisser les enfants dire des gros mots.......... 431
Règle nº 25 : Déguster ses mensonges............................... 446

VII. LES SUJETS SENSIBLES

Règle nº 26 : L'éducation à la sexualité commence en maternelle 463
Règle nº 27 : Un enfant a le droit de s'intéresser à la mort 480

VIII. LES RÈGLES REBELLES DANS LE VRAI MONDE

Règle nº 28 : Se faire des ennemis sur l'aire de jeu 499
Règle nº 29 : On a le droit de se tromper 513

Annexe 517
Remerciements 525

Présentation de la collection PARENT+

Le monde change, les enfants d'aujourd'hui ne vivent plus dans le même environnement que ceux d'hier, tout bouge. Laisser faire ou faire preuve d'autorité ? Rien ne semble marcher vraiment. Cette collection ouvre une troisième voie, celle de la parentalité positive, qui s'attache à construire en positif plutôt qu'à répondre à ce qui est négatif. Plutôt que de se concentrer sur les « mauvais » comportements et de punir les attitudes irresponsables, elle mise sur les qualités de l'enfant, sur ses compétences encore en germe qu'elle aide à faire grandir et enseigne les comportements responsables. La parentalité positive s'intéresse aux causes plutôt qu'aux seuls effets. Elle travaille en amont pour éviter l'apparition d'attitudes de blocage plutôt que tenter de réprimer les rébellions. La parentalité positive pense en termes de besoins, d'étapes de développement, de maturation du cerveau, d'enseignement, de coaching et non en termes de caprices, de limites, de rapports de force et de domination.

Au service des besoins de l'enfant autant que de ceux du parent, elle est armoire de ressources pour améliorer la vie en commun de manière à ce que chacun soit plus heureux.

En France la théorie psychanalytique a longtemps été la référence presque absolue. Dans cette théorie non scientifique, l'enfant est vu comme animé de pulsions à contenir pour qu'il puisse devenir un adulte social. Ses comportements sont perçus comme mus par le seul principe de plaisir auquel les adultes doivent bien naturellement opposer le principe de réalité pour éviter, qu'ivre de toute puissance, il ne devienne un « enfant roi ». Les réactions que le parent ne comprend pas sont interprétées comme des caprices, de l'opposition, de la manipulation… L'ignorance de la théorie de l'attachement, la méconnaissance des neurosciences ont pu conduire à des interprétations en termes de domination et de « qui commande ? ». Dans ce modèle, le rôle du parent est donc logiquement de frustrer et de poser des limites. Une telle vision de la relation ne peut qu'engendrer nombre de conflits au quotidien qui épuisent tant les parents que les enfants et altèrent la relation. Hélas, nous avons presque tous été élevés dans ce paradigme qui imprègne nombre de nos réactions face à nos enfants et nos croyances. « Il me cherche » « Je ne veux pas céder », inscrire nos relations avec nos enfants dans un rapport de force nous paraît naturel. Nous avons l'habitude de nous battre avec les enfants pour la moindre chose et de voir nos enfants s'opposer à nous. La plupart des adultes n'imaginent pas à quel point les enfants peuvent être désireux de coopérer, de faire correctement. C'est pourtant ce que montre la parentalité positive. Cette dernière n'est ni une nouvelle mode, ni une nouvelle théorie, ni une nouvelle norme. Elle est un changement de perspective. Un regard qui se nourrit des études scientifiques et de l'observation. De nombreuses approches aujourd'hui s'inscrivent dans la parentalité positive. Des auteurs, des psys, des chercheurs sont de plus en plus nombreux à alimenter ce courant fondé sur les recherches scientifiques.

La première pierre de ces découvertes scientifiques est probablement la théorie de l'attachement énoncée par le pédopsychiatre et psychanalyste anglais John Bowlby (1907-1990). S'intéressant à la discipline scientifique naissante qu'était l'éthologie, il y a découvert l'empreinte décrite par Konrad Lorenz : un oiseau suit automatiquement le premier objet qu'il voit bouger une fois sorti de son œuf. Heureusement, la plupart du temps, il s'agit de sa maman. Ses recherches l'ont conduit à proposer la théorie de l'attachement, s'opposant radicalement à la théorie psychanalytique des pulsions. Selon Bowlby, l'enfant n'existe pas seul, il est un être de relation, un être social dès sa naissance. L'attachement se construit dans l'interaction entre le nourrisson et la personne qui s'occupe de lui. Les comportements de l'enfant, même et surtout les plus difficiles, ne cherchent pas à manipuler le parent, mais ont des causes. Ils expriment ses besoins, notamment d'attachement. Le rôle du parent est d'identifier ces besoins et de les nourrir.

La collection Parent +, résolument ancrée dans le paradigme de l'attachement, a pour but de présenter des informations sur le cerveau en développement, différentes approches de parentalité positive et surtout des outils concrets pour le quotidien. Car nous manquons à ce jour de pratiques concrètes de parentalité positive. Aimer son enfant est nécessaire, certes, mais pas suffisant pour faire face aux situations les plus banales du quotidien. Nous avons besoin d'idées, d'outils, d'exemples, pour nourrir nos attitudes parentales. Les modèles du passé ne nous conviennent plus, mais les alternatives sont peu développées. C'est une chose de dire qu'on ne tape plus, qu'on ne fait plus peur ni honte à nos enfants, mais alors que faire ? Que dire ? Comment agir face à leurs comportements inacceptables ? Nous le constatons tous les jours, crier et punir est inefficace. La preuve ? Il faut toujours recommencer. Comment faire autrement ? Nombreux sont les adultes qui pensent que, s'ils ne giflent, ne menacent, ni ne punissent, ils devront tout accepter, tous les comportements, toutes les demandes et toutes les réactions émotionnelles et qu'ils devront passer leur temps à expliquer le pourquoi du comment à leur gamin. Le parentage positif ne consiste ni à donner des récompenses ni à expliquer en permanence, mais à développer de nouvelles attitudes parentales, pédagogiques et efficaces. Le plus souvent, chacun d'entre nous se dira « Bon sang mais c'est bien sûr ! Pourquoi je n'y ai pas songé plus tôt ? » Nous n'y avons pas pensé parce que notre vision était inscrite dans un paradigme qui ne nous le permettait pas. D'autres, ailleurs, y ont pensé, ont expérimenté et ont écrit des livres que j'ai eu envie de présenter au public français.

Nous avons besoin d'un autre regard sur nos enfants et les motivations de leurs comportements pour accomplir le rêve de tout parent : leur donner les fondations de leur sécurité intérieure, les accompagner dans l'intégration de leur confiance en leur personne propre comme en leurs compétences, pour qu'ils réussissent à l'école et deviennent plus tard des adultes autonomes, intelligents, responsables et empathiques. Nous avons aussi besoin d'idées, d'exemples, d'astuces, de techniques simples et rapides pour qu'ils mettent leur casquette au soleil ou leurs bottes quand il pleut sans que cela fasse problème, pour partir à l'école à l'heure et sans stress, pour que les repas soient des moments agréables de partage, pour que le square ne soit pas une angoisse, pour qu'elle nous donne la main pour traverser la rue sans chercher à s'échapper, pour qu'il cesse de se chamailler avec sa sœur, pour qu'elle aille faire pipi aux toilettes et qu'il se lave, pour un coucher avec histoire mais sans histoires... Bref, pour un quotidien moins prise de tête, plus gai, plus libre, plus heureux.

I. F.

Introduction

Les règles séditieuses présentées ici ne sont pas entièrement les miennes. Elles prennent racine dans les trésors de sagesse accumulés par une toute petite école maternelle progressiste, la School for Young Children (SYC), située non loin des berges de la rivière Olentangy, à Columbus, dans l'Ohio.

Dans cette école au fin fond de nulle part, les enfants peuvent jouer à la boxe, à la bagarre, se peindre les bras en bleu et grimper aux arbres. Personne ne les force à rester assis sans bouger ou à partager leurs jouets. Depuis quarante ans, grâce à sa pédagogie iconoclaste, cette maternelle fabrique des enfants confiants et empathiques, aussi talentueux en médiation que créatifs en résolution de problèmes.

Je suis bien placée pour le savoir. Ma mère enseigne dans cette maternelle depuis près de quarante ans et quand j'étais petite, elle m'y a inscrite. Aujourd'hui, j'applique sa philosophie à l'éducation de mes propres enfants.

J'ai décidé d'écrire ce livre au moment où j'ai constaté à quel point les idées de cette école étaient peu répandues. Jusqu'à son titre, *Parents, rebellez-vous*, ce livre va à l'encontre de certaines de nos croyances les plus profondes sur ce qu'il faut faire et ne pas faire quand on élève des enfants.

De quel type de rébellion parle-t-on ici ?

- Plutôt que de forcer un enfant à partager un jouet, le parent rebelle promeut la générosité en laissant l'enfant garder le jouet toute la journée. L'enfant ne le lâchera que quand il sera prêt à le faire.
- Quand une enfant en blesse un autre accidentellement, le parent rebelle encourage la compassion en n'exigeant pas qu'elle « dise pardon ».
- Au lieu d'enseigner l'alphabet aux enfants quand ils sont assis, sans bouger, sans parler, le parent rebelle attrape un crayon et offre une leçon improvisée d'écriture au moment où les enfants braillent.
- Plutôt que de séparer deux copains au début d'une bagarre, le parent rebelle leur propose un tapis de mousse, et même des gants de boxe, pour poursuivre.

Ces idées à contre-courant ont des fondements rationnels, basés sur le développement de l'enfant. Elles ne sont pas si extrémistes que ça, elles sont juste différentes.

Jan Waters a enseigné à la SYC pendant aussi longtemps que ma mère. Elle en a été la directrice pendant dix-sept ans. Quand je lui ai parlé du titre possible de ce livre, elle l'a rejeté. « Aucune de ces idées n'est rebelle ! a-t-elle protesté. Ces règles ne sont ni contestataires ni révolutionnaires ! » « Mais elles ne sont pas conventionnelles, ai-je répondu. Tu es bien obligée de l'admettre ! » Jan n'en a pas démordu. « Ce ne sont que de “Bons vieux principes éducatifs qui ont fait leurs preuves”. Et ça, c’est un excellent titre pour ton livre ! »

Il existe tout un tas d’ouvrages sur l’alimentation de l’enfant, son apprentissage de la propreté, etc. J’ai volontairement choisi de restreindre le champ de ce livre, non pas aux sujets sur lesquels nous sommes tous d’accord, mais à ceux qui créent la discorde : la hausse des exigences scolaires pour les très jeunes enfants, le conflit, les coups, les panneaux « interdit aux filles », le rejet social, l’exclusion. Dans ce livre, les jeux de mains ne sont pas des jeux de vilains et je n’ai pas peur d’aborder des points sensibles, comme le mensonge, les gros mots, les armes en plastique, les jeux « transgenres » (les garçons qui se déguisent en filles, par exemple), l’éducation à la sexualité ou la mort.

L’aventure de la SYC a commencé l’année de ma naissance, de toute évidence sans que j’aie mon mot à dire. En 1969, les fondateurs de l’école, Lee Row et Janet Stocker, ont cherché à créer un nouveau type de maternelle fondé non pas sur un règlement intérieur, mais sur les Droits de l’enfant. Ces droits incluaient le droit de jouer sans être interrompu, le droit de choisir ses camarades de jeu, le droit de ne pas partager et le droit de se sentir en sécurité. Au fil des années, bien sûr, de nouvelles règles ont été ajoutées (par exemple : porter des sous-vêtements. Après déjeuner, nettoyer sa place à table). Mais aujourd’hui encore à la SYC, dans l’ensemble, un seul principe pilote tous les comportements : c’est OK si ça ne blesse personne et n’abîme rien.

La philosophie de la SYC est construite sur la sagesse des pionniers du développement des tout-petits et plus spécifiquement sur les travaux de l’auteur et psychologue pour enfants Haim Ginott et de l'enseignante en maternelle Mary Nicholaysen. D'autres l'ont fortement influencée, notamment Dorothy Briggs, Rudolf Dreikurs, Selma Fraiberg, Eda LeShan, Vivian Paley et Fred Rogers de l'émission de télévision *Mister Rogers' Neighborhood*. D'année en année, cette philosophie s'est enrichie grâce à l'implication d'amis et d'éducateurs, dont Bev Bos et Hedda Sharapan, grâce aussi aux avancées en neurosciences relatives à l'importance du jeu et des émotions.

Les gens me demandent : cette école progressiste a-t-elle un nom pour sa philosophie ? Pas encore. Pour l'instant, je propose d'appeler cette approche unique en son genre « pédagogie par le jeu ». Elle s'enracine dans le jeu et se déploie grâce à l'intime confiance que l'adulte accorde à l'enfant.

Quand mon premier enfant a atteint l'âge d'aller en maternelle, j'ai cherché autour de chez moi une école semblable à la SYC. J'habite à six cents kilomètres de Columbus, donc mon *alma mater* n'était pas une option. Mais ma consternation n'a fait que croître au fur et à mesure de mes visites. École après école, je voyais des enfants assis pour la majeure partie de la journée, disposant de rares temps de jeu spontané. Les adultes organisaient les temps de jeux des enfants et résolvaient leurs problèmes à leur place. Partout où j'allais, l'accent était mis sur la lecture, l'écriture, les nombres. Alors que tous les enfants ne demandent qu'à sauter, courir, rigoler, s'amuser.

Pendant mes recherches, je suis retournée à Columbus et j'ai de nouveau frappé à la porte de la SYC. Mon passage là-bas m'a stupéfiée. J'avais complètement oublié à quel point la démarche y était audacieuse, parce que l'enfance y est placée au centre et au commencement de tout.

J'ai vu des journées enchaînant prises de risque, créativité, bagarres, altruisme, courage. J'ai vu des gamins de trois et quatre ans faire preuve de compétences sociales avancées et d'habiletés complexes en médiation. Tout m'a fascinée. Alors j'ai décidé d'en parler.

De toute évidence, une majorité d'entre nous habite dans un quartier n'offrant pas d'écoles de ce type. Mais les idées voyagent. Toutes les semaines, au parc, devant l'école, je rencontre des parents qui souhaitent une autre forme de vivre ensemble. Certains sont exaspérés par le comportement de leur bambin, d'autres consternés par les exigences de l'école et les attentes de la communauté. Nous désirons tous que nos enfants conservent leur intégrité en grandissant. Nous cherchons tous à élever des jeunes bienveillants, compétents et empathiques. Et nous avons besoin d'unir nos sagesses.

Dans ce livre, je révèle les secrets de la SYC afin que vous les mettiez en application autour de vous. Je m'adresse aux parents, aux enseignants, aux grands-parents et à tous ceux qui s'occupent d'enfants de deux à six ans. Vous trouverez ici des astuces concrètes pour gérer toutes les situations, du gamin de quatre ans qui vous hurle « Papa, je te déteste ! » en se roulant par terre jusqu'au super-héros qui ne contrôle pas totalement son épée, en passant par l'enfant qui déclare « Katie ne jouera pas avec nous ». J'explique comment éviter de devenir chèvre dans ces situations, mais aussi comment transmettre à vos enfants des compétences essentielles.

Quand lire ce livre ? Tout de suite. Dans un contexte médiatique qui nous matraque d'incidents violents et de problèmes de harcèlement entre enfants, vous pouvez faire la différence. Peu importe où vous habitez, quelle que soit la pédagogie déployée dans l'école maternelle de votre quartier, je vous montrerai comment élever des enfants résilients, à la fois forts et bienveillants, qui savent résister à l'injustice et résoudre les conflits en douceur.

Voici en substance à quoi vous attendre. Ce livre propose de nouvelles règles : elles aident l'enfant à faire entendre sa voix, à délimiter ses propres frontières, à exprimer ses émotions d'une manière appropriée. Après tout, c'est le b.a.-ba du vivre ensemble. Elles n'abordent pas les situations sous le prisme de la convoitise ou de l'impolitesse. Au contraire. Elles montrent comment un enfant de trois ans qui se fait piquer son jouet peut défendre ses droits et marquer une frontière pour se protéger des comportements inacceptables des autres. Certes, elles mettent cul par-dessus tête certaines pratiques populaires, mais elles ne visent, au fond, qu'à augmenter notre niveau de dignité et de bienveillance.

Partout à travers le pays, le jeu et les récréations perdent du terrain. On s'attend à ce que des petits de quatre ans sachent lire. *Parents, rebellez-vous* constitue un antidote à la cadence affolante des journées de nos enfants. Vous y redécouvrirez pourquoi le jeu leur confère des compétences essentielles : ils y apprennent comment réagir quand ils ressentent une émotion forte ou quand un groupe les exclut, comment prendre le contrôle sur leurs réactions instinctives et gérer les désaccords avec les copains... Depuis la nuit des temps, les enfants développent ces habiletés en jouant.

Dans ce livre, je partage des principes qui fonctionnent, mis à l'épreuve par plusieurs milliers de familles sur plusieurs générations. Il résume la sagesse acquise par soixante-quinze enseignants de maternelle sur quatre décennies. Comme moi, vous avez sans doute oublié à quoi ressemble le jeu à l'ancienne, à quel point il est téméraire, empli de risques, d'émotions et de puissance. Pour le salut de nos enfants, il nous revient d'en retrouver la mémoire et la pratique. Les enfants en ont désespérément besoin pour développer leurs habiletés sociales et émotionnelles. Voici comment vous y remettre.

Ce livre propose de nouvelles règles pour encadrer le comportement des enfants, mais je peux le résumer en une seule, la règle d'or du parent rebelle : c'est OK si ça ne blesse personne et n'abîme rien. Pris dans le tourbillon de la parentalité, chaque fois que nous doutons, nous pouvons nous référer à cette règle de base. À la maison, j'ai un petit de trois ans et un autre de six ans. Je suis bien placée pour savoir que le temps est précieux pour tous les parents. Pour vous aider à mettre rapidement en pratique les idées de ce livre, je l'ai structuré en une série de vingt-neuf règles faciles à mémoriser. À chaque règle, j'associe les mots précis que vous pouvez dire aux enfants, le moment venu.

Vous ne serez pas nécessairement d'accord avec chacune des vingt-neuf règles. Certaines demandent plus de temps pour s'y habituer. D'autres n'auront aucun sens pour vous à l'instant présent, mais mériteront d'être relues plus tard, quand votre enfant aura grandi, ou si un autre enfant, doté d'une personnalité différente, rejoint votre foyer. Si j'ai appris une chose sur la parentalité, c'est la grande diversité des cultures familiales. À nous de respecter les différents styles et valeurs des uns et des autres. Dans le même temps, je sais que mères et pères ont énormément à partager, à apprendre les uns des autres. Dans ce livre, je ne résume pas juste mon expérience personnelle, mais la sagesse collective accumulée pendant quarante ans par une équipe de talentueux professionnels de la petite enfance.

Courage ! Pour faire vos premiers pas de parent rebelle, vous n'êtes pas seule. Avant vous, quatre mille familles ont adopté une parentalité rebelle et envoyé leur enfant à la SYC. Une mère raconte : « Je remercie tout particulièrement la SYC de m'avoir aidée à gérer l'intense amour que mon fils accorde aux armes et aux bombes. En tant que fervente pacifiste, c'était très dur pour moi. » Un autre parent témoigne : « Merci d'avoir révélé l'âme de Jack, sa personnalité, de l'avoir accompagné dans la compréhension de ses émotions – ah, sa colère, il la connaît bien. Vous avez toute ma gratitude chaque fois qu'il me dit "Je suis tellement en colère que j'ai envie de te taper dessus !" et qu'il ne me tape pas. Pour un petit de quatre ans, c'est un exploit ! » Et encore une autre mère : « Mon histoire d'amour avec la SYC a commencé comme mon mariage, un mariage arrangé. Plus je l'ai fréquentée, plus je l'ai aimée. » Ou tout simplement : « Sophie me poussait à bout, je n'en pouvais plus. Vous m'avez sauvée. »

J'ai écrit un livre sur la parentalité en me sentant parfois déroutée, confuse. Mes enfants me plongent souvent dans la perplexité. Il y a des jours où je suis loin d'être un parent modèle. Mais ces jours-là, je peux puiser dans la réserve de connaissances acquises auprès de ma mère et de la SYC. Ces connaissances sont un énorme atout pour moi. Comment ferais-je sans elles ? Quand le comportement de mes enfants me trouble à tel point que je ne sais plus quoi faire, j'appelle ma hotline privée, ma mère. Nous avons tous besoin d'une téléassistance. Alors en voici une pour vous : ce livre. Je souhaite qu'il vous offre un nouveau point de vue sur votre enfant, de nouvelles idées pour son éducation ainsi que des outils pratiques pour élever un enfant bien dans sa peau et bienveillant.

I.
RENOUER AVEC LE JEU

Ne laissez jamais l'école nuire à votre éducation.

Mark Twain

Règle n° 1 :
Le jeu est un besoin inaliénable

Sur les murs de l'école maternelle de mon enfance, la School For Young Children, se trouve une affiche avec ces mots de J. C. Pearce, l'auteur de *L'Enfant magique*[1] : « Chaque étape du développement est une étape complète en elle-même. L'enfant de trois ans n'est pas un enfant de cinq ans inachevé. L'enfance n'est pas le brouillon de l'âge adulte. Nous sommes toujours davantage qu'un devenir. »

Ce livre vise avant tout à vous aider à voir votre enfant là où il en est aujourd'hui. Non pas le futur élève de CP, mais l'enfant d'aujourd'hui, avec ses besoins sociaux et émotionnels du moment. Comment pense-t-il ? Comment résout-elle ses problèmes ? Comment habite-t-elle son corps en mouvement ? Quand nous répondons aux besoins de nos enfants là où ils en sont et en fonction de qui ils sont au moment présent, nous leur offrons ce dont ils ont réellement besoin pour leur avenir.

En effet, il nous arrive de confondre aujourd'hui avec demain, notamment quand nous nous donnons trop de

---

1. *L'Enfant magique*, Retz 1982. Trad. Guy Régnier. (*NdT*)

mal à faire au mieux pour eux. Nous leur achetons des cahiers de vacances alors qu'ils préfèrent jouer dans la gadoue. Nous les inscrivons au club de foot dès quatre ans alors qu'ils seraient plus à l'aise avec un ballon dans le jardin. Pris dans le mouvement des programmes scolaires de maternelle, dès trois ans, nous les poussons à apprendre à compter, lire, écrire, à répondre à nos questions, à rester assis sans bouger.

Pourtant, quelle est l'activité la plus précieuse pour l'enfant ? Le jeu. Le jeu libre, non structuré, dirigé par les enfants eux-mêmes. Voilà une idée passée de mode, mais soutenue par les avancées récentes en neurosciences. Les enfants ont besoin de jouer et de jouer encore. Nos efforts pour enrichir leurs jeux ou les remplacer par des leçons formelles les privent de l'extraordinaire valeur de la petite enfance. Nous les enfermons trop tôt dans l'engrenage des apprentissages académiques. Et cela se retourne contre nous.

Pourquoi cette règle ?

Le jeu est précieux. Il construit les réseaux neuronaux de la rationalité, de la créativité, de la flexibilité, de l'empathie et de nombreuses autres compétences dont l'enfant disposera toute sa vie.

Aujourd'hui, les familles sont coincées dans un paradoxe. Au moment même où les scientifiques cherchent à nous persuader de l'impact bénéfique du jeu libre sur la santé des tout-petits, les écoles et les politiques publiques nous poussent dans la direction opposée, vers une acquisition de savoirs académiques au plus tôt dans la scolarité. Le fossé entre ce que nous *savons* à propos des tout-petits et ce que nous *faisons* avec eux augmente chaque année.

Tout s'accélère. Il n'y a pas si longtemps, aller à l'école maternelle revenait à jouer une demi-journée avec des copains (à la SYC, c'est encore le cas). Sur fond de globalisation et d'intensification de la concurrence, les politiques éducatives américaines (le programme « No Child Left Behind[1] » par exemple) ont décalé le programme du CP vers la petite enfance. Aux États-Unis, la grande section de maternelle a élargi ses horaires pour couvrir la journée complète. À l'exception de quelques programmes centrés sur l'enfant, cette tendance est nationale.

Pour affronter les rigueurs de la grande section, de plus en plus d'enfants commencent à apprendre à lire et à compter dès trois ou quatre ans. Nous appelons cela « préparation au CP ». Mais nous devrions plutôt parler de « privation de jeu ».

Trop souvent, nous envisageons la rentrée en classe de notre enfant de la même façon que notre entrée dans le monde du travail. Nous avons étudié assidûment, nous avons pris de saines habitudes de travail... en réalité nous avons derrière nous des années de préparation. Or les préparatifs de la réussite scolaire d'un enfant n'ont rien à voir avec les nôtres. Retirons nos lunettes d'adulte. Pour préparer un enfant à

1. No Child Left Behind : loi du Congrès américain votée en 2001. Cette loi renforce la responsabilité des établissements scolaires recevant des subventions de l'État américain : ceux-ci ont l'obligation de faire passer des tests standardisés à tous les élèves et d'obtenir un niveau minimum ou une progression des résultats. (*NdT*)

la vie, à l'école, rien de tel que le jeu turbulent et spontané : courir, se bagarrer, jouer au papa et à la maman, aux pirates... Crier, hurler, pleurer aussi. Se faire son premier pote (et se faire rejeter pour la première fois), prendre des risques (sur les plans créatifs, physiques et sociaux), se déguiser et inventer des histoires, dessiner n'importe quoi (et n'importe comment, quitte à en mettre n'importe où), se heurter au conflit, s'en sortir... L'agenda des enfants est déjà rempli : jouer.

Les temps ont changé. Pas les enfants. L'évolution les a dotés d'un programme de développement qui n'a pas varié depuis des lustres. Ce sont nos attentes qui déraillent. Nous cherchons à préparer les enfants pour l'étape suivante de leur vie avant même que leur développement naturel ne leur permette d'être prêts. Comme si nous attendions d'un enfant de dix ans qu'il sache conduire une voiture en toute sécurité. Comme si nous attendions d'un bébé de quatre mois qu'il sache marcher.

Jan Waters, la directrice de la SYC, m'a guidée pendant toute l'écriture de ce livre et j'ai de la chance de l'avoir eue pour mentor. Voici ce qu'elle en pense : « Pourquoi demander aux tout-petits de se préparer à la grande section ou au CP ? Ce n'est pas ce dont ils ont besoin. On ne peut pas les "préparer". Ils sont déjà prêts pour tellement de choses, ici, maintenant. Ils sont prêts pour le présent. Pas pour le futur. Devrait-on te préparer dès maintenant pour ta vieillesse, toi qui as la trentaine ? Non. Tu n'y es pas encore. Nous devons accueillir les enfants là où ils en sont, ici et maintenant. »

Retirer nos lunettes d'adulte

Commencer les apprentissages scolaires formels avant l'âge de six ou sept ans n'est ni utile pour l'enfant, ni facteur de réussite future. C'est du gaspillage d'un temps précieux. Le développement de l'enfant avance au rythme issu d'une longue évolution. Acceptons-le comme un rythme naturel, n'essayons pas de l'accélérer. Jouer au ballon, avec des blocs, se déguiser, voilà exactement ce dont les enfants ont besoin. Ils apprennent quand ils en ressentent le besoin, à leur propre rythme. Les tout-petits ont besoin de temps pour explorer et jouer. Leur santé cognitive et émotionnelle en dépend.

Un père l'a parfaitement bien traduit : « On ne peut pas faire grandir le maïs en l'étirant. » C'est vrai aussi pour les enfants. On peut pousser un enfant de trois ans à apprendre à compter, un enfant de quatre ans à connaître son alphabet. Mais on ne devrait pas le faire. Pas tant qu'elle n'est pas prête. Elle le sera en son temps et à son heure.

Les bienfaits de cette règle

Quand nous laissons les enfants jouer et grandir à leur propre rythme, ils en tirent une multitude de bienfaits. Ils reçoivent de nombreuses leçons de vie et pensent en eux-mêmes :

- Je suis OK tel que je suis.
- Mes parents me soutiennent et me comprennent.
- Je peux essayer de nouvelles choses quand je suis prête à le faire.
- Les livres débordent d'histoires fascinantes. J'adore quand on me les lit.
- Je peux creuser les sujets qui m'intéressent le plus. J'adore apprendre !
- La vie, c'est génial.

Pourquoi ça marche

Le développement de l'enfant peut se dérouler différemment selon chacun, surtout les premières années. Certains petits se concentrent d'abord sur les tâches physiques ; d'autres adorent lire dès trois ans. Certains ont besoin de crier et courir sans cesse. D'autres préfèrent observer à distance, en toute sécurité. Respecter l'intégrité de chacun requiert de le nourrir sur tous les plans (émotionnel, social, physique et cognitif) de son développement, ces derniers progressant au rythme spécifique de l'enfant.

Aujourd'hui, les chercheurs insistent sur l'importance énorme du jeu pour les enfants. Ils découvrent que les enfants sont conçus pour jouer. Le jeu les aide à développer compétences sociales, mémoire, conscience émotionnelle, capacités de résolution de problème, flexibilité et maîtrise de l'impulsivité. Jouer leur permet de comprendre le monde et quelle place ils y occupent.

L'American Academy of Pediatrics et de nombreux médecins, psychologues et neuroscientifiques avalisent le jeu libre comme la meilleure façon d'élever les jeunes enfants. Sur le site web de CNN, on peut lire en gros titre : *Vous voulez que vos enfants fassent des études supérieures ? Laissez-les jouer.* La radio américaine nationale NPR annonce elle aussi : *Le jeu à l'ancienne développe de réelles compétences*.

Les psychiatres et les psychologues, et d'autres chercheurs encore, tirent les mêmes conclusions : les tout-petits ont désespérément besoin du jeu libre. Sans jeu libre, ils ne grandissent pas aussi bien qu'avec. Mais les parents ne veulent pas l'entendre.

Il n'y a pas longtemps, j'ai surpris une conversation au parc entre deux parents : « Je suis inquiète pour lui. Il est en maternelle et il ne rapporte pas beaucoup de devoirs dans son cartable, le soir. Je me demande s'il sera à la hauteur, s'il réussira son année ? » Cette mère disait tout haut ce que nombre d'entre nous pensent. *« Il n'arrive toujours pas à écrire son prénom. Je devrais l'aider à travailler sa graphie... » « Je m'inquiète au sujet d'Ashley. Elle se mélange encore les pinceaux quand elle compte jusqu'à dix. »*

Nos enfants risquent-ils de décrocher, de se laisser distancer ? Comment les préparer à notre monde moderne globalisé ? Détendons-nous. Dans de nombreux pays (notamment dans la plupart des pays européens, économies développées affichant de forts taux d'alphabétisation), les enfants jouent. En Suède, Finlande et Pologne, l'apprentissage formel de la lecture ne s'effectue qu'à l'âge de sept ans. Pourquoi à sept ans ? Parce qu'historiquement, c'est l'âge de raison. Les pédopsychiatres Theodore Shapiro et Richard Perry précisent qu'il commence à « sept ans, plus ou moins un an ». Pour les enfants du monde entier, à cet âge, le cerveau change énormément. De nombreuses cultures reconnaissent les nouvelles capacités des enfants de sept ans par un rite de passage, qu'il s'agisse de démarrer l'école en Finlande, ou de faire sa première communion au sein de l'Église catholique. À sept ans, le cerveau est prêt pour une instruction formelle. L'enfant accède à un nouveau niveau de réflexion.

Quand j'avais six ans, si j'ouvrais un livre, je ne regardais que les images. Je ne savais pas lire et je n'avais pas envie d'apprendre. Les mots me posaient problème.

J'ai adoré ma première vraie lecture, *Charlotte's web*[1]. J'ai lu toute seule, juste avant mes sept ans. Quand un enfant est vraiment prêt pour l'instruction formelle, il peut absorber les enseignements très vite. Inutile de désespérer. Ils ont le temps.

Mais ils n'ont pas assez de temps pour jouer. Un enfant de quatre ans n'aura quatre ans qu'une fois dans sa vie. Et si nous nous concentrions sur ses besoins du moment ? Ne lui imposons pas des objectifs académiques. S'il a réellement accès au jeu libre et spontané à son âge, avec de la place pour courir, sauter, crier, pleurer, danser, peindre, renverser, résoudre des problèmes en faisant appel à sa créativité, alors il sera prêt pour l'instruction par la suite. S'il acquiert confiance en lui et compétences sociales et émotionnelles entre trois et cinq ans, l'apprentissage scolaire suivra naturellement.

L'ACCENT SUR L'APPRENTISSAGE SCOLAIRE NUIT AUX TOUT-PETITS

Un jour, une mère m'a dit : « Mon fils a trois ans. Il n'arrête pas de gigoter quand il regarde sa vidéo d'entraînement à la lecture. Chaque jour, je me bats pour qu'il reste assis et se concentre sur ce qui se passe à l'écran. »

Les fiches aide-mémoire, les tests, l'instruction forcée et, de manière générale, l'apprentissage scolaire formel avant sept ans (plus ou moins un an), représentent autant de temps volé sur le jeu. Pousser un

1. Elwyn Brooks White, non traduit. (*NdT*)

enfant à mémoriser des chiffres et des lettres, les noms des mois, des jours, ce n'est pas difficile. Avec de l'entraînement, la plupart des enfants de quatre ans réussissent à reconnaître suffisamment de lettres pour lire des mots simples. Mais à quel coût ? Plus nous encourageons les enfants à acquérir des savoirs académiques tôt, plus nous leur volons du temps de jeu. Or c'est pendant le jeu que l'enfant réalise la quasi-totalité des apprentissages émotionnels, sociaux, physiques et cognitifs. Nous demandons alors à son cerveau d'accomplir des tâches qu'il n'a pas besoin d'accomplir à ce moment précis de son développement. Le psychologue pour enfants David Elkind nous le résume bien : « Une éducation déficiente enseigne les mauvaises choses au mauvais moment. » Les aptitudes sociales en souffrent. La joie de vivre aussi. La réussite scolaire future peut elle aussi en pâtir. Quand un enfant de cinq ans rentre de l'école en traînant les pieds pour hurler « les devoirs, je déteste les devoirs ! » c'est pénible pour tout le monde. Voilà ce que cet enfant pense : *Je déteste l'école. Apprendre, c'est pas rigolo.*

> Le jeu libre est par définition choisi librement par l'enfant. Il est initié et dirigé par l'enfant.

Les recherches de la psychologue Rebecca Marcon s'étalent sur plusieurs années. Ses résultats suggèrent que l'enseignement en maternelle de la lecture, de l'écriture et des maths peut en fait retarder les apprentissages des enfants à l'école primaire. Elle montre que lorsqu'ils arrivent en primaire, les enfants ayant reçu une pédagogie fondée sur le jeu en maternelle ont de meilleures notes et un meilleur comportement que ceux qui ont dû apprendre très tôt à lire et à compter. La pédagogie fondée sur le jeu produit des enfants plus créatifs et plus enthousiastes à l'idée d'apprendre. En sixième, la chercheuse note encore une différence entre les deux groupes d'élèves. Elle signale que de tous les élèves, les garçons semblent être ceux qui souffrent le plus d'une orientation purement scolaire de leurs années de maternelle. D'autres études disent la même chose. Notamment celles du Dr Schweinhart, qui a suivi des élèves de maternelle jusqu'à leur vingtième année. Celles-ci montrent que les enfants poussés scolairement trop tôt ont davantage de troubles émotionnels par la suite. La neuroscientifique Adele Diamond, elle, trouve une corrélation entre les élèves dont l'occupation principale est le jeu en maternelle et un développement plus approfondi des capacités cognitives et scolaires par la suite.

La disparition du jeu de la vie des tout-petits leur fait du mal. Littéralement. Des chercheurs de l'université de Yale ont découvert que les enfants privés de temps réservés au jeu de rôle, au « faire semblant », avaient tendance à être davantage renvoyés de leur école maternelle. Le Dr Stuart Brown, qui dirige le National Institute for Play, explique qu'un jeune rat privé de jeu ne trouvera pas de partenaire d'accouplement par la suite ou ne s'entendra pas avec les autres rats.

Pour un tout-petit, chaque heure passée à réviser ses chiffres ou ses lettres, à faire défiler des fiches aide-mémoire ou tout autre matériel pédagogique « catalyseur d'intelligence » est une perte de temps, voire une activité potentiellement nocive. Il s'énerve et se stresse rapidement lorsque nous exigeons qu'il reste assis sans bouger à effectuer des tâches que son cerveau n'est pas encore prêt à réaliser. Les neuroscientifiques lancent l'alerte : trop de stress risque d'endommager le cortex préfrontal, zone cérébrale cruciale pour la mémoire et les apprentissages.

À moins que nos enfants ne manifestent leur joie en lisant de leur propre initiative, ou en manipulant des chiffres, n'insistons pas sur la lecture, l'écriture ou les maths. C'est trop tôt. Les tout-petits ont beaucoup à apprendre, mais leur cerveau se construit surtout à travers le jeu libre.

Le problème des maternelles modernes

L'Allemand Friedrich Fröbel a créé la première école maternelle en 1837. Le mot qu'il a choisi, *Kindergarten*, signifie « jardin d'enfants ». Fröbel et d'autres pionniers avaient banni l'apprentissage des lettres et des chiffres de leurs jardins d'enfants. Ils ont inventé ces jardins pour que les enfants « jouent en compagnie d'autres enfants de moins de sept ans qui ne savent ni lire, ni écrire, ni compter ». Aujourd'hui, les écoles maternelles ne ressemblent plus en rien à ces jardins.

Je demande souvent aux parents quels souvenirs ils ont de leur école maternelle. Un père, l'air un peu rêveur, m'a répondu : « Oh, on ne faisait pas grand-chose. On jouait, surtout, on chantait des chansons, on grignotait quelque chose, on faisait la sieste. »

Cela a bien changé. Dans les maternelles américaines, les jouets prennent la poussière. « Nous avons des briques de construction, nous avons un petit théâtre, mais personne ne s'en sert vraiment, m'a raconté une enseignante de maternelle. Les enfants n'ont pas le temps. » Leur agenda est structuré autour de leçons, y compris des leçons de maths, de lecture, de sciences... le jeu libre en pâtit. Dans de nombreuses classes de maternelle, les enfants ont des interros et des devoirs à la maison tous les jours. Tout le monde trouve normal de demander à des petits de cinq ans de rester assis la grande majorité d'une journée d'école standard – soit pendant sept heures.

> « Le jeu est le plus haut degré du développement de l'enfant de cet âge, car il est la manifestation libre et spontanée de l'intérieur, la manifestation de l'intérieur exigée par l'intérieur lui-même[1]. »
> Friedrich Fröbel,
> père du jardin d'enfants.

Aujourd'hui, comme de nombreuses maternelles se concentrent sur l'acquisition de savoirs, elles demandent que les enfants leur arrivent en disposant déjà des compétences émotionnelles et sociales du vivre ensemble. Une école transmet aux parents d'élèves une liste recensant les « Prérequis pour l'entrée en maternelle », dans laquelle on peut lire, en dessous de « cartable étiqueté au nom de l'élève », que les enfants doivent savoir se tenir en société sans harceler les autres, sans taper et sans pousser. C'est absurde. Un petit de trois ou quatre ans ne peut pas avoir déjà acquis ces habiletés. C'est justement l'objectif des années de maternelle.

1. Friedrich Fröbel, *L'Éducation de l'homme*, 1826. Traduit de l'allemand par Mme de Crombrugghe.

Le jeu libre est un droit de l'enfant

Quand Lee Row et Janet Stocker ont réfléchi à la création de la SYC, ils n'ont pas commencé par en rédiger le règlement intérieur. En premier lieu, ils ont recensé les droits de l'enfant.

En tête de liste, ils ont écrit le droit au jeu libre. « Les enfants apprennent tellement de choses, m'a expliqué Janet. Les déranger dans leur jeu, le structurer à leur place, revient à t'interrompre toi quand tu es profondément concentrée sur tes pensées. Il nous revient de respecter le rythme des enfants et leur besoin de se plonger dans le jeu. » Ce droit pour le jeu libre est le fondement de nombreuses nouvelles règles pour parent rebelle, y compris le droit de choisir ses propres camarades de jeu et le droit de ne pas partager un jouet.

À la maison, la routine familiale orchestre les journées, qu'il s'agisse de l'heure des repas ou de l'heure de la sieste. J'ai adapté la liste des droits de l'enfant originellement créée par Janet et Lee pour la SYC et vous propose ici les droits de l'enfant dans une maison rebelle :

Les droits de l'enfant dans une maison rebelle

Un enfant a le droit :
- au jeu libre (non structuré)
- de choisir ses propres camarades de jeu
- d'utiliser des accessoires et de choisir ses thèmes de jeu
- de jouer sans être interrompu pendant les temps de jeu
- de se sentir en sécurité
- de ne pas se voir retirer ses jouets (partage forcé)
- de bouger et de mouvoir son corps vigoureusement
- d'être dehors

- de ressentir et d'exprimer l'éventail complet de ses émotions
- de poser des questions et de savoir des choses
- de défendre ses droits en énonçant des frontières face au comportement des autres
- d'être écouté, respecté et d'avoir ses droits invariablement soutenus par les adultes
- de grandir à son propre rythme, en suivant le cours naturel de son développement

De toute évidence, droits et frontières comportementales vont main dans la main. Les droits des uns ne peuvent bafouer les droits des autres. Pour définir des frontières adéquates, vous pouvez vous reporter à la Règle n° 2 : C'est OK si ça ne blesse personne et n'abîme rien.

Comment redonner vie au jeu libre

Le jeu libre se manifeste sous de nombreuses facettes : l'enfant frappe deux branches mortes l'une contre l'autre, grimpe à un arbre, peint, lance un concours de grimaces, creuse dans le bac à sable, joue à faire semblant. Quelle que soit l'activité, elle est spontanée, initiée et dirigée par l'enfant. Elle suit ses propres idées ou celles d'un camarade de jeu. Quand ils sont concentrés sur un jeu qui les intéresse, les enfants travaillent à leur niveau optimal d'apprentissage.

Le jeu libre est mouvance, flux ; il ne se conforme pas à une structure. Bien évidemment, l'enfant peut de temps en temps préférer des jeux plus structurés, un jeu de plateau ou un sport, mais il est préférable de limiter l'emprise de ces jeux organisés sur son temps libre. Il a mieux à faire.

> Votre enfant n'a pas besoin de grand-chose pour se lancer dans le jeu libre. Il lui faut :
>
> 1. Du temps, ingrédient essentiel. Chaque jour, pendant toutes ses premières années, du temps sans objectif, en tranches d'une heure au minimum, si possible plusieurs heures, sans agenda autre que le jeu libre.
> 2. De la place. Des endroits attitrés où toucher à tout, explorer, mettre le bazar. Où votre fille peut-elle chahuter, faire du bruit ? Où peut-elle partir à la découverte de la nature ? Vous n'avez pas besoin d'une grande maison, mais de zones (à la fois en intérieur et à l'extérieur) où les jeux sont les bienvenus.
> 3. Du soutien, sous diverses formes. Résister à tout ce qui pourrait empiéter sur son temps de jeu, repenser les espaces, l'habiller de vêtements confortables dans lesquels bouger, se salir, la laisser en compagnie d'autres enfants.

Afin que les enfants se plongent intégralement dans le jeu libre, ils ont besoin de plages horaires d'une ou deux heures, voire davantage. James Christie et Francis Wardle montrent qu'une session de jeu inférieure à trente minutes réduit la complexité et la maturité du jeu des enfants. Ils abandonnent les jeux sophistiqués pour s'adapter au temps alloué, mais ce faisant, le jeu perd nombre de ses bénéfices. À la SYC, les enseignants ont adopté le mantra suivant : offrir au moins quarante-cinq minutes aux enfants pour s'immerger complètement dans un jeu avec d'autres enfants. Une fois plongés dans le monde du jeu, bien sûr, au-delà des quarante-cinq minutes d'échauffement, ils ont besoin de davantage de temps pour développer le thème choisi et le mener à son terme.

Le faux jeu libre

Même les maternelles qui annoncent croire aux vertus du jeu libre ne le respectent pas vraiment. Si dans les agendas nous lisons « temps libre » coincé entre de multiples activités structurées, qu'il s'agisse de travail de groupe ou d'enseignements dirigés, alors nous pouvons être sûrs que l'établissement n'a pas placé ce temps libre au centre de sa pédagogie. Il est utile de demander d'assister à une classe. Souvent, le « jeu libre » ou « temps libre » n'est qu'une pause permettant à l'enseignant de préparer l'activité suivante.

Un jour, j'ai observé une enseignante de maternelle pendant un temps libre. Au lieu de laisser les enfants jouer et explorer librement, elle a organisé un jeu en leur distribuant des rôles. « Nous sommes au restaurant, a-t-elle raconté aux petits de cinq ans. Toi, Nicky, tu prends les commandes. Brenna, tu peux apporter la nourriture. Qui veut cuisiner ? » Un réel jeu libre consiste à procurer aux enfants une mini-kitchenette et à les laisser se débrouiller tout seuls avec.

Jouer avec un enfant, c'est possible aussi. Lui donner des idées ne pose pas de problème non plus, cela fait partie du jeu. Quand nous nous amusons avec un tout-petit, la difficulté consiste à garder le jeu centré sur l'enfant, à ne jamais le dominer, à rester dans le donnant-donnant.

OUTILS PRATIQUES

Parfois, le problème vient de nous, les adultes : nous redoutons le jeu libre. Que faire des enfants pendant ces longues heures ? Pour passer le temps, nous les emmenons faire les courses, nous allumons la télé ou nous les inscrivons dans des activités. Si le jeu éveille le cerveau de l'enfant, il peut ennuyer l'adulte. J'ai moi aussi souvent ressenti une sorte de panique à l'idée de laisser mes enfants jouer librement, surtout lorsqu'ils étaient tout petits et que les après-midi me semblaient interminables.

Courage. Jouer librement, voilà ce que nos enfants sont censés faire. Plus la famille s'habitue au jeu libre, moins cela demande d'implication de la part de l'adulte. Vous pouvez rester à proximité tandis que votre fille joue seule ou avec d'autres enfants. Vous êtes libre, vous aussi, de vous consacrer à vos propres occupations.

COMMENT S'OUVRIR AU JEU LIBRE

1. Mettre de la joie dans la lecture : Les tout-petits n'ont pas besoin d'étudier l'alphabet. Ils ont besoin d'adorer les chansons, les histoires. Comment ? En leur chantant des comptines, en inventant des pièces de théâtre avec des marionnettes à doigts, en leur lisant des contes, des histoires, encore et encore. Les écouter parler, noter leurs expressions quand ils formulent leurs idées et mettent des mots sur leurs émotions puis les réinjecter dans les histoires que nous imaginons pour eux. Il est bien plus important d'aider les enfants à aimer les histoires et la puissance des

mots que de leur apprendre à lire. La lecture suivra. Plus tard.

2. Aller dehors : Sortir de la maison, de l'école, c'est apporter le monde du jeu libre sur un plateau[1]. Se balader au parc, marcher dans les bois, dans le quartier. Jouer au ballon. Construire avec du sable et de l'eau...

3. Choisir des jouets ouverts : À Rochester, au Musée national américain du jouet (le Strong National Museum of Play), vous trouverez le « Toy Hall of Fame », sorte de palmarès des jouets les plus populaires aux États-Unis. Dans ce palmarès figurent les boîtes en carton, mais aussi les branches de bois mort et les draps. L'accès aux jouets « ouverts », dont le mode d'emploi n'est pas prescrit, promeut l'imagination de l'enfant et le jeu créatif. En voici quelques-uns à considérer : cloches ou clochettes, lampes de poche, chapeaux rigolos, vieilles clés, seaux et paniers, briques de construction, déguisements, draps, argile ou pâte à modeler, poupées ordinaires ou animaux en peluche (les personnages issus de films ou de dessins animés limitent les possibilités de jeu). Ne pas oublier le sable, l'eau, les cailloux, les flaques de gadoue... et les vieux cartons.

4. Proposer de la place : Les enfants ont besoin de place pour jouer ; à nous de leur en créer pour leur jeu du jour. En intérieur, il est important de leur réserver un endroit où s'amuser à des jeux bruyants et remuants. Nous pouvons alterner les jouets disponibles (ceux mis de côté libèrent de la place) et

---

1. Voir aussi Angela Hanscom, *Dehors, les enfants !* JC Lattès, mai 2018. (*NdT*)

déplacer des meubles. L'idée est de trouver des espaces où nous pouvons leur dire « oui » plutôt que « non ».

5. Éliminer ou diminuer les activités structurées : Êtes-vous certaine que votre fille de quatre ans aime son entraînement de foot ? Ne croyez-vous pas qu'elle l'appréciera davantage quand elle aura neuf ans ? Pour l'instant, elle préfère que vous jouiez au ballon avec elle, au parc ou dans votre jardin. Vous pouvez impliquer d'autres enfants, inventer vos propres règles du jeu et en rire. Si votre enfant de moins de six ans est inscrit à deux activités structurées ou plus par semaine, vous pouvez diviser ce nombre par deux.

6. Chercher une maternelle centrée sur le jeu : Aujourd'hui, elles sont rares. Si votre enfant est déjà en maternelle, il est parfois possible d'assister à une classe, en observateur. Sinon, concentrer les recherches sur les écoles qui consacrent au moins les trois quarts du temps au jeu libre, par tranches d'au moins une heure, voire deux heures. Si l'enseignante accepte votre présence en classe, vous verrez tout de suite la proportion de jeu libre à laquelle les enfants ont réellement accès. Vous saurez aussi si le jeu est véritablement non dirigé, ouvert. Si besoin, changer l'enfant d'école.

7. Ralentir le tempo : Les enfants avancent à leur rythme. Il est de notre responsabilité d'alléger leurs agendas. Être parent demande du temps.

Des mots pour en parler

- C'est l'heure d'aller dehors !
- Et si on lisait une histoire, tous les deux ?

Les mots à éviter

- C'est quoi ce chiffre ?
- Ça, c'est la lettre B. Tu peux répéter, « B » ?
- As-tu fait tes devoirs ?

En public

« Ah, désolée, Jason ne peut pas venir jeudi, il a natation et après, il a cours de violon. » Parfois, les agendas de nos bambins sont si remplis qu'inviter un copain à jouer à la maison devient compliqué. Mais il existe des familles aux plannings moins chargés. Vous les rencontrerez sans doute au parc ou à la bibliothèque.

Il est aussi particulièrement difficile de résister aux comparaisons. *Peut-être que ma fille est prête pour étudier le violon, elle aussi ?* Croire que ramasser des pissenlits avec votre enfant a autant de valeur que de l'inscrire au conservatoire ne vous immunise pas contre l'inévitable sensation de lui faire « rater le train ». Occasionnellement, les doutes vous assailliront. Apprendre à présenter votre position avec fermeté vous ôtera l'épine du pied. À la question « Et Lucy, fait-elle de la musique ? » vous pouvez répondre : « Pour l'instant, elle passe la majeure partie de son temps à s'amuser. »

Règle n° 2 :
C'est OK si ça ne blesse personne et n'abîme rien

Le jeu libre est un temps où l'enfant s'amuse librement sans que rien ne soit organisé pour lui, mais cela ne signifie pas qu'il est livré à lui-même sans cadre, sans règles. Prenons l'exemple de Samantha. Quand elle avait trois ans, elle aimait jouer au chien. Elle a d'abord demandé à ses parents de lui servir son dîner dans une gamelle, puis de la lui placer sous la table. Ensuite, elle a exigé de la nourriture pour chien et s'est installée sur la table. Soir après soir, c'est ainsi que la famille mangeait ensemble : les parents assis sur leur chaise et la petite fille sur la table. Avec son imagination débordante, elle avait pris les commandes.

Le jeu libre implique des frontières qu'il ne faut pas dépasser, déterminées à la fois par les adultes et par les autres enfants.

Pourquoi cette règle ?

Le jeu libre n'est pas une foire d'empoigne. Il est nécessaire de fixer des règles autour de ce que l'enfant peut ou ne peut pas faire.

Samantha a le droit de s'amuser sans que ses parents interviennent. Elle a le droit de choisir le thème de son jeu (faire semblant d'être un chien). Charge à ses parents de poser un cadre à ce jeu, précisant sa durée et l'endroit où elle y joue : pas à table, pas pendant les repas. Le temps de jeu commence après le dîner.

Pendant les temps de jeu, notre boulot de parent est double : d'abord, border les comportements inappropriés, puis soutenir invariablement les droits des enfants. Quand Jamie saute sur le nouveau canapé comme sur un trampoline, il a besoin de nous pour mettre un terme à son jeu. Jamie a le droit de bouger et de cabrioler en tous sens, mais il gagne à être réorienté vers un endroit plus approprié. De la même manière, quand Paige bouscule sa petite sœur, notre aide est requise pour changer son comportement. Mais si c'est son choix, elle a aussi le droit de jouer seule, sans sa sœur : elle a le droit de sélectionner ses camarades de jeu.

Les enfants ont des droits, les adultes aussi. Entre autres, les parents ont le droit de conserver leur santé mentale et de vivre dans un cadre qu'ils apprécient. Des contours bien définis nous aident à vivre ensemble tout en garantissant à chacun ce dont il a besoin.

Les bienfaits de cette règle

Savoir quand mettre une barrière et quand laisser faire est la clé du jeu libre et d'une vie familiale agréable. Une fois le cadre clairement délimité, l'enfant apprend :

- Presque toutes mes idées de jeu sont OK.
- Certaines choses, comme blesser les gens ou casser les choses, ne sont simplement pas acceptables.
- Je ne suis pas le chef. Mes parents le sont.
- Certains endroits sont OK pour mes jeux, d'autres non.

- Je ne suis pas le seul à avoir des droits.
- Mes parents assurent ma sécurité.

Encadrer le jeu

« Je ne demande jamais aux enfants de cesser de courir sous prétexte qu'ils risqueraient de se faire mal, explique Jan Waters à la SYC. Courir est naturel pour eux. Un enfant, ça bouge. Et si jamais par hasard il se fait mal, il apprend à mieux bouger. »

Quels jeux sont appropriés, et lesquels ne le sont pas ? Qu'est-ce qu'une barrière adéquate contre les débordements ? En tant que parents, nous avons tendance à surveiller de très près les enfants, à ne pas avoir confiance en leurs jeux. Mais arrêtons-nous un moment sur les règles que nous leur fixons : « On ne court pas » ou « On ne joue pas avec des bâtons ». Nous craignons pour leur sécurité, redoutons le souk et les bobos. Pourtant, quand nous étions petits, nous avons aimé les mêmes jeux qu'eux ! En tant qu'adultes, nous avons peur de perdre le contrôle.

Retirer nos lunettes d'adulte

Dans le domaine du jeu, votre enfant aura en général de bonnes idées. Au lieu de les réprimer systématiquement, vous pouvez modifier le moment ou l'emplacement choisis pour leur donner corps et ainsi borner ce qui est acceptable. Les règles sécurisent l'enfant et l'installent confortablement dans le jeu. Elles lui permettent d'identifier ce qui est approprié et ce qui ne l'est pas.

Aujourd'hui, il semble plus difficile de poser un cadre clair. Nous cherchons à la fois à conserver le contrôle et à nous faire aimer par nos enfants. Résultat ? Souvent, nous imposons beaucoup trop de contraintes sur leurs jeux et pas assez sur le reste. Il est temps de renverser ce déséquilibre en lâchant les rênes pour tout ce qui touche au jeu, sans oublier pour autant de l'encadrer.

Plutôt que de forcer les enfants à cesser un jeu « au cas où » ils se blessent, nous pouvons réfléchir aux dimensions de ce jeu, en sus de sa durée et son emplacement, et identifier ce qui est paramétrable : cela peut être au niveau des outils utilisés. Par exemple, lorsqu'un enfant court avec une paire de ciseaux dans la main, nous ne lui interdisons pas à vie d'utiliser des ciseaux. Nous lui montrons comment marcher en tenant les ciseaux d'une certaine manière. Si nous jugeons que courir sur un sol en béton est trop dangereux pour lui, avancer en bondissant est une option. Dans le West Village, à New York, les professeurs de l'école publique n° 3 ont donné cette règle aux enfants. Si vous leur rendez visite, vous verrez des enfants sautant partout dans les couloirs. En extérieur, recadrer un jeu posant problème vaut mieux qu'une interdiction totale : les jets de pierres à proximité d'autrui se transforment en lancers de cailloux dans le lac.

Si Tyler, deux ans, aime jouer avec des bâtons et frappe accidentellement ses camarades, au lieu de lui ordonner « Lâche ce bâton ! » vous pouvez réorienter son jeu ou lui enseigner un comportement acceptable : « Si tu veux jouer avec des bâtons, tu peux le faire loin des autres enfants. Déplace-toi là-bas. » Vous recadrez son jeu, vous ne l'interdisez pas.

Le jeu a aussi besoin d'être encadré par des règles lorsqu'il provoque un sentiment d'insécurité. Prenons Cameron, trois ans. Il rugit devant Logan, un autre petit garçon de trois ans. Il lui dit qu'il est un tigre et que les tigres, ça rugit. Logan prend peur. Ce jeu est-il OK ? Jouer au tigre ne pose aucun souci, mais comme Logan n'aime pas qu'on lui rugisse après, il se sent en insécurité. Or Logan a le droit de se sentir en sécurité. Voici comment délimiter la frontière entre ce qui est OK pour le jeu de Cameron et ce qui ne l'est pas : « Tu peux rugir, mais pas sur Logan. Il n'aime pas ça. » Logan peut même énoncer cette règle lui-même (voir la Règle n° 3 : Les enfants ont besoin de conflits).

Quand nous fixons un cadre à un jeu, il est essentiel d'aider l'enfant disrupteur à modifier son comportement et, s'il n'y parvient pas, à le déplacer ou à restreindre physiquement ses actes. Il est inutile de se mettre en colère, il suffit de demander à l'enfant : « Peux-tu arrêter tout de suite ou as-tu besoin de mon aide ? » Dans un cas comme dans l'autre, s'assurer que l'enfant change de comportement est de notre ressort.

La règle d'or du parent rebelle

De temps en temps, la SYC accueille des visiteurs. Une journée typique leur montre des enfants peignant un arbre en bleu, d'autres pédalant avec entrain dans une course effrénée de tricycles, d'autres encore pataugeant dans des flaques d'eau boueuse. Certains tout-petits utilisent de vrais marteaux. D'autres se badigeonnent les bras de peinture verte ou se poursuivent avec des épées en plastique.

Parfois, les visiteurs demandent si l'école a un règlement. Elle a surtout une règle d'or, c'est OK si ça ne blesse personne et n'abîme rien, qui ne requiert aucune adaptation pour être applicable à la maison. Je l'appelle la règle d'or du parent rebelle. Elle sert de règle du jeu pour pratiquement toutes les situations. Comment savoir si le jeu ou le comportement de notre enfant est OK ou s'il dépasse les bornes ? En se posant la question suivante : mon enfant blesse-t-il quelqu'un ou abîme-t-il quelque chose ? La réponse vous dira s'il est nécessaire de recadrer le jeu ou le comportement.

Voici des exemples. Chloe, deux ans, lâche une grosse goutte de peinture sur le sol de la salle à manger. La goutte s'écrase sur le plancher et forme une très jolie tache. Fascinée, Chloe secoue son pinceau vers le sol. Dans cette situation, l'objectif consiste à trouver ce à quoi nous pouvons dire : « Oui, c'est possible. » Faire couler de la peinture par terre, en soi, c'est OK. Cela crée des motifs intéressants et il est important que les tout-petits explorent différentes démarches créatives. Mais ce jeu a tout de même besoin d'être encadré : la peinture est-elle lavable ? Avez-vous étalé une nappe pour protéger le sol ? Si vous préférez déplacer le jeu en extérieur, vous pouvez dire : « Si tu veux projeter de la peinture au sol, tu peux le faire là-bas. Sinon, la peinture doit rester dans la palette. »

Votre neveu et votre nièce vous rendent visite. Ils commencent une bagarre dans votre salon, juste à côté de l'aquarium. Le bruit est assourdissant. Ici aussi, le jeu doit être recadré. Se bagarrer à proximité d'un aquarium est potentiellement dangereux – les enfants pourraient le casser. De plus le niveau sonore est inacceptable. Ce bruit est pénible, ce que vous pouvez exprimer ainsi : « Votre jeu est trop bruyant pour mes oreilles. » S'ils veulent continuer la bagarre, vous pouvez leur indiquer qu'un salon n'est pas l'endroit adapté et les envoyer poursuivre leur jeu dehors ou dans la salle de jeu.

La règle d'or du parent rebelle s'interprète au sens le plus large possible. Ne blesser personne signifie que l'on ne fait pas de mal, sur le plan physique comme sur le plan émotionnel, aux autres personnes, mais aussi à soi-même (il n'est pas acceptable qu'une enfant se blesse intentionnellement). Le mot « personne » est lui aussi à prendre au sens large, en y incluant tout être vivant (on ne blesse pas les plantes et les animaux). Ne rien abîmer concerne un très vaste éventail de choses, à commencer par le dessin d'un camarade et jusqu'aux maisons, aux voitures.

La règle d'or du parent rebelle s'applique à la majeure partie des comportements du quotidien, pas seulement au jeu. Par exemple, si votre fils de deux ans est furieux et vous tape, ce n'est pas OK. Personne ne peut être frappé. Ce comportement enfreint la règle d'or. Voici ce que Becky Bailey, auteur du livre *Conscious Discipline*, écrit sur ce type de situation : « Toutes les limites visent à garantir la sécurité. Un comportement qui dépasse les frontières de cette mise en sécurité requiert d'être recadré. » Elle explique que poser des frontières aux comportements protège l'enfant de ses propres impulsions.

Un jeu peut se transformer en grande scène de n'importe quoi, c'est OK. Tant qu'il n'enfreint pas la règle d'or du parent rebelle.

CADRER SANS INFLIGER DE HONTE

Il est trop facile de poser des limites à un comportement en provoquant la honte de l'enfant. Haim Ginott était un ardent défenseur de l'idée suivante : il est possible de poser des restrictions au comportement des enfants sans critiquer leur caractère, leur personnalité. Selon lui, en s'adressant à un enfant, il est important d'éviter les humiliations et de respecter sa dignité. Pour ce faire, la démarche la plus efficace consiste à dépersonnaliser la discipline, en clarifiant que le comportement est intolérable, pas l'enfant lui-même. Par exemple, nous pouvons affirmer : « Je vois des jouets et des livres par terre », au lieu de « Tu es tellement paresseux, tu ne m'écoutes jamais ! Combien de fois dois-je te dire de ranger ta chambre ? »

Ginott explique que les enfants acceptent mieux le reproche quand il n'est pas personnel, mais informationnel. Par exemple, en donnant de l'information sur la fonction admise d'un objet : « Une chaise sert à s'asseoir. Cette chaise n'est pas faite pour que tu te tiennes debout dessus » ou « Les briques de construction sont des jouets, ce ne sont pas des projectiles ».

> Se concentrer sur ce qui nous dérange dans le comportement, pas sur l'enfant.

Quand Benjamin, trois ans, lance du sable sur Lydia, son jeu dépasse les bornes. Le sable dans les yeux, ça peut faire vraiment mal. Lydia, qui a trois ans elle aussi, peut mettre un frein au jeu elle-même et dire « Stop ! » (se reporter à la Règle n° 3 : Les enfants ont besoin de conflits). Si Benjamin ne veut pas ou ne peut pas entendre qu'une frontière a été tracée, il est important de ne pas en rester là et de la renforcer jusqu'à ce qu'il change de comportement. Voici un échange possible avec l'enfant :

1. Rappeler le cadre : « Lydia a dit “Stop”. Tu écoutes Lydia et tu arrêtes. »
2. Décrire et restreindre le comportement : « Tu ne t'arrêtes pas. Je te tiens les mains jusqu'à ce que tu arrêtes. »
3. Demander une action : « Montre-moi que tu es prêt. Quand tu me diras que tu peux t'arrêter, je te lâcherai. »
4. Continuer à décrire et restreindre le comportement, tant que nécessaire : « Je vois qu'il est trop difficile pour toi d'arrêter de lancer du sable pour l'instant. Je vais te sortir du bac à sable. Tu joueras à l'intérieur jusqu'à ce que tu puisses me dire que tu arrêteras de lancer du sable. »

Il est plus facile d'encadrer un comportement sans humilier l'enfant lorsque nous comprenons ce qu'un enfant sait ou ne sait pas faire, selon le stade naturel du développement de son cerveau. Par exemple, votre fille n'est pas « méchante » parce qu'elle attrape un paquet de gâteaux sur l'étagère du supermarché alors que vous venez de lui demander de ne pas le faire. Elle veut vraiment ce paquet de gâteaux et elle ne dispose pas encore de toutes les commandes cérébrales pour contrôler ses impulsions.

Adele Faber et Elaine Mazlish sont des expertes en communication parents-enfants. Elles parlent souvent de l'importance de poser des limites de manière respectueuse. Elles recommandent de laisser les enfants faire l'expérience des conséquences de leur comportement, sans les punir. Au lieu de les réprimander pour avoir enfreint une règle ou dépassé les bornes (Melanie ! Je viens juste de te dire de ne pas faire ça ! Tu es méchante !) nous pouvons simplement réaffirmer la règle et agir en conséquence. Quand un enfant transgresse, nous pouvons en premier lieu lui donner un avertissement, lui évitant toute honte : « Zut alors ! Tu as oublié la règle ? Tu te souviens : on freine avant d'arriver au mur de la maison. » Si l'enfant ne modifie pas son comportement, nous lui précisons la règle : « La règle pour arrêter le vélo est d'utiliser les freins, pas le mur de la maison. Tu as besoin de jouer à autre chose. Tu pourras remonter à vélo après le dîner. » La conséquence de son comportement suffit à lui enseigner le cadre dans lequel il peut se servir de son vélo.

Les droits des parents et l'équilibre des pouvoirs

Quand j'étais petite, les soirs où mes parents sortaient, mon frère et moi aimions jouer à ouaf-ouaf avec la baby-sitter. Cela impliquait de nombreux jappements et aboiements, beaucoup de quatre pattes et de reptations sur la moquette. Avant son départ, je me souviens que ma mère disait aux baby-sitters qu'eux aussi avaient des droits : « Souvenez-vous, vous n'êtes pas obligée de jouer à ce jeu si vous n'en avez pas envie. »

Les adultes aussi ont des droits. Les parents de Samantha n'appréciaient pas de dîner avec un « chien » sur la table, mais ils ne savaient pas comment mettre un terme à ce comportement. Ils se laissaient commander par Samantha. À trois ans, elle s'exprimait avec tellement de précision et d'insistance ! Ils n'osaient mettre un frein à ses exigences craignant sa réaction, et surtout ils voulaient se faire aimer.

Les parents sont les principaux enseignants de ce qui est un comportement approprié et acceptable dans leur culture. Vous avez le droit de cadrer les comportements de vos enfants.

Les tout-petits cherchent souvent à avoir du pouvoir. À trois ans, ils hurlent des ordres. À cinq ans, ils nous défient. Pourtant, c'est difficile à croire, mais ils ne veulent pas toujours ce qu'ils réclament à cor et à cri. À cet âge, lorsqu'ils détiennent un pouvoir trop élevé, inapproprié, ils se sentent souvent insécures. Encadrer leurs comportements par des frontières est essentiel, à la fois dans leurs jeux et dans la vie. Ils ne cesseront pas de nous aimer. En faisant respecter les espaces et conditions, nous leur transmettons un message clair : nous sommes aux commandes et nous nous chargeons de la sécurité de chacun.

« Ne pas avoir de limites peut être terrorisant pour les enfants », a dit Fred Rogers, l'animateur adoré des Américains de l'émission *Mister Rogers' Neighborhood*. « Le monde, dehors, leur fait peur. Le monde à l'intérieur d'eux-mêmes, celui de leurs émotions, peut aussi les effrayer. Ils ne sont pas sûrs de savoir gérer ces émotions tout seuls. »

Leur donner juste ce qu'il faut de pouvoir tout en gardant les commandes est un équilibre difficile à atteindre. Pour vous habituer à encadrer le jeu libre, vous pouvez vous exercer tout au long de la journée à contrebalancer le pouvoir de l'enfant avec les frontières que vous délimitez autour de son comportement.

Parfois, il arrive que nous demandions l'avis de l'enfant alors qu'il serait plus efficace de lui communiquer simplement nos choix. Nous avons le droit de décider quelles questions adresser à l'enfant, quelles questions ne pas lui poser. Par exemple, tout enfant peut facilement répondre à une question du type : « Tu veux mettre le T-shirt vert ou le T-shirt rouge ? » Peu importe celui qu'il enfilera, vous cherchez juste à ce qu'il s'habille. En revanche, il est contre-productif de demander l'avis de l'enfant si « non » n'est pas une réponse acceptable. Les enfants disent souvent non ! Vous risquez de vous retrouver coincée entre deux options tout aussi déplaisantes l'une que l'autre : soit vous vous pliez au diktat de l'enfant, soit vous ignorez complètement son avis et agissez à contre-courant. Par exemple, voici une mère qui consulte son fils quand elle devrait prendre la décision elle-même :

— Est-ce que Sarah peut utiliser notre chariot ?

— Non !

— Tu ne t'en sers même pas. Sarah, tu peux jouer avec le chariot.

En résumé, nous pouvons impliquer les enfants dans notre prise de décision, mais en choisissant astucieusement les questions que nous leur adressons.

Outils pratiques

Encadrer le jeu libre

Parfois, le jeu a besoin d'un cadrage autre que celui que nous avions prévu. Dans ce cas, il est pertinent de prendre un temps de réflexion et de considérer le problème pour mieux borner le comportement problématique.

COMMENT ENCADRER LE JEU LIBRE

1. Trouver un moyen de dire oui au jeu. Le jeu est peut-être OK, mais pas la façon d'y jouer. À moins que le problème vienne du lieu où il se déroule, ou du moment où l'enfant y joue. Le recadrage peut s'appliquer à l'un ou l'autre de ces plans, à condition qu'il soit précis. Nous pouvons aussi l'associer à une alternative : « Les briques de constructions ne sont pas des projectiles. Tu veux jeter quelque chose ? Voici des balles de jonglage. »
2. Refréner notre penchant à voir des dangers partout. Parfois, quand ils jouent, les enfants tombent. C'est la vie. Limiter nos ordres d'arrêt de jeu aux endroits inadaptés ou menaçant la sécurité de l'enfant (une rue très passante, le rivage d'une rivière…) ou aux moments où nous détectons un danger caché (une branche morte sur l'arbre que l'enfant est en train d'escalader, du verglas sur le trottoir…).
3. Appliquer la règle d'or du parent rebelle. En premier lieu, observer le jeu. Cause-t-il des dommages, peu importe lesquels, à des individus ou à des objets ? Si le thème du jeu n'est pas à votre goût, ce n'est pas une raison pour l'interdire.
4. Aider les enfants à écouter et à respecter les frontières posées par d'autres enfants. N'importe qui peut fixer une frontière face à un comportement. Celles que pose l'enfant pendant un jeu de groupe ont une importance cruciale. Elles signalent que ses droits sont fort probablement bafoués par le jeu en cours. L'enfant qui ajoute une règle au jeu indique qu'il ne se sent pas en sécurité ou qu'il ne parvient pas à faire entendre sa voix.
5. Enchaîner une règle après l'autre. Les enfants ne modifient pas toujours leur comportement sans aide extérieure.

Reconnaître les faits est la première étape pour débloquer la situation : « C'est trop dur pour toi, tu n'arrives pas à t'arrêter pour l'instant. » Ensuite, afin d'aider l'enfant à respecter les frontières que nous (ou le camarade de jeu) avons définies, le déplacer physiquement ou restreindre ses mouvements, si nécessaire. Il peut être utile de poser une nouvelle règle : « Tu joueras à mes côtés jusqu'à ce que tu me dises que tu arrêtes. »

LE CADRAGE AU QUOTIDIEN

Il y a quelques jours, je suis allée au supermarché avec Zach, mon fils de trois ans. Quand il était plus petit, il montait dans le caddie. Maintenant, il préfère marcher. Ce n'est pas forcément un problème, mais j'ai aussi besoin d'avancer dans mes courses tout en m'assurant qu'il ne va pas tout faire tomber des étagères. Avant d'entrer dans le magasin, je définis ce qu'il peut faire et ce qu'il ne peut pas faire.

— Tu peux monter dans le caddie ou tu peux marcher. Si tu marches, tu te tiens au caddie.

— D'accord !

Certains jours, Zach parvient à gérer la liberté qu'offre la marche à mes côtés. D'autres, non. À trois ans, les enfants ne disposent pas encore d'un bon contrôle de leurs impulsions. Souvent, la tentation de toucher à tout ou de partir en courant est juste trop forte.

« Je vois que tu ne tiens pas le caddie. Tu me montres que tu veux t'asseoir dans le caddie. »

Ensuite, en dépit de ses cris de protestation, je l'installe dans le siège du caddie.

« Tu n'es vraiment pas content. Tu veux marcher, mais quand tu marches, tu ne tiens pas le caddie. On essaiera de nouveau la prochaine fois. »

Un incident de ce type ne mérite pas que nous sortions de nos gonds et hurlions sur notre enfant. Pourtant, cela arrive, lorsque notre réservoir de patience est vide et que nous nous sentons acculés. Au quotidien, cadrer le comportement de l'enfant exige de s'exprimer d'une voix ferme et forte. Mais il est fondamental de ne hausser vraiment la voix qu'en cas de danger (quand votre bambin de deux ans est sur le point de se renverser une casserole d'eau bouillante dessus, ou quand celui de trois ans traverse la rue en courant).

Apprendre à encadrer efficacement les comportements est au centre de la parentalité, dès les années de maternelle. Cela sert aussi pour la suite.

COMMENT POSER DES RÈGLES AU QUOTIDIEN

1. Calibrer les attentes de l'enfant à l'avance. Avant d'arriver dans un nouveau lieu, décrire à l'enfant le comportement attendu. Par exemple : « Quand nous entrons à la bibliothèque, nous parlons doucement et nous marchons comme des petites souris. » Ou « Dans ce magasin, il y a beaucoup de choses sur les étagères. Elles ne doivent pas être touchées. Les mains restent dans les poches. »
2. Formuler des attentes réalistes. Acquérir un minimum de connaissances sur le développement de l'enfant peut aider. Un enfant de quatre ans devrait-il parvenir à s'habiller tout seul ? Celui de trois ans peut-il ranger sa chambre ? Parfois, nos attentes à leur égard sont soit trop élevées, soit trop faibles. Et si nous cherchions à comprendre ce qui est approprié pour leur âge et étape de développement ?
3. Ne jamais hurler, sauf cas d'urgence. Les enfants n'aiment pas quand nous leur crions après. Ils « débranchent ». Vous n'avez qu'une chose à y gagner :

un mal de crâne. En haussant le ton sans discernement, vous risquez de vous retrouver dans la même situation que celui qui crie au loup pour rien. Il est plus efficace de régler votre niveau d'énergie en fonction de la gravité de la situation et de réserver vos décibels pour les moments potentiellement dangereux (un enfant en frappe un autre ou traverse la rue en courant).

4. Ne pas demander l'avis de l'enfant si « Non » n'est pas envisageable. Rechercher l'équilibre entre le pouvoir de l'adulte et celui de l'enfant. Vous pouvez solliciter l'opinion de l'enfant tout en gardant la main sur les décisions qui vous importent.
5. Dire ce que l'on pense et penser ce que l'on dit. C'est le mantra de Horton l'Éléphant, héros de dessin animé. Nous, les parents, avons du mal à appliquer ce mantra au quotidien. Nous avons tendance à menacer sans réfléchir (« Si tu n'arrêtes pas, on part tout de suite, et je ne plaisante pas ! ») avant de rétropédaler. Et si vous évitiez les menaces en l'air ? Chercher le mot juste, respirer un grand coup, gagner du temps, aide à tenir parole. Parler peu, mais parler vrai. Prendre le temps de réfléchir facilite votre engagement. En pesant vos mots, vous irez jusqu'au bout de vos annonces.

Des mots pour en parler

Cadrer le jeu

- Ce n'est pas le bon endroit pour ce jeu. Où pourrions-nous faire ça ?
- Ce n'est pas une pièce adaptée pour jouer à la bagarre.
- Si tu veux jouer avec des bâtons, tu t'éloignes des autres.
- Les briques de constructions ne sont pas des projectiles. Si tu veux jeter quelque chose, on peut aller chercher des balles en mousse.

Restreindre un comportement

- Je ne peux pas te laisser faire ça.
- Peux-tu arrêter ou ai-je besoin de t'aider ?
- Je vois qu'il est trop difficile pour toi de contrôler tes gestes, pour le moment. Je vais t'aider.
- Je te tiendrai les mains jusqu'à ce que tu puisses arrêter.
- Tu n'as pas écouté ce que Brian t'a dit. Tant que tu n'arrives pas à arrêter, tu joueras dans une autre pièce.
- Je suis désolé que cela te mette en colère. Tu pourras réessayer plus tard.
- Je sais que tu n'aimes pas ça, mais je suis là pour te garder en sécurité.
- Montre-moi quand tu es prêt. Quand tu me diras que tu peux arrêter, tu pourras retourner jouer.

Les mots à éviter

- On ne court pas !
- Pose ce bâton tout de suite !
- Non, tu ne peux pas faire ça et ne me le redemande pas.
- Parce que c'est comme ça.

En public

Que faire quand nous laissons notre enfant grimper aux arbres du parc, ou taper au sol avec des bâtons, alors que d'autres parents l'interdisent à leurs enfants au même endroit ? Une de mes astuces consiste à annoncer le cadre à mon enfant d'une voix forte et ferme. Ainsi, toute personne présente (l'enfant, mais aussi les adultes et autres enfants alentour) sait ce qui est OK pour votre famille et ce qui ne l'est pas. Tous les parents ne seront pas d'accord avec votre philosophie, mais ils comprendront le message : vous êtes responsable de votre enfant et vous avez pleinement conscience de ce qui se passe. Si votre fille est la seule à pouvoir jouer avec des branches mortes dans tout le parc, vous pouvez choisir un endroit un peu éloigné où elle pourra s'en donner à cœur joie avec son bâton. Elle ne représentera pas une tentation insoutenable pour les autres enfants.

En public, au supermarché par exemple, il peut être intimidant de se montrer ferme et de tenir bon après avoir posé des règles. Prenez votre temps, même si vos achats surgelés commencent à décongeler. La prochaine fois, vous pouvez refuser que votre enfant vous accompagne. Le moment essentiel est celui où nous réfléchissons avant de définir des règles, parce qu'ensuite, il nous faut absolument les faire respecter.

Règle n° 3 : Les enfants ont besoin de conflits

Récemment, mon fils Myles est rentré de l'école maternelle avec une brochure « Vivre en paix ». Sur une page, on pouvait voir un visage qu'il était censé colorier et les paroles d'une chanson : « Vivons tous en paix, jouons en harmonie… »

Au tout début de l'écriture de ce livre, j'ai montré cette brochure à Jan Waters. Elle a été catégorique : « On n'enseigne pas la paix aux enfants en se contentant de la chanter. Ces chansonnettes font surtout plaisir aux adultes. Les enfants vont chanter s'ils aiment l'air, mais ça ne leur enseigne pas vraiment comment vivre ensemble en paix. Les enfants apprennent en traversant les conflits. »

Développer des compétences de résolution de conflit est peut-être le principal travail de la petite enfance. Durant ces premières années, le tout-petit s'exerce en rencontrant les autres, en vivant des désaccords, en traversant des oppositions et en apprenant à résoudre les problèmes d'une manière qui n'offense ni ne blesse personne.

Pourquoi cette règle ?

La médiation requiert de l'entraînement. Les enfants développent des compétences sociales vitales quand ils sont confrontés à un conflit et apprennent à le désamorcer.

La résolution de problèmes est une compétence sociale extraordinairement importante. Sans elle, les pays partent en guerre et la zizanie s'installe dans les familles. Les diplomates des Nations unies sont des médiateurs formés spécialement à la résolution des conflits. Si on lui en donne la chance, votre enfant peut lui aussi devenir un médiateur expérimenté.

Comme pour toute habileté, les enfants ont besoin de s'entraîner. Pendant qu'ils jouent, ils ont besoin de « frictions » avec d'autres enfants, encore et encore. Ils ont besoin de vivre des conflits. « Il a ce jouet, je le veux ! » « Elle a pris ma place ! C'était MA place ! » Chacun de ces heurts offre une fabuleuse opportunité de développement de compétences pacifiques. Avec un peu d'aide, votre enfant peut affirmer ses droits, se dresser pour protéger ceux des autres et développer peu à peu les compétences complexes d'un médiateur.

Dès l'âge de deux ans, il peut dérouler les premières étapes de la résolution d'un problème : défendre ses droits, confronter lui-même son agresseur, exprimer son ressenti. De quatre à six ans, il peut devenir un vrai diplomate, capable parfois de pacifier une situation sans notre intervention, trouvant une solution satisfaisante pour toutes les parties et la mettant en œuvre.

Depuis quarante ans, à la SYC, les enfants arbitrent leurs conflits avec succès. Les étapes sont simples au regard de l'importance des compétences qu'ils acquièrent. C'est sans doute la leçon la plus importante que vous puissiez donner à votre enfant, pour son présent comme pour son futur. Cette règle est tellement fondamentale qu'elle occupe le chapitre le plus long de ce livre. Dans notre environnement moderne, savoir résoudre un conflit est indispensable. Du plus petit problème (qui mangera dans l'assiette Bugs Bunny) au plus grand (quel pays maîtrise les réserves pétrolières), le conflit fait partie de nos vies.

LES BIENFAITS DE CETTE RÈGLE

En se confrontant au conflit, votre enfant développe son assurance, son autonomie et ses capacités de médiateur pour en gérer de futurs. Ces compétences lui serviront tout au long de sa vie. Il apprend à penser en ces termes :

- Je sais me défendre et faire cesser les comportements que je n'apprécie pas.
- Je sais mettre des limites aux autres enfants.
- Quand j'ai un problème avec quelqu'un, je lui en parle directement et je lui dis clairement ce qui me gêne.
- Je sais écouter ce que les autres me disent et m'arrêter quand ils posent leur limite.
- Parfois, ce qui m'embêtait se révèle ne même pas être le vrai problème.
- Nous ne sommes peut-être pas d'accord, mais ensemble on peut trouver une solution.
- Je n'ai pas toujours besoin de l'aide d'un adulte. Je peux résoudre une grande partie de mes propres problèmes.

La paix et le conflit

Le conflit fait partie de la vie. Pourtant, nous avons tendance à vouloir l'en effacer. Nous n'enseignons pas aux enfants comment gérer les conflits parce qu'au fond, nous en avons peur. Nous n'aimons pas ça, tout simplement. Nombre d'entre nous évitent coûte que coûte tout conflit, toute confrontation.

Partout, avec la meilleure intention du monde, les parents ont tendance à concentrer leurs efforts sur le maintien de la paix. L'aîné doit être « sage », « gentil » avec sa petite sœur. Mais la paix ne dure pas si elle évite le conflit. Les problèmes non résolus referont surface.

> On n'obtient pas la paix avec un poster, une chanson ou un slogan. Elle exige de l'effort. C'est le travail de la médiation de conflit.

Le pasteur de mon église nous a un jour demandé d'écrire pendant cinq minutes en commençant notre texte avec « Le conflit est... ». Voici ce que j'ai écrit : « Le conflit est une bonne chose. Il nous donne l'opportunité de nous heurter à de nouvelles idées, de grandir et de nous changer ensemble. » De tous les textes produits ce jour-là, le mien était le seul à traiter du versant positif du conflit.

Un conflit n'est pas nécessairement violent. J'aime le voir comme le choc de deux idées. Tout accrochage s'accompagne d'un potentiel d'agressivité et de sentiments froissés, mais aussi d'opportunité d'épanouissement, de collaboration, de créativité.

Bien sûr, personne n'aime s'attarder sur ce concept quand les enfants se chamaillent pour savoir qui aura la tasse bleue ou pourquoi c'est encore Nora qui prend la meilleure place à côté de la fenêtre... Mais c'est tout l'objet de la médiation de conflit.

Pourquoi ça marche

Il est naturel, du point de vue développemental, qu'un enfant mette plusieurs années à comprendre ce qui peut déclencher un conflit. Le psychologue Kevin O'Connor dit que dans l'ordre des choses, cette compétence se développe vers l'âge de onze ans. En maternelle, la plupart des enfants ne voient pas qu'un problème a surgi tant que celui-ci ne leur fait pas personnellement « mal ». En expliquant ce qui s'est passé et en offrant une information de base (ton bras a frappé son corps), nous leur enseignons l'impact de leurs actes sur autrui.

La psychologue et éducatrice Becky Bailey affirme que le conflit aide les enfants à développer leur compréhension du fonctionnement social du monde ainsi que leur empathie. Leur vision du monde naturellement égocentrique s'élargit quand ils interagissent avec d'autres enfants. Le conflit leur permet de découvrir une perspective différente.

De nombreux experts de la toute petite enfance insistent sur l'importance d'impliquer les enfants dans la résolution de leurs propres conflits, en leur montrant qu'il s'agit de leur problème, pas de celui de l'adulte. Vous pouvez dire à votre enfant que c'est son problème, pas le vôtre, et qu'elle le réglera en s'adressant à l'autre enfant directement. Vous pouvez rester à ses côtés pour la soutenir moralement. Adele Faber et Elaine Mazlish expliquent que cette posture donne le pouvoir aux enfants et fait souvent émerger les solutions les plus adéquates et originales.

> RETIRER NOS LUNETTES D'ADULTE
>
> Parler de la paix aux enfants, c'est leur parler chinois. Leur demander d'être « gentil » aussi. Ils ont besoin d'occasions concrètes de se frotter au conflit et d'apprendre les comportements appropriés. Que faire quand j'entre en conflit ? Que dire ? Comment poser une limite au comportement de l'autre ? Une fois qu'ils obtiennent des réponses à ces questions, ils vous étonneront dans leur capacité à être les médiateurs de leurs propres disputes.

Le week-end dernier, mes enfants ont construit une forteresse avec des draps et des couvertures. Tout allait bien jusqu'à ce que Zach, trois ans, le plus jeune, lance un jouet en plastique assez lourd sur la tête de son grand frère Myles, six ans. Myles a hurlé et a quitté la forteresse en signe de protestation. À son tour, Zach a fondu en larmes parce qu'il avait perdu son camarade de jeu. J'ai posé une question à Zach : « Que peux-tu faire pour aider Myles à se sentir en sécurité ? » Je les ai regardés discuter de solutions auxquelles je n'aurais jamais pensé. Zach a proposé : « Myles, je ne lancerai que des jouets mous, tu es d'accord ? » Myles a répondu : « Tu peux me les montrer avant de les lancer ? Je te dirai oui ou non. » Pour indiquer son accord, Zach a pris une couverture bleue et l'a brandie devant son frère. « C'est bon ! » a dit Myles, de nouveau sécurisé et maître de lui. Et ils se sont remis à jouer.

Le harcèlement

Quand il était petit, à cause de ses grandes oreilles et de son nom bizarre, Barack Obama essuyait les moqueries des autres élèves. Il est loin d'être le seul à qui cela arrive. Aux États-Unis, chaque année, treize millions d'enfants subissent une forme de harcèlement scolaire, soit un enfant sur trois, voire plus si vous incluez les harceleurs.

Les programmes anti-harcèlement se répandent, mais la plupart contournent le vrai problème du conflit. À l'école maternelle de mon fils, les élèves ont fabriqué des livrets intitulés : « Les mains, ça sert à aider. » Au catéchisme, le groupe des trois à cinq ans a colorié des panneaux indiquant : « Zone libre de tout harcèlement. » Aucune de ces activités n'aide vraiment concrètement les enfants à dire non au harcèlement. Un programme préventif réellement efficace leur fournit les outils pour réagir au conflit : quoi dire, quoi faire, comment s'affirmer, comment mettre un terme à un comportement qu'ils n'apprécient pas, comment s'interposer dans une dispute et défendre les autres… et comment s'entraîner et pratiquer ces étapes.

L'entraînement est absolument essentiel. Quand nous faisons magiquement disparaître la discorde autour de nos enfants, nous les privons d'occasions de s'exercer à la résolution de problèmes. Quand vous enseignez à votre enfant à compter, s'il se trompe, un, deux, trois, quatre, six, dix, vous ne le punissez pas, n'est-ce pas ? À cause de son erreur, vous ne réduisez pas les occasions de compter, si ? Quand vous lui enseignez la gestion du conflit, vous pouvez vous comporter exactement comme lorsque vous lui apprenez à compter, avec le même état d'esprit : en lui offrant davantage d'occasions de s'entraîner. Si une enfant a du mal à gérer les désaccords, il est contre-productif de réduire ses occasions d'en affronter. En l'encourageant, en lui montrant quoi faire et en l'accompagnant, elle finira par savoir comment les réguler.

Le conflit et le jeu libre

Le conflit est une occasion à saisir dès les plus jeunes années. Heureusement, les jeux des enfants en regorgent. Le jeu non structuré, libre, spontané est, devant toute autre forme de jeu, le meilleur moyen d'apprendre comment vivre en paix, tout simplement parce qu'il provoque immanquablement d'innombrables occasions de frictions. Dans le jeu libre, les enfants interagissent et sont confrontés aux conflits qui émergent fatalement.

> Les enfants apprennent la paix en rencontrant des problèmes.

Je connais de nombreux parents qui envoient leurs enfants en maternelle précisément pour que ces derniers se forgent une expérience de vie en société. C'est une excellente raison. Hélas, les maternelles d'aujourd'hui donnent rarement de la place au jeu libre et au conflit. Trop d'écoles se concentrent sur la « paix » et l'ordre plutôt que de laisser les enfants interagir et ainsi risquer un accrochage.

Une classe trop structurée est la pire des façons d'apprendre la paix. Pourquoi ? Parce que l'école devient alors un monde d'occasions manquées. Les adultes se précipitent pour résoudre les problèmes des enfants ou étouffer tout différend. Quand les enfants apprennent à se reposer sur les règles et les adultes, ils ratent l'occasion directe de développer des compétences sociales avec leurs pairs.

Voici un exemple d'une enseignante éliminant toute possibilité de conflit : trois enfants s'amusent avec une bassine d'eau. Deux autres arrivent et veulent jouer, eux aussi. « Bon, les garçons, encore trois minutes, dit la maîtresse. Ensuite, c'est fini pour vous. » Au bout de trois minutes, elle les interrompt : « Votre temps est terminé. Passez à une autre activité. » Les nouveaux arrivants enfilent un tablier et les trois autres s'éloignent de la bassine.

Certains considèrent que cet échange est réussi. Les nouveaux venus ont eu leur tour et personne n'a hurlé. Mais quelques cris auraient été bien utiles. L'enseignante de cette histoire a évité toute possibilité d'accrochage en décidant elle-même d'une solution avant même que les enfants n'aient remarqué qu'il y avait un problème. Pourquoi la bassine ne pouvait-elle accueillir que trois enfants, pas un de plus ? Dans un scénario de jeu libre, cinq, six ou même dix enfants peuvent s'attrouper autour d'une même bassine. Si le manque d'espace en gêne certains, c'est l'occasion rêvée d'appliquer les règles de la médiation de conflit : « Que se passe-t-il ici ? Je vois de nombreux enfants au même endroit. Avez-vous assez de place ? Que pouvez-vous faire ? » Le conflit, voilà une chance à saisir pour apprendre la paix ! Il n'est pas efficace de venir systématiquement à la rescousse des enfants (ni de les condamner ou de les sermonner pour leur comportement). Vous pouvez en revanche les guider et leur offrir des outils de gestion de leurs différends.

Dans une dispute entre enfants, se poser en médiateur n'est pas forcément difficile. De toute évidence, certains conflits sont plus inextricables que d'autres, mais dans la plupart des cas, les médiations ressemblent à celle-ci :

Daniel et Jason, quatre ans tous les deux, jouent dans une petite piscine gonflable. Jason éclabousse fortement Daniel.
Daniel : Arrête !
Jason l'éclabousse de plus belle.
Daniel : Arrête !
Adulte : Je t'ai entendu dire « arrête ». Que veux-tu qu'il arrête de faire ?
Daniel murmure à l'adulte : Qu'il arrête de m'éclabousser.
Adulte : Dis-le-lui.
Daniel (à Jason) : Arrête de m'éclabousser !
Jason arrête de l'éclabousser.

De toute évidence, nous n'avons pas toujours le temps ou l'envie d'aider les enfants à désamorcer chacune de leurs escarmouches. Mais plus nous nous y attelons, mieux ils apprennent à les gérer. Les cris « Maman ! » diminuent. S'entraîner à la paix rend les enfants plus autonomes.

Quand les enfants manquent de compétences en médiation

Quand je suis en présence d'enfants, ceux qui n'ont aucune compétence en médiation me sautent aux yeux. Si un conflit éclate, ils se précipitent systématiquement vers un adulte et s'attendent à ce qu'il résolve leur problème. Mes amis les Gilbert ont deux enfants, Adrienne et Kevin. Quand leurs voisins débarquent pour jouer avec Adrienne et Kevin, ils appellent un adulte pour chaque désaccord : « Madame Gilbert, Kevin ne veut pas que je joue avec son tracteur ! » ou « Madame Gilbert, Adrienne ne veut pas que je sois la princesse ! » Systématiquement, elle leur répond : « Eh bien, dis-le-lui ! » Ces petits voisins n'ont absolument aucune idée de comment résoudre leurs problèmes par eux-mêmes. Or les mamans et les papas n'ont pas nécessairement besoin d'intervenir dans les conflits des enfants. Il est injuste qu'ils soient pris à partie, à la fois en tant que juges et jurés. D'abord, quelle perte de temps ! Ensuite, et c'est le plus important, cela prive les enfants de l'apprentissage de compétences sociales essentielles.

> La première étape de résolution d'un conflit avec autrui est l'énonciation claire des émotions que l'on ressent et de ce que l'on souhaite.

Bien sûr, les tout-petits ont besoin d'être accompagnés avant de pouvoir gérer leurs accrochages en toute indépendance. Mais dès deux ans, ils peuvent apprendre comment. Tout le plaisir qu'apporte la médiation de conflit tient dans l'intégration de comportements que les enfants adoptent et réutilisent de leur propre chef, en dehors d'une présence adulte. Pourquoi ? Parce que ces comportements sont efficaces. À force de s'impliquer dans la résolution de leurs propres problèmes, les enfants adoptent un rôle actif dans l'élaboration de solutions pour tous les problèmes qu'ils rencontrent. Une fois ce comportement acquis, ils le conservent tout au long de leur vie.

S'entraîner, s'entraîner, s'entraîner

Résoudre les conflits exige des compétences sociales complexes. Les enfants naissent totalement dépourvus de ces habiletés. Ils ont besoin de s'entraîner. C'est pourquoi il est important de réserver du temps pour des interactions humaines non structurées, spontanées. Le jeu libre procure la meilleure formation possible en gestion de conflit. Les enfants y rencontrent d'innombrables occasions de se « heurter » aux autres enfants et d'être impliqués dans des accrochages. Plus votre enfant s'exerce à prendre la parole dans ces affrontements, à trouver ses mots et le courage de s'affirmer, mieux elle parviendra à naviguer sur la toile complexe des relations humaines.

Outils pratiques

Ici, vous trouverez des outils spécifiquement dédiés aux enfants et à leur apprentissage de la médiation de conflit. La première partie résume et détaille les dix étapes d'une médiation fructueuse. La seconde propose différentes stratégies, de l'adaptation des techniques de médiation pour les deux-trois ans à l'attitude à prendre si nous n'avons pas été témoins de ce qui a déclenché le conflit.

LES DIX ÉTAPES DE LA MÉDIATION D'UN CONFLIT ENTRE ENFANTS

1. *Aider les enfants à faire cesser un comportement :* Au lieu de voler à la rescousse de l'enfant, sensibiliser l'ensemble des parties en conflit au vivre ensemble et leur apprendre à décoder le langage corporel. Pour cela, vous pouvez poser des questions et décrire la scène telle que vous la voyez, en résumant vos observations : « Je vois que tu lèves les mains. Veux-tu qu'il te lance des balles ? » « J'entends Sarah crier et dire "Stop !" » ou « Je t'ai entendu dire "Arrêtez". Que veux-tu qu'ils arrêtent ? » Interroger les enfants sur les comportements dont vous êtes témoin : « Est-ce que tu as apprécié quand elle a fait ça ? » « Tu voulais qu'il t'éclabousse ? » « Tu as aimé quand il a renversé ta tour ? » ou « Tu voulais qu'elle te pousse ? »

Parfois, ces questions suffisent à révéler qu'en réalité, il n'y a aucun conflit (*oui, j'aime qu'elle me pousse, on joue au bulldozer !*). Grâce à elles, les enfants comprennent qu'ils ont le droit de recadrer le comportement de l'autre et de le faire cesser s'il les gêne. « Tu n'aimes pas ce qu'elle a fait ? Non ? Alors, dis-le-lui ! » Ils savent quelles options s'offrent à eux.

2. *Réunir les enfants :* Certains enfants s'enfuient dès l'amorce d'un conflit. D'autres accourent vers un adulte pour demander de l'aide. Il est important de les rassembler. Ils ont besoin de proximité physique pour travailler à la résolution de leur problème. Vous pouvez ramener l'enfant qui est venu chercher votre protection

vers le lieu où a éclaté la dispute en lui posant une main sur une épaule ou un bras pour le réconforter. Le toucher donne de la sécurité aux enfants et les aide à sentir que vous êtes attentif à chacun. Il est particulièrement utile de passer le bras autour de celui qui écoute l'autre s'exprimer et attend son tour pour prendre la parole. Ce geste tout simple le réconforte. « Mon point de vue sera écouté. Je pourrai parler, moi aussi. »

3. *Identifier les émotions :* Dans cette étape, votre empathie est essentielle. Si les enfants voient que vous partagez leurs émotions, ils accepteront de se rassembler et de se parler. D'entrée, vous pouvez nommer les émotions des deux parties : « Je parie que tu t'es senti en colère quand il a pris ta pelle. Et John, tu as eu l'air effrayé quand il a hurlé après toi. C'est bien ça que tu as ressenti ? » Puis vous pouvez leur montrer à quel point vous les comprenez : « Parfois, je m'énerve, moi aussi, si on me pique mes affaires. Et je n'aime pas que l'on me crie après. Les grosses voix, ça fait peur. » Les enfants ont besoin de croire en votre indéfectible soutien. Sinon, ils se referment comme des huîtres et ne participent pas à la résolution du problème. Votre empathie vous permet de construire leur confiance en vous.

4. *Le « dire » à la bonne personne – la confrontation directe :* « Je vais le dire ! Maman ! Danny m'a poussée ! Maman ! » Le problème avec « je vais le dire ! » est le suivant : l'enfant le « dit » en général à la mauvaise personne. Maman peut l'aider, mais la personne qui a réellement besoin d'entendre ce qu'il a à dire est l'autre enfant impliqué dans la dispute. Plutôt que de se précipiter vers maman, papa ou la maîtresse, les enfants peuvent apprendre à s'adresser directement à l'enfant qui a provoqué l'incident. L'action de « dire » change de

« Je vais le dire à maman » à « Je vais LUI dire ce que je n'ai pas apprécié ». Quand un enfant arrive en courant en vous disant : « Danny m'a poussée ! » Vous pouvez lui répondre : « Tu as besoin de le dire à Danny. » Ensuite, vous pouvez l'aider à le faire. Il est important de prononcer devant l'enfant les mots précis qu'elle pourra réutiliser elle-même : « Dis-lui : "Je n'aime pas quand tu me tapes." » Les enfants plus âgés ou plus expérimentés dans la résolution de conflits n'ont besoin que d'une piqûre de rappel : « Dis-le-lui. » Les enfants de moins de six ans ont généralement besoin que vous restiez à leurs côtés, que vous les guidiez, que vous les aidiez à parler directement avec l'autre enfant. Si le problème surgit sur l'aire de jeu entre deux enfants qui ne se connaissent pas, vous pouvez les présenter l'un à l'autre. Par exemple, si Noah accourt vers vous et pointe un autre enfant du doigt :

Noah : Il m'a rentré dedans !
Adulte : On dirait que tu n'as pas aimé ça.
L'adulte le prend par la main et l'emmène jusqu'à Taylor.
Adulte : Voici Noah. Il y a quelque chose qui l'embête. Noah, tu peux lui dire ce qui te gêne ?
Noah : Ne me pousse pas.
Adulte : Noah ne veut pas que tu le pousses. Peux-tu lui dire que tu ne le pousseras plus ?
Taylor : OK.

5. *Écouter ses pairs :* Certains enfants n'écoutent pas lorsqu'un autre enfant recadre leur comportement. Écouter un camarade de jeu peut être un concept farfelu dans un monde où, en général, les adultes posent les règles. Les enfants n'ont pas vraiment l'habitude de

s'écouter entre eux. Ils ont tendance à négliger l'avis des autres enfants. C'est plus commode ! Dans la médiation de conflit, il est important de prendre les mots des enfants au sérieux. Le boulot de l'adulte ? Guider la conversation et aider les enfants à s'écouter les uns les autres, directement, sans filtre. Vous pouvez répéter les mots de votre enfant pour les valider. Et si votre enfant les murmure, en les répétant haut et fort.

6. *Définir le problème :* Souvent, les deux-trois ans plongés dans une dispute ne parviennent qu'à crier : « Non ! Non ! Non ! » Pour parvenir à formuler leur problème, ils ont davantage besoin de votre aide que leurs aînés. Gabe, par exemple, avait construit un réseau de routes compliqué et minutieux pour ses petites voitures. Il ne voulait pas que Scarlett y touche et risque de le détruire. « Non ! Non ! Non ! Va-t'en ! » lui criait-il. Comment aider Gabe ? Vous pouvez lui dire ceci : « Tu t'inquiètes pour tes voitures ? Tu ne veux pas que Scarlett touche à tes voitures ? Dis-le-lui : "Tu ne touches pas à mes voitures !" » Il est important d'enseigner aux enfants à se montrer le plus spécifique possible quand ils posent une limite aux autres.

7. *Répéter :* Le boulot des enfants est de verbaliser à voix haute leurs souhaits et émotions. Le vôtre, de les guider et d'appuyer leurs paroles. En vous faisant l'écho de leurs mots, en intervenant si nécessaire, vous enseignez l'écoute aux enfants.

Se faire l'écho de l'enfant est une stratégie efficace. La plupart du temps, vous répéterez simplement ses propres mots, suffisamment haut et fort pour que les deux parties du conflit les entendent. Si une enfant murmure sa réponse, vous pouvez la reprendre avec davantage d'assurance : « Elle a dit "Tu ne me touches pas" ! » Parfois, il sera nécessaire d'être le porte-parole des deux enfants : « J'ai entendu Jamie dire… » et « Rachel, elle n'aime pas recevoir du sable sur la figure. » Si vous leur montrez comment dire les choses, les enfants vous copieront. Il est important de toujours reformuler la situation en gardant le point de vue de l'enfant. Le message, même s'il est dit par vous, vient de lui. Parfois, faire l'écho ne suffit pas. Il est alors nécessaire d'intervenir. Soit parce que l'enfant ne veut pas interrompre son comportement, soit parce qu'il n'y parvient pas tout seul, soit parce qu'il ne comprend pas. Dans ces cas-là, vous pouvez expliquer à votre enfant que s'il vous appelle, vous l'aiderez à débloquer la situation. Un dimanche matin, en sortant de l'église, alors que les enfants jouaient sur des balançoires, dans le parc, Emerson, six ans, a lancé des morceaux de bois sur Myles, mon fils, six ans lui aussi. Au début, Myles a ri. Puis il a crié « Arrête ! Arrête de lancer du bois sur moi ! » Emerson, pensant qu'ils jouaient encore, a continué de viser Myles avec ses copeaux et branchettes. Myles a fondu en larmes. Je suis intervenue. J'ai demandé à Myles : « Tu as clairement dit ce que tu n'aimais pas, mais il ne s'est pas arrêté. As-tu besoin d'aide ? » Myles m'a répondu oui et je me suis tournée vers Emerson. « Emerson, j'ai entendu Myles dire : "Arrête de lancer du bois sur moi." Quand quelqu'un te demande d'arrêter, tu arrêtes. Tu écoutes Myles. » Au lieu d'insister sur les règles, cette stratégie s'appuie sur l'écoute et notamment sur l'écoute des limites posées par l'autre enfant. L'intervention de l'adulte a pour but de renforcer les mots de l'enfant, leur donne davantage de poids, même quand on doit en même temps s'interposer physiquement.

8. *Résoudre le problème :* Une fois que les deux enfants ont compris le problème et l'émotion qu'il génère, c'est

le moment de le résoudre. « Que pouvez-vous faire pour résoudre ce problème ? » est la question à leur poser. S'ils ne savent pas quoi répondre, vous pouvez leur proposer une idée ou une information. « Je connais des enfants qui font des listes d'attente. Vous voulez essayer ? »

9. *Obtenir une garantie :* Il est essentiel de ne pas sauter cette étape. Vous pouvez demander un simple engagement verbal : « Jimmy a dit : "Arrête de me lancer du sable dessus ! Vas-tu arrêter ?" » Un enfant qui acquiesce ou hoche simplement la tête a davantage tendance à honorer son engagement que s'il ne dit rien (ou s'il dit non !). Vous pouvez aussi utiliser un contrat écrit pour formuler une promesse. Tant que vous n'obtenez pas d'engagement, vous pouvez considérer que le conflit n'est pas désamorcé. Pour en savoir plus sur les accords verbaux ou écrits et les enfants qui refusent d'obtempérer, se reporter à la section « Stratégies de médiation de conflit », page 88.

10. *Mettre la solution en action :* Les enfants sont plus susceptibles de respecter un accord s'ils en sont les artisans. Même si leur solution vous semble un peu bizarre, elle se tente. Il convient de leur dire : « Essayons votre idée et voyons si elle marche. » En cas d'échec, vous pouvez toujours retourner en mode résolution de problème. « Hum... cela n'a pas vraiment fonctionné. Essayons autre chose. Et si... »

Les dix étapes en résumé

1. *Aider les enfants à faire cesser un comportement.* Dire ce que l'on voit en interprétant les mots et le langage corporel des enfants : « Je vois que tu lèves les mains. Veux-tu qu'il te lance les balles ? » En posant des questions : « Est-ce que tu as aimé quand il t'a pris ta balle ? »

2. *Réunir les enfants.* Ils ont besoin d'être suffisamment proches les uns des autres pour se voir et s'entendre. Si l'un d'eux s'est enfui, le ramener auprès des autres, puis s'agenouiller à son niveau, le toucher, le regarder dans les yeux, et lui dire : « Tu as besoin d'écouter Danny. » Veiller à apporter notre soutien aux deux parties du conflit.
3. *Identifier les émotions.* Notre empathie démontre notre compréhension des émotions de chaque enfant (« Tu te sens en colère parce qu'il a cassé ton château ») ou simplement, aide à suggérer une émotion (« Il t'a mis en colère quand il a pris ton jouet ? »). Se limiter aux faits (« Tu n'as pas aimé ça. Tu aimerais avoir ce jouet »).
4. *Le « dire » à la bonne personne – la confrontation directe.* Les enfants s'appuient sur nous pour se confronter l'un à l'autre et s'adresser la parole (« Dis-le-lui »). Proposer les mots exacts à répéter (« Dis-lui : "Je n'aime pas que tu me frappes !" ») et rester à leurs côtés pendant qu'ils se parlent.
5. *Écouter les pairs.* Il est essentiel de mettre les enfants aux commandes de la résolution du conflit. S'assurer que tous s'écoutent peut nécessiter notre présence, soutien, accompagnement.
6. *Définir le problème.* Aider les enfants à poser un cadre précis, clair : « Je t'ai entendu dire "Arrête !" Que veux-tu qu'Alexander arrête de faire ? » Reformuler ce que l'enfant n'aime pas en réutilisant ses propres mots : « Benny dit qu'il n'a pas aimé quand tu l'as poussé. »
7. *Répéter.* Se faire l'écho de l'enfant. Répéter ce qu'il dit renforce son message, en augmente la portée. Intervenir physiquement si nécessaire, pour aider un enfant à cesser son comportement et à écouter.
8. *Résoudre le problème.* Première question à poser aux enfants : « Que pourriez-vous faire pour résoudre ce problème ? » Leur transmettre des informations (« Je sais

que quand on joue avec de l'eau, on prend le risque de se mouiller ») ou des suggestions (« Je connais des enfants qui font des listes d'attente. Vous voulez essayer d'en faire une ? »).

Aider les enfants à définir leurs limites et à les signifier aux autres. (« Jessica dit que vous pouvez jouer avec le train si vous ne détruisez pas le circuit. »)

9. *Obtenir un engagement.* Demander un accord verbal ou écrit aux enfants. (« Vas-tu arrêter ? »)
10. *Mettre la solution en action.* En premier, mettre en œuvre la solution des enfants, puis, si celle-ci échoue, chercher à résoudre le problème en tentant une nouvelle idée.

STRATÉGIES DE MÉDIATION DE CONFLIT

Les contrats écrits

Une lettre qu'ils vous dictent est une super idée pour aider un enfant à signifier ses limites aux autres. Dans l'exemple suivant, Liam, quatre ans, exprime clairement ce qui ne lui convient pas et formule une promesse. La lettre devient une sorte de contrat pour sa sécurité.

Cher Max,
Tu ne me dis pas que je suis méchant, tu ne me traites pas d'idiot. Tu ne me dis pas « je vais te tuer ». Et je ne te pousserai pas et je ne te ferai pas mal.
Liam

Même si Max et Liam ne savent pas lire et ne deviennent pas de grands amis, une telle lettre renferme sa propre autorité. Elle clarifie les limites des comportements de chacun et leur procure une garantie de sécurité.

Les accords verbaux

L'expression verbale a aussi son efficacité. Avant de considérer le conflit comme résolu, il est important d'obtenir de la part de l'enfant une forme d'assentiment. Un hochement de la tête suffit.

Jessica, trois ans, joue avec les petits trains. Brian arrive, lui aussi adore les trains. Il casse le circuit. Avec l'aide d'un adulte, Jessica explicite à Brian les règles à suivre s'il veut jouer aux petits trains avec elle : « Tu peux jouer aux petits trains si tu ne casses pas le circuit. » Brian signale son accord d'un « OK ».

Les accords de ce type exigent de l'écoute. Chaque enfant a alors l'occasion de dire comment il se sent et ce qu'il ne veut pas que l'autre enfant fasse. Pour certains, écouter un autre enfant est un concept insaisissable.

> Placer les enfants aux commandes. Les aider à s'écouter les uns les autres et à poser des frontières aux comportements de leurs pairs.

La clé de l'efficacité de ces contrats verbaux est de leur en confier la responsabilité. C'est un enfant de trois ans qui encadre le comportement d'un autre enfant de trois ans – un accord entre « Max » et « Liam ». Quand un enfant a appris à délimiter son espace et à le protéger des comportements de ses pairs, vous pouvez être sûre qu'il ne se laissera pas facilement embobiner et priver de ses droits en l'absence d'adultes.

La médiation de conflit avec les tout-petits (deux à trois ans)

Le langage du corps est un merveilleux outil pour les plus jeunes. Vous pouvez enseigner aux enfants comment se l'approprier : « Tu places ta main comme ceci. Tu fais la grosse voix et tu dis "Stop !" »

S'ils ne savent pas ou ne veulent pas parler, vous pouvez exprimer verbalement l'émotion qu'ils manifestent physiquement et vous faire l'écho de leurs quelques mots. Vous n'êtes qu'un porte-voix qui relaye les paroles telles que l'enfant les a dites. Par exemple : « Rachel dit : "Tu ne prends pas mes blocs !" » Très vite, les enfants pigeront et vous imiteront.

N'hésitez pas à donner ainsi du pouvoir à de très jeunes enfants. Plus tôt ils commencent leur apprentissage de la médiation de conflit, plus celle-ci devient une seconde nature. Vous leur enseignez des habiletés qui les accompagneront toute la vie.

Quand un enfant refuse

Les enfants ne font pas toujours ce que nous leur demandons de faire, n'est-ce pas ? Cela arrive aussi pendant une médiation de conflit. Un enfant refuse de discuter ou alors, même s'il participe aux échanges, il n'est pas d'accord pour mettre un terme au comportement qui pose problème. Vous aurez beau chercher à impliquer les deux parties, rien à faire. Il est alors nécessaire de poursuivre seul à seul avec l'enfant réticent.

Vous saurez que votre travail n'est pas terminé si à la question « Vas-tu arrêter de lancer du sable ? » la réponse est « Non ! » ou le silence. En rester aux faits.

D'abord, répéter : « Quand Jimmy dit "Arrête", tu arrêtes. » Ensuite, agir : « Je dois te faire changer de place. Je vois que c'est trop dur pour toi de t'arrêter pour l'instant. »

Parfois, emmener l'enfant ailleurs suffit. Mais il arrive aussi qu'elle ait besoin de passer davantage de temps avec vous. Vous pouvez alors vous concentrer sur ses émotions : « Tu as l'air en colère. » Quelque chose la dérange encore, à l'intérieur. Elle a besoin de davantage de votre temps et patience. À cette étape du conflit, votre rôle change. Tout le travail est alors d'aider cette enfant à exprimer davantage ses émotions (en dessinant une colère, en courant très vite... voir les règles 5 et 7, dans la section « Émotions fortes »). Une fois ces émotions reconnues et digérées, vous pourrez passer à l'étape de résolution de problème. Quand elle sera prête.

Quand vous n'avez pas vu ce qui s'est passé

Vous entrez dans une pièce et vous voyez deux enfants se disputant pour le même jouet. Qui l'avait en premier ? Qu'est-ce qui est juste ? Que s'est-il réellement passé ?

Ces situations nous infligent un supplice parce que nous voulons tous être des juges objectifs. Justement : la médiation entre pairs nous évite d'endosser le rôle du juge. Même si vous n'avez pas vu comment la dispute a éclaté, vous pouvez décrire ce que vous voyez : « On dirait que vous voulez tous les deux avoir ce jouet », ou « Waouh ! Vous avez l'air très en colère tous les deux ! »

Nous n'avons pas besoin d'être des témoins oculaires de l'origine d'un conflit pour le dénouer. Souvent, il est même préférable de ne pas savoir qui a fait quoi. Cela nous force à aider les enfants à désamorcer eux-mêmes la brouille. D'abord, se détendre puis utiliser les mêmes étapes que pour une médiation classique. Décrire ce que vous observez, poser des questions. Inutile de s'inquiéter pour ce que vous n'avez pas vu et ne pouvez savoir : mieux vaut partir de vos constatations, quitte à dire des évidences et vous concentrer sur les émotions des enfants pour les aider à démêler la situation.

Dans le bac à sable, deux enfants hurlent et se battent pour le même jouet. Un adulte arrive.
Adulte : Que se passe-t-il ? Vous avez l'air en colère. Vous voulez tous les deux jouer avec cette pelle. (*Décrire ce que l'on voit.*)
Gavin : C'est moi qui l'avais en premier !
Raj : Je jouais avec ! C'est la mienne !
Adulte : Vous semblez très énervés. Vous pensez tous les deux que vous l'aviez en premier. (*S'en tenir aux faits connus.*) Vous aimeriez tous les deux jouer avec tout de suite.

Comme on l'a vu, même si nous sommes témoins de l'amorçage d'un conflit, nous ne savons pas toujours à quoi pensent les enfants, comme dans l'exemple du bac à sable. Chaque fois, vous posez des questions et impliquez les enfants dans la solution, vous rassemblez les pièces du puzzle et renvoyez en écho les réponses des enfants : « Tu creusais un trou et ensuite tu es allé aux toilettes. » Ou « Le problème, c'est que Gavin voulait creuser lui aussi, alors il a pris ta pelle. » Ou « Tu as besoin de creuser un gros trou et Gavin a peur que ton trou lui détruise sa route. Que peut-on faire ? » Répéter leurs paroles montre que vous les écoutez et cherchez à les aider à résoudre le conflit.

Vous n'êtes pas un détective. Vous n'avez pas besoin de savoir exactement ce qui s'est passé. Vous avez juste besoin d'identifier les émotions des enfants, puis les aider à s'écouter l'un l'autre afin d'aboutir à un plan d'action.

Rester neutre

Les conflits surgissent même lorsqu'un enfant ne comprend pas qu'il y a un problème. Quand vous lui révélez l'anicroche, il est essentiel de conserver votre neutralité. Même si l'un des enfants est « responsable », l'aider à sauver la face peut faciliter sa coopération dans la recherche de solution.

Will et AJ se bousculent l'un l'autre.
Adulte : Que se passe-t-il ?
AJ : Il m'a fait mal à la main !
Adulte : Will, tu savais que ton mouvement lui avait fait mal à la main ? (*Vous fournissez une information neutre.*)
Will : Non.
Adulte : AJ, peux-tu lui dire : « Tu fais attention à mon corps ! »

Dans ces situations, quand on est le parent de l'un des enfants (ou des deux), il est d'autant plus important de rester neutre, de ne pas bondir sur son propre enfant ou défendre systématiquement le plus jeune. On fera un meilleur travail de parent en ne prenant pas parti, même émotionnellement.

La plupart d'entre nous ont tendance à être plus sévères avec les enfants plus âgés, penchant que les petits frères et petites sœurs ont vite fait d'exploiter à merveille ! Ou alors, de manière totalement injuste, nous accusons notre enfant et laissons le petit copain tranquille. C'est la solution facile. Nous avons honte de la situation. Nous endossons le comportement de notre enfant à notre compte et nous sentons personnellement jugés par les autres adultes. Alors, n'oublions pas : tous les enfants ont des émotions et pour qu'il y ait conflit, il faut être deux.

Des mots pour en parler

Aider les enfants à stopper un comportement

- Stop ! Que se passe-t-il ?
- As-tu aimé quand elle a fait ça ?
- Veux-tu que Bobby te pousse ? Dis-lui d'arrêter.
- Tu mets ta main comme ceci. Tu prends une grosse voix. Tu dis « Stop ! ».

Réunir les enfants ; le « dire » à la bonne personne

- Tu as besoin d'en parler à Danny, pas à moi.
- Je ne pense pas que Rachel sache ça. Allons le lui dire.
- Dis-lui avec une grosse voix. Dis-lui fort pour qu'elle t'entende.
- Dis-lui ce que tu n'aimes pas.
- Rachel veut te dire quelque chose.
- Dan, tu reviens. Tu écoutes Rachel.
- Peux-tu le dire ou veux-tu mon aide ?
- Je garde la balle pendant qu'on démêle tout ça.

Définir précisément le problème ; identifier les émotions

- Je t'ai entendue dire : « Stop. » Que veux-tu qu'il arrête ?
- Je t'ai entendu dire : « Non ! » Qu'est-ce qui ne va pas ?
- Tu n'aimes pas ça. Cela te met en colère. Tu aimerais avoir le train tout de suite.

L'écoute des pairs et le renforcement

- J'ai entendu Sam dire : « Arrête de lancer du bois sur moi. » Tu écoutes Sam.
- Quand quelqu'un dit « Stop », tu arrêtes.
- Il n'écoute pas. Déclare : « J'ai besoin d'aide ! » Tu peux toujours demander de l'aide à un adulte.
- Jessica, Rachel n'aime pas être poussée. Elle dit : « On ne me pousse nulle part sur mon corps. »

Obtenir un engagement

- OK, c'est votre règle. Si vous voulez jouer avec les camions, vous respectez la règle de Sarah.
- Vous pouvez faire ça ? Vous allez arrêter ?
- Il a dit « Stop » et je vois que c'est trop dur pour toi d'arrêter. Je t'emmène plus loin.

Quand vous n'avez pas vu ce qui s'est passé

- J'entends deux enfants qui hurlent. Que se passe-t-il ?
- On dirait que vous voulez tous les deux ce jouet.
- Vous avez l'air en colère. Vous pensez tous les deux que vous l'aviez en premier.
- Vous aimeriez tous les deux jouer avec tout de suite.

Les mots à éviter

- Ça suffit, vous deux. Séparez-vous.
- Je me fiche de savoir qui a commencé. Vous aurez affaire à moi l'un comme l'autre.
- Il est plus petit, donne-lui la balle.
- Si tu n'arrives pas à jouer sagement avec, je te la confisque.
- Ça ne m'intéresse pas.

En public

En public, en matière de gestion de conflit, le choc des cultures est plus que fréquent. Vous avez enseigné à votre enfant comment gérer un conflit, vous lui avez montré comment prendre la parole et affirmer ses droits. Désormais, comme la plupart des enfants à qui l'on transmet ces outils, il s'empresse de partager avec vous ses émotions et participe activement au désamorçage des tensions. Mais il est possible que les adultes que vous rencontrerez dans vos sorties soient moins à l'aise avec les inévitables accrochages. Vous n'y pouvez rien, mais cela ne doit pas vous empêcher d'expliquer votre approche : « Avec Teresa, nous travaillons à la résolution de problèmes. Cela vous gêne si nous laissons les enfants essayer de résoudre le problème qu'ils viennent d'avoir dans le bac à sable ? »

Si vous épaulez une médiation de conflit en public, vous pouvez vous attendre à une grande variété de réactions. Un matin, pendant un cours de baby-gym, un garçon a poussé mon fils Myles et tenté de lui prendre son vélo, puis il s'est enfui quand il m'a vue arriver. À l'époque, Myles avait trois ans. Quand je lui ai demandé s'il avait apprécié que ce garçon le pousse, il m'a répondu : « Non ! » Il avait l'air en colère et aussi un peu effrayé. « Allons lui expliquer comment tu te sens et tu pourras lui dire de ne plus te pousser. » Nous avons trouvé le petit garçon debout collé aux jambes de sa mère. J'ai dit bonjour, puis indiqué : « Myles a quelque chose à dire à votre fils. » Et j'ai laissé Myles parler. Myles a dit au garçon qu'il n'aimait pas être bousculé. La mère est restée muette de surprise. Puis elle a attrapé son fils par le bras et l'a emmené en lui disant : « On ne veut pas de nous ici. Nous n'avons pas besoin de supporter ça. Viens, on s'en va. »

Mais parfois, cela fonctionne comme par magie, même avec des enfants complètement novices sur le sujet. Un après-midi, sur l'aire de jeu, une petite fille s'est plainte auprès de mon amie Karen : « Tu devrais dire à ton fils d'arrêter, a dit la fillette. Il a un gros bâton et il monte avec sur le toboggan. » Voici ce que Karen a répondu : « On dirait que tu trouves que c'est une mauvaise idée. Allons lui en parler. » Une fois devant le toboggan, Karen a tenté une médiation : « Quelque chose inquiète Layla et elle voudrait t'en parler. » Layla a pris la parole, le fils de Karen l'a écoutée, et les deux enfants ont résolu leur différend. Voilà un bel entraînement à la médiation de conflit !

II.

ACCEPTER LES ÉMOTIONS FORTES

La meilleure façon de s'en sortir est d'aller au travers des choses et d'avancer.

Robert Frost

Règle n° 4 : Toutes les émotions sont OK Tous les comportements ne le sont pas

Benjamin, quatre ans, est furieux. Il ne veut pas aller à l'école. Le jour de la rentrée, devant la porte de la classe, il balance violemment son sac sur sa mère. Gênée, celle-ci ne sait pas quoi lui dire. La maîtresse, elle, réagit. Elle lance un « Hé ! » puissant, du même niveau d'énergie que le geste agressif du petit garçon. Puis elle dit : « Les gens ne sont pas là pour qu'on leur fasse du mal. Tu as le droit d'être en colère, mais tu ne peux pas les taper. Et cela inclut ta mère. »

Pourquoi cette règle ?

La colère, la tristesse, la peur sont des émotions naturelles. Lorsqu'elles surgissent chez l'enfant, il est important de leur montrer ce qui est approprié et ce qui ne l'est pas.

Souvent, les parents disent : « Je veux juste que mon enfant soit heureux. » Or le vrai bonheur ne consiste pas à être heureux tout le temps, mais à savoir vivre toute la gamme des émotions humaines. Cette habileté s'acquiert et vous pouvez la lui enseigner.

Je me souviens d'une chanson que je chantais en maternelle, assise sur un tapis : « Si tu te sens heureux, tape des mains. » Au second refrain, « si tu es en colère, tape des pieds », je faisais trembler le sol tellement mes petits pieds tambourinaient le plancher. Voici les paroles d'une adaptation française[1] :

Si tu as d'la joie au cœur, frappe des mains
Si tu as d'la joie au cœur, frappe des mains
Si tu as d'la joie au cœur, et que tu veux qu'on le voie
Si tu as d'la joie au cœur, frappe des mains (...)

Ce grand classique des ritournelles a le potentiel d'enseigner aux enfants une leçon précieuse sur les émotions. Mais attention, les paroles sont censées changer d'un couplet à l'autre ! Dans mon école maternelle, nous gémissions tous en chœur lors du couplet sur la tristesse (Si t'es triste dans ton cœur, pleure un peu) et ajoutions toutes sortes d'émotions (la peur, l'excitation, la solitude...). Aujourd'hui, de nombreuses versions ne font que répéter « Si tu as d'la joie » pour chaque couplet, comme si le but était de s'assurer qu'un sourire reste scotché au visage des enfants.

En vérité, personne ne peut être heureux tout le temps. Nous le savons tous pertinemment : comme nous, nos tout-petits ne respirent pas la joie à toute heure. L'euphorie laisse la place à une crise de rage, puis une vague de frustration les submerge, à moins qu'une peur panique ne les paralyse.

1. Kids Super Songs, https://youtu.be/77ubN-KwM_Q. (*NdT*)

L'intensité des émotions de nos enfants nous bouleverse. Pour repousser ces vilaines et indésirables émotions et les remettre dans leur boîte, nous dirions tout et n'importe quoi : « Tu ne vas pas pleurer pour ça ! Tu es un grand garçon ! » Ou « Ce n'est pas gentil. Tu ne devrais pas te mettre en colère. » Or en devenant parent, il nous revient d'apprendre à accepter les émotions désagréables, surtout si elles nous sont directement adressées. Cela fait partie du boulot de parent.

Enfants en colère, en larmes, accrochés à nos baskets ou chouinant dans nos bras... nous accueillons l'émotion sous-jacente, mais n'avons pas à tolérer un comportement exaspérant ou enfreignant les règles du vivre ensemble. Parfois, nous freinons aussi les gestes débordants des enfants heureux.

LES BIENFAITS DE CETTE RÈGLE

Accepter les émotions de son enfant et lui transmettre des compétences émotionnelles, voilà un cadeau qui lui servira toute la vie.

L'enfant pense en ces termes :

- Je n'ai pas besoin de cacher mes émotions.
- Je ne suis pas obligée d'être heureuse tout le temps. Ma famille m'aimera quand même.
- C'est OK de sentir toutes sortes de choses.
- Les émotions vont et viennent.
- Les gens m'écoutent. Mes émotions et mes idées sont importantes.
- Je sais comment exprimer mes émotions sans faire de mal à qui que ce soit et sans rien casser.

POURQUOI ÇA MARCHE

« Les poissons nagent, les oiseaux volent et les gens ont des émotions », disait Haim Ginott, auteur du best-seller *Entre parent et enfant* qui a guidé des générations de parents dans l'acceptation des émotions de leurs enfants, surtout les plus difficiles à encaisser, les émotions négatives. « Pour qu'un enfant grandisse en adulte honnête, il ne doit pas être encouragé à mentir sur ses émotions, qu'elles soient positives, négatives ou ambivalentes. »

La petite enfance est le règne des émotions. Un enfant de deux ans qui balance ses blocs en hurlant ressent certainement de la colère, mais probablement aussi de la peur, le sentiment d'être incompris, une perte de contrôle. Sa rage explose tel un volcan en éruption qu'il ne sait pas maîtriser. Parents et professionnels de la petite enfance, au travail : il nous revient de lui enseigner les compétences requises pour surmonter une telle crise. Peu à peu, au fil des années de maternelle, les enfants apprennent à réguler les émotions puissantes qui les traversent en les reconnaissant, en les acceptant, puis en pilotant eux-mêmes l'expression de ces émotions.

Comme Ginott l'explique, la plupart des problèmes de discipline impliquent des sentiments et des actes. Ils sont intriqués, mais à traiter différemment. On écoute les sentiments pour les reconnaître et pour que l'enfant puisse les exprimer. Les actions peuvent être freinées et redirigées vers des comportements acceptables. Notre travail est d'aider l'enfant à trouver la manière la plus appropriée d'exprimer son tumulte intérieur. Le petit de deux ans qui lance ses cubes en tous sens a besoin d'être stoppé dans ses gestes, mais il a toujours autant besoin d'exprimer ses émotions.

> RETIRER NOS LUNETTES D'ADULTE
>
> Les émotions des enfants peuvent nous donner l'impression que nous ne maîtrisons plus rien. C'est le bon moment de se concentrer sur ce que nous pouvons contenir et réguler : les actes des enfants. Mettre fin à tout comportement inapproprié est la priorité, tout en reconnaissant leur droit aux émotions et à leur expression. Accueillir une émotion de colère ou de tristesse ne l'aggravera pas. Il ne suffit pas de vouloir qu'une émotion indésirable cesse pour la voir disparaître. Nous ne pouvons pas modifier le ressenti d'un enfant – pas plus que nous ne pouvons le forcer à dormir.

Personne n'aime avoir peur. Ou être malheureux. Ou éprouver de la solitude, de la honte, de la colère. Ou perdre le contrôle. Une des manières les plus sûres pour mettre un terme à ces états est d'exprimer l'émotion qui en est la source.

Nous renions souvent nos propres émotions négatives ou en minimisons l'importance. Et nous agissons de même avec nos enfants. « Ah, ça ne t'a pas fait mal. Tu ne vas pas pleurer pour ça ! » ou « Ne me parle pas comme ça », ou « Ce n'est pas ça que tu ressens ». Parfois nous cherchons juste à effacer toute émotion négative pour que tout aille mieux, tout de suite. À moins que nous ne contestions le ressenti d'un enfant parce qu'il nous est trop pénible. Les psychologues Dorothy Briggs et Selma Fraiberg nous préviennent : cet expédient fait des dégâts. Elles soutiennent fermement le droit de l'enfant à ressentir.

Si nous n'enseignons aux enfants que l'expression des émotions agréables, nous les privons d'une partie de leur humanité et nous préparons le terrain pour de futurs ennuis. Les émotions refoulées ne disparaissent pas, elles se terrent au plus profond. Elles peuvent devenir des obstacles aux apprentissages scolaires et à l'intégration sociale tout au long de la vie.

Pour le psychiatre Stanley Greenspan, les émotions sont les « architectes de l'esprit ». Ses recherches montrent à quel point elles sont vitales au développement cérébral de l'enfant. Quand ils vivent une émotion, ils construisent les réseaux neuronaux dont ils auront par la suite besoin pour leurs apprentissages scolaires.

Voilà pourquoi il est fondamental de poser les bases de bonnes pratiques émotionnelles. Chaque émotion d'un tout-petit lui enseigne comment réguler la vaste gamme des émotions de la vie.

L'émergence de l'intelligence émotionnelle

Les enfants en bas âge peuvent ressembler à des bombes émotionnelles, mais leur habileté à réguler et à comprendre les émotions humaines ne fait qu'éclore. À trois ans, ils n'ont pas encore tous compris qu'un pic de rage ou de peur a toujours une fin. Ils sont persuadés qu'ils resteront bloqués dans leur émotion à vie. Il est utile, pour vous comme pour eux, de rappeler que les émotions changent en permanence. Elles ne sont intenses et réelles que sur le moment même où nous les ressentons.

Daniel Goleman a popularisé l'expression « intelligence émotionnelle » dans son livre *L'Intelligence émotionnelle : analyser et contrôler ses sentiments et ses émotions, et ceux des autres*. Il explique comment cette forme d'intelligence se développe pendant l'enfance. Au début, un enfant ne sait pas si la vague qui le submerge a un nom ou si d'autres que lui ressentent la même chose. Souvent, il ne parvient pas à décrypter l'émotion chez les autres. « Ah, elle est triste ? Je ne savais pas. » En outre, il ne comprend pas ce qu'il est censé faire de ces émotions fortes. En première et deuxième année de maternelle, il ne maîtrise pas encore très bien son corps, ses impulsions. Il peut se mettre à taper et ne pas réussir à s'arrêter sans l'intervention d'un adulte.

L'AGRESSION, LA COLÈRE ET LES ÉMOTIONS CACHÉES

Souvent, quand les enfants sont inquiets ou effrayés, ils deviennent agressifs et frappent. Si l'anxiété les étreint, il arrive qu'ils tapent, poussent ou donnent des coups de pied à la personne la plus proche d'eux. Plutôt que de chercher à comprendre « qui a commencé » et entrer dans une boucle sans fin (c'est pas moi, c'est lui !) il est utile de s'intéresser à leurs peurs.

Deux enfants de trois ans se battent pour jouer avec un camion de pompier. Sam s'est approché de Zeke, qui tenait le camion. Zeke a alors hurlé et s'est mis à le repousser.

Adulte : Zeke, je t'entends crier. Tu as peur qu'il te prenne ton camion. (*Détecter la peur.*)

Zeke hoche la tête.

Adulte : Sam, vas-tu prendre le camion de Zeke ? (*Chercher de l'information.*)

Sam : Non.

Adulte : J'ai entendu Sam dire qu'il ne prendra pas ton camion. (*Renforcer le message.*)

Chercher les motivations derrière un comportement et identifier les émotions de l'enfant demande de l'entraînement. Si au début, cela vous semble difficile, vous pouvez commencer par observer les camarades de vos enfants, sur une aire de jeux par exemple. Parfois, les émotions sont plus facilement reconnaissables chez les enfants des autres. Face à un comportement colérique ou agressif, il est important de s'octroyer un moment pour chercher à comprendre s'il a été motivé par la peur, l'inquiétude, la gêne, la frustration ou par toute autre émotion cachée. Voici quelques questions utiles : « As-tu peur que Sam te fasse mal ? » « Es-tu inquiet pour quelque chose ? » « Te sens-tu déçue parce que tu préférerais que... soit différent ? » « Est-ce que quelque chose te fait peur ? »

Outils pratiques

Enseigner l'intelligence émotionnelle ne se fait ni facilement ni rapidement. De nombreux adultes ne se transformeront jamais en experts en émotions, mais c'est en forgeant que l'on devient forgeron. Plus les tout-petits s'entraînent à reconnaître leurs émotions, mieux ils les expriment et maîtrisent leurs comportements.

Nommer l'émotion

« Tu te sens triste. Ta maman te manque. »

« Tu es très en colère ! Tu veux vraiment sortir tout de suite ! »

« Regarde, le visage de Joey nous dit qu'il a peur. Je crois qu'il n'aime pas ton masque. »

Première étape : décrire ce que vous voyez, même si c'est évident. Ensuite, vous pouvez nommer l'émotion que vous avez reconnue. L'enfant comprend alors ce qu'elle éprouve sur le moment. « Ah ! C'est ça, être en colère. » Identifier une émotion l'aide aussi à accepter l'idée que les autres la ressentent, eux aussi. Se sentir énervée, triste, heureuse ou terrifiée, c'est la vie !

Les enfants ont besoin que nous leur nommions les choses. Leur apprentissage du langage a beau être rapide, ils ont des difficultés à s'exprimer avec des mots. Quand une émotion forte envahit leur cerveau, ils atteignent vite les limites de leurs aptitudes verbales. Il leur faut des mots pour réguler leurs émotions. À trois ans ou moins, les mots de base suffisent : en colère, triste, joyeux. Vers quatre ans, ils sont prêts pour davantage de nuances dans leur vocabulaire émotionnel et peuvent comprendre la jalousie, la déception, la frustration...

Dans le même temps, il est important de résister à l'envie d'éluder la situation en déclarant : « Tu es juste fatiguée. » Même si nous avons raison, nous négligeons alors la réelle émotion de l'enfant. Quand nous sommes fatigués, nous manquons tous d'énergie pour réguler notre tumulte intérieur. Mais nos émotions n'en sont pas moins réelles et pertinentes.

Si vous butez sur une difficulté avec votre enfant et avez besoin d'un temps de réflexion, vous pouvez lui demander ce qu'il ressent : « Te sens-tu en colère contre Sydney ? Qu'a-t-elle fait qui t'a mis en colère ? » Ou tout simplement : « Comment te sens-tu en ce moment ? »

Encadrer les comportements

Les enfants ont le droit d'avoir des émotions, mais dans le même temps, ils ont besoin de savoir quels comportements sont appropriés, et lesquels ne le sont pas. Taper sa mère ou son petit frère, casser une lampe n'est pas acceptable. Se moquer de quelqu'un en l'affublant de noms d'oiseaux qui le vexent ou lui font de la peine non plus. Là aussi, ça fait mal. Le comportement blesse-t-il quelqu'un ou abîme-t-il quelque chose ? Si oui, notre intervention est requise pour que le comportement inapproprié cesse.

Utiliser les soupapes physiques

Même quand les enfants vont très bien, il est difficile pour eux de rester assis sans bouger. Quand une émotion intense envahit leur corps, c'est le bon moment de remuer. Les mouvements vifs, comme courir, donner des coups de pied, déchirer une feuille ou cogner sur quelque chose les aident à lâcher leurs émotions. Inutile d'essayer de mettre cette énergie en bouteille. Mieux vaut la canaliser vers des exutoires sécurisés. Il existe un vaste éventail d'options appropriées pour rediriger l'énergie émotionnelle. Voir la Règle n° 5 : Laisser les enfants taper des mains et des pieds.

Identifier des alternatives

Un soir, mon fils Myles, cinq ans, a piqué une crise parce que le dîner n'était pas encore prêt. Pendant que je lui confectionnais son plat favori, des tacos, il a continué à manifester son impatience et son énervement. Puis, de sa propre initiative, il a disparu dans sa chambre où il s'est occupé avec des feutres. Quand il est revenu me voir, il m'a tendu un dessin d'olives empoisonnées. J'ai adoré. Nous avons souri tous les deux, puis il m'a dit : « Après mon dessin, je n'étais plus en colère. » J'ai alors mesuré à quel point il avait progressé dans sa capacité à réguler ses émotions.

Exprimer vient du latin *exprimere*, « faire sortir en pressant ». Les enfants peuvent « faire sortir » leurs émotions en les « pressant » sur le papier, avec des lettres, des mots, des dessins, des collages. Ils peuvent aussi les « presser » dans l'air en bougeant, courant, sautant, tapant des mains et des pieds. L'essentiel est qu'ils trouvent une façon sécurisée pour tout le monde de faire sortir à l'extérieur ce qu'ils ressentent à l'intérieur. Si vous les habituez à ces mouvements comme alternative aux comportements inacceptables, vous serez surpris de constater qu'ils sauront rapidement s'emparer de ces outils sans votre aide.

Les règles pour parents rebelles présentées dans cette seconde partie du livre offrent de nombreuses possibilités d'expression émotionnelle, notamment les Règles n° 5 (Laisser les enfants taper des mains et des pieds) et n° 7 (Le bambin peut dicter).

Selon le tempérament de l'enfant, une simple et rapide confirmation de l'émotion ressentie peut suffire. Mais Stella, par exemple, cinq ans, plonge et s'enferme dans un cercle vicieux de lamentations quand sa mère tente de l'aider à exprimer sa colère. Certains enfants ont tendance à ressasser. Vous pouvez les aider à passer à autre chose, mais seulement après avoir accepté et reconnu leurs émotions.

LA COMPÉTENCE ÉMOTIONNELLE PAS À PAS

1. *Reconnaître et nommer :*
   - Aider les enfants à identifier leurs émotions (« Tu es en colère »).
   - Leur enseigner à repérer les expressions faciales et autres indices émotionnels (« Regarde le visage de Joey, il a l'air effrayé »).
   - Faire vos observations à voix haute. (« Tu as renversé la chaise et maintenant tu tapes des pieds. On dirait que tu es en colère ! »).
   - Poser des questions (« As-tu peur que Sam te fasse mal ou te prenne tes camions ? »).

2. *Accepter et valoriser :*
Accepter toutes leurs émotions, y compris les négatives. Il est naturel de ne pas être heureux tout le temps. Offrons-leur l'occasion d'être tristes quand ils se sentent tristes, en colère quand ils sont énervés. Tout le monde éprouve ces émotions par moments, même les adultes. Les émotions fortes vont et viennent. Ça peut changer vite.

3. *Exprimer les émotions d'une manière appropriée :*
   - Les émotions ont besoin d'être exprimées pour se calmer.
   - Il est naturel d'être traversé par une émotion vive, mais on fait attention à ses gestes (par exemple, on ne frappe pas). On cherche des exutoires appropriés pour ces émotions fortes : « Tu ne peux pas frapper Nate avec un coup de pied, mais tu peux frapper dans cette boîte. » Chaque solution est à personnaliser en fonction de l'enfant, quitte à en essayer de nouvelles !

Des mots pour en parler

Confirmer et accepter les émotions

- Tu es vraiment en colère contre moi.
- Tu veux d'autres cookies et j'ai dit non. La frustration, ça met en colère !
- Tu es tellement furieux que tu aimerais donner des coups de pied.
- Ton visage a l'air triste. Ta maman te manque. Moi aussi, je me sens triste quand quelqu'un me manque.
- C'est OK. Tu peux pleurer si tu te sens triste.
- Waouh ! Ce puzzle t'énerve énormément !
- C'est comme ça que tu te sens juste maintenant. Je sais que les émotions peuvent changer.

Encadrer un comportement

- Tu peux être en colère contre moi, mais je ne te laisse pas me frapper.
- Tu peux être en colère, mais tu ne peux pas taper sur Mason.
- On ne tape pas les gens.
- Je ne te laisse pas sortir dans la rue même si ta maman te manque.
- Tu peux être frustré, mais tu ne peux pas donner un coup de pied dans le jeu. Tu pourrais le casser.
- C'est OK de te sentir..., mais je ne te laisse pas...

Décoder une émotion cachée

- Est-ce que quelque chose te fait peur ?
- Es-tu inquiet pour Anthony ?
- As-tu eu peur qu'il te prenne ton jouet ?
- As-tu craint qu'il te fasse mal ?

Les mots à éviter

- Tout va bien. Tu n'as pas eu mal.
- Ne pleure pas.
- Les grands garçons/filles ne pleurent pas.
- Tu ne te sens pas vraiment comme ça.
- Je sais que ce n'est pas ça que tu voulais dire.
- Allez, un petit effort, fais-moi un petit sourire.

En public

Souvent, quand l'un de mes enfants pleure, des inconnus interviennent et essaient de le faire sourire. Ils lui décrètent des choses comme : « Pleurer ne sert jamais à rien », ou « Ça ne peut pas être bien grave. Les grands garçons comme toi ne pleurent pas. Il est où ce sourire ? »
Les personnes que vous croiserez dans vos balades ne seront pas toutes à l'aise avec les « vilaines » émotions. Tant que votre enfant vous entend dire que ses émotions sont pertinentes, ne vous en faites pas pour les commentaires à contre-courant des autres. Les gens sont de bonne volonté et veulent aider. Parfois, la distraction offerte par un nouveau visage aide effectivement l'enfant à se calmer. Si le comportement ou le bruit que fait votre enfant gêne votre entourage, mieux vaut partir à la recherche d'un endroit où il pourra terminer d'exprimer son émotion.
Votre enfant est en pleine décharge émotionnelle. Quelqu'un entre dans la pièce – votre conjoint, un baby-sitter, peu importe. Pour l'aider à accueillir ce qui se passe, il est alors utile d'annoncer calmement : « Joey se sent vraiment triste en ce moment. Sa grand-mère lui manque terriblement. Je lui ai dit que parfois les grands se sentent tristes eux aussi. » Vous créez ainsi une atmosphère dans laquelle l'émotion est bienvenue.

Règle n° 5 : Laisser les enfants taper des mains et des pieds

Frapper, donner des coups de pied, mordre sont autant de comportements inacceptables. Ah oui ? Vraiment ? Frapper quelqu'un, lui donner des coups de pied, le mordre, voilà qui est inacceptable, mais parfois, les tout-petits ont besoin de trépigner, cogner, boxer, taper du pied, hurler pour faire sortir leurs émotions. L'essentiel est de trouver une manière de le faire qui soit sécurisée pour tout le monde.

Pourquoi cette règle ?

Certains enfants ont besoin d'une grosse dépense d'énergie physique pour retrouver leur calme. Si une enfant en colère a besoin de taper, vous pouvez la laisser cogner sur quelque chose qui ne lui fera pas mal.

Écraser de la pâte à modeler, taper au marteau sur des blocs de bois, envoyer promener un ballon… cette façon de taper des mains ou des pieds est constructive. Vous pouvez aussi lui proposer de cogner sur un sac de boxe ou d'écraser des cartons des deux pieds, à moins qu'il ne préfère frapper dans des coussins. On a toujours un canapé bien rembourré à portée. Les jeunes enfants expriment leurs émotions extrêmes avec leur corps. Autant faire de la place à leurs éruptions volcaniques.

Jack, quatre ans, mord, crache, donne des coups de pied à ses camarades et les frappe assez régulièrement. Les maîtresses de maternelle ne perdent pas une minute et lui enseignent comment contrôler son énergie. Elles finissent par trouver ce qui l'apaise : courir autour du sapin, dans la cour de l'école. Jack tourne autour de cet arbre de nombreuses fois, brûlant ainsi l'énergie intense de ses émotions. Une fois épuisé, il est calme. Puis il apprend à détecter l'imminence d'une explosion avant qu'elle ne se déclenche. Et il part courir de lui-même autour du sapin.

Cet enfant de quatre ans a intégré une leçon de vie. En cheminant vers l'adolescence puis l'âge adulte, il saura qu'il lui revient de trouver des façons inoffensives pour faire sortir ses tensions.

L'action et la colère fonctionnent main dans la main. Lorsqu'un enfant comme Jack se débat en plein pic d'adrénaline, il est prématuré de vouloir le calmer. Il est trop furieux pour avoir les idées claires. Vous perdriez votre temps à lui demander d'enchaîner les étapes cognitivement complexes d'une gestion de conflit. En premier lieu, il a besoin de canaliser ce déferlement phénoménal d'énergie en lui. C'est le bon moment de l'emmener vers un endroit où il pourra bouger autant que nécessaire et faire tout le bruit qu'il voudra. Vous pouvez lui préciser les options disponibles pour qu'il se défoule et se libère physiquement, en gardant en tête la règle d'or des parents rebelles : C'est OK si ça ne blesse personne et n'abîme rien.

Il est important d'offrir à votre enfant l'occasion d'exercer son corps avec vigueur. L'effort et l'épuisement physique aident à libérer l'énergie émotionnelle et permettent à de nombreux enfants de s'apaiser. Une fois que la bouffée de haute énergie est derrière eux, ils peuvent passer à la résolution de leur problème.

LES BIENFAITS DE CETTE RÈGLE

Voici les leçons extrêmement importantes qu'intègrent les tout-petits :

- Taper quelqu'un, y compris ma maman ou mon papa, est strictement hors limites.
- Je peux être en colère, mais je ne peux jamais faire mal à quelqu'un.
- Je connais des moyens de lâcher la pression qui ne font mal à personne et qui ne cassent rien.
- Quand je suis en colère, je me sens comme si j'avais besoin de faire du mal à quelqu'un, mais il existe de meilleures façons de régler les problèmes.
- Mes parents m'aiment quand même, même si je me mets parfois en colère.
- Mes parents me protègent et s'occupent de ma sécurité. Je peux leur faire confiance.
- Les adultes m'aident quand mes émotions sont trop puissantes et que je n'arrive pas à les contrôler.

POURQUOI ÇA MARCHE

Quand il a eu quatre ans, mon fils Myles est passé par une phase extrêmement colérique. Cette phase a duré trois mois, pendant lesquels tout et n'importe quoi pouvait déclencher une crise. En un clin d'œil, il attaquait, avec ses mains, ses pieds, ses dents. Mes réflexes se sont aiguisés. En attrapant ses bras, je lui disais : « Je ne peux pas te laisser me frapper. Les gens ne sont pas faits pour être tapés. Si tu veux taper, tu peux frapper le canapé. »

Vous vous dites peut-être que si vous laissez votre enfant taper sur le canapé, il risque d'être encore plus énervé ? Vous craignez que la situation n'empire et vous ne voulez pas encourager la violence ?

Je vous propose un autre point de vue : taper sur un canapé lui permet de libérer la pression accumulée. Il aura sans doute besoin de cogner un moment dessus, mais avec chaque coup, il épuise à la fois ses émotions et son corps. D'après la psychologue Dorothy Briggs, pour un tout-petit, l'exercice physique vigoureux est une manière exemplaire de libérer ses émotions négatives. Certains psychologues pour enfants travaillent avec des sacs de boxe dans leur cabinet. Nous, les adultes, avons nos propres ruses physiques pour relâcher le stress ou la colère : nous marchons, nous partons faire un jogging ou nous nous donnons à fond dans un match de basket-ball. Les tensions évacuent le corps grâce au mouvement.

> Les tout-petits expriment leurs émotions avec leur corps.

Les adultes en colère parviennent à verbaliser leur émotion. Les tout-petits sont encore en phase d'apprentissage du langage. Quand la fureur les engloutit, ils se déchaînent, telle une boule de poings et de talons en furie. D'après Fred Rogers, de l'émission *Mister Rogers' Neighborhood*, c'est parfaitement naturel. Plus les enfants gagnent en maturité, mieux ils maîtrisent leurs impulsions (et donc leur aptitude à s'arrêter) et peuvent exprimer leur colère avec davantage de créativité, au moyen d'un dessin, d'une histoire ou d'une conversation. Mais pendant la petite enfance, ils sont leurs émotions. Celles-ci habitent leur corps tout entier.

> RETIRER NOS LUNETTES D'ADULTE
>
> Un enfant qui tape quelqu'un est trop furieux pour avoir les idées claires. Vous pouvez enrayer le mal et déplacer l'action sans l'interrompre pour autant. Comment ? En changeant la cible des coups. L'objectif ultime reste la médiation de conflit, mais vous avez d'abord besoin de calmer l'enfant et de vous occuper de sa bouffée d'adrénaline. S'il a besoin de taper, diriger les coups vers un oreiller, un canapé ou toute autre cible adaptée peut l'aider. Cette substitution toute simple renforce l'idée que les gens ne sont pas faits pour être tapés. Une fois l'énergie brute dépensée, l'enfant s'apaisera et parviendra à mettre des mots sur l'émotion.

Taper des mains ou des pieds sur des objets adaptés, jeter des choses qui ne s'abîmeront pas et ne casseront rien… Tout cela permet d'évacuer un trop-plein. Notre rôle est de veiller à choisir une cible adaptée pour cette énergie. Même en pleine colère, les tout-petits ont besoin d'apprendre ce qui est acceptable et ce qui ne l'est pas.

SUBSTITUER LES CIBLES

Interdire à un enfant de taper des mains ou des pieds peut se retourner contre vous. Son énergie ne sait plus vers quoi ou qui se déverser. D'après Dorothy Briggs, il est nettement préférable de taper sur un objet de substitution que de réprimer l'urgence à taper. Dans le monde des tout-petits, le corps est l'émotion, l'émotion est le corps.

Substituer la cible de l'émotion est une stratégie qui fonctionne. Au lieu de bannir le mouvement que l'enfant veut réaliser (le coup de tête, le coup de pied, le coup de poing), vous pouvez simplement le diriger sur autre chose. Si l'enfant s'exprime en tapant, il a donc besoin de taper. Vous pouvez lui faire confiance. Quelque chose, quelque part en lui, a un grand besoin de taper à ce moment précis. Cette stratégie l'aide en partie parce qu'il se sent valorisé et compris, même en plein chaos. Son « besoin de taper » est reconnu au lieu d'être contrecarré. L'enfant peut laisser son corps agir selon ses besoins.

COMMENT REDIRIGER LES COUPS DE POING ET LES COUPS DE PIED

1. S'adresser à l'enfant en adoptant un niveau d'énergie équivalent au sien permet d'obtenir son attention. Vous pouvez par exemple hausser la voix pour atteindre le même niveau sonore que lui et rythmer vos mouvements sur la vivacité des siens.
2. Faire cesser le comportement inapproprié de l'enfant peut nécessiter de lui tenir le bras ou la jambe.
3. Répéter des phrases simples en facilite la compréhension : « Je ne peux pas te laisser me frapper » (ou frapper Mia, le chat, la lampe...) ; « Tu peux être en colère, mais tu ne peux pas frapper Mia. » « Les gens ne sont pas là pour être tapés. »
4. Proposer autre chose : « Si tu as besoin de taper, tu peux taper le canapé. Il n'aura pas mal. »
5. Quand les choses se sont calmées, vous pouvez passer à la phase d'écoute et de résolution de problème.

D'après le psychologue Haim Ginott, proposer une cible de substitution aux coups est la clé de limites effectives. Une limite est en deux parties : quel comportement est inacceptable, et quel substitut est acceptable. Quand nous déclarons aux enfants « Ne tape pas ton petit frère », nous ne leur fournissons que la moitié de l'information dont ils ont besoin. Ils ne comprennent pas ce qu'ils peuvent faire. Il faut leur indiquer que taper sur un oreiller est OK. N'hésitez pas à dire à un enfant en colère qu'il peut faire comme si l'oreiller était son frère. Remplacer le petit frère par un oreiller renforce l'idée que les gens ne sont pas faits pour être tapés.

> L'action et la colère vont main dans la main. Il est inutile de se précipiter sur un enfant en colère pour tenter de lui apporter un calme immédiat.

Faire de la place aux coups de poing et aux coups de pied ne revient pas à enseigner la violence. Substituer un oreiller à un être vivant (un animal, une personne) appuie votre message : blesser un être vivant n'est pas acceptable.

« Et le yoga ? » me demandent certains parents. « La respiration profonde les apaise. » Les techniques de respiration telles que le yoga peuvent être efficaces avec un enfant, mais de nombreux parents et enseignants font l'erreur de chercher à les déployer trop tôt, en plein maelstrom émotionnel. Le calme ne peut s'installer qu'après la tempête, pas pendant. Les techniques de respiration peuvent être utiles dans un second temps. Avant, il est important d'accompagner l'émotion forte. Généralement, l'enfant à qui l'on accorde un temps pour les coups se calme rapidement. L'énergie de l'explosion initiale due à l'adrénaline se disperse. L'enfant est alors prête à pleurer, à parler, à respirer comme un yogi ou à accepter vos câlins.

Les tempéraments varient d'un enfant à l'autre. Certains attaquent avec des mots (« Je te déteste ! »), d'autres avec des cris et des coups de poing. Ce chapitre se concentre sur la gestion de l'énergie physique. Pour davantage d'information sur la gestion de la colère verbale, vous pouvez vous reporter à la Règle n° 6 (« Je te déteste ! » n'est pas une attaque personnelle).

LES MAMANS ET LES PAPAS NE SONT PAS FAITS POUR ÊTRE TAPÉS

Cette scène se déroule non loin de là où je suis assise : Jason est de mauvaise humeur. Sa maman tente de le raisonner, mais il ne l'écoute pas. Elle parle, parle, parle et il se sent toujours aussi énervé. Alors il la tape. Elle a l'air très gênée, mais n'agit pas pour l'empêcher de frapper de nouveau. Je connais ce petit garçon, ainsi que ses parents. Nos enfants sont dans la même classe de maternelle. Parce que je les connais bien, cela ne me gêne pas d'intervenir. Je m'approche de Jason, suffisamment pour entrer dans son espace personnel et je l'interpelle d'une voix forte :

— Hey, Jason ! Ta maman n'est pas là pour être tapée.

Surpris par mon intervention, Jason cesse immédiatement.

— Merci…, me dit sa mère.

Puis elle semble réfléchir, chercher ses mots :

— Vous avez raison, les mamans ne sont pas là pour être tapées. C'est vrai. Merci.

Quand il s'agit d'empêcher un grand frère de taper son petit frère, nous sommes tous d'une rapidité exemplaire. Mais souvent, nous nous négligeons nous-mêmes. Or la règle « Ne blesser personne » inclut aussi les mamans et les papas. Notre message aux enfants ne peut laisser aucune équivoque possible : blesser quelqu'un, son corps ou son esprit, ou un animal, abîmer les choses, c'est inacceptable. La règle s'applique à tout le monde, y compris à l'enfant elle-même et à ses parents.

Quand ils frappent leur parent, les enfants ressentent une culpabilité terrible. Ils ne parviennent pas à faire cesser leur comportement par eux-mêmes, mais ils veulent être stoppés. C'est votre rôle : prendre le contrôle et ne jamais, en aucune circonstance, laisser un enfant vous frapper. Il est essentiel de lui fournir un cadre sécurisant : « Je ne te laisserai pas me faire du mal. »

N'aie pas peur

Un enfant en colère ressemble parfois à une bête enragée. Sa férocité peut faire peur, mais ne vous y trompez pas : il est quasiment certain que votre enfant est terrifié d'avoir perdu le contrôle de lui-même. Comme nous le rappelle Dorothy Briggs, les crises ne sont rien d'autre qu'une forme intense de communication du message : « Je ne me maîtrise plus ! C'est extrêmement paniquant ! »

Je me souviens clairement de ce qu'un enfant en crise de rage ressent. Petite, je piquais des crises de première classe, version tornade hurlante qui se jette par terre, fait tomber les chaises de la cuisine... Dans mes colères, je ne visais pas à obtenir quelque chose (une sucrerie par exemple). Pas du tout. Les crises surgissaient quand j'étais troublée et débordée par mes émotions. Je me souviens parfaitement de mes sensations intérieures pendant ces crises, parce que pour ne rien vous cacher, j'en ai eu jusqu'à un âge très avancé. Peu importait le déclencheur : une fois submergée par l'intensité de mes émotions, je voulais simplement que quelqu'un intervienne et reprenne les commandes pour me sauver de moi-même.

Votre rôle est d'offrir à votre enfant sécurité et contrôle. Il peut être utile de garder à l'esprit que dans la vie de tous les jours comme dans ces situations de crises, où l'enfant ne se maîtrise plus et n'est qu'une boule de poings et de pieds, il a un besoin physiologique d'être encadré. Le célèbre pédiatre T. Berry Brazelton, auteur de nombreux ouvrages sur le développement de l'enfant, parle de son expérience de ces moments-là : « J'ai toujours été ébahi par le soulagement qui envahit le visage d'un enfant quand son père ou sa mère lui disent : "Tu ne peux tout simplement pas faire ça. Je suis là pour te stopper." »

Il peut être nécessaire de contenir physiquement l'enfant afin de l'empêcher de vous frapper, vous ou quelqu'un d'autre et de blesser, abîmer ou casser. Vous pouvez utiliser votre force pour endiguer ses coups. Il m'est arrivé de m'asseoir sur mes enfants ou de bloquer leur bras quand ils ne parvenaient pas à cesser de taper par eux-mêmes. Oui, cela m'est arrivé et même en public, un dimanche matin, devant notre église !

Quand c'est possible, il est judicieux de déplacer l'enfant en furie vers un lieu où elle se défoulera sans blesser qui que ce soit. Une fois calmée, il sera temps de vous atteler à ses peurs et autres émotions.

Notre travail de parent est de rassurer les enfants. Comme Ginott l'a si bien dit, voici ce qu'ils ont besoin d'entendre : « N'aie pas peur de tes impulsions. Je ne te laisserai pas aller trop loin. Tu es en sécurité. »

Outils pratiques

Vous pouvez aménager votre environnement pour laisser de la place à l'action et offrir à l'enfant l'occasion de se dépenser physiquement. L'effort et l'épuisement physique aident à évacuer l'énergie émotionnelle. Une fois vidés de leur trop-plein, de nombreux enfants parviennent à retrouver le calme.

Il existe une myriade de façons de rediriger en toute sécurité les émotions agressives d'un enfant de moins de cinq ans. Toutes se basent sur la dépense d'énergie physique. Toutes produisent un certain niveau de bruit. Les idées qui suivent conviennent particulièrement aux enfants actifs et peu disposés à s'exprimer verbalement. Ces enfants ont juste besoin de faire sortir leurs émotions. Une fois qu'ils sont épuisés physiquement, ils peuvent participer à une discussion et résoudre leur problème. Au minimum, ils parviennent à mettre un terme à leur comportement potentiellement nuisible.

Faire de la place pour les coups

Déchirer du papier journal ou toute autre grande feuille de papier est une méthode qui a fait ses preuves.

Elle offre à l'enfant un exutoire puissant. L'adulte tient la feuille ou la scotche au chambranle d'une porte ouverte puis invite l'enfant à la déchirer du tranchant de la main, comme un karatéka. La feuille se déchire en un bruit qui correspond au niveau d'énergie de l'enfant. Sinon, taper sur de la pâte à modeler permet aussi de décharger le trop-plein d'énergie.

Si votre enfant a besoin de lancer des choses, vous pouvez l'aider à fabriquer une cible, l'encourager à dessiner ce qui l'énerve tant, puis à jeter des balles dessus : « Ton papa t'énerve. Je ne peux pas te laisser faire du mal à ton papa, mais tu peux envoyer des balles sur cette photo de lui. Cela ne lui fera pas mal. » Un jour, Myles s'est mis en colère parce qu'il ne voulait pas ranger ses jouets. J'ai dessiné avec lui une cible faite des traditionnels cercles blancs et rouges et j'ai écrit au centre « ranger les jouets ». Une fois sa colère exprimée sur la cible, il a réussi à mettre de l'ordre dans sa chambre.

Envisager de fabriquer un mannequin à boxer

À la SYC, les classes sont équipées d'un mannequin prénommé « Dummy[1] », une sorte de poupée de chiffons de forme humaine d'un mètre vingt environ dont le boulot est d'encaisser les coups de poing et les coups de pied. Dummy a un visage quelconque, aucun habit, juste de longs membres, une tête et un corps rembourrés. Depuis la création de la SYC, Dummy a aidé un nombre incalculable d'enfants à exprimer leurs frustrations. Les enseignants annoncent : « Je ne peux pas te laisser faire de mal à Mia, mais tu peux taper

1. *Dummy* a un double sens : à la fois « mannequin » ou « marionnette » et « imbécile ». (*NdT*)

sur Dummy. Dummy ne peut pas avoir mal quand tu le tapes. »

Certains adultes tremblent à l'idée de proposer une cible de substitution ayant forme humaine. Pourtant, cette stratégie est efficace : elle exerce l'enfant à ne pas taper sur quelqu'un et renforce le message qu'il leur revient de trouver une cible appropriée, inanimée, pour leurs coups. Si cela vous gêne, taper sur le canapé convient aussi.

IDÉES D'ACTIVITÉ POUR EXPRIMER LA COLÈRE

- Taper dans quelque chose qui ne peut pas avoir mal.
- Déchirer une boîte en carton d'un coup de pied karaté.
- Frapper un oreiller.
- Déchirer un journal (des deux mains ou du tranchant d'une main, comme au karaté).
- Taper le canapé.
- Taper sur un gros animal en peluche ou sur un mannequin de type « Dummy ».
- Boxer un punching-ball.
- Lancer de la boue sur un arbre.
- Lancer des balles de jonglage ou de mousse sur une cible (qui peut être une photo ou un dessin de ce qui énerve l'enfant).
- Parler fort, faire du bruit, bouger.
- Sortir de la maison et hurler.
- Aller dans la salle de bains et hurler.
- Tourner autour d'un arbre cinquante fois.
- Pilonner de la pâte à modeler du poing ou avec un maillet.
- Taper sur du bois avec un marteau.
- Faire tomber un empilement de blocs de bois.
- Sauter sur du papier bulle.

Donner l'exemple

Si la crise éclate dans un endroit fréquenté par d'autres enfants, il est fréquent que la vue et le bruit d'un enfant qui déchire un journal ou qui écrabouille un carton attirent une foule de petits copains. Avantage secondaire indéniable : une fois les enfants appâtés par le « spectacle », vous pouvez partager avec eux une leçon de gestion de la colère. « Danny est en colère. Je ne peux pas le laisser faire de mal à quelqu'un, mais il peut écraser ce carton. » Comme les spectateurs, qu'il s'agisse de voisins, de frères et sœurs ou de camarades de classe, sont dans un état rationnel, ils intègrent la leçon : la colère est OK, mais elle a besoin d'un exutoire sécurisé.

Aller jusqu'au bout

Exprimer la colère n'est que la première étape du processus. Souvenez-vous, l'action physique peut soulager l'enfant de ses tensions, mais elle ne règle pas le problème sous-jacent. Il est nécessaire de ne pas en rester là, de poursuivre avec l'étape de résolution de problème (voir la Règle n° 3 : Les enfants ont besoin de conflits).

Des mots pour en parler

- Tu es en colère.
- Tu peux être en colère, mais tu ne peux pas frapper Mia.
- Les gens (les mamans, les frères, les animaux, les lampes) ne sont pas là pour être tapés.
- Tu peux être en colère, mais je ne te laisserai pas me faire mal.
- Je te tiens les mains jusqu'à ce que tu arrêtes.

- Je ne peux pas te laisser me taper, mais tu peux taper sur le canapé (le carton, l'oreiller, l'arbre).
- Fais sortir ta colère : tape très fort sur le canapé. Il ne peut pas avoir mal.

Les mots à éviter

- Calme-toi !
- Tu ne peux pas te comporter comme ça.
- On ne tape pas !
- On ne donne pas de coups de pied.
- Les filles sages ne tapent pas.

En public

Comme pour les autres techniques de parents rebelles, il est utile de parler haut et fort lorsque vous accompagnez une crise dans un environnement public. Vous pouvez dire : « Je ne peux pas te laisser taper sur la voiture, mais si tu as besoin de taper, tu peux taper sur cet arbre. » Tout le monde n'appréciera pas. Certaines personnes se poseront des questions sur la violence de votre enfant ; d'autres se préoccuperont de l'arbre. Vu la nature bruyante et volatile d'une crise de colère, des coups de poing et des coups de pied, il faudra probablement vous déplacer avec l'enfant, mettre de la distance entre vous et les autres le plus rapidement possible.

Règle nº 6 : « Je te déteste ! » n'est pas une attaque personnelle

« Tu es méchante ! J'aimerais que tu sois pas ma mère ! Je te déteste ! »

De telles paroles vous transpercent. Elles peuvent vous plonger dans un choc introspectif et un dédale de ruminations : *Comment peut-elle dire des choses pareilles ? Après tout ce que je fais pour elle. Où est passé mon adorable bébé et d'où vient cet horrible monstre ? Je l'aime. Je suis sa mère, non ? C'est moi qui lui ai donné la vie !*

C'est le moment de respirer un grand coup et de prendre ces propos acides pour ce qu'ils sont : une explosion de colère d'un tout-petit qui cherche à s'exprimer. Les mots s'envolent. Leur intensité est réelle, mais le sens qu'ils portent est rarement vrai. Les émotions vont et viennent.

Pourquoi cette règle ?

Les mots durs ne veulent dire qu'une chose : votre enfant est temporairement énervé. Vous pouvez vous concentrer sur ses émotions.

Je me souviens avoir hurlé « Je te déteste » à ma mère quand j'avais cinq ans. Ces mots m'ont effrayée. Je savais qu'ils étaient dangereux et au fond de moi, je savais qu'ils ne disaient pas la vérité. J'aimais ma mère avec toute la férocité de mon petit cœur. Mais j'étais bloquée en mode derviche tourneur, j'avais totalement perdu le contrôle. J'étais simplement en colère et j'avais attrapé les mots les plus forts à ma portée. Aussitôt que je les ai prononcés, je me suis sentie très mal et vulnérable – ma mère allait-elle cesser de m'aimer ? Mon cœur s'est figé jusqu'à ce que j'entende sa voix rassurante : « Je sais que tu es en colère en ce moment. Je t'aime même quand tu es en colère contre moi. » Elle n'a pas renié mes paroles (« Ce n'est pas vrai ! Ce n'est pas ce que tu ressens vraiment ! »). Je pense que si elle l'avait fait, cela aurait nourri mon ressentiment. J'ai pu ainsi puiser à la source de sa force quand j'en ai eu le plus besoin.

Quand votre enfant perd la tête, il est d'autant plus important de garder la vôtre bien froide et de ne pas s'attarder à donner un quelconque sens à ses provocations. Il a besoin de votre aide et il compte sur vous.

Les bienfaits de cette règle

Voici les leçons de vie que votre jeune enfant emportera partout avec lui :

- Je peux vivre des émotions fortes.

- J'ai plusieurs choix. Je sais ce qui peut me faire du bien.
- Cela m'aide quand quelqu'un m'écoute.
- Mes idées sont importantes. Je peux participer à la résolution de mes propres problèmes.
- Mes parents me comprennent. Parfois, je dis des choses qui ne sont pas vraies, mais ma famille sait que je les aime.
- Mes parents sont suffisamment forts et je peux m'appuyer sur eux quand le monde me submerge et que c'en est trop pour moi.

POURQUOI ÇA MARCHE

« Dans cette maison, on ne dit pas “je te hais”. »

Ce type de règle n'est pas applicable. Vous avez le droit d'en avoir envie, mais vous ne pouvez pas empêcher un enfant d'envoyer de telles invectives, surtout quand il est sur les nerfs. Haim Ginott nous rappelle que : « Les émotions fortes ne disparaissent pas quand elles sont interdites. » Quand une personne écoute simplement les émotions douloureuses et les accepte avec sympathie, celles-ci s'émoussent. En revanche, quand l'adulte réagit agressivement, l'enfant a tendance à utiliser des mots acerbes plus fréquemment. Sans prêter attention aux mots durs, allons droit aux émotions qui les provoquent.

Jennie, six ans, crie « Je te déteste » à ses parents quand elle est en colère. Elle remarque quelque chose de bizarre. Chaque fois qu'elle lance des paroles blessantes à sa mère, celle-ci réagit d'une manière spectaculaire et prend ces paroles pour un affront personnel. Elle cherche à empêcher sa fille de les prononcer. « Tu ne peux pas dire ça. Ce n'est pas ce que tu veux vraiment dire, Jennie. Tu ne peux pas te comporter de cette façon. » Mais quand Jennie prononce exactement les mêmes paroles en visant son père, il lui répond d'une voix calme : « J'entends que tu es en colère, mais ce sont des mots durs. Tu peux blesser les gens en les disant. » Jennie ne dit plus « Je te déteste » à son père, mais elle continue avec sa mère.

> RETIRER NOS LUNETTES D'ADULTE
> Inutile de donner du poids à des mots blessants et de les laisser nous terrasser. N'oublions pas que la personne qui les prononce est un très jeune enfant, concentré qui plus est sur ses propres problèmes. Même si c'est après vous qu'il en a, il n'y a rien de personnel dans ce qu'il dit. Ces paroles peuvent même signifier que vous faites un bon boulot de parent en imposant une limite nécessaire à son comportement. C'est le moment d'écouter les émotions qui motivent ces mots durs. Il y a des chances que votre enfant soit en colère, ou triste, et qu'il ait besoin d'aide pour exprimer ces émotions de manière plus appropriée.

Les enfants ont besoin d'être soutenus lorsqu'ils se débattent dans les affres de leurs émotions. Adele Faber et Elaine Mazlish, auteurs de *Parler pour que les enfants écoutent, écouter pour que les enfants parlent*, expliquent qu'il existe de nombreuses techniques pour faciliter l'expression des émotions d'un enfant, mais qu'avant tout, il a besoin que vous montriez que vous comprenez ce qu'il traverse. Il n'a pas besoin de critiques, dénégations ou conseils. Faber et Mazlish encouragent elles aussi l'action physique (taper sur de la pâte à modeler, donner du poing dans un oreiller, boxer un punching bag) et le dessin. Quand un enfant exprime une émotion, il s'en déleste. Si ses « Je te déteste » vous énervent, il est parfaitement OK de le lui dire. Faber et Mazlish expliquent qu'il est essentiel de rester calme et suggèrent de répondre ceci à l'enfant : « Si tu es en colère à cause de quelque chose, dis-le-moi autrement. Alors je pourrai peut-être t'aider. »

Ne pas oublier que « Je te hais » ressemble à une insulte, mais n'a rien de personnel. Les tout-petits sont extrêmement égocentriques. Tout tourne autour de leur nombril.

S'ATTENDRE AU PIRE À LA MAISON

J'ai piqué ma première crise en classe à cinq ans, à l'immense surprise de mes maîtresses. Voici ce que ma mère leur a dit quand elle a appris l'incident : « C'est une bonne nouvelle ! Je pense que cela veut dire qu'Heather commence à se sentir bien à l'école. »

Être en dehors de chez soi, c'est dur émotionnellement pour un jeune enfant. De nombreux petits tentent de « tout garder à l'intérieur » et de contrôler leurs réactions émotionnelles. Mais mettre un couvercle sur ses émotions est un travail ardu, surtout à l'âge de la maternelle. Quand ils rentrent à la maison, ils ont épuisé toutes leurs réserves d'énergie. Ils sont lessivés. Quand Jillian, quatre ans, perd en jouant aux sept familles avec ses parents chez elle, elle explose, relâche tout et hurle, se roule par terre. Mais jamais elle ne le ferait en classe. Une enfant comme Jillian va plutôt crier « Je te déteste ! » à ceux qu'elle aime le plus. Elle se sent bien chez elle et n'a tout simplement plus d'énergie pour canaliser ses émotions.

Outils pratiques

Je sais par expérience combien les crises d'un enfant peuvent être impressionnantes et intimidantes. Avec un peu de recul et les bons outils, vous parviendrez à les gérer avec confiance, dans le calme.

Certains enfants hurlent. D'autres tapent et frappent tant qu'ils peuvent. D'autres encore attaquent verbalement d'un « Je te hais ! ». Et puis il y a ceux qui se retirent dans un coin calme et ceux qui se raidissent et ne peuvent plus bouger. Ce sont les réactions émotionnelles les plus fréquentes. Bonne nouvelle, vous pouvez fournir à votre enfant des outils plus efficaces que ces réactions. Il existe tellement de solutions pour exprimer les émotions, de techniques pour développer la maîtrise des impulsions et de stratégies pour résoudre les problèmes que certaines lui conviendront.

En général, combiner différentes techniques est ce qui fonctionne le mieux. Dans le feu de l'action, il est préférable de donner à l'enfant l'occasion d'exprimer ses émotions en bougeant, en agissant. L'enseignement d'outils de régulation par le biais de livres ou de marionnettes se fera un autre jour, dans un moment de tranquillité.

Dans le feu de l'action

Dans le feu de l'action, privilégier les techniques les plus dynamiques et les plus physiques (voir la Règle n° 5 : Laisser les enfants taper des mains et des pieds). On l'a vu, il est essentiel de répondre à l'urgence de l'enfant : il a besoin de temps pour se dépenser physiquement. Une fois son énergie déployée, il parviendra à se calmer. Toutefois, il arrive que certains enfants préfèrent le calme et la solitude.

Exprimer l'émotion en la dessinant

Certains aiment se décharger de leurs émotions en les dessinant. Vous pouvez leur donner une feuille et leur dire : « Montre-moi à quel point tu es en colère. Montre-le-moi sur cette feuille ! » Vous pouvez vous dessiner ou aider votre enfant à dessiner ce contre quoi elle s'est mise en colère, ou si elle est triste, ce qui la rend triste. Ensuite, une fois le dessin épinglé au mur, si c'est un dessin de colère, vous pouvez l'inciter à jeter des balles dessus.

Exprimer l'émotion en l'écrivant

Un stylo, une feuille suffisent. Fixer sur le papier le ressenti de votre enfant peut faire toute la différence.

Vous avez le droit d'être un peu rebutée par les émotions brutes, très rudes, de votre enfant, mais il peut être très utile de les noter telles qu'elles traversent l'enfant, au moment même où vous écrivez. Par exemple : « Rebecca est tellement en colère qu'elle a envie de crier pendant mille millions d'années sans jamais s'arrêter, même pour manger. » Si votre fille vous assène un « Maman, je te hais ! » vous pouvez l'écrire tel quel sur la feuille, sans lever un sourcil. Voici une reformulation qui peut aider : « Rebecca est tellement en colère qu'elle crie : “Maman, je te hais !” »

Ce n'est pas en écrivant ces mots que vous leur conférez une vérité quelconque. Vous aidez votre fille à exprimer ses émotions. Elle comprend que vous l'entendez. Peu importe la noirceur de ce qu'elle ressent, peu importe si elle sait à quel point elle est désagréable.

Elle comprend qu'elle compte pour vous et que vous êtes prête à rester auprès d'elle, à l'écouter (voir aussi la Règle n° 7 : Le bambin peut dicter).

Faire des grimaces

Les enfants sont fascinés par leur visage. Vous pouvez leur proposer de faire des grimaces avec vous face à un miroir. À force, tout le monde finit par se sentir un peu bête, ce qui dénoue les tensions. Autre option : jouer aux grimaces à travers une fenêtre. Quand mon fils Myles perd à un jeu de plateau, il aime sortir dans le jardin et courir autour de la maison cinq fois. À chacun de ses passages devant la fenêtre de la cuisine, il m'offre une grimace. Depuis la cuisine, je lui rétorque par une autre grimace. Au bout du quatrième ou du cinquième tour, il est pris d'un fou rire. Cette technique est efficace parce qu'au lieu de réprimer les grimaces, elle laisse l'enfant en faire autant qu'il veut. Ensuite, je récupère un fils tout sourire.

Compter et respirer

Les nombres et les motifs géométriques réconfortent les enfants. En cas de colère, ils peuvent compter jusqu'à dix plusieurs fois d'affilée, autant de fois que nécessaire, en posant la main sur la poitrine et en respirant profondément. Le yoga pour enfants est efficace, ainsi que les sorties en extérieur. Le changement d'air oxygène les enfants, la nature les apaise.

Exprimer en tapant

Nous en avons déjà parlé : il est important pour l'enfant d'agir avec vigueur, énergie. Voler dans les plumes d'un oreiller, écraser des cartons, balancer des balles de mousse, frapper un arbre avec un bâton… en pleine éruption émotionnelle, ce sont des activités efficaces et appropriées (voir la Règle n° 5 : Laisser les enfants taper des mains et des pieds).

IDÉES POUR RÉGULER LES ÉMOTIONS FORTES

Dans le feu de l'action
- Faire de la place pour de l'action physique
- Taper sur quelque chose qui ne peut pas avoir mal
- Écrire une lettre sous la dictée de l'enfant
- Dessiner
- Faire des grimaces
- Compter ou respirer profondément
- Sortir dans le jardin

Dans le calme
- Lire des livres sur les émotions
- Utiliser des marionnettes pour représenter les émotions
- Jouer à des jeux de Stop-ou-Encore sur la maîtrise des émotions
- Se parler tout en jouant à la pâte à modeler
- Demander à l'enfant de proposer des solutions
- Se mettre d'accord et écrire un contrat

DANS LE CALME

Pour les tout-petits, la répétition est essentielle. D'une crise à l'autre, ils ne se souviennent pas forcément de ce qu'ils sont censés faire avec leurs émotions. Ils les ressentent de manière tout aussi authentique que nous, mais ils ne maîtrisent pas leurs impulsions. Ils ont besoin de revivre plusieurs fois les mêmes expériences pour apprendre à se contrôler quand ils sont submergés.

Jouer à 1, 2, 3, Soleil, concocter un spectacle-maison de marionnettes… dans la vie de tous les jours, il existe de nombreuses façons de renforcer les principes de la régulation émotionnelle entre les tempêtes. À vous de choisir le moment, le jour d'une explosion ou plus tard dans la semaine – quand l'enfant est calme, d'humeur stable.

Lire des livres, chanter des chansons

Votre bibliothèque municipale propose certainement d'excellentes histoires aidant à reconnaître et réguler leurs émotions. Vous trouverez une suggestion de livres pour enfants et pour adultes plus loin en annexe. Lire sur les émotions permet aux enfants d'identifier et d'accepter les leurs et de comprendre qu'elles sont toutes naturelles, parties intégrantes de la nature humaine. Selon le livre, l'enfant trouvera des idées sur la façon d'exprimer sa colère ou d'autres émotions de manière appropriée. Lire ensemble facilite la conversation sur les sujets difficiles.

Vous pouvez aussi essayer la musique. De nombreuses comptines aident les enfants à mieux vivre avec les émotions douloureuses, notamment la chanson de Barney le Dinosaure, « I can see it on your face » (je le vois sur ton visage), ou celle de *Free to Be You... and Me* (je peux être toi ou moi), « It's all right to cry » (tu peux pleurer), ou encore celles de *Sesame Street*, comme « Mad » (furieux), « Sad » (triste) ou « Everyone makes mistakes » (tout le monde peut se tromper).

Utiliser des marionnettes

Il n'est pas nécessaire d'être un marionnettiste chevronné. Vous attrapez la première peluche ou poupée à votre portée, et vous la faites parler. Pas de panique, votre auditoire ne compte qu'une personne, votre enfant.

Les marionnettes aident les enfants à prendre du recul sur leurs émotions et leurs comportements. Elles leur enseignent à les voir comme distinctes de leur personne. Quand Tommy regarde une peluche Ours Brun piquer une colère et donner un coup de pied dans la poubelle, il n'éprouve pas de honte. Même si c'est exactement ce qu'il a fait la veille. Quand Ours Brun appelle à l'aide, Tommy lui donne de bonnes idées pour qu'il se calme. « Qu'est-ce que je pourrais faire d'autre ? s'interroge la peluche à haute voix. Je m'énerve tellement, parfois, que j'ai envie de donner un gros coup de pied dans quelque chose ! » L'idée consiste à laisser la marionnette faire le travail en rejouant la scène que l'enfant a vécue la veille, ou en concentrant votre histoire sur l'émotion qui pose problème. Vous serez témoin de la réaction universelle des enfants face à une marionnette dans le pétrin : ils cherchent tous à l'aider. C'est magique ! Une fois que vous aurez pris l'habitude d'utiliser les marionnettes avec vos enfants, vous les attraperez pour toutes sortes de leçons précieuses : donner la main pour traverser la rue, manger chez Mamie, préparer l'arrivée d'un petit frère...

Les jeux

Quand ils s'amusent à la Statue ou à 1, 2, 3 Soleil les enfants s'entraînent sans s'en douter à maîtriser leurs impulsions. Or s'ils les contrôlent, une grosse partie du travail de régulation émotionnelle est faite. Les jeux de type 1, 2, 3, Soleil renforcent cette habileté en devenir en développant une zone du cerveau importante pour la maîtrise de soi, le cortex préfrontal. Plus les tout-petits s'entraînent à immobiliser leur corps et à se maîtriser, plus ils font de progrès.

Jacques a dit en est une variante verbale très efficace. Le jeu de la Statue aussi : quand vous allumez la musique, les enfants dansent comme des fous, mais quand vous l'éteignez, ils s'arrêtent. Celui qui bouge a perdu.

> Les jeux de type 1, 2, 3 Soleil enseignent le contrôle des impulsions.

Demander à l'expert

Dans ses efforts de faire cesser mes crises de rage, ma mère a tout essayé. Un jour, alors que je jouais calmement, elle m'a demandé tranquillement ce qui m'aiderait quand j'étais dans ces états. Je lui ai répondu : « Prends-moi dans tes bras. » Lors de la crise suivante, cela a marché !

Vous aussi, vous pouvez poser la question à votre enfant. Mais en vous assurant que ce soit dans un moment où il est calme. Il est important de lui promettre de l'écouter, sans aller jusqu'à lui garantir que vous mettrez en œuvre ses suggestions (mais vous serez peut-être surprise de constater que souvent, ses idées sont efficaces !). Voici comment procéder en quelques étapes : 1. Présenter le problème. « Nous avons un problème. Le matin, l'habillage prend beaucoup trop de temps et ça me met en colère. » 2. « Que pourrait-on faire pour régler ce problème ? » 3. « Quelles sont tes idées ? Que pourrait-on faire d'autre ? Voilà mon idée. » Vous pouvez pousser la démarche un cran plus loin et la conclure par un contrat écrit entre vous deux. Par exemple : « La prochaine fois que je piquerai une crise de colère et que je hurlerai, maman me serrera dans ses bras. » (Voir aussi la Règle n° 7 : Le bambin peut dicter.)

Discuter en manipulant de la pâte à modeler

Dans certains cas, une bonne conversation suffira à régler le problème. Mais pendant que vous parlez à un tout-petit de son comportement et de ses émotions, il peut être utile de lui donner quelque chose à faire, de lui occuper les mains. Vous voulez aborder un incident ? Et si vous lui proposiez d'abord de la pâte à modeler ou un jeu de balles entre vous, avant de discuter avec lui de ses peurs, de sa jalousie ou de sa colère ? Ces jeux sont particulièrement efficaces avec les garçons, qui s'expriment plus facilement lorsque leur corps est en mouvement.

Déployer sa créativité

Les enfants très actifs réagissent bien aux techniques leur proposant de courir ou hurler. Les enfants plus calmes préfèrent dessiner leurs émotions avec des feutres. Les exutoires émotionnels variant avec chaque enfant, c'est à l'adulte de s'adapter.

C'est pourquoi il ne faut pas hésiter à tenter de nouvelles approches. De plus, votre enfant change à tout instant. Ce qui semble fonctionner à un temps T ne sera peut-être plus efficace la semaine suivante. En changeant d'outils et de stratégies, vous verrez ce qui correspond le mieux à votre famille. Vous pouvez par exemple encourager une enfant calme à s'exprimer plus vigoureusement, aider un enfant actif, hypervolatile, à trouver un exutoire approprié avant d'exploser, inventer vos propres techniques et demander à l'enfant d'y ajouter les siennes. Les meilleures solutions viennent souvent des enfants eux-mêmes.

Donner l'exemple

Au quotidien, vous pouvez montrer l'exemple à de nombreuses reprises. Vous avez le droit de pleurer devant votre enfant : « Je suis triste. Je pleure parce que... » En vous entraînant à reconnaître les émotions qui motivent ses comportements, vous l'aidez à les formuler. S'il tape ou pousse quelqu'un, par exemple : « Quelque chose te fait peur ? »

> ORGANISER UN COIN POUR LES COLÈRES
>
> Dans votre maison, vous pouvez faire de la place pour un « coin de la colère » et y placer des balles de mousse, des oreillers, un punching-ball, un miroir pour les grimaces, des tambours, de la pâte à modeler...

Des mots pour en parler

- Je sais que tu te sens comme ça en ce moment.
- Et si on l'écrivait : Rebecca est en colère, elle dit « Je te déteste ».
- Tu es vraiment en colère contre moi, en ce moment.
- Montre-moi à quel point tu es en colère. Montre-le-moi sur cette feuille de papier.
- Quand je me sens comme ça, voilà ce qui m'aide.

Les mots à éviter

- Ne me redis plus jamais ça.
- Tu ne penses pas ce que tu viens de dire, ma chérie. Je sais bien que tu aimes ton papa et ta maman.
- Tu ne devrais pas te sentir comme ça.
- Dans cette maison, on ne dit pas : « Je te hais. »
- Tu es méchante !

En public

Nous ne maîtrisons pas le moment où une crise émotionnelle se déclenche. Mais nous pouvons contrôler nos propres réactions. La meilleure façon d'éviter une épreuve de force en public est de reconnaître et accepter l'émotion de l'enfant immédiatement. Cela ne suffira pas à tous les coups, mais quand un enfant de trois ans vous hurle « Je te déteste ! » parce qu'il est l'heure de quitter l'aire de jeu, accueillir son émotion est la première chose à faire, avant d'appliquer la limite : « Tu es très en colère avec moi. Tu ne veux pas arrêter de jouer. Mais c'est l'heure de rentrer à la maison. »

Règle n° 7 :
Le bambin peut dicter

Mon fils Zach pleure dans la voiture. Son doudou lui manque. Il l'a oublié à la maison, sous le canapé. Depuis le siège du conducteur, pour le réconforter, je décris à haute voix : « Zach est triste » puis montre mon empathie : « Ton doudou te manque… Tu aimerais l'avoir avec toi dans la voiture. » Mais ses gémissements se poursuivent. Je me gare et je pêche un bout de papier dans mon sac. « On va écrire un message à Doudou. On va lui dire à quel point il te manque. » Les pleurs s'arrêtent. Voici ce que la lettre à Doudou raconte :

Cher Doudou,
Tu me manques. Je t'aime.
Bisous,
Zach

Pendant la suite du voyage, ses larmes sèchent tandis qu'il serre le mot dans sa main.

Pourquoi cette règle ?

Coucher par écrit les mots de l'enfant donne une forme réelle et claire à ses émotions. Il se sent respecté et compris.

Que votre enfant ressente de la colère, de la tristesse ou de la nervosité, quand il vous dicte une lettre, il ouvre une soupape et apaise son tourment. Non seulement cela lui permet d'exprimer ses émotions, mais ça les rend tangibles. L'enfant peut tenir la lettre, la regarder, la toucher. Vous ne pouvez peut-être pas résoudre son problème comme vous l'aimeriez, mais ne sous-estimez pas la puissance du mot écrit. Une fois le nom de son émotion inscrit en toutes lettres, l'enfant voit que quelqu'un l'a entendu, quelqu'un l'a compris.

Dans sa salle de classe, Abigail, trois ans, a le mal de la maison. Sa maîtresse lui demande ce qu'elle aurait envie de dire. Abigail lui dicte ceci :

Ma maman me manque parce que j'ai peur quand je suis toute seule.
Abigail

Puis elle place la lettre dans son casier et se met à jouer.

Il n'est pas utile que l'enfant sache lire. Il n'a même pas besoin de connaître son alphabet. J'ai commencé à écrire sous la dictée de mes enfants quand ils avaient deux ans. Ils ne savaient pas lire, mais ils saisissaient la puissance de l'outil. Les enfants ayant accès à des livres dans leur foyer comprennent que les mots écrits ont du sens. D'ailleurs, c'est une technique efficace surtout pour ceux qui ne savent pas encore lire, ni écrire.

Dicter son ressenti est une manière de plus de mettre un nom sur une émotion. L'enfant se sent appréciée et écoutée. Souvent, c'est plus important pour elle que d'obtenir ce qu'elle réclame.

> LES BIENFAITS DE CETTE RÈGLE
>
> Écrire sous la dictée de l'enfant consolide la confiance entre vous et lui. Il pense :
> - Les adultes savent comment je me sens.
> - Mes émotions et mes pensées sont importantes.
> - On ne m'oubliera pas.
> - Écrire peut exprimer mes émotions les plus profondes. Les mots écrits ont un vrai sens pour moi.
> - Un jour, je veux apprendre à lire et à écrire. Écrire, c'est très puissant.

POURQUOI ÇA MARCHE

Écrire une lettre sous la dictée des enfants leur offre un moyen de dompter leurs émotions fortes. Cette méthode a fait ses preuves parce qu'elle capte leur ressenti exact et les aide à avancer.

Comment expliquer cette étonnante efficacité ? La lettre résume et valide un moment chargé émotionnellement. L'acte même de dicter aide les enfants à « presser dehors » leur tristesse, solitude ou peur. Ensuite, le bout de papier sur lequel vous avez écrit rend l'émotion tangible. Votre enfant peut le palper, le tenir. Il comprend que ses émotions sont résumées là, dans sa main.

Les recherches du Dr Stanley Greenspan montrent que les émotions sont étroitement liées aux apprentissages. Elles sont essentielles au développement de la pensée symbolique (lettres, nombres…). Les jeunes enfants ont besoin de créer une connexion émotionnelle avec les événements qu'ils traversent pour s'en souvenir et en tirer du sens. D'après Greenspan, les jeunes cerveaux utilisent les émotions pour construire les processus de la pensée symbolique.

> Écrire permet à l'enfant d'exprimer son ressenti le plus intime. Cette technique est efficace même pour les enfants qui ne connaissent pas l'alphabet.

Faire bachoter l'alphabet à votre fille est dénué de signification émotionnelle. Inversement, écrire une lettre sous sa dictée la relie directement à ses émotions. On ne peut pas rêver une meilleure base à partir de laquelle développer son apprentissage de la lecture ! L'enfant comprend que les mots écrits ont de l'importance, du pouvoir. Voilà une leçon de vie puissante !

> RETIRER NOS LUNETTES D'ADULTE
> Pourquoi écrire pour un enfant qui ne sait pas lire quand il gémit en se roulant par terre ? Même si c'est contre-intuitif, qu'est-ce que cela coûte d'essayer ? Les enfants comprennent la puissance des mots et tirent énormément d'apaisement de l'écriture d'une lettre sous leur dictée.

QUAND ÉCRIRE LA LETTRE

Chez nous, quand notre dernier-né est furieux, tout le monde le sait. Mon mari jure que nos voisins nous entendent jusqu'à trois pâtés de maisons. Un soir, alors qu'il avait deux ans, il était en train d'étaler de la peinture verte sur une feuille trempée quand je suis venue le chercher pour le mettre au lit. Je savais que je ne m'en tirerais pas sans cris, mais je l'avais déjà prévenu, et chez nous, quand c'est l'heure, c'est l'heure. Et il était plus que fatigué.

Je lui ai dit « terminé la peinture, c'est l'heure du pyjama ». Il a hurlé. J'ai répété la consigne et je lui ai pris pinceaux et palettes. Il a explosé, tel un volcan, perdant totalement le contrôle. Dès que j'ai pensé qu'il pourrait m'entendre, j'ai haussé la voix au-dessus de ses cris : « Waouh ! Tu es vraiment en colère ! Tu veux peindre. Tu aimes peindre. Tu ne veux pas ton pyjama. Tu es furieux contre moi. » Ensuite je l'ai emporté dans mes bras tout en lui disant : « Tu peux être en colère, mais la peinture, c'est terminé. C'est l'heure de se coucher. »

Vous vous souvenez de ce que ça fait d'être un enfant ? En sus de la colère, on se sent aussi complètement impuissant et désespéré. Soyons francs : vous n'aviez pas confiance en l'adulte. Vous étiez loin d'être persuadé qu'il vous laisserait reprendre un jour l'activité si amusante interrompue par sa faute. C'est pour cela que j'aime tout particulièrement cette technique d'écrire ensemble, ça rétablit la confiance de l'enfant en l'adulte.

Ce soir-là, voici ce qu'a dit la lettre de Zach : *Chère Maman, Je veux peindre demain*. J'ai signé de son nom. Puis il a ajouté une marque. Les pleurs se sont taris. Nous avons relu la lettre plusieurs fois afin qu'il comprenne chaque mot que j'y avais écrit. Puis nous avons discuté de l'endroit où la ranger. Il a décidé de l'afficher sur la porte de sa chambre, au niveau de ses genoux, où il serait sûr de la voir. Ce soir-là, il m'a parlé de la lettre plusieurs fois avec confiance et joie. Le lendemain, il a peint.

LES BONS MOMENTS POUR ÉCRIRE SOUS LA DICTÉE DE L'ENFANT

- Quand l'enfant est en colère.
- Quand elle doit attendre.
- Quand vous avez besoin de repousser à plus tard quelque chose qu'il veut faire tout de suite.
- Quand quelqu'un lui manque (maman, son ours, papy).
- Quand il s'est fait mal ou a peur.
- Quand elle veut communiquer un message important à un autre enfant.
- Quand vous avez besoin l'un comme l'autre de vous souvenir de quelque chose d'important.
- Quand vous résolvez un conflit et décidez d'un plan d'action vers un comportement acceptable.

La lettre est un outil efficace avec les enfants de tous âges et de divers tempéraments. Certaines lettres recèlent de la colère :

Chère école, je te déteste ! Je ne veux pas être ici ! L'école, c'est pas drôle. Rien n'est amusant dans cette école. Leo
Chère maman, je suis vraiment très, très, très en colère. Je veux jouer dehors tout de suite. Tu ne veux pas me laisser. Bisou, Jake.

Ou de la solitude :
Je veux rentrer chez moi. Caleb
Maman, tu me manques. Milo
Je me sens triste. Ma maman s'en va. J'aime ma maman. J'aime ma maman. Mes amis sont venus pour mon anniversaire. Jesse

Parfois, elles font partager un moment difficile :
Chère maman, je suis tombé et je me suis fait mal à l'épaule. J'ai eu très mal. J'ai pleuré. Bisou. Batman
J'ai passé une mauvaise journée. Hanna

D'autres établissent un plan après un conflit :
Je rangerai la forteresse avant 20 h 10.
Zach aura une glace à l'eau après sa sieste.
J'ai peur que le garçon me prenne la tractopelle et la pelleteuse. J'ai besoin d'aide s'il me les prend de nouveau. Ian
Demain, dès qu'il se lèvera, Ben jouera avec ses pompiers.

Toutes les lettres expriment une émotion et une pensée et les valident. Une lettre est une offre de partage.

Signer un contrat

Jackson n'arrivait pas à se contrôler. Quand il s'énervait, il tapait les autres enfants. À la maternelle, les enseignants ne pouvaient plus lui faire confiance. À la récréation, il pouvait jouer, mais pas dans la classe. Comme il avait désespérément envie de jouer dehors avec les autres, il a défini un plan avec sa maîtresse. Ensemble, ils ont écrit ce programme avec des feutres :

Le plan de Jackson pour qu'il puisse jouer dehors
Demain, je ne taperai pas.
Faire un panneau : interdit de taper
Si je m'énerve, je me mets à l'écart.
Si je tape, je rentre dans la classe.

Je peux jouer avec les briques de construction ou dessiner en toute sécurité.
Je peux demander de l'aide à une maîtresse.

Une semaine après cet exercice de résolution de problème et de rédaction du programme, Jackson avait complètement cessé ses comportements inadmissibles. Il s'est senti investi d'un plan dont il était le coauteur et il avait une vraie motivation pour réussir.

Même si votre enfant ne sait pas encore lire, vous pouvcz, vous aussi, définir un contrat avec lui, en rédigeant ensemble vos attentes sur son comportement. Si vous voulez, vous pouvez y coller des images ou des symboles. Le plan de Darby, par exemple, annonce : « Interdit de taper, même si je suis en colère. Si je suis en colère, je dirai à la personne si ça me plaît ou pas. Pour dire Stop, je déchirerai des feuilles, mais pas les papiers de papa. »

Une fois le contrat écrit, il est important de le lire à haute voix et de vous assurer que l'enfant sait ce qu'il contient. Ensuite, vous pouvez signer de votre prénom et lui du sien, à sa façon. « Maintenant, à ton tour d'écrire ton nom. » Vous le verrez prendre cette tâche très au sérieux. Peu importe si ça ressemble à son prénom ou pas ! Il vous voit écrire tout le temps. Faire comme les grands est très excitant pour lui. Ensuite, afficher le contrat à un endroit bien visible pour lui, sur le mur près de son lit, sur le réfrigérateur, au dos de la porte d'entrée…

Outils pratiques

J'avoue, au début, m'être sentie très bête. Saisir un stylo et une feuille alors que son enfant se roule par terre en hurlant de colère, ou sanglote profusément suite à un gros chagrin… c'est incongru. Écrire sous la dictée d'un enfant de deux ans n'est intuitif pour personne. Mais ça marche, avec des enfants de tous les âges.

1. Attraper un stylo. Si l'exercice est nouveau pour vous ou pour l'enfant, voici quelques questions de base pour vous mettre en jambes : « Allez, on met ça sur le papier. Et si on écrivait dans une lettre comment tu te sens ? Que peut-on dire ? Que penses-tu de : "Chère maman, Rebecca est en colère. Elle ne veut pas rentrer" ? » Dès que votre enfant a compris l'idée, vous n'avez plus besoin de provoquer ses réponses. Il vous suffit d'écrire mot à mot ce qu'elle vous dit. Avec un enfant de deux ans, vous pouvez commencer la lettre par un dessin, en expliquant : « Ça, c'est ton visage qui pleure. Là, ce sont tes larmes. » Le dessin aide les tout-petits à faire le lien entre les symboles sur la page et les idées qu'ils représentent.
2. Utiliser les mots de l'enfant. Il est essentiel d'écrire mot à mot ce que l'enfant vous dit. La grammaire sera probablement défaillante ; des mots comme « caca boudin » ne manqueront pas d'apparaître. L'idée est de capter les pensées de l'enfant et de les coucher sur le papier. Il n'est pas pertinent de redouter la force des mots prononcés. Les écrire ne transforme pas magiquement leur sens en vérité. Les émotions douloureuses évolueront et disparaîtront. Mais il restera à l'enfant la

sensation extrêmement importante d'avoir été écoutée. Parfois, elle est trop énervée pour parler. Dans ce cas, vous pouvez écrire ce qui, à votre avis, la met dans une telle colère. Si vous vous trompez, elle vous corrigera certainement. Et ce sera un énorme progrès : tout à coup, vous dialoguez et elle vous aide à cerner le problème.

3. Lire les mots à haute voix. Il est important de répéter chaque phrase au moment même où vous l'écrivez, puis quand la lettre est finie, d'en relire la totalité à voix haute. Cela aide votre enfant à comprendre que les mots qu'elle prononce sont directement connectés aux mots que vous écrivez. Comme tous les petits, votre enfant adore la répétition et vous réclamera certainement plusieurs lectures de sa lettre. Quand elle entend ses propres mots dans la bouche de quelqu'un d'autre, articulés exactement à sa manière, elle prend confiance dans le processus.

4. Demander une signature. La plupart des enfants sont tellement curieux de comprendre comment on écrit une lettre que lorsque cette dernière est terminée, ils ont séché leurs larmes. Vous pouvez impliquer davantage le vôtre en lui proposant d'écrire quelque chose. Lui tendre un feutre avec ces mots : « Maintenant, écris ton nom. C'est ta lettre. » Elle peut bien écrire ce qu'elle veut, ce n'est pas la signature qui compte, c'est l'acte de participer. Elle comprend qu'elle aide à écrire la lettre. Si elle gribouille partout, pardessus ce que vous avez écrit, cela n'a aucune importance.

5. Clarifier les attentes. Avant d'écrire une lettre de type « tu me manques », les enfants ont besoin de savoir que la lettre ne fera pas magiquement réapparaître

leur maman, mais permettra à cette dernière de savoir comment ils se sentent loin d'elle. Dans la même veine, écrire un souhait sur une feuille ne le réalise pas. Les enfants ont besoin de savoir que la lettre n'est pas une baguette magique, mais qu'elle les aide à exprimer leur frustration et leur chagrin.

6. Adresser la lettre à la bonne personne. Je me sens toujours un peu bizarre quand un enfant m'écrit des lettres pleines de colère. Pourquoi toute cette colère m'est-elle adressée ? Je n'ai rien fait de mal ; j'aime qu'on m'aime ! Mais je me garde bien de partager ces pensées. Il est important dans ces situations de placer nos pensées intimes derrière un voile de confidentialité. Vous n'êtes pas là pour vous préoccuper de vous-mêmes, mais pour aider votre enfant à réguler ses émotions. La personne à qui adresser la lettre est la personne qui cristallise l'émotion de l'enfant. Si mamie lui manque, c'est à mamie qu'il faut écrire. Si elle est en colère contre papa, c'est à papa. Et si elle est en colère contre vous, alors il vous revient d'écrire sa lettre et de l'adresser à vous-même !

7. Relire et afficher la lettre. Quand vous avez terminé, l'enfant doit choisir où afficher sa lettre. Certains préfèrent l'épingler à leur porte, d'autres la scotchent sur le réfrigérateur ou à un autre endroit bien visible. D'autres encore aiment la poster, soit dans une boîte postale réelle, soit dans une boîte imaginaire. D'autres s'en fichent complètement. Quand ils ont fini, ils ont fini. Peu importe ce que vous en faites, pensez à toujours clore la rédaction en la relisant à voix haute.

8. Recevoir la lettre dans le calme. Si la lettre a été écrite en votre absence et vous est destinée, son contenu, qu'il soit triste ou plein de colère, peut vous

choquer. C'est dur de recevoir toute cette émotion de front. Vous vous sentirez peut-être coupable de votre absence. Vous regretterez de ne pas avoir été là au moment où votre fille avait besoin de vous. L'essentiel est de réagir calmement à ce que vous lisez : ces lettres ne sont que des instantanés de la vie de votre enfant. Comme une photo, elles captent ses émotions à un moment précis. Quand vous lisez son expérience d'une colère, cette émotion ne devient pas comme par magie activée en vous. Et si vous ressentez son chagrin, ce n'est pas une « mauvaise chose » ! Votre chagrin est une manifestation de votre amour profond pour elle. C'est une émotion naturelle. Ces lettres ne sont que des messages, des instants de vie dont votre enfant a voulu vous faire part. Rien de plus. Après avoir lu la lettre, vous pouvez lui demander si elle souhaite vous en parler. Il est fort probable que pour elle, ce sera déjà de l'histoire ancienne.

9. Rester low-tech. Certes, nous vivons une ère digitale et connectée, mais pour écrire la lettre dictée par l'enfant, il est pertinent de vous en tenir aux outils « d'arrière-garde », stylo, crayons de couleur ou feutres. Les enfants ont besoin de voir, toucher, tenir en main leur lettre. Les SMS ne sont pas des supports adaptés parce qu'ils ajoutent une notion d'immédiateté et de réactivité de la part du destinataire. L'enfant s'attend alors à une réponse instantanée. Si le destinataire du SMS en « zappe » un, il se sentira probablement coupable : « Oh ! Mon fils pleure et je lui manque ! Je dois aller le chercher tout de suite ! » L'écriture d'une lettre n'a pas pour objectif de tirer la sonnette d'alarme et d'enclencher le sauvetage de l'enfant en urgence. La lettre sert à exprimer une émotion. Elle aide l'enfant

à accepter les moments tristes de sa vie et à passer à autre chose. Il est très important d'éviter d'ajouter de la technologie à la démarche et de rester ancré dans le monde de la petite enfance. Votre fille touche la lettre qu'elle vous adresse, la gribouille, verse ses larmes dessus, la dépose dans une « boîte aux lettres », puis elle retourne vivre sa vie.

10. Aller jusqu'au bout. Certaines lettres proposent un plan, du type *Nous sortirons les tubes de peinture de nouveau demain*. Si dans la lettre vous vous engagez à faire quelque chose, il est essentiel de respecter votre engagement. Parfois, cela nous arrange d'ignorer une promesse (ah oui ! C'est vrai, j'ai dit qu'il pourrait peindre, mais il va tout salir et...), mais il est absolument crucial de la tenir. Si votre enfant a oublié le plan d'action défini la veille, vous pouvez lui montrer la lettre et lui en rappeler le contenu. En tenant vos engagements, vous consolidez la confiance qu'il a en vous et vous garantissez l'efficacité de toute future lettre.

Des mots pour en parler

- Et si on écrivait ça sur une feuille !
- Et si on écrivait ce que tu ressens dans une lettre ?
- Tu voudrais que ta maman soit là en ce moment. Et si on lui disait comment tu te sens ?
- Ta lettre ne fera pas arriver ta maman, mais elle lui expliquera comment tu te sens.
- Que va-t-on dire dans ta lettre ?
- Et si on écrivait : « Chère maman, Hanna est triste. Elle veut son Ours Brun. »
- Et si on écrivait : « Cher papa, Caleb est en colère. Il est tellement en colère qu'il a envie de donner des coups de pied. »

Les mots à éviter

- Tout ira bien. Maintenant, arrête de pleurer.
- Ne pleure pas aujourd'hui, même si je te manque.
- Arrête ça tout de suite.
- Tu ne te sens pas comme ça.

En public

Je ne compte pas le nombre de fois où, durant une sortie, j'ai extirpé de mon sac, à brûle-pourpoint, un stylo et un bout de papier. Autant s'organiser à l'avance et prévoir de quoi écrire. Quand je cherche à conjurer une colère en public, j'utilise la technique de la lettre dictée. C'est ma tactique préférée. En plus, je peux ainsi la partager avec d'autres parents assistant à la scène.

Règle nº 8 : Il peut détester le bébé !

La plupart des parents s'attendent à un peu de jalousie de la part de l'aîné lors de la naissance d'un petit frère ou d'une petite sœur, mais malgré ça, ils insistent : « Au fond de toi, tu l'aimes, ta sœur. »

Nous mettons un pull à nos enfants quand nous avons froid. Quand nous avons faim, nous supposons souvent que c'est le cas de toute la famille. Il n'est pas surprenant que nous nous attendions à ce qu'ils aiment le bébé autant que nous.

On demande à Jeff, deux ans et demi, de prendre son petit frère dans les bras. Jeff affiche aussitôt un air renfrogné. L'instant d'après, il tente de retourner son petit frère comme une crêpe sur le canapé. Vous aimez votre bébé, mais votre aîné ne partagera pas automatiquement vos sentiments à son égard. Pour l'instant, il a ses propres émotions, instables, certes, mais non moins réelles.

Pourquoi cette règle ?

Comme toute émotion, la jalousie a besoin d'être reconnue et acceptée. On protège bien sûr le bébé de tout danger physique, mais sans s'inquiéter de l'intensité de la réaction de l'aîné.

Julius, deux ans, attaque fréquemment sa petite sœur nouveau-née prénommée Ella. Julius est un petit garçon énergique qui adore les jeux bruyants en extérieur. Non seulement Ella a réquisitionné sa mère, mais le bébé fait sans cesse des siestes et Julius est coincé à la maison pendant des heures. Alors il cherche à taper Ella, à la repousser. Parfois, il tape aussi sa mère.

La priorité est de protéger le bébé de tout danger et de restreindre physiquement l'aîné, en lui immobilisant les bras, voire en vous asseyant sur lui. Vous pouvez lui dire qu'il a le droit d'être très en colère, mais qu'il ne peut pas faire de mal à quelqu'un. Un enfant très énergique comme Julius a besoin d'entendre ce message un nombre incalculable de fois : « Les personnes ne sont pas là pour être frappées. Tu peux être en colère, mais je ne te laisse pas faire de mal au bébé. »

LES BIENFAITS DE CETTE RÈGLE

Quand vous acceptez la jalousie de l'aîné, il pense :
- Ma famille m'aime toujours.
- Mes parents comprennent que ce n'est pas facile d'avoir un bébé dans la maison.
- Si je n'aime pas le bébé, c'est OK, mais cela ne me donne pas le droit de lui faire du mal.
- Je peux partager mes émotions, même celles qui me font peur.
- Dans cette famille, quand je suis honnête, je suis en sécurité. Je n'ai pas besoin de faire semblant d'aimer.
- C'est OK de changer d'avis. Parfois, les émotions changent.

Pourquoi ça marche

Si votre fils de trois ans hurle : « Je déteste les bébés ! J'aimerais qu'Ella s'en aille et éclate en morceaux et parte à la poubelle ! » Il y a de bonnes chances qu'il soit très énervé. Pas de panique. Votre aîné signale simplement qu'une émotion forte le traverse. Le bébé a peut-être renversé sa tour pour la énième fois. À moins qu'elle n'ait bavé sur ses Lego ou régurgité sur ses chaussures. Les bébés ne sont pas toujours des camarades agréables.

Il est important d'accepter l'émotion de l'enfant et de lui montrer que vous comprenez ce qu'il éprouve. Vous pouvez l'aider à reformuler et à clarifier le problème. Par exemple : « Tu es vraiment furieux. Tu aimerais qu'Ella disparaisse. Tu en as marre qu'elle détruise ta tour. » L'empathie fait des merveilles et vous pouvez même être d'accord avec lui sur un autre point : « Ce n'est pas facile de vivre avec un bébé dans la maison. »

Certes, nous voulons tous que frères et sœurs aient des rapports aimants. Mais balayer leurs émotions fortes et leurs colères pour s'en débarrasser n'est pas une bonne idée. Il peut être tentant de dire à l'aîné : « Oh, tu ne penses pas ce que tu dis. Tu ne te sens pas vraiment comme ça ! » La vérité toute crue, c'est qu'il pense ce qu'il dit. C'est ce qu'il ressent. Il espère faire exploser le bébé en miettes ou la balancer à la poubelle. Il vous envoie un message très clair qu'il est contrarié et furieux. Inutile de le contredire. Ses émotions sont réelles et il a avant tout besoin de votre sympathie et bienveillance.

La psychologue Dorothy Briggs explique qu'un enfant doit être « propriétaire » de ses émotions et qu'il est sain de les accepter, même si elles vous semblent amères, moches. D'après Briggs : « Comprendre les émotions ne les aggrave pas, cela leur donne juste la permission d'être révélées au grand jour. »

RETIRER NOS LUNETTES D'ADULTE

Il est particulièrement difficile d'accepter les émotions négatives d'un enfant quand elles ciblent quelqu'un que nous aimons – notamment un autre enfant du foyer. Vous ne pouvez pas forcer l'amour entre frères et sœurs. En revanche, vous pouvez montrer votre amour pour chaque membre de la famille, sans attendre que les aînés se fassent l'écho de votre affection pour le dernier né. Votre objectif est de créer un environnement familial bienveillant et attentionné. L'affection s'installera à différents moments pour chacun.

Le psychologue Haim Ginott ne s'inquiétait pas, lui non plus, quand un enfant manifestait une colère palpable à l'encontre d'un de ses frères ou sœurs. Il disait qu'il est nettement préférable qu'un enfant déclare « Je déteste mon frère ! » plutôt qu'il simule son affection. Souvent, les enfants ont peur des émotions intenses et sombres. Ils les cachent, tout en pensant : « Si elle sait comment je me sens vraiment, ma mère ne m'aimera plus. » Adele Faber et Elaine Mazlish se sont en grande partie appuyées sur le travail de Ginott pour écrire *Frères et sœurs sans rivalité*. D'après elles, une relation affectueuse entre frères et sœurs ne peut pas s'installer s'il n'y a pas de place pour la sincérité dans l'expression des émotions des uns et des autres.

Les enfants jaloux sont vulnérables. Ils ont besoin de notre soutien, autant que le bébé. À nous de leur faire respecter la ligne rouge à ne pas franchir : « Tu peux être en colère contre ton petit frère (ta petite sœur), mais tu ne peux pas lui faire de mal. »

LES AGRESSIONS PHYSIQUES

La jalousie se manifeste souvent sous forme d'agressivité. Si votre enfant essaie de blesser le bébé, il est nécessaire de réagir avec rapidité et résolution, en interceptant ses coups tout en lui réaffirmant que les gens ne sont pas là pour être tapés. Il n'est pas rare d'avoir à fixer des règles très fermes avant de pouvoir faire de nouveau confiance à un aîné jaloux : « Je ne peux pas te faire confiance et te laisser entrer dans le salon parce que le bébé y est. Tant que tu ne me dis pas que tu ne la toucheras pas, tu joueras dans la cuisine. » Il est essentiel d'établir un niveau zéro de tolérance face aux agressions physiques.

NE PAS LES FORCER À S'AIMER

« N'importe quoi ! Bien sûr que tu aimes le bébé ! »

Frères et sœurs se prodigueront de l'affection en leur temps. Vous ne pouvez pas forcer qui que ce soit à aimer quelqu'un. Exiger ou simplement souhaiter une affection réciproque est chose vaine. Vos attentes risquent de provoquer un sentiment d'inadéquation chez l'aîné et instiller la crainte qu'il perde votre amour. Il est important qu'il comprenne que vous l'aimerez toujours. Voici un exemple de ce que vous pouvez lui dire : « Dans cette maison, j'aime tous les enfants. Je t'aime même quand tu es en colère. J'aime Ella même quand elle est un bébé. » Il n'existe aucune raison pour que frères et sœurs s'apprécient ou s'aiment. La plupart éprouvent de l'affection, mais vous ne pouvez pas l'imposer, juste la laisser s'installer naturellement.

La jalousie en pointillé

Molly, quatre ans, aimait beaucoup son petit frère Adam quand il était nouveau-né. Elle le trouvait mignon. Puis Adam s'est mis à ramper. Depuis, il l'embête et interrompt ses jeux. La jalousie entre frères et sœurs nous préoccupe surtout juste après la naissance, lorsque nous arrivons chez nous avec le bébé, mais elle peut aussi surgir plus tard, alors même que nous croyions qu'ils s'étaient habitués l'un à l'autre. Le bébé grandit et la jalousie peut « mordre » à tout moment.

Les moments chauds d'accrochages entre frères et sœurs

- La naissance et le retour à la maison : veiller à garder son attention sur le bébé, malgré le manque de sommeil.
- De six à dix mois : le bébé rampe. Sa mobilité lui permet d'empiéter sur les affaires de son grand frère ou de sa grande sœur.
- Deux ans : le bébé parle. La compétition s'installe dans les conversations.

Outils pratiques

Votre enfant jaloux et énervé a besoin de votre encadrement, de votre honnêteté et de votre empathie. Accepter l'arrivée d'un bébé offre aux aînés une excellente base pour apprendre à vivre en société. Il s'agit de leur première grande leçon de tolérance : il y aura toujours des gens que je n'aimerai pas ou avec qui je ne serai pas d'accord. Je dois malgré tout les traiter avec respect.

Donner de l'information

L'enfant vit dans l'instant présent. Il est complètement impossible pour lui d'imaginer qu'un jour, le bébé Ella ne fera plus tomber sa tour ou ne mettra plus ses billes dans sa bouche. Il croit qu'il aura ce bébé sur le dos à vie.

Vous pouvez le rassurer en lui rappelant qu'on ne reste jamais bébé longtemps. « Je sais que les bébés grandissent » ou « Je sais qu'Ella ne sera pas toujours un bébé ». Il peut voir comment son propre corps a changé avec le temps en regardant des photos de lui petit.

Les enfants ont aussi besoin de savoir que leurs propres émotions peuvent varier. « Tu te sens comme ça en ce moment. Je sais que les émotions changent », ou « Je sais que les enfants, parfois, changent d'idées ». Des phrases de ce type enseignent aux enfants qu'ils ne seront pas emprisonnés dans leur colère et leur jalousie à vie. Elles leur offrent aussi une occasion de sauver la face et d'éviter de se sentir un peu gênés si, plus tard, ils deviennent les meilleurs potes du monde.

Lui réserver un moment spécial

En famille, quand une relation se tend suite à un stress, mettre du temps de côté pour la soigner aide énormément. Vous pouvez par exemple passer vingt ou trente minutes seule, en face à face avec l'aîné, en vous assurant qu'il est au centre de votre attention. Le moment que vous choisirez est un moment pendant lequel vous devez être sûre de ne pas avoir à vous occuper de ses frères et sœurs : « Je vais passer ce moment spécial avec toi. On peut faire tout ce que tu veux. » Nous acceptons toute activité proposée par l'enfant, sans oublier de poser notre téléphone portable et de ranger tout gadget qui pourrait détourner notre attention. Il est possible qu'il veuille simplement que vous le regardiez jouer. Le moment spécial gagne en efficacité s'il est régulier – pas nécessairement chaque jour. Plusieurs fois par semaine suffisent. Petit à petit, ce moment deviendra un moment de confidences intimes que vous apprécierez autant l'un que l'autre, même en période moins stressante.

Le moment spécial aide l'enfant parce qu'il sait que son tour viendra ; il n'a pas besoin de se battre pour obtenir notre attention. Comme nous la lui accordons avec régularité, il gagne en confiance et se sent davantage en sécurité. Car, même si au quotidien nous passons tout notre temps avec lui, notre propre agenda nous distrait fatalement. Nous ne pouvons être attentif à lui en permanence, or ne l'oublions pas : nous sommes une personne très importante dans sa vie.

Changer d'approche quand le bébé grandit

Mon fils aîné, Myles, a détesté son petit frère dès l'instant où il a posé les yeux dessus pour la première fois : « Je n'aime pas Zach. J'aimerais qu'il ne soit jamais né. » Nous nous étions attendus à ce qu'il soit jaloux au début, mais cette phase a duré deux ans. Myles racontait à qui voulait l'entendre qu'il

« détestait les bébés ». À l'école, quand il confectionnait une carte de vœux pour son petit frère, il collait les cœurs à l'envers : « Ils sont à l'envers parce que je ne l'aime pas. »

Quand le bébé grandit, un changement de méthode s'impose. Les grands frères peuvent cracher « Je déteste le bébé ! » tant que ce dernier n'est qu'un nourrisson, mais par la suite, le tout-petit comprend les mots blessants. Même s'il ne sait pas parler, il comprend.

Il s'agit de continuer à accepter le ressenti de l'aîné et d'assurer sa liberté d'expression, mais d'en encadrer le « où » et le « comment ». Par exemple, vous pouvez dire : « Entendre ces mots rendrait Ella triste. Elle ne sait pas encore parler, mais elle te comprend. Si tu as besoin de dire ces mots, tu peux aller dans ta chambre pour les dire. » Sans oublier d'accueillir l'émotion : « C'est OK de te sentir comme ça, mais tu ne peux pas dire ça devant Ella. Elle peut t'entendre. » Vous pouvez aussi lui proposer une façon non verbale de manifester sa jalousie : « Je ne peux pas te laisser dire ça devant Ella, mais tu peux dessiner comment tu te sens. »

Comme pour les agressions physiques, il est important de protéger la petite sœur de toute agression verbale en laissant l'aîné exprimer son émotion. Le tout sans se ronger les ongles jusqu'au sang : il y a de fortes chances que l'aîné, plus tard, ne se souvienne même plus de ce qu'il ressentait envers sa petite sœur. Myles par exemple a tout oublié. Aujourd'hui, son frère et lui jouent ensemble avec plaisir et se font des câlins dans la rue.

Des mots pour en parler

Accepter et montrer son empathie

- Tu ressens de la colère. Tu aimerais qu'elle disparaisse.
- Tu en as marre qu'Ella fasse tomber ta tour.
- Je sais que tu es en colère contre Ella, mais je ne peux pas te laisser lui faire du mal. Les gens ne sont pas faits pour être tapés.
- Il n'est pas facile d'avoir un bébé à la maison.
- C'est comme ça que tu te sens en ce moment. Je sais que les émotions changent.
- Je sais que les bébés grandissent.
- Quand tu étais un bébé, tu lançais des choses par terre, toi aussi.

Quand le bébé est plus âgé

- Si Ella t'entendait dire ça, cela la rendrait triste. Elle ne peut pas encore parler, mais elle comprend.
- Si tu veux dire ces mots, tu dois aller les dire dans ta chambre.
- Tu peux dessiner tes émotions, ou les écrire, mais tu ne peux pas les dire devant Ella.

Les mots à éviter

- Bien sûr que tu aimes ton frère.
- Tu ne te sens pas comme ça, en vrai.
- Ce n'est pas gentil. Que je ne t'entende pas redire ça.
- Pourquoi tu ne peux pas être gentil comme ta sœur ?
- Embrasse ton frère.

En public

Quand les gens demandent à votre fils « Alors, ça fait quoi d'être grand frère » et qu'il leur répond « Je déteste les bébés », il est bon de lui dire que c'est OK. Il a le droit de révéler ses émotions en public. « James s'accoutume à l'idée d'avoir un bébé à la maison. Ce n'est pas toujours facile. » Amis et inconnus feront sans doute un effort pour dialoguer avec votre aîné. Vous pouvez les en remercier si c'est le cas, sans réorienter la conversation vers le bébé. Il est important de respecter les centres d'intérêt de votre aîné : « James aimerait vous montrer son vaisseau Lego. »

III.

PARTAGER LES GENS, PARTAGER LES JOUETS

L'amitié naît quand une personne dit à une autre : « Quoi ? vous aussi ? Je croyais que j'étais le seul ! »

C. S. Lewis

Règle n° 9 : Partager n'est pas une obligation

Vous lisez un magazine quand tout à coup quelqu'un vous l'arrache des mains. Il vous dit : « Je le veux, ça fait longtemps que tu l'as. » Et il se plonge dans un article. Cela vous énerve, non ?

Entre adultes, nous attendons notre tour pour feuilleter une revue. Nous n'aimons pas être dérangés et nous n'interrompons pas celui qui lit. Quand il aura terminé, il aura plaisir à nous tendre le magazine qui nous fait tant envie. Pour les enfants, cette notion de « chacun son tour » devrait elle aussi s'appliquer. Le tour d'un enfant s'achève au moment où elle en a fini avec son activité.

Pourquoi cette règle ?

Exiger le partage met un terme au jeu, érode la confiance entre parent et enfant et enseigne une fausse générosité. Il est préférable d'instaurer la règle du « chacun son tour ».

Voici une de mes scènes favorites : je regarde un enfant de trois ans s'approcher d'un autre et lui tendre joyeusement un jouet. Pas n'importe quel jouet, celui au sujet duquel ils se disputaient quelques minutes auparavant parce que le petit de trois ans le serrait contre sa poitrine et refusait de le donner. Là, il l'offre sans aucune intervention parentale. Soudain, tout le monde affiche un grand sourire.

Je rêve ? Je délire ? Pas du tout, j'observe régulièrement de telles scènes. En protégeant le droit de votre enfant à s'amuser avec son jouet jusqu'à ce qu'il n'en veuille plus, vous consolidez votre confiance réciproque. Il sait qu'il peut compter sur vous pour défendre ses droits. Si vous lui enseignez comment dire aux autres enfants quand il a fini, vous serez vous aussi témoin d'élans de générosité sereine et authentique. Presque tous les enfants en bas âge y parviennent. Pourquoi pas le vôtre ?

Les bienfaits de cette règle

Enseigner le « chacun son tour » permet aux enfants de penser en ces termes :

- On se sent bien quand on donne quelque chose à quelqu'un.
- Les règles pour garder un jouet sont justes. Je peux les comprendre.
- J'ai des droits. Je peux les défendre et les adultes me soutiendront.
- Je peux attendre. Je sais que ce sera mon tour plus tard. Je peux contrôler mes impulsions.
- J'ai confiance, on viendra me chercher quand ce sera mon tour. On prend soin de moi.
- Les adultes pensent que ce que je fais est important. Je suis quelqu'un d'important.
- J'ai confiance en mes parents.

Pourquoi ça marche

Nous aimerions tellement que notre enfant de deux ans partage ses jouets… mais du point de vue de son développement, il n'y est pas encore prêt. Le partage s'installe par étapes. Certes, pour nous faire plaisir, l'enfant peut apprendre à lâcher son jouet quand on le lui demande. Mais d'après William Damon, expert en développement de l'enfant, il ne peut commencer à comprendre la notion de réel partage altruiste qu'à partir de l'école primaire. À cinq ans, il lui arrive de partager avec quelqu'un, la plupart du temps pour obtenir quelque chose en échange.

Si l'on ne peut enseigner le partage volontaire aux tout-petits, nous pouvons en revanche leur montrer comment différer une gratification. Le contrôle des impulsions (attendre pour obtenir un jouet plutôt que l'attraper) est une étape vitale du développement cérébral, et plus spécifiquement du développement de la fonction exécutive (qui inclut non seulement le contrôle des impulsions, mais aussi la mémoire, l'adaptabilité, la résolution de problème, le raisonnement et d'autres compétences). Nous pouvons renforcer cette fonction exécutive avec l'entraînement. Dans ses recherches, la neuroscientifique Adele Diamond montre qu'une fonction exécutive solide en bas âge est corrélée à la réussite scolaire ultérieure de l'enfant.

> Les tout-petits ne sont pas prêts pour le partage. Mais ils sont prêts pour apprendre à attendre leur tour.

D'après Dorothy Briggs, experte elle aussi en développement de l'enfant et auteur de *Comment épanouir votre enfant*, les tout-petits ont besoin de « posséder » avant de pouvoir partager. Elle précise qu'il ne s'agit bien évidemment pas de leur fournir l'expérience de la « propriété légale » de quoi que ce soit, mais de la notion qu'un objet est « à eux » : il peut s'agir d'une branche ou d'une pomme de pin ramassées dans le parc. Pour un enfant, posséder un objet revient à le contrôler, donc, en clair, à l'utiliser, à en être le « chef ». Il le tient en main et décide qui d'autre a le droit d'y toucher. Comme l'écrit l'experte de la petite enfance Eda LeShan : « Pour enseigner la générosité aux enfants, il est nécessaire de commencer par leur apprendre à être égoïstes. »

> RETIRER NOS LUNETTES D'ADULTE
>
> Garder un jouet même si un autre enfant le veut n'est pas la marque d'un enfant égoïste, mais d'un enfant tout simplement occupé. Vous pouvez protéger le droit de votre enfant à jouer en lui proposant de répondre ainsi à celui qui l'interrompt : « Je n'ai pas encore fini. » Mettre un terme au jeu d'un enfant pour en récompenser un autre ne fait du bien à aucun des deux. En revanche, attendre son tour enseigne à différer une gratification. Les enfants en bas âge ne sont pas prêts pour le partage ; mais ils sont prêts pour le tour à tour, ce qui leur octroie du pouvoir sur leurs jeux, les aide à apprendre la politesse et la générosité consciente et spontanée.

Les recherches de Nancy Eisenberg et d'autres experts en développement de l'enfant montrent que l'insistance de l'adulte sur le partage n'a pas grand effet. Au contraire, les enfants forcés à partager semblent plus lents à manifester une réelle générosité. Une forme de sournoiserie s'installe en eux : ils partagent pour faire plaisir aux adultes présents, mais, en l'absence d'adultes, ils ne partagent rien du tout, jamais. Ceci dit, la vraie générosité peut devenir une habitude. La joie qu'elle offre vient en partie de la libération de neurotransmetteurs qui renforcent le circuit de la récompense dans le cerveau de l'enfant.

Le problème avec « l'enfant gentil »

Nous nous attendons à ce qu'un enfant partage ses jouets parce que nous souhaitons qu'il soit « gentil ». Mais cette vue assez répandue chez nous bafoue le droit des enfants au jeu et, qui plus est, leur enseigne une mauvaise leçon. Voici un scénario typique :

Max et Hayden ont trois ans. Max joue avec un camion. Hayden arrive près de Max et tend la main vers le camion.
Max : Hé ! C'est à moi !
Hayden : J'en ai besoin !
Max : Je l'avais en premier ! Je joue avec !
Hayden : (*en pleurant*) Il ne veut pas partager !
La mère de Max : Max, sois gentil. Rappelle-toi, il faut partager. Hayden n'a pas encore joué avec. Si tu ne peux pas partager tes jouets, je serai obligée de te prendre le camion et je le rangerai.
Max capitule. Hayden obtient le camion. Max pleure et boude.

Les années de maternelle peuvent se résumer en une scène : deux enfants se disputent pour avoir un jouet. « – Je l'avais avant ! – Je le veux ! – Non, il est à moi ! » Pourquoi s'attendre à ce que les enfants fassent ce que nous ne savons pas faire nous-mêmes, c'est-à-dire obtempérer passivement et abandonner l'objet à l'agresseur ?

Et pourtant, nous forçons souvent nos propres enfants à partager. Nous les grondons en leur répétant : « Sois gentil et partage. Laisse Hayden jouer avec, maintenant. » Que notre enfant ne partage pas nous gêne. Notre instinct nous dicte de plier instantanément, à la demande.

Il est facile de sacrifier nos propres enfants pour ceux des autres. Nous voulons tous que nos gamins soient appréciés. Nous cherchons à leur enseigner comment être gentil et généreux. Cependant, trop souvent, le partage forcé se retourne contre nous. Voici pourquoi.

Max, qui jouait avec le camion, apprend à se dire :

- Dans la vie, on obtient ce qu'on veut en s'en emparant.
- En société, je ne peux pas compter sur ma mère pour me protéger.
- Ma mère préfère l'autre enfant.
- Mon propre jeu n'est pas important.
- Partager, c'est abandonner quelque chose que j'aime.
- Partager me rend triste et en colère.
- Je ne partagerai que si j'y suis obligé.

Le partage à la demande blesse les deux enfants. Hayden, l'agresseur, apprend à penser ceci :

- Dans la vie, j'obtiens ce que je veux en le prenant de force et en pleurant un peu.
- Si j'exige quelque chose, je l'aurai.
- Ce que je veux tout de suite est plus important que les droits ou les émotions des autres.

- En criant fort, très vite et longtemps, je fatigue tout le monde et ils craquent.
- Les adultes me soutiennent si je prononce le mot « partager ».
- J'ai besoin des adultes pour obtenir ce que je veux.

Notre priorité ? Protéger le droit de Max à poursuivre son jeu et à garder son camion. Il est occupé et son jeu est capital. Peu importe s'il monopolise le camion longtemps et fait attendre Hayden. Ce dernier reçoit une leçon bien plus importante que si vous accédiez à sa demande : il apprend à différer une gratification. La seule règle pour un tour à tour efficace est de le caler sur l'agenda de l'enfant. Il a fini son tour quand le jouet ne l'amuse plus.

Le partage est un sujet épineux pour les adultes parce que nous mélangeons deux concepts : le droit à la propriété (« c'est le mien ! ») et le droit au jeu (l'enfant est occupé). Cette confusion imprègne la culture américaine qui met un très fort accent sur la propriété individuelle et sur qui « possède » quoi. Mais le tour à tour n'a vraiment rien à voir avec la notion de propriété. Il protège un temps de jeu précieux et enseigne la vie en société.

Et si nous transposions la scène dans notre monde adulte ? Que se passe-t-il quand on nous demande : « Hé ! Je peux prendre votre voiture ? » ou « Je peux emprunter ton sac à main ? » Avant de donner les clés de notre voiture, nous avons besoin d'avoir réellement confiance en l'emprunteur. Certains objets sont très personnels : portefeuilles et

> OK pour le partage de la nourriture. Mais pour les jouets, c'est chacun son tour.

sacs à main sont à l'adulte ce qu'un doudou ou un jouet favori est à l'enfant. Partager est un choix personnel. Pour inciter à une réelle générosité, rien de tel qu'un partage construit sur la confiance et ancré dans la joie du don.

En tant qu'adultes :

- Nous ne partageons pas avec les personnes en qui nous n'avons pas confiance.
- Nous ne prêtons pas nos objets personnels ou de valeur.
- Nous ne partageons pas ce que nous n'avons pas fini d'utiliser.

Et si nous nous forçons, cela ne nous procure aucune joie. Au contraire, comme nous avons agi sous la contrainte, nous nous inquiétons. Pourquoi prêter, pourquoi partager ? Pour le plaisir de faire plaisir, non ? Pourtant, nous attendons de nos très jeunes enfants, qui ont moins d'aptitudes sociales que nous, de partager à la demande. Je laisse Jan Waters, mon mentor de la SYC, résumer : « Partager, c'est un comportement très recherché dans notre culture. Mais il est vain de le forcer au niveau de la maternelle. »

« J'AI FINI »

En avoir fini avec un jouet peut prendre quelques secondes ou de nombreuses heures. Le point essentiel est de laisser les enfants décider par eux-mêmes quand leur jeu est fini. Ils n'ont pas la notion du temps. Voilà une bonne raison de ne pas faire de fixation sur la durée des jeux. Dire à votre fille « Encore cinq minutes et la poupée va à Katie » la perturbe et génère une pression inutile sur son jeu. Quand une enfant garde un jouet jusqu'à ce qu'elle ait vraiment terminé, elle le donne volontiers à l'enfant qui attend son tour.

De toute évidence, plusieurs fois par jour, nous avons besoin d'interrompre les jeux pour les rendez-vous planifiés, tels que les repas, les sorties. Parfois, patienter jusqu'à ce que l'enfant ait fini avec son jouet ne sera tout simplement pas possible (voir comment agir dans ces situations avec la Règle n° 10 : Les laisser s'approprier un jouet toute la journée). Le jeu continu n'en est que plus vital ! Si vous ne savez pas si l'enfant en a terminé, vous pouvez lui poser la question.

L'exemple suivant montre un adulte aidant les enfants à apprendre à attendre leur tour :

Joey et Danny ont trois ans. Ils veulent tous les deux le même avion. Joey l'avait en premier. Danny saisit l'avion.

Joey : Hé !

Adulte : Danny, je vois que Joey joue avec l'avion en ce moment. Il l'utilise. Je ne peux pas te laisser lui prendre des mains. Peux-tu le rendre ou ai-je besoin de t'aider ? *(L'adulte rend l'avion à Joey.)* Demandons à Joey s'il a fini. Joey, as-tu fini avec l'avion ?

Joey : Non.

Adulte : Est-ce que tu diras à Danny quand tu auras fini ?

Joey hoche la tête. Danny pleure et attrape le jouet.

Adulte : Cela te met en colère. Tu le veux tout de suite. C'est tellement dur d'attendre.

L'adulte aide Danny à s'éloigner et le retient.

Pour les adultes, le partage est fondé sur la confiance, l'amitié et la générosité cultivées au fil du temps. Pour les enfants, il s'enracine dans les notions de possession et de contrôle. Un très jeune enfant apprend mieux à faire confiance et à être généreux quand il a le droit de garder un objet jusqu'à ce qu'il en ait terminé.

LES APTITUDES DE COMMUNICATION DIRECTE

Le tour à tour, s'il est dirigé par les enfants, est une leçon de vie extraordinairement puissante. Il force les enfants à être confrontés les uns aux autres, en face-à-face. Quand il parvient à exprimer un avis différent à un pair, l'enfant fait un bond en avant dans ses aptitudes sociales. D'ailleurs, c'est le cas à tous les âges. Combien d'adultes parmi nous ont le courage de dire tout haut ce qu'ils pensent tout bas, d'affronter en tête à tête la personne avec qui ils ne sont pas d'accord et de communiquer clairement leurs besoins ? William Ury, coauteur de *Comment réussir une négociation* et *Comment négocier avec les gens difficiles*, explique aux adultes comment dire non élégamment et exprimer ses limites aux autres. Un enfant de moins de cinq ans peut lui aussi apprendre cette habileté. Elle l'aide à s'affirmer et l'accompagnera toute sa vie.

Désormais, l'enfant refusant de partager prend un autre visage : il est sain qu'il s'indigne, il est bon qu'il proteste quand nous lui demandons de lâcher « son » jouet au profit d'un autre enfant. Il nous montre qu'il est occupé, plongé dans son jeu et qu'il ne se laissera pas tyranniser par un autre enfant. Si une fillette a suffisamment confiance en elle, elle sait comment défendre son droit au jeu. Dans cet exemple, le second enfant témoigne lui aussi d'une belle maturité émotionnelle :

> *Tess et Aiden ont quatre ans. Tess joue avec une lampe torche. Aiden lui retire des mains brusquement.*
> Tess : Stop ! Ne me prends pas mon laser !
> Aiden : Je le veux !
> Tess : Je n'ai pas encore fini.
> Aiden : Ah ! Non ! J'ai besoin d'un laser, moi aussi ! *(Il lui tend.)*
> Tess : Bon, tu sais, il y a une liste pour l'avoir. Je ne veux pas que tu le voles.
> Aiden : *(Regarde la liste et ajoute son prénom après celui de Sarah.)* J'attends sur la liste.
> *Cinq minutes plus tard, Tess pose la lampe torche.*
> Tess : J'ai terminé !
> Aiden : C'est à qui sur la liste ? *(Il donne la lampe torche à Sarah.)*

Une de mes amies ne m'a pas crue quand je lui ai raconté cette scène. « Cela s'est déroulé trop facilement ! » a-t-elle protesté. Pourtant, Tess et Aiden sont des enfants qui existent en vrai et ils n'ont que quatre ans. Ils ont dénoué ce conflit en douceur parce qu'ils avaient confiance en eux et l'habitude de pratiquer le tour de rôle.

Votre famille peut elle aussi mettre en place cette technique. C'est facile ! Une mère du Massachusetts y est parvenue en deux jours seulement. « Mon fils de deux ans et ma fille de quatre ans comprennent parfaitement l'idée "chacun son tour". Quel soulagement pour moi de ne plus avoir à toujours tout recadrer et décider de la durée de chaque jeu, de qui joue avec quoi et quand ! » raconte-t-elle.

Les bienfaits de cette règle

- Céder quelque chose à quelqu'un fait du bien. Ça tombe bien, la générosité sincère se développe dans la joie.
- Le jeu se poursuit sans interruption. Les apprentissages suivent leur cours naturel.
- Le tour à tour est une règle juste et simple à comprendre.
- Il soulage les parents du stress de l'arbitrage.
- Les enfants s'entraînent à cadrer le comportement des autres enfants.
- Ils prennent conscience du fonctionnement en société.
- Ils apprennent la politesse (en annonçant aux autres quand ils ont terminé), la communication directe avec leurs pairs, la gratification différée et le contrôle des impulsions.
- Ils expérimentent la propriété, le pouvoir sur un objet.
- Ils abordent la notion de séquence logique (ton tour, puis son tour, puis mon tour).
- Ils s'entraînent à réguler les émotions pénibles (c'est difficile d'attendre).
- Ils gagnent en indépendance, parce qu'ils savent gérer les situations de partage sans qu'un adulte soit présent.

Quand on manque de temps

Parfois, il faut interrompre le jeu avant que l'enfant ait fini. C'est la vie, on fait cesser le jeu puis si possible, plus tard dans la journée, on trouve un moyen de permettre à l'enfant de terminer son tour. Pour en savoir plus sur les rallonges de tour et comment gérer les tours très longs dans différents contextes, voir la Règle n° 10 : Les laisser s'approprier un jouet toute la journée.

Outils pratiques

Le « chacun son tour », ça marche bien. Les enfants même tout petits le comprennent et le maîtrisent très rapidement. Une maman du Wisconsin m'a raconté : « Ce matin, j'ai essayé le chacun son tour. Cameron, six ans, a vraiment aimé et elle a donné son jouet avec joie quand elle a eu fini, exactement comme vous l'aviez prédit. » « Chacun son tour » est une règle juste qui octroie davantage d'indépendance aux enfants, ce qui vous rend la vie moins stressante. Quand un enfant tend un jouet à celui qui attend, elle ressent la joie douce que procure la générosité sincère. C'est une sensation agréable qu'elle aura envie de revivre encore et encore dans sa vie, qu'un parent la surveille ou pas.

Offrir de l'information et rassurer

Il est facile d'oublier qu'un enfant, ça ne sait finalement pas grand-chose. Un enfant est un paquet d'émotions sans expérience. S'il crie « C'est le mien ! » peut-être éprouve-t-il avant tout de la peur. Ce jouet va-t-il disparaître à jamais ? L'autre enfant l'emportera-t-il chez lui ? Lui donner des informations basiques le rassure : « Brenna joue avec pour l'instant. Elle ne le prendra pas chez elle. Cet ours vit dans notre maison. »

Un câlin apporte du réconfort (en même temps qu'il restreint physiquement l'enfant). Tout en sympathisant sur son sort, vous pouvez le garder dans vos bras et lui dire : « Je te tiens le temps que tu attendes ton tour, quand Brenna aura terminé. » Comme les enfants trouvent l'attente très difficile, vous l'aidez à tenir bon si vous restez assise à ses côtés pendant ce qui est pour lui une éternité. Comme vous lui indiquez ainsi que vous le comprenez, il vous écoute quand vous lui suggérez des activités pour rendre l'attente moins pénible. On peut aussi lui proposer une activité qu'il apprécie, autre que celle pour laquelle il patiente.

Écrire un mot

Écrire permet de matérialiser sur le papier un souhait et de s'assurer que personne ne l'oublie. Une note écrite est efficace quand un seul enfant attend son tour : si Sam veut le camion-grue dès que Zeke aura fini, par exemple. En premier lieu, demander ce que l'enfant veut dire : « Alexis veut vraiment vraiment vraiment jouer avec la marionnette lion tout de suite. » Puis vérifier qu'il comprend la solution : « Alexis peut jouer avec la marionnette lion quand Lucy aura terminé. »

Créer une liste d'attente

Quand plus d'un enfant veut jouer avec le même jouet, c'est le moment de faire une liste d'attente. Dès l'âge de deux ans, les enfants apprécient les listes d'attente. Les mots « tu es le prochain » prononcés à voix haute n'ont pas forcément du sens pour les tout-petits. Mais si vous prenez un marqueur rouge et que vous inscrivez leur prénom en grosses lettres, tout à coup, leur souhait devient réalisable parce que vous l'avez matérialisé. Ils peuvent voir et toucher la liste. Ils commencent à comprendre les événements séquentiels. « Regardons la liste d'attente. Je vais écrire ton prénom dessus. Regarde, là, c'est ton prénom. Tu es le suivant après Danny. »

Liste d'attente pour la balançoire :

1. ~~Hayden~~
2. ~~Gloria~~
3. Danny
4. Jack
5. Nate

OFFRIR UNE SECONDE CHANCE AUX ENFANTS

Maîtriser son impulsion et ne pas attraper un jouet est un travail difficile pour les tout-petits. Parfois, ils n'y parviennent pas. Quand c'est le cas, il serait déplacé de se mettre en colère ou de paraître surprise. (« Enfin ! Tu sais bien qu'il ne faut pas piquer les jouets ! ») Rappeler les règles et leur offrir une seconde chance suffit. Vous aurez parfois besoin d'en éloigner un du groupe pour un moment donné, mais inutile de le punir en le « mettant au coin », il suffit de lui faire savoir qu'il peut retourner jouer avec les autres dès qu'il se sent prêt : « Tu pourras revenir dans la salle de jeux quand tu me diras que tu ne prendras pas le train à Kelsey. Est-ce que tu vas prendre le train à Kelsey ? » Dès que l'enfant vous annonce qu'il ne piquera pas le train cette fois-ci, vous pouvez lui donner une occasion de s'entraîner.

SÉPARER CLAIREMENT LES ESPACES POUR LE GROUPE ET LES ESPACES PRIVÉS

Le tour à tour permet de gérer le partage d'un objet, mais aussi celui d'un espace et des équipements qui s'y trouvent, une structure d'escalade ou un bac à sable. Chez vous, il est important de spécifier à l'enfant ce qui est un espace pour tout le monde et ce qui ressort de l'espace privé. Par exemple : « Le canapé appartient à tout le monde. Si tu ne veux pas être assis à côté de Sophie, tu vas ailleurs. Ton lit est un endroit spécial que tu peux avoir pour toi tout seul. » Dehors, vous pouvez décider que tout le monde a le droit d'utiliser le bac à sable, mais que le haut de l'échelle est à l'un ou l'autre des enfants pour un long tour.

Chacun son tour pour les jeux à pièces multiples

Eli, quatre ans, invite sa copine Hannah à jouer chez lui. Au début, ils assemblent un puzzle, puis Eli le veut pour lui tout seul. Sa mère est doublement ennuyée : non seulement Eli pique toutes les pièces du puzzle, mais il ne traite pas Hannah comme une amie.

La règle chacun son tour s'applique dans cette situation aussi. Quand deux enfants jouent ensemble à quelque chose, qu'il s'agisse d'un puzzle, d'un jeu de plateau ou de pâte à modeler, il est naturel que l'un d'eux ait fini avant l'autre. Mais puisqu'il s'agit d'un jeu à deux, les enfants ont besoin de terminer tous les deux avant que l'un puisse s'approprier le jeu. Voici ce que peut dire la maman d'Eli : « Je vois qu'Hannah s'amusait, elle aussi, avec le puzzle. Elle y joue encore. Tu as le droit d'avoir fini, mais tu ne lui prends pas toutes les pièces. »

Inviter un copain à jouer à la maison est excitant et difficile en même temps. L'enfant s'inquiète quand l'ami s'amuse avec ses jouets. À moins qu'il ne soit tellement impatient qu'il ne contrôle plus son corps. Avant l'arrivée du copain, il est utile de ranger les jouets particuliers aux yeux de notre enfant. Les conflits sont naturels et les enfants ont encore beaucoup à apprendre sur l'amitié (Voir la Règle n° 11 : On n'est pas forcément tous copains).

Accepter la surabondance

Souvent, les enfants en veulent davantage que ce que nous considérons comme « assez ». Davantage de sable, de dinosaures…

Brandon, deux ans, trouve une boîte contenant huit colliers et se les enroule partout autour du corps. Myles voit à quel point Brandon s'amuse et demande un collier.

> Papa de Brandon : Donnes-en un à Myles. Tu dois partager.
> *Brandon attrape compulsivement ses colliers pour tenter de les garder tous.*
> Papa de Brandon : Allez, Brandon. Tu en as beaucoup. Pourquoi tu ne veux pas en donner un à Myles ?

Pour ce papa, huit colliers c'est une surabondance de matériel. Qu'est-ce qui peut bien empêcher son fils d'en laisser un à Myles ? L'idée semble parfaitement raisonnable à un adulte. Mais elle est incompréhensible pour un enfant de deux ans qui n'est pas prêt à jouer de manière collaborative. Brandon, de son point de vue, a besoin de ces huit colliers. C'est le bon nombre de colliers parce que c'est avec ces huit colliers qu'il est en train de jouer. Pour protéger le droit de jouer de Brandon, l'adulte a besoin de le laisser garder la totalité des colliers.

Distraire et fournir de multiples objets

Même si les enfants de deux ans peuvent comprendre le tour à tour, vous n'aurez sans doute pas tout le temps l'énergie requise pour leur transmettre une haute idée de leurs émotions et de la générosité. Lorsque vous êtes face à un groupe d'enfants (dans une salle de classe, à la crèche...), surtout s'ils ont moins de deux ans, il est judicieux de prévoir deux exemplaires des jouets les plus appréciés. À la plage, prévoir deux pelles ou davantage. Distraire l'attention des tout-petits peut les aider à passer à autre chose. Ils auront d'innombrables occasions de pratiquer le tour de rôle.

LES INCONVÉNIENTS DU PARTAGE FORCÉ

- L'enfant se sent mal quand il donne son jouet.
- Un jeu porteur de sens est interrompu parce qu'un autre enfant le souhaite.
- Les règles pour garder un jouet sont arbitraires et déroutantes.
- Le partage ne sert qu'à faire plaisir aux adultes ; il n'a aucune valeur intrinsèque.
- La générosité spontanée prend davantage de temps à émerger.
- Les enfants ne peuvent pas accorder leur confiance aux adultes, surtout en société.
- Le partage à la demande requiert la surveillance permanente des parents.

Les enfants apprennent ces leçons néfastes :

- Pas la peine de partager si aucun adulte ne me regarde.
- Si je prononce le mot « partage » devant un adulte, c'est magique, j'obtiens tout ce que je veux (« Tu dois partager, je vais le dire ! Maman, Jake ne veut pas partager ! »).
- Je peux résoudre tous mes problèmes en ayant l'air désespéré et en appelant un adulte à la rescousse (« Ça fait longtemps qu'il l'a – snif snif – et je ne peux jamais jouer avec »).
- Capituler et laisser les autres vous malmener fait partie de la vie.

Des mots pour en parler

Protéger le jeu

- Je vois que Brenna s'en sert. On dirait qu'elle joue encore avec.
- Je vois que Carly a ses mains sur ce jouet. Je ne peux pas te laisser le lui prendre des mains.
- C'est son tour. Quand elle aura tout terminé, ce sera ton tour.
- Tu peux jouer avec jusqu'à ce que tu aies fini.
- As-tu fini ton tour ? Non, elle n'a pas terminé.
- Lui as-tu demandé si elle avait fini de jouer avec ? Va lui demander.
- Veux-tu jouer avec lui ou préfères-tu continuer de jouer toute seule ?
- Est-ce que tu as apprécié qu'il te l'arrache des mains ? Dis-lui d'arrêter !

La politesse

- Est-ce que tu le diras à Jimmy, quand tu auras terminé ?
- Je te dirai quand il aura fini de jouer avec. Je viendrai te chercher.
- Sam, je vois que tu as terminé. Va chercher Jimmy, tu te souviens, il attend son tour.

Rassurer l'enfant qui patiente

- Ah ! Que c'est dur d'attendre !
- Tu es vraiment en colère. Tu veux vraiment jouer avec ce camion tout de suite !
- Tu aimerais bien qu'il termine tout de suite.
- Je t'aide à attendre. Je te tiens dans mes bras.
- Ah, mince alors ! Tu voulais continuer de jouer avec ces blocs, mais tu t'en es éloigné. Maintenant, quelqu'un d'autre joue avec.

- On va faire une liste d'attente. Je vais mettre ton nom en premier.
- Dis-lui que tu en as assez d'attendre.

Les mots à éviter

- Sois gentil et prête ton jouet.
- On partage avec ses amis. Un autre copain le veut maintenant.
- Vous pouvez jouer tous les deux ensemble avec.
- Tu l'as depuis longtemps. Laisse-le à Gavin.
- Tu n'as pas besoin d'avoir tout ça. Donnes-en un à Betsy.
- Encore cinq minutes, puis c'est son tour.
- Je vais mettre un minuteur.

En public

Quand on est dans un lieu public, laisser un enfant garder un jouet pendant un long moment, un « long tour », peut être très intimidant. Cela rend fous certains parents. Votre boulot n'est pas de faire plaisir à tous les adultes. Peu importe vos décisions, vous en trouverez toujours un pour ne pas être d'accord avec vous. L'essentiel ? Défendre les droits de votre enfant et ne pas trahir son droit au jeu continu.

Vous pouvez retourner la situation et enseigner le tour à tour aux autres. Il y a quelques jours, pendant la séance de baby gym ouverte aux parents, mon fils Zach a refusé de lâcher une poupée qu'un autre enfant désirait avoir. J'ai parlé haut et fort pour rassurer les deux enfants : « Zach n'a pas encore fini. Quand il aura fini, est-ce que tu voudras que ce soit ton tour ? Zach, donneras-tu la poupée à ce garçon quand tu auras fini ? »

L'autre maman n'a rien dit, mais elle a éloigné son fils. Zach a joué avec la poupée pendant dix minutes. Puis, sans que je lui dise quoi que ce soit, il a traversé le gymnase en courant pour trouver l'autre enfant, lui a tendu la poupée des deux mains avec un grand sourire en lui disant : « Tiens, c'est ton tour ! C'est ton tour ! »

Le petit garçon a souri et a pris la poupée. Et la mère ? Complètement ahurie. J'ai vu sa stupéfaction totale. Il est difficile de croire au tour de rôle dirigé par l'enfant lui-même tant que vous ne l'avez pas vu de vos propres yeux.

Règle n° 10 : Les laisser s'approprier un jouet toute la journée

À quatre ans, mon fils Myles a appris à se balancer tout seul sur une balançoire. Il était tellement fier, qu'il pouvait se balancer pendant des heures et des heures, tous les jours. Il se balançait tellement longtemps qu'il en a eu des ampoules aux mains. Je lui ai mis des pansements, des gants par-dessus et il a continué. Avant, arrière, avant arrière... En haut, en bas, en haut... Encore et encore.

Tous les jours, à la maternelle, Tom, trois ans, jouait avec la table à eau. Toute la matinée. Toute la semaine. Toutes les semaines, l'une après l'autre. Sa mère s'inquiétait : « Pourquoi n'essaie-t-il rien d'autre ? » Les autres enfants peignaient, montaient sur des tricycles, sculptaient de la pâte à modeler, étudiaient les colonies de fourmis... Tom, lui, jouait avec de l'eau.

Quand les enfants réclament des tours longs, nous avons tendance à nous braquer. La répétition nous ennuie. Notre sens de la justice nous pousse à leur demander d'arrêter leur jeu (Janey attend depuis longtemps). Nous avons peur que quelque chose cloche chez lui. Passer autant de temps à faire la même chose, cela ne peut pas être normal ! Et pourtant, les tout-petits ont besoin de répétition. Elle leur procure sécurité et réconfort. Les tours longs leur offrent la possibilité d'explorer un centre d'intérêt avec intensité ou de rester en sécurité dans leur zone de confort. Après avoir apprécié la sécurité et la confiance qu'offre un tour long, les enfants ont tendance à se détendre et à terminer leur tour plus rapidement.

Pourquoi cette règle ?

Les tours longs répondent aux besoins des enfants. Nous pouvons leur faire confiance.

Si vous défendez le droit de votre enfant au jeu continu et instaurez un tour de rôle dirigé par les enfants (voir la Règle n° 1 : Le jeu est un besoin inaliénable et la Règle n° 9 : Partager n'est pas une obligation), vous pouvez vous attendre à de très longs tours. Vraiment très longs. Si les plus courts n'excèdent pas dix minutes, les plus longs peuvent prendre la matinée, voire la journée. Tant que l'enfant s'amuse pendant un temps réservé au jeu, il est important de le laisser décider lui-même s'il a fini son tour. Même s'il continue jusqu'à l'heure du coucher ! S'il concentre son attention sur un seul objet ou une seule activité, c'est précisément parce qu'il en a besoin, à ce moment précis. Il est essentiel de respecter les tours longs autant que les courts.

LES BIENFAITS DE CETTE RÈGLE

Quand nous accordons notre confiance à l'enfant et la laissons jouer pendant de longs tours, elle pense :

- Je peux faire ce que j'ai besoin de faire.
- Mes centres d'intérêt sont appréciés.
- Je me sens en sécurité lorsque je suis avec d'autres personnes.
- Je fais profondément confiance aux personnes autour de moi.
- Mes actions ont un impact sur les autres (mon amie est en colère parce qu'elle doit encore attendre).
- L'entraînement et la persistance me permettent d'apprendre.

POURQUOI ÇA MARCHE

Les enfants monopolisent un jouet (ou un espace) pour de nombreuses raisons. Comme les plus jeunes apprennent grâce à la répétition, reproduire les mêmes gestes encore et encore leur permet d'assouvir un besoin profond. Les plus sensoriels parmi eux y ajoutent du mouvement, ce qui les aide à assimiler une nouvelle compétence. Quel que soit leur profil, ils ont tous besoin de tours longs pour apprendre. Or ils sont constamment en apprentissage, qu'il s'agisse de pédaler sur un tricycle, faire rebondir une balle, chanter une nouvelle chanson ou empiler des cubes.

Parfois, un tour long signale que l'enfant ne se sent pas en sécurité. Peut-être qu'il accapare le ballon parce qu'il n'a pas confiance dans ses camarades et craint que ces derniers ne le lui piquent. Garder le ballon pendant super longtemps lui donne un sentiment de sécurité. D'autres enfants ont besoin de contrôler leur environnement. Alors l'enfant serre fort le jouet contre lui, afin d'empêcher les autres de le lui prendre et annonce à la cantonade : « Je finirai jamais ! » D'après Stephanie Rottmayer, directrice de la SYC, ce besoin de contrôler et d'exercer du pouvoir n'en est pas moins un véritable besoin. Peut-être l'enfant manque-t-il d'expériences pendant lesquelles il peut asseoir son pouvoir (voir la Règle n° 16 : Donner du pouvoir aux enfants).

RETIRER NOS LUNETTES D'ADULTE

Quand votre enfant joue, vous pouvez lui accorder votre confiance. Même si ses raisons pour monopoliser un jouet pendant un long tour ne vous sautent pas aux yeux, il est important de le soutenir. Il répond ainsi à un besoin intime fondamental. De plus, les tours longs font intégralement partie de l'apprentissage du tour à tour autonome, dirigé par les enfants. Votre enfant a le droit d'avoir un tour long. Tandis que vous protégez ce droit, vous pouvez dans le même temps sympathiser avec l'enfant qui attend. Quand un enfant se sent en sécurité, souvent, ses tours sont plus courts. En résumé, pendant les temps de jeux, il est opportun de laisser les enfants décider eux-mêmes quand ils souhaitent arrêter un jeu.

Quand le jeu est lancé par l'enfant, en général, il répond à un besoin. Parfois, l'oscillation de la balançoire, du cheval à bascule ou la sensation d'être emmitouflé dans des couvertures répondent à ce besoin. À moins que ce ne soit la répétition d'autre chose. Deb Baillieul, enseignante à la SYC, explique : « Les élèves de type sensoriel aiment vraiment certaines sensations. Un enfant qui passe sa matinée à se balancer assouvit un besoin avec la balançoire. Parfois, le mouvement leur fait vraiment du bien. »

Dans d'autres cas, l'enfant se concentre sur une seule activité, par exemple le bac à sable, ou la balançoire, parce que ces lieux lui offrent un point de vue sécurisé pour observer son environnement. D'après la sociologue Mildred Parten, qui a étudié le jeu libre des enfants, l'une des étapes du jeu est la phase d'« observation », pendant laquelle l'enfant regarde le jeu sans y participer activement. Les enfants ont besoin de se sentir en sécurité avant d'interagir avec leurs pairs. Il arrive que certains se sentent submergés par l'activité en cours. Ils ont alors simplement besoin d'un endroit calme, à l'écart, pour observer l'action avant de s'y plonger et d'y participer. Pour les différentes étapes du jeu, voir la Règle n° 11 : On n'est pas forcément tous copains.

Généralement, les enfants forcés à partager leurs jouets ont besoin de les monopoliser plus longtemps que ceux qui ne sont jamais forcés de partager. La première fois qu'ils en ont l'opportunité, ils en profitent pour prendre un tour vraiment long. C'est logique ! De leur point de vue, la précieuse balle ou l'irremplaçable figurine risquent de leur être retirées des mains à tout moment. Il est naturel qu'ils réagissent avec des tours extrêmement longs. Ils accaparent le jouet de toutes leurs forces !

Avec le temps, ces enfants changent. Ils se détendent. Quand ils vous font réellement confiance, comprennent que vous soutiendrez quoiqu'il arrive leur droit au jeu continu, et savent qu'ils peuvent garder leurs jouets aussi longtemps qu'ils le souhaitent, en général, ils arrêtent de monopoliser les choses. Ils se sentent en sécurité et n'ont plus besoin d'être les maîtres d'un objet pour le prouver.

> SIX BONNES RAISONS DE PRATIQUER LES « TOURS LONGS »
>
> Quand il semble s'approprier un jouet, l'enfant :
> 1. S'entraîne à maîtriser une nouvelle compétence.
> 2. Renforce la sensation de sécurité ou de possession.
> 3. Plonge profondément dans un centre d'intérêt.
> 4. A l'occasion de contrôler quelque chose.
> 5. Satisfait un besoin (par exemple, sur une balançoire, le besoin de bouger).
> 6. A la possibilité d'observer une scène, en spectateur.

Si l'enfant a rarement la possibilité d'avoir des tours longs par ailleurs, il est d'autant plus important de la lui accorder quand il est avec vous.

GÉRER LES TOURS LONGS

Il est particulièrement difficile d'accepter les tours longs de son propre enfant quand un autre attend. D'instinct, nous voulons nous montrer gentilles, conciliantes. Les tours longs font intégralement partie du droit des enfants à jouer et de l'apprentissage d'un tour à tour dirigé par les enfants. Le scénario suivant est représentatif de ce qui se passe quand l'adulte décide à la place de l'enfant que « ça suffit, il a assez joué » :

Nathan, trois ans, prend plaisir à se balancer sur la balançoire. Jeff, six ans, veut que ce soit son tour.
Jeff : Je peux avoir la balançoire ?
Grand-mère de Nathan : Bien sûr. Cela fait longtemps qu'il est dessus.

Nathan hurle et s'accroche à la balançoire. Sa grand-mère le force à s'en détacher.
Grand-mère de Nathan : Tu dois apprendre à partager !

Vous verrez ici comment gérer les tours longs à la maison, en classe ou dans un endroit public, tant qu'il n'est pas complètement bondé. Si vous vivez à New York City ou Chicago, ou dans toute autre grande ville, il est possible que les tours longs ne soient pas tolérés partout, notamment dans certaines aires de jeu ou musées des sciences, les jours de grande affluence. Vous trouverez alors d'autres options dans ce passage : En public, page 204.

De toute évidence, qui dit tour long dit que d'autres enfants s'énervent à attendre. Protéger le droit de chaque enfant au tour long n'est possible que si vous aidez en même temps les enfants qui patientent à exprimer leur frustration.

Lucy : Zoe est encore sur le vélo bleu !
Maman : Dis-lui que tu en as assez d'attendre. Tu peux lui dire que tu as attendu toute la matinée et que ça t'énerve.

Les enfants comme Zoe apprennent alors que leurs actions ont une conséquence sur les autres. Lucy est en colère quand elle doit attendre longtemps. Zoe ne lui donnera sans doute pas le vélo tout de suite, mais elle aura gagné une meilleure compréhension du ressenti des autres et aura compris que ses actes ont des conséquences. Pour protéger pleinement le droit de Zoe au tour long, sa mère peut dire, à portée d'oreilles des deux fillettes : « Zoe n'est pas obligée de te le donner.

Elle peut avoir un tour aussi long qu'elle veut. Mais tu peux lui dire comment tu te sens. »

En rappelant simplement aux enfants qui attendent que la même règle s'applique à tout le monde, vous les aidez à prendre patience : « Quand ce sera ton tour, tu pourras toi aussi avoir un tour long. Je ne laisserai personne te le prendre. Tu pourras jouer avec jusqu'à ce que tu aies fini. Personne ne viendra t'interrompre. » Cela les rassure tellement que l'effet peut paraître magique. Si cela ne suffit pas, vous pouvez aussi mettre en place une liste d'attente (voir la Règle n° 9 : Partager n'est pas une obligation). Quand l'enfant en fait l'expérience, il montre davantage de patience.

De temps en temps, il arrive qu'un enfant exprime un besoin hors norme de tour long, avec un tour qui dure des jours et non des heures. Si c'est le cas, vous pouvez changer les circonstances sans demander à l'enfant de changer d'activité. Par exemple, dans sa classe de maternelle, Mitchell, trois ans, avait besoin de peindre et monopolisait le chevalet jour après jour. Ce besoin était si fort que sa maîtresse lui a dédié un emplacement spécial dans la classe afin de permettre aux autres enfants de peindre, eux aussi. Pendant quelque temps, Brooks, deux ans, diagnostiquée avec un trouble du spectre autistique, s'est intensément concentrée sur un livre, *Clifford, le petit chien rouge*. Elle avait besoin de garder ce livre à tout moment dans ses bras. La solution pour la maîtresse a été d'investir dans un deuxième exemplaire de ce livre. Il est important d'apporter une réponse au problème en modifiant l'environnement de l'enfant tout en protégeant son droit au tour long.

Outils pratiques

Long, vous avez dit long ?

En fonction de l'enfant, les tours longs peuvent durer jusqu'à plusieurs jours. Si quelqu'un attend son tour, vous pouvez poser une règle raisonnable dans votre foyer. Par exemple : un tour long peut durer une journée complète. Le lendemain, on recommence à zéro et c'est le tour de l'enfant qui attendait la veille.

Quand vous n'avez pas le temps pour les tours longs

Parfois, le temps est précieux et il est impossible d'accorder des tours longs. Autant prévenir les enfants : « Nous ne pouvons pas faire de tours longs ce matin. Nous avons rendez-vous chez votre grand-mère (ou c'est l'heure de la sieste, l'heure du dîner...). » Si vous respectez leur droit aux tours longs pendant les temps de jeu, il est plus facile de les faire cesser lorsque c'est nécessaire. Vous êtes responsable des routines quotidiennes de la famille, mais même les temps de jeu ont une fin.

Votre enfant n'a pas terminé ? Vous pouvez écrire un mot : « Alexa jouera de nouveau avec les craies *tout de suite* après notre retour de chez sa grand-mère », ou « Aiden n'a pas terminé de jouer avec le train du cirque. Il jouera avec avant le petit déjeuner demain matin ». Parfois, montrer à l'enfant que vous avez compris son besoin suffit. Vous pouvez aussi montrer votre empathie (« Ah ! Quel dommage ! Tu n'as pas terminé et c'est l'heure de rentrer à la maison »), ou prolonger son tour en le reprenant plus tard. Dans l'intérim, il peut être utile de s'assurer que l'enfant garde confiance dans le système du chacun son tour en plaçant un mot sur le jouet ou tout simplement en lui rangeant le jouet pour plus tard.

Des mots pour en parler

Protéger les tours longs

- C'est OK de faire durer ton tour.
- Oui, elle prend un tour long. Quand ce sera ton tour, toi aussi tu pourras avoir un tour long.
- Je vois que tu creuses longtemps aujourd'hui.
- Tu n'as pas terminé. On va l'écrire sur une feuille et on va garder la feuille.
- Danny joue encore avec la pelle. Il pourra continuer à jouer avec après sa sieste.

Gérer les tours longs

- C'est dur d'attendre.
- Oui, elle prend un tour long. Quand ce sera ton tour, tu pourras avoir un tour long, toi aussi.
- Dis-lui que tu en as assez d'attendre !
- Zoe n'est pas obligée de te le donner. Mais tu peux lui dire comment tu te sens.
- Tu n'es pas obligé de lui donner. Tu peux lui dire oui ou non.
- Je vois à son visage que Devon est en colère. Il en a assez d'attendre.
- Nous ne pouvons pas prendre de tours longs pour l'instant. Nous devons rentrer pour le dîner.

Partager un espace public

- La structure d'escalade est pour tout le monde.
- Je vois de nombreux enfants qui attendent leur tour. Quand auras-tu fini ?

- Il y a beaucoup d'enfants ici donc c'est chacun son tour avec des tours rapides.
- À la maison, vous pouvez avoir des tours longs. Au parc, c'est différent.
- Ton tour est fini. Si tu veux encore jouer avec, tu peux attendre de nouveau ton tour.

Les mots à éviter

- Ça suffit, tu l'as eu assez longtemps.
- Michael veut son tour. Tu dois arrêter.
- Encore cinq minutes et tu as terminé.
- Allez, essaie autre chose.

En public

Les tours longs sont difficiles à mettre en place dans les espaces publics. Adeline, deux ans, aime les tours longs. Elle adore se percher en haut du toboggan et s'y asseoir. Mais derrière elle, la file d'attente s'allonge. Sa maman a trouvé un moyen de protéger ce besoin de s'asseoir en hauteur sans empêcher les autres enfants de jouer : elle aide Adeline à s'installer sur le côté de la plateforme. Adeline reste assise un quart d'heure tandis que les autres enfants accèdent à la descente du toboggan.

L'idée est d'aménager le jeu des autres tout en répondant au besoin d'un tour long de votre enfant. Quel est réellement le besoin de votre enfant ? A-t-elle besoin d'exercer son pouvoir ? D'un poste d'observation ? De solitude ? D'escalader quelque chose ? Une fois le besoin identifié, vous pouvez proposer une alternative pour y répondre : « Si tu veux être en hauteur, la structure d'escalade est haute. Tu peux y rester aussi longtemps que tu veux. Mais le toboggan est réservé aux glissades. »

Combien de temps laisser son enfant jouer ? Chacun ses critères. Certains parmi nous préfèrent respecter les tours longs

quoi qu'il arrive. D'autres décident d'appliquer différentes règles selon l'endroit, à la maison ou sur l'aire de jeu. La plupart d'entre nous recherchent l'équilibre entre le besoin social et le besoin de tour long. S'il n'y a qu'une seule machine à bulles au Musée des sciences et qu'une horde d'enfants veut l'utiliser en même temps, il est important que votre enfant comprenne que dans ce contexte précis, les règles changent. Avant d'arriver dans un endroit très fréquenté, il est utile de le prévenir et de lui rappeler : « Au musée, il y aura de nombreux enfants. Nous devons prendre des tours rapides. »
Quand des difficultés surgissent, décrire à voix haute ce que vous observez peut faciliter les choses : « Tu aimerais un tour long sur le cheval, mais je vois d'autres enfants qui attendent leur tour. Il n'y a qu'un seul cheval. » Vous pouvez aussi donner de l'information : « Le parc est pour tout le monde. Ce n'est pas pareil qu'à la maison. » Parfois, il semble que la meilleure solution est d'interrompre le temps de jeu (« L'aire de jeu est pleine d'enfants aujourd'hui. Si tu veux jouer plus longtemps avec cette pelleteuse, tu vas avoir besoin d'attendre de nouveau ton tour »), puis d'emmener l'enfant prendre sa place dans la file d'attente.

Règle n° 11 :
On n'est pas forcément tous copains

Ma mère fait la grimace chaque fois qu'elle entend un adulte parler de « copains » quand il veut dire les autres enfants. Pourquoi ? D'après elle, « c'est un mensonge ! ».

Quand des enfants se retrouvent en groupe, nous les appelons subitement « copains ». Pourtant, souvent, au sein de ce groupe, ils se connaissent à peine. Même s'ils ont déjà joué ensemble, les tout-petits sont égocentriques et souvent méfiants les uns envers les autres. Un petit de deux ans perçoit facilement autrui comme un intrus sur son territoire. On est loin d'une relation amicale.

Les peurs sociales des enfants sont de vraies peurs. Elles sont à respecter. Première étape : montrer avec honnêteté à nos enfants ce qu'est un ami et leur accorder le droit de les choisir. Deuxième étape : les aider à développer leurs compétences sociales, ce que l'on appelle aussi « savoir entrer dans le jeu », et leur capacité à définir leurs limites face aux autres enfants.

Pourquoi cette règle ?

Les enfants ne sont pas tous copains. Leurs peurs sociales et l'idée qu'ils ont des favoris sont à accepter puis nous pourrons les guider dans l'acquisition de compétences en amitié.

C'est la simple vérité, les enfants ne sont pas tous copains. Un enfant n'aimera pas forcément un autre enfant. Même s'ils s'apprécient, ils n'auront pas toujours envie de jouer ensemble. Quand nous cherchons à forcer une amitié, nous demandons l'impossible : le tout-petit est dans une arène, l'arène sociale, et il ne dispose pas encore des habiletés sociales nécessaires pour gérer ses rapports avec autrui.

De toute évidence, tout enfant passe son temps coude à coude avec d'autres. Quand des adultes se réunissent, leurs enfants se côtoient. Les enfants se croisent aussi dans leur quartier, à la maternelle ou à la crèche, dans les fêtes de famille. Bien que dans ces occasions, ils jouent ensemble, seuls ou en parallèle, il serait erroné de croire qu'ils deviendront forcément copains pour autant.

Ils sont contraints de partager leurs espaces de jeu, mais ils ne sont pas obligés de jouer ensemble. Quand nous ne les forçons pas à devenir amis, ils développent plus facilement leurs compétences sociales.

Les bienfaits de cette règle

Entretenir une relation amicale est une expérience suffisamment déroutante : inutile d'ajouter de la confusion en appelant toutes les fréquentations de nos enfants « des amis ». Si nous respectons leurs réelles amitiés, les enfants s'épanouissent. Voici ce qu'ils pensent :

- Les amis sont des personnes très spéciales dans ma vie.
- Je sais comment m'insérer dans un jeu en cours. Je sais me faire de nouveaux amis.
- Deux amis ne sont pas forcément toujours d'accord. On peut rester l'ami de quelqu'un même quand on n'est pas d'accord avec elle.
- Les adultes me respectent, moi et mes jeux. J'ai un peu de contrôle sur ma vie.

POURQUOI ÇA MARCHE

Jamie vient d'avoir trois ans. L'air possessif, il s'est installé dans une voiture rouge à pédales. Un autre enfant s'approche de lui. Jamie le regarde d'un œil méfiant.

« Allons, sois gentil. C'est le tour de ton copain », dit sa mère. Jamie fait quelques tours de pédalier et fonce sur le pied de l'autre garçon.

« Jamie ! Fais attention ! Tu lui as fait mal au pied ! »

Quand nous qualifions les enfants d'« amis » ou « copains », nous les embrouillons et, dans le même temps, nous dévalorisons l'amitié. Un ami, ce n'est pas n'importe qui. Un vrai copain est quelqu'un auquel nous tenons énormément et qui aime passer du temps avec nous, tout simplement. Les livres pour enfants regorgent d'histoires de vraies amitiés. Avoir un ami demande de savoir comment nourrir une relation forte avec une autre personne, or cette habileté est à peine émergente chez les très jeunes enfants.

RETIRER NOS LUNETTES D'ADULTE

Les enfants ne deviennent pas tous copains par magie, juste parce qu'ils ont le même âge. Comme les tout-petits commencent leur apprentissage de l'amitié, appliquer le mot

« ami » ou « copain » à toutes leurs relations, dans toutes les situations, met de la confusion. Ils jouent avec certains enfants et en ignorent d'autres. C'est naturel. En tant qu'adultes, nous n'aimons pas toutes les personnes que nous rencontrons. Il n'est pas réaliste d'espérer qu'une enfant manifestera les mêmes sentiments envers tout le monde. Il est plus pertinent de la laisser apprécier ses premières amies et de lui montrer comment traiter les autres enfants avec respect.

Les adultes s'attendent souvent à ce que les enfants jouent ensemble avant qu'ils ne soient prêts à le faire. Un enfant traverse diverses étapes avant de pouvoir s'insérer dans un jeu de groupe, y compris l'étape de l'observation, puis celle du jeu en parallèle (ou côte à côte). Pour les différentes étapes du jeu, voir pages 211 et suivantes. Plus son cerveau se construit et plus elle avance dans les étapes du jeu, plus elle acquiert de compétences qui l'aideront à rejoindre un groupe d'enfants qui jouent. Comme pour toute autre aptitude sociale, l'art de s'intégrer dans une bande demande de l'entraînement.

Les compétences sociales ne sont pas innées. Or d'après la psychologue Kathy Hirsh-Pasek, défenseure du droit des enfants au jeu, de nombreux adultes croient qu'elles « tombent du ciel ». C'est en interagissant avec leurs pairs que les enfants augmentent leur compréhension de la vie en société et développent ce que le psychologue Daniel Goleman nomme l'intelligence relationnelle[1].

Les premières amitiés se forment habituellement vers trois ou quatre ans. Mais la plupart du temps, celles-ci

1. Daniel Goleman, *L'Intelligence émotionnelle* (J'ai Lu 2014) et *Cultiver l'intelligence relationnelle* (Pocket 2011).

ne nouent pas des liens très solides. Les enfants se désignent l'un l'autre comme amis s'ils jouent avec le même jouet au même moment. Mais l'ami peut tout simplement disparaître aussi rapidement que le jeu cesse. Les premières années de maternelle sont celles des expérimentations de l'amitié. Les enfants se posent toutes sortes de questions et penser aux relations interpersonnelles les met mal à l'aise : un ami, ça dure combien de temps ? Peut-on ne pas être d'accord avec un ami ? Doit-on jouer tout le temps avec son ami ? À cet âge, ils n'y connaissent rien en amitié. Tout ce qui y touche est nouveau. Même s'ils ont souvent joué aux côtés d'autres enfants, ils peuvent ne jamais avoir eu d'ami. Penser aux relations interpersonnelles les met mal à l'aise.

L'idée d'un « meilleur ami » ne devient vraiment importante que vers quatre ou cinq ans. De nouvelles questions les tarabustent : Si je joue avec untel, est-ce que je dois laisser tomber mon autre copain ? Est-il possible d'avoir deux meilleurs amis en même temps ? Si je ne suis pas d'accord avec elle, est-ce qu'elle voudra encore être mon amie ? Sur le plan de l'amitié, ils en sont encore au b.a.-ba.

> Personne ne peut forcer l'amitié.

Dans une conversation avec un enfant, quand nous abordons le terrain des rapports sociaux, l'honnêteté prime. Il est contre-productif de nier la difficulté de nouer un lien, de le nourrir. Les liens nous enrichissent, mais ils sont rarement simples à tisser. Voilà la première leçon que vous pouvez transmettre à votre enfant lorsqu'il fait ses premiers pas sur ce terrain. Au lieu de forcer ses amitiés, votre rôle est de le guider dans le développement de ses compétences sociales.

LES ÉTAPES DU JEU

La sociologue Mildred Parten décrit ainsi les différentes étapes du jeu pendant l'enfance :

1. *Le jeu en solitaire*. Il se pratique à tout âge, mais les plus jeunes ne peuvent guère jouer autrement. Dans un jeu solitaire, l'enfant se plonge dans son jeu et n'est pas intéressé par les enfants qui gravitent autour de lui. Il n'en a même pas conscience. Souvent, le jeu en solitaire offre un répit à l'enfant qui a eu son compte d'interactions sociales.
2. *Le jeu en observateur*. Parfois, l'enfant choisit de participer à un jeu en restant spectateur. Par exemple, elle regarde deux autres enfants ériger une tour. Elle commente la construction une fois ou deux pour l'orienter, mais ne s'y engage pas. Cette posture est très fréquente chez les enfants les plus jeunes, ou chez ceux qui ont besoin d'augmenter leur niveau de confiance avant de contribuer. Elle les aide à apprendre en quoi consiste l'activité et les familiarise avec les personnes impliquées. La place de l'observateur est sécurisante. Certains enfants en ont énormément besoin.
3. *Le jeu en parallèle*. Jouer l'un à côté de l'autre est la spécialité des enfants de deux ans. Vous le remarquerez au bac à sable comme avec les petits trains : ils jouent au même jeu au même moment, mais ne bâtissent rien ensemble. Par exemple, s'ils jouent avec des trains, ils ne construisent pas le circuit ensemble. À cette étape de leur développement, ils s'absorbent dans leur propre jeu et s'inquiètent de leur sécurité. *L'autre enfant va-t-il mettre son nez dans mes affaires ?* Pour jouer à côté d'un autre enfant, ils ont besoin d'avoir établi un niveau minimum de confiance en « l'autre ». Quand ils s'amusent côte à côte, ils ont conscience de leur voisin de jeu et s'imitent parfois l'un l'autre. C'est la première étape du jeu en groupe.

4. *Le jeu en groupe.* À partir d'environ quatre ans, les enfants nouent leurs premières amitiés et accèdent à un niveau socialement plus complexe de jeu, le jeu en groupe, dont on distingue deux types : le jeu en groupe associatif et le jeu en groupe coopératif. Le jeu associatif ne présente pas de réel but commun, mais utilise le partage des ressources. Le jeu coopératif prend souvent la forme d'un « faire semblant » où les enfants s'attribuent un rôle : « Et si on jouait au papa et à la maman ? Je suis la maman ! » Ou « Attention, requins ! Danger ! Vite ! Monte sur mon bateau ! » Jouer au chat, jouer à cache-cache, construire une immense tour de blocs avec quelqu'un sont autant d'exemples de jeux coopératifs.
5. *Le panachage des différents types de jeu.* Les enfants passent aisément d'un type de jeu à un autre. Il n'est pas du tout étonnant qu'un enfant de cinq ans souhaite jouer seul ni qu'un autre de quatre ans préfère observer pendant un long moment avant de participer à un jeu. Quand ils sont assez grands pour le jeu coopératif, ils aiment parfois les jeux de groupe, parfois la compagnie d'un seul « meilleur ami ».

Entrer dans la ronde

« Tu veux bien jouer avec moi ? »

Certains enfants semblent faire éclore des amitiés partout où ils passent, en un clin d'œil. D'autres restent en marge de l'activité et la regardent. D'autres encore font irruption dans le jeu de telle manière qu'ils effraient leurs camarades potentiels. Pour les premiers, l'art du jeu paraît simple. Pas pour les autres. De nombreux enfants ont besoin d'une grosse dose de courage, de multiples heures d'entraînement, de pratique.

Parfois, ils emploient d'étranges méthodes. À trois ans, mon frère Scott était un enfant timide désespérément en quête d'amis. À la maison, derrière la haie de forsythias qui bordait notre allée, il s'inventait des camarades de jeu imaginaires et leur parlait à voix haute. Le dimanche, après les cours d'éducation religieuse, il attaquait certains élèves par-derrière avec une clé au cou qui manquait les étrangler. Personne ne comprenait son comportement. Les enseignants de l'école du dimanche l'avaient étiqueté enfant violent et antisocial. Ma mère rentrait à la maison en larmes.

Son histoire se termine bien, grâce à la maternelle SYC. Là, sa conduite agressive a été vue pour ce qu'elle était : un désir de jouer avec les autres. Comme la plupart des enfants de trois ans, Scott manquait de compétences sociales. Et comme de nombreux garçons, il utilisait son corps pour exprimer ses émotions. Il assaillait les enfants qu'il préférait. Comme un chiot qui saute sauvagement sur vous, il ne cherchait qu'à jouer.

Quand un enfant interrompt un jeu ou attaque physiquement les autres, il est fort possible que ce soit sa façon de dire « je veux jouer avec vous ». Il ne sait pas comment faire autrement. Les techniques basiques de gestion de conflit servent à dénouer ces situations : « Scott, j'ai vu que tu as sauté sur le dos de Ben ? Ben, voulais-tu que quelqu'un te saute dessus ? Non ? Alors, dis-le à Scott. Scott, est-ce que tu te faisais du souci pour Ben ? Voulais-tu jouer avec lui ? Ben, Scott dit qu'il veut jouer avec toi. As-tu peur qu'il te saute de nouveau dessus ? Scott dit qu'il ne te sautera pas dessus. Scott, que pourrais-tu faire la prochaine fois que tu voudras jouer avec quelqu'un ? »

Respecter le jeu en cours

« Utilise tes mots ! » Voilà ce que nous disons à nos enfants.

De toute évidence, il est préférable qu'ils demandent « Je peux jouer avec vous ? » plutôt que d'interrompre un jeu ou de faire mal aux autres. Le problème ? Avec des enfants de maternelle, « utilise tes mots » ne marche pas.

Face à l'incertitude d'une situation, de nombreux enfants réagissent de la même façon : ils répondent négativement à la question « je peux jouer avec toi ? » et rejettent le nouveau camarade de jeu. En tant qu'adultes, et spécifiquement en tant qu'électeurs, ce comportement ne nous est pas étranger : plus nous hésitons sur une décision, plus nous avons tendance à voter contre. « Je peux jouer avec toi ? » ouvre le chemin vers l'autre avec délicatesse, mais les enfants ont besoin de davantage d'information.

La solution : montrer que vous respectez le jeu en cours puis collaborer avec les enfants pour trouver une façon acceptable d'y faire entrer un nouveau venu. Parfois, il est nécessaire de définir une règle d'entrée de jeu (« Ne renverse pas ma tour ») pour calmer les peurs et donner à chacun un rôle.

> Poser la question « Je peux jouer avec toi ? » ne suffit pas. Les enfants ont besoin d'apprendre comment trouver leur place.

Afin d'encourager des enfants à inclure un camarade dans leur groupe, vous pouvez leur montrer votre respect pour leur jeu par quelques questions : « Que faites-vous ? » « Avez-vous besoin d'un coup de main pour creuser votre trou ? » « De quoi avez-vous besoin ? » Puis, aider le nouveau venu à réfléchir à ce qu'il pourrait apporter au groupe. Une pelle ? Un costume ? Un nouveau rôle, celui d'un chien, d'un monstre ou d'un conducteur de bus ? Voici un exemple de questions à poser à l'enfant qui cherche à intégrer un jeu : « Que pourrais-tu faire ? Que pourrais-tu apporter ? »

D'après Laura Davis et Janis Keyser, l'adulte a un rôle clé à jouer dans la simple reconnaissance de l'activité en cours. Si vous prenez le temps de comprendre le but du jeu (« Ah ! Vous jouez aux pompiers ! »), vous aidez les enfants à apprivoiser leurs peurs. Une fois assurés que leur jeu sera respecté, ils se détendent. Dans une atmosphère de confiance, ils sont plus réceptifs à l'idée d'accueillir un camarade de jeu ou de nouvelles idées.

Aider les enfants à faire de la place à un autre ne nécessite que quelques questions facilitatrices : « Gavin a besoin que quelqu'un aille lui chercher davantage de sable. Tu pourrais faire ça ? » ou « Ils jouent au fantôme. Ils disent que tu peux jouer si tu es le fantôme. Ça te dit ? » Dans les jeux de « faire semblant », comme les rôles sont déjà déterminés, vous pouvez demander : « Avez-vous besoin d'un autre animal ? Pourrait-il y avoir deux zèbres ? » S'intéresser au jeu suffit en général pour que les enfants se sentent en sécurité et respectés. Vous pouvez alors poursuivre : « Y aurait-il une façon d'intégrer Mira à votre jeu ? Que pourrait-elle faire ? »

Certains accueillent volontiers dans leurs jeux des enfants extérieurs. D'autres sont plus difficiles. La plupart craignent que le nouveau venu ne leur prenne leurs jouets ou perturbe le jeu d'une manière ou d'une autre. S'ils manifestent leur nervosité, vous pouvez les aider à poser quelques règles de base : « Sarah dit que tu peux jouer si tu ne provoques pas d'accident de camions. »

OUTILS PRATIQUES

Les adultes peuvent amener les enfants à s'amuser ensemble sans pour autant leur indiquer comment jouer (« Vous êtes au restaurant. Tu es le serveur. Tu vas prendre sa commande »), mais plutôt en leur montrant comment se faire accepter par un autre enfant. Ce n'est qu'une compétence sociale parmi toutes celles que vous leur enseignez déjà.

ENTRETENIR LES AMITIÉS

Identifier les amis potentiels

Il est tout à fait possible d'aider son enfant à identifier des camarades de jeu potentiels en lui désignant similarités et centres d'intérêt communs, en toute simplicité : « Tu joues avec des blocs. David aussi joue avec des blocs. Vous aimez les blocs, tous les deux. » Appeler les enfants par leur prénom, montrer ceux qui jouent dans le voisinage immédiat, les aide à développer leur conscience sociale. « Mira verse du sable à côté de toi. »

Si votre enfant observe sa voisine, elle est peut-être à la recherche d'une amie. Vous pouvez lui demander : « Je vois que tu regardes Sarah. Veux-tu jouer avec Sarah ? » Parfois, cela suffit, tout simplement. Exemple :

Deux petites filles jouent ensemble avec une maison de poupée. Logan est assis non loin. Il les observe.

Adulte : Je vois que Logan vous regarde jouer. Logan, veux-tu jouer avec elles ?
Logan hoche la tête.
Adulte : Êtes-vous d'accord ?
Fillette 1 : Oui.
Fillette 2 : Tu peux être le frère.

Vous pouvez aussi les aider à remarquer quand une amitié est sur le point de s'établir : « Tu as beaucoup joué avec Pete ces derniers temps. Je t'ai vu déjeuner à côté de lui. Et vous avez fait du vélo ensemble. Je me demande si tu n'es pas en train de te faire un nouvel ami. »

Proposer un soutien moral

« Tu veux jouer avec moi ? » a pour corollaire « Et s'il dit non ? Je serai mal... » La peur du rejet paralyse les enfants autant que les adultes. Vous pouvez les aider en leur proposant de rester à côté d'eux quand ils demandent à participer.

« Veux-tu jouer avec Sarah ? Tu peux lui demander. » *(Vous proposez de l'information.)*
« Elle dira peut-être oui, ou peut-être non. » *(Vous définissez les attentes.)*
« Veux-tu que je vienne avec toi ? » *(Vous suggérez votre soutien moral.)*
« Sarah, Heidi voudrait te demander quelque chose. » *(Puis vous laissez Heidi poser sa question à Sarah.)*
« Y a-t-il un moyen pour Heidi de s'intégrer à ton jeu ? Que pourrait-elle faire ? De quoi ton jeu a-t-il besoin ? » *(Vous facilitez la transition.)*

DÉCRYPTER L'AMITIÉ

Peut-on avoir plus d'un ami ? Les amis doivent-ils toujours être d'accord sur tout ? Ça consiste en quoi, être l'ami de quelqu'un ?

Au fil du développement des amitiés de vos enfants, vous pouvez offrir de l'information pour les aider à traverser les moments difficiles. Par exemple, à un enfant qui se sent exclu, vous expliquerez : « Casey a joué avec toi tous les jours, mais aujourd'hui, je vois qu'il joue avec Jack. Je sais que deux amis continuent à s'apprécier, même s'ils ne s'amusent pas tout le temps ensemble. »

Pour les tout-petits, l'amitié est un terrain tellement nouveau qu'ils accumulent les imprécisions et les idées fausses. Là où une amitié entre deux adultes se développe sur la base d'une connexion émotionnelle, celle entre deux enfants émerge lors des jeux. Il est facile pour un enfant de sauter un peu trop vite à la conclusion et de croire : « David ne joue plus avec moi aujourd'hui, donc il n'est plus mon ami. »

Souvent, les enfants pensent qu'un ami doit toujours être d'accord sur toute chose. Quand un problème surgit, ils s'exclament : « Tu n'es plus mon ami ! » Souvent, ils ne sont pas d'accord sur le thème d'un jeu ou sur l'attribution des rôles (« qui c'est qui commande ? »). Si les relations se tendent, ils ont tendance à jouer la carte de l'exclusion : « Tu n'es plus mon copain ! Tu n'es plus invité à mon anniversaire ! »

Voici les deux informations de base dont ils ont besoin : 1. On reste amis, même quand on n'a pas envie de jouer ensemble, et 2. Les amis ne sont pas toujours d'accord sur tout.

Lors d'une invitation à jouer chez Jason, Lucas et Jason veulent jouer aux super-héros. Il n'y a qu'une seule cape, celle de Jason.
Jason : Je suis Batman.
Lucas : Non, c'est moi Batman.
Jason : Non, toi tu es Robin. J'ai la cape, donc je suis Batman.
Lucas : C'est moi Batman ! C'est moi Batman !
Jason : T'es qu'une face de prout. C'est chez moi, donc c'est moi qui décide.
Maman de Jason : Jason ! Sois gentil. Lucas est ton invité.
Lucas : Tu n'es plus mon ami.

Voici un conflit semblable à tous les autres, à ceci près que le problème sous-jacent est le mode d'emploi d'une amitié. D'abord, il est utile d'identifier le déclencheur : Est-ce un acte d'autoritarisme ? Un échange d'insultes ? Un désaccord sur le choix du jeu ? Les amis ont le droit de ne pas être d'accord. Ils peuvent négocier un compromis. Voici comment aider Jason et Lucas :

Adulte : On dirait qu'il y a un problème, ici. *(Sur un ton neutre.)*
Jason : C'est ma cape ! *(Écouter et décoder : le partage de son jouet particulier pose problème à Jason.)*
Lucas : Il ne me laisse rien faire ! *(Écouter et décoder : l'autoritarisme de Jason pose problème à Lucas.)*
Adulte : Jason, dis-lui : « Je tiens beaucoup à ma cape. Je ne veux pas que tu l'abîmes. » Lucas, dis-lui : « Je n'aime pas quand tu me lances des ordres. » *(Aider l'enfant à exprimer ses limites et à fixer des règles à son ami.)*

Adulte : Les amis ne sont pas toujours d'accord. Que pouvez-vous faire ? Vous avez chacun une idée différente de l'autre. Quelle est ton idée, Lucas ? Et toi Jason, quelle est ton idée ? *(Proposer de l'information puis écouter.)*

Avec cette approche, les enfants gagnent en capacité d'écoute et en flexibilité. Ils apprennent qu'il est OK de changer d'avis et de jeu, et de poser des limites au comportement d'un ami.

DES OUTILS POUR L'AMITIÉ

Écrire des lettres exprimant les émotions

Maya,
Je suis triste. Tu n'as pas voulu jouer toute seule avec moi. Es-tu encore mon amie ?
Lauren

Lauren, trois ans, a écrit cette lettre tandis que son amie Maya s'amusait aux pirates avec deux autres enfants. La veille, les deux fillettes avaient joué ensemble. Lire la lettre de Lauren à voix haute a enclenché une conversation. Maya n'a pas souhaité interrompre son jeu des pirates, mais elle a pu rassurer Lauren. « Je ne veux pas jouer avec elle pour le moment. » La maîtresse lui a demandé : « Es-tu encore son amie ? » Ce à quoi elle a répondu : « Oui. » L'adulte a ensuite aidé Lauren à exprimer sa tristesse et lui a dit : « Tu ne peux pas forcer quelqu'un à s'amuser avec toi. Tu voudrais vraiment que Maya joue avec toi, mais Maya est la chef de son propre corps. Elle est toujours ton amie. Peut-être qu'elle jouera avec toi plus tard. »

Faire des panneaux

Dans un espace partagé, créer un panneau permet de délimiter très clairement une frontière. Si des enfants veulent se réserver une cabane, vous pouvez leur suggérer de fabriquer un panneau annonçant les règles d'usage de leur cabane. Par exemple ils vous demanderont d'écrire : « Cabane de Ryan, John et Justin, et Brody aussi, s'il est d'accord pour être Power Ranger. » Le panneau expose aux yeux de tous les préférences des uns, les peurs des autres et les thèmes du jeu. Voici un autre exemple d'un groupe d'enfants de quatre ans : « Abri réservé aux extraterrestres et aux chevaliers. Insultes interdites. »

Utiliser des marionnettes

La marionnette est un outil privilégié pour aborder toutes sortes de difficultés, y compris en amitié. Elle peut formuler la question qui tracasse l'enfant tout en préservant son sentiment de sécurité : « Ours Brun veut savoir si Lapin est encore son copain. Est-ce qu'on peut avoir plus d'un ami sans perdre son premier ami ? » Par le biais de la marionnette, rien ne vous empêche de vous adresser directement à votre enfant : « Cela t'est déjà arrivé ? » L'enfant peut se sentir davantage en confiance en répondant à une marionnette, surtout sur des sujets sensibles, effrayants.

Aborder l'amitié dans les conversations

Vous pouvez demander aux enfants « Qu'est-ce qu'un ami ? » puis enclencher la discussion : « Comment faire pour qu'un ami accepte ton idée de jeu ? » Au fil de l'échange, tout en notant leurs idées, vous pouvez aussi corriger leurs idées fausses au sujet de l'amitié.

Reformuler

Les enfants apprennent à gérer leurs amitiés, à reconnaître des camarades potentiels en nous imitant. Comme pour toute autre difficulté ! Il est important de leur montrer quels mots précis employer en cas de conflit. Un enfant qui ne comprend pas encore l'amitié s'exprime en ces termes : « Tu n'es plus mon ami », alors qu'en réalité, il veut dire « Je suis occupé. Je m'amuse avec Sam pour le moment. Peut-être que nous jouerons plus tard. » Si vous prononcez exactement ces mots dans de telles situations, votre enfant apprendra vite à les réutiliser.

Comment favoriser les compétences en amitié

1. *Aider les enfants à identifier les amis potentiels.* Décrire ce que font les autres enfants et désigner les centres d'intérêt communs.
2. *Offrir un soutien moral.* Accompagner l'enfant quand il demande à rejoindre un groupe.
3. *Aider les enfants à comprendre les objectifs sociaux des autres enfants.* Expliquer le jeu en cours et encourager l'enfant à réfléchir à sa contribution possible au groupe, par exemple apporter un accessoire de jeu, ou proposer de jouer un rôle particulier.
4. *Favoriser la flexibilité.* « Pourrait-il y avoir deux bébés ? Comment Jenny pourrait-elle s'insérer dans votre jeu ? »
5. *Rappeler aux enfants qu'ils peuvent définir des règles pour les nouveaux entrants dans le jeu.* Souvent, les enfants rejettent un camarade de jeu parce qu'ils s'inquiètent. À vous de les aider à surmonter leur peur pour qu'ils parviennent à accepter le nouveau venu : « Quelles sont vos règles du jeu ? On ne casse pas le château ? »

6. *Aider les enfants à décrypter l'amitié.* Leur donner des informations, leur préciser que les amis n'ont pas besoin de toujours s'amuser ensemble, d'être d'accord sur tout. Si ces situations se produisent, on peut rester amis. Différents outils (écrire une lettre, concevoir un panneau, utiliser une marionnette) facilitent l'exploration sur le terrain de l'amitié.
7. *Réinterpréter les comportements bizarres ou inappropriés.* Si un enfant est agressif quand il cherche à jouer, vous pouvez rediriger l'attention sur vous et aider tout le monde à comprendre ce qui se passe : « Quand tu cours et tu hurles ainsi, Jacob croit que tu vas lui faire mal. » Un comportement insolite est parfois juste un signe que l'enfant cherche à jouer avec les autres.

Des mots pour en parler

Entrer dans le jeu

- Veux-tu jouer avec Victoria ? Allons lui demander.
- Je vois que tu regardes Jack. Veux-tu jouer avec lui ?
- À quoi joues-tu ?
- Jack, Ben veut t'aider à construire ce château. Veux-tu de l'aide ? Quelles sont tes règles ?
- Y a-t-il une manière de l'inclure dans ton jeu ? Que pourrait-elle faire ?
- De quoi avez-vous besoin pour votre jeu ? Que pourrait-il apporter ? Pouvez-vous avoir deux méchants ?

Comprendre l'amitié

- Tu n'aimes pas cette idée. Dis-lui. As-tu une autre idée ?
- Je sais que les amis continuent à s'apprécier même s'ils ne jouent pas tout le temps ensemble.
- Je sais que parfois les enfants préfèrent être seuls (ou préfèrent avoir plusieurs amis).

- Je sais que les enfants changent parfois d'avis.

Les mots à éviter

- On est tous copains, ici.
- Je vois qu'un de tes amis veut prendre son tour.
- Laisse ton ami jouer avec maintenant.

En public

Si un adulte fait référence à votre enfant et au sien en tant qu'« amis » alors qu'ils se connaissent à peine, il est judicieux de les présenter l'un à l'autre sur-le-champ : « Je ne crois pas que les enfants se connaissent. Voici Emily. » Vous leur montrez ainsi comment rencontrer quelqu'un et vous leur offrez un nouveau sens au mot « ami ».

En maternelle, les enseignants de votre enfant vous parleront de ses « copains ». Les vieilles habitudes sont difficiles à remplacer, mais vous pouvez soulever le problème. Peut-être provoquerez-vous une conversation intéressante sur les relations sociales en classe.

Règle n° 12 :
On a le droit de dire :
« Tu joues pas avec nous »

Sur l'aire de jeu de la cour de récréation, un petit garçon se précipite vers la maîtresse :

— Kevin ne veut pas que je joue avec lui !

— Il est obligé. Tout le monde peut jouer.

Le garçon s'élance vers Kevin, très occupé avec un autre enfant. Quelques minutes plus tard, il est de retour auprès de la maîtresse :

— Il ne veut toujours pas que je joue avec lui !

— Kevin ! crie la maîtresse. Va t'asseoir sur le banc !

Pourquoi cette règle ?

Le droit au jeu libre inclut le droit de choisir avec qui jouer. Il est essentiel de laisser les enfants décider qui ils acceptent et qui ils rejettent en tant que camarade de jeu.

Quand un jeu exclusif surgit entre enfants, nous avons tendance à le tuer dans l'œuf : « Ce n'est pas gentil ! Caroline aussi peut faire le chiot ! »

Nous tenterions tout et n'importe quoi pour que nos enfants s'entendent. Nous naviguons dans un monde en souffrance et nos propres relations sociales nous blessent parfois. Nous aimerions tant que nos enfants soient épargnés ! Qu'ils se montrent supérieurs à nous dans leurs capacités à fraterniser avec tous, en toutes circonstances ! Alors, dès qu'ils sont en groupe, nous déclarons qu'ils sont tous amis. Nous leur ordonnons de s'amuser avec un autre enfant. Si la colère nous fait peur et le conflit nous met mal à l'aise, le rejet social, lui, nous terrifie complètement.

La SYC a une position très inhabituelle sur le rejet. Le droit de sélectionner ses camarades de jeu y est considéré comme un droit fondamental. Or ce droit a un corollaire : le droit d'exclure ceux que l'on ne choisit pas.

Pourquoi est-il OK d'exclure un autre enfant de ses jeux ? L'objectif principal est de répondre aux besoins de l'enfant sur le plan de son développement en protégeant son droit au jeu. Les enfants sont responsables de leurs choix de partenaires de jeux. Donc un enfant peut décider de s'amuser avec un ou deux amis, avec un groupe particulier d'enfants, ou seul.

Adopter le rejet comme expérience fondamentale dans le développement de l'enfant est une posture rebelle en parentalité. Mais il ne s'agit pas pour autant d'enfreindre la règle d'or : c'est OK si ça ne blesse personne et n'abîme rien. Certes, quand un enfant n'est pas accepté dans un groupe, souvent, il éprouve de la tristesse, mais il s'agit de la même frustration que celle qu'il ressent lorsqu'il veut jouer avec le camion bleu qui est (encore) entre les mains de Danny. Il se sent contrarié, en colère. Le job de l'adulte est de l'aider à gérer son émotion et à prendre soin des autres, même quand il ne s'amuse pas avec eux. Si l'adulte lui-même a un comportement inclusif et respectueux, il offre le meilleur modèle aux enfants qui apprendront à l'imiter.

Ce chapitre traite du rejet social et des raisons pour lesquelles les enfants s'excluent les uns les autres. Il existe plusieurs façons pour les adultes de guider les enfants dans le jeu, à la fois pour leur enseigner comment se faire des amis, et aussi pour montrer à un enfant souvent rejeté comment renverser la situation (voir la Règle n° 11 : On n'est pas forcément tous copains, et la Règle n° 14 : Tolérer les rejets, ça s'apprend).

Une simple exclusion n'a rien à voir avec un harcèlement. Elle n'est pas « méchante ». Si elle est gérée correctement, elle encourage même les enfants à avoir davantage conscience les uns des autres, à prendre soin et à se montrer plus tolérants. Voici ce que les enfants ont besoin d'apprendre :

- On n'est pas forcés d'être tous pareils.
- On n'est pas forcés de jouer avec tout le monde.
- On doit être respectueux de chacun.

Le jeu exclusif peut tout à fait être un jeu respectueux. Il nous revient de garder en tête les motivations d'une exclusion (le droit au jeu) et le faible niveau de compréhension qu'ont les enfants des rouages de l'amitié. Dans ce contexte, si nous les aidons à mieux s'accepter et à mieux prendre soin les uns des autres, le rejet perd de son mordant.

Les bienfaits de cette règle

Laisser son enfant choisir ses propres camarades de jeu lui permet de développer des compétences sociales qui l'accompagneront toute sa vie. Cela inclut les deux visages du rejet : comment refuser un camarade de jeu tout en le respectant, et savoir comment surmonter le rejet quand on en est l'objet. Ainsi, les enfants apprennent à prendre des risques en société, à définir des règles et à gérer les émotions désagréables :

- Je ne suis pas forcée d'être comme tout le monde. Mais je dois respecter tout le monde.
- Même quand j'aime quelqu'un, je ne suis pas obligée de jouer avec elle tout le temps.
- Je peux prendre des risques en société.
- Je peux survivre face au rejet. Je peux le surmonter et passer à autre chose.
- C'est OK de jouer seul de temps en temps.
- Je sais comment défendre mes droits sans être méchant.
- Les adultes me respectent et respectent mon jeu. Je suis en partie aux commandes.

POURQUOI ÇA MARCHE

Peu d'experts en développement de l'enfant abordent le sujet sensible du rejet. D'après Laura Davis et Janis Keyser (auteures de *Becoming the Parent you want to be*, devenez le parent que vous voulez être), le jeu exclusif est un jeu naturel, de l'ordre de la routine, et non un comportement malsain. Elles précisent qu'il est OK que des enfants excluent un enfant de leur jeu, mais qu'il n'est pas OK de l'exclure de leur écoute et de leur attention.

L'exclusion surgit pour de nombreuses raisons toutes plus innocentes les unes que les autres. Parfois, les enfants cherchent avant tout à continuer à s'amuser, à ne pas ralentir ou stopper leur jeu. Ils adorent faire semblant d'être des oisillons dans un nid ou de gentils héros terrassant un tyrannosaure. Pour Davis et Keyser, ce type d'exclusion signifie : « Je n'arrive pas à voir comment inclure une autre personne et j'ai peur de mettre tout le jeu par terre si tu nous rejoins. »

Toujours d'après elles, les enfants font aussi l'expérience du pouvoir dans leurs relations. Que dira l'autre si je lui annonce « Si tu ne veux pas être le chiot, alors tu ne peux pas jouer avec nous » ? Parfois, ils choisissent mal leurs mots et décrètent « Tu ne peux pas jouer. Tu n'es pas mon amie », alors qu'ils veulent vraiment dire : « Pour l'instant, je veux jouer avec Sam. »

RETIRER NOS LUNETTES D'ADULTE

« Elle ne peut pas jouer avec nous » devient moins effrayant si nous voyons le jeu à plusieurs pour ce que c'est : une opportunité d'apprentissage social. Les enfants de deux à trois ans ne parviennent pas à gérer plus d'un camarade de jeu à la fois. Les plus âgés ont parfois besoin d'aide pour s'insérer dans un jeu en cours. L'expérience du rejet, que l'on rejette ou que l'on soit rejeté, a de la valeur. Elle aide les enfants à développer leurs compétences sociales et émotionnelles. En rendant le rejet possible, nous offrons aux enfants l'opportunité d'apprendre comment se faire des amis, prendre des risques et gérer les émotions désagréables. L'exclusion peut être respectueuse de l'autre.

Les enfants ont besoin d'être confrontés à la prise de risques en société et au rejet. Ces expériences font partie de la vie, qu'il s'agisse de se faire un copain à l'école primaire, de sortir avec un garçon au lycée, de postuler à un emploi ou à une audition ou de demander quelqu'un en mariage. Nous prenons des risques toute notre vie et sommes fatalement rejetés, à un moment ou à un autre. Nous pouvons enseigner à nos enfants comment surmonter le rejet. Ils ont besoin d'accepter le risque d'un rejet et de le vivre sans s'effondrer. Ils peuvent survivre au rejet et passer à autre chose. Plus ils s'entraînent tôt à affronter une exclusion naturelle, plus ils développent leur résilience et le respect de l'autre. Ces compétences les aideront à réussir dans la vie.

Le droit de choisir ses camarades de jeu

À force de vouloir que tous les enfants fraternisent, souvent nous cassons leur jeu et nous aggravons les problèmes relationnels. Que s'est-il passé avec Kevin, le petit garçon de l'exemple précédent ? La maîtresse a interrompu son jeu. Il s'amusait avec un ami quand un troisième enfant s'est approché. Parfois, les enfants s'inquiètent quand un autre vient à leur rencontre. Est-ce qu'il me veut du mal ? Va-t-il modifier notre jeu ? Me piquer mon ami ? Fera-t-il ce qu'il a fait hier, qui m'a fait si peur ? M'écoutera-t-il quand je fixerai une règle ? Chacune de ces préoccupations est pertinente et mérite d'être entendue.

Et le petit garçon qui est allé chercher l'aide de la maîtresse ? Lui aussi est perdant dans cette affaire. Il n'a pas réussi à être inclus dans le jeu, puisque celui-ci s'est arrêté quand Kevin est parti s'asseoir sur le banc. Il est passé à côté d'une opportunité d'apprendre comment s'insérer dans un jeu en respectant les joueurs et sa relation avec ses pairs s'est détériorée. Non seulement, il était craint et peu aimé avant l'incident, mais depuis, les autres lui en veulent ! Le jeu en société implique forcément deux personnes consentantes. Même si vous en avez très envie, vous ne pouvez pas forcer quelqu'un à jouer avec vous.

Un enfant a le droit de monopoliser un jouet tant qu'il n'en a pas terminé. De la même manière, il devrait avoir le droit de garder le même camarade de jeu. Ceci protège son droit fondamental au jeu, empêche toute interruption et permet d'enseigner les aptitudes de gestion des émotions des deux côtés du rejet.

> Tout enfant a le droit de choisir ses camarades de jeu. C'est notre travail de préserver ce droit.

Vous pouvez penser au rejet comme à un outil permettant de sauvegarder le jeu. Votre enfant a le droit de jouer et vous le soutenez dans ce droit en le laissant jouer seul comme en le laissant choisir son ou ses partenaires. L'enfant rejeté y trouve une occasion de développement de ses compétences sociales et émotionnelles.

Ce que nous redoutons

Le rejet nous effraie. En être témoin réveille nos propres blessures. Il frappe en plein cœur de tant de peurs sociales, celles de ne pas être appréciée, de ne pas avoir d'amis, de ne pas avoir les « bons » amis. Si en grandissant vous vous sentiez mal à l'aise en société, si vous étiez constamment la cible de taquineries, de rejets ou de harcèlement, vous savez à quel point l'exclusion fait mal. Il est naturel de chercher à protéger nos enfants de cette souffrance.

Mais soyons clairs : exclure un enfant d'un jeu n'a rien à voir avec le harcèlement. Le harcèlement est un comportement malfaisant, nocif, ciblé et répété qui vise fondamentalement à prendre le pouvoir sur quelqu'un. Dès l'âge de quatre ou cinq ans, les enfants peuvent persécuter un autre enfant. Au même âge, ils peuvent aussi apprendre à s'affirmer et à respecter autrui. Toutes les stratégies présentées dans ce chapitre aident aussi à éviter le harcèlement.

Le rejet, lui, est incontournable. Les enfants ont besoin de savoir comment réagir. Qu'il vienne d'un copain, d'un camarade dans la cour de récré, ou d'un petit ami, il fait partie de la vie sociale. Même si nous le voulons, nous ne pouvons pas (et ne devrions pas) empêcher nos enfants d'en souffrir. Mais nous pouvons leur apprendre à le gérer.

D'abord, nous pouvons leur montrer une façon respectueuse de refuser l'autre (voir plus loin, les outils pratiques). Par exemple, le grand classique « tu n'es plus mon ami » peut vous alerter que l'enfant ne sait pas quoi dire. À vous de comprendre le vrai problème et d'aider à le formuler : « Je veux jouer tout seul, pour l'instant. » Un refus respectueux laisse la porte ouverte à une participation future : « Je t'apprécie toujours autant », ou « Après ce jeu, on pourra jouer », ou encore « On jouera peut-être ensemble plus tard ».

La petite enfance est la période idéale pour apprendre à gérer le rejet. Il faut de l'entraînement pour garder confiance en soi et rester bienveillant envers l'autre. Nous ne souhaitons pas élever des enfants qui cèdent constamment sous la pression sociale et ont du mal à dire non. Nous ne voulons pas plus que les exclus se retrouvent paralysés dans leurs émotions et ne parviennent pas à surmonter leur rejet. L'exclusion sociale n'est ni plus ni moins qu'un conflit comme un autre.

Les enfants ont besoin d'aptitudes pour gérer les deux versants d'une exclusion sociale : comment dire non à un camarade sans le blesser et, quand le non leur est adressé, comment dépasser le rejet sans s'effondrer. Les habiletés requises (affirmation de soi, conscience sociale, résilience) s'enseignent dès le plus jeune âge et deviennent alors de puissants atouts pour l'enfant.

LES INCONVÉNIENTS DU JEU FORCÉ

« Allons, sois gentille. Laisse Chelsea jouer avec toi », dit l'adulte.

Nous sommes emplis de bonnes intentions, mais en insistant pour que les enfants acceptent un nouveau camarade de jeu, nous interrompons leur jeu. Souvent il cesse complètement. Parfois, nous provoquons l'exact inverse de ce que nous recherchons et leurs relations tournent mal. Comment les enfants se sentent-ils ?

Sonja et Tasha, quatre ans, jouent au papa et à la maman. Chelsea veut jouer avec elles.
Sonja : Je ne suis amie que avec Tasha. Tu ne peux pas venir.
Adulte : Ce n'est pas gentil. Rappelle-toi notre règle, Sonja. Tu ne peux pas dire ça. Tout le monde a le droit de jouer.
Tasha : D'accord. Tu es le bébé qui dort.
Chelsea reste toute seule, faisant semblant de dormir. Les deux autres fillettes partent jouer ensemble ailleurs.

Voici comment Chelsea se sent :

- Elles ne m'aiment pas. Elles jouent avec moi uniquement parce qu'elles sont obligées.
- Je n'ai pas un rôle intéressant. Elles me laissent juste faire le bébé.
- Je ne m'amuse pas ici.
- Personne ne m'aime. Je n'ai pas d'amie.

Voici comment Sonja et Tasha se sentent :

- Tout le monde se fiche de ce que je pense. Je dois obéir juste pour faire plaisir aux gens.
- Les adultes s'en fichent. Ce que je fais n'est pas important.
- Je ne peux pas gérer une personne de plus. Je ne sais pas comment l'inclure.
- Et voilà, le jeu est fichu. Je m'amusais bien et maintenant c'est mort.
- Tout ça, c'est la faute de Chelsea.

Même si nos intentions sont bonnes, forcer les enfants à s'amuser ensemble peut se retourner contre eux. Souvent, l'enfant que nous essayons d'aider n'est pas vraiment bienvenu dans le jeu, ce qui peut mener à une exclusion sociale encore plus forte. Sans le vouloir, nous aggravons le problème. Au lieu de chercher à éviter le rejet, nous pouvons l'apprécier comme une opportunité d'apprentissage. Les enfants ont de multiples bonnes raisons de se repousser les uns les autres. Les occasions de s'exercer ne manquent pas.

Les raisons d'un rejet

Les enfants rejettent un camarade potentiel de jeu pour toutes sortes de raisons pertinentes. Quand votre enfant dit non, inutile de s'énerver. Pourquoi dit-il non ? Souvent, parce qu'il se sent submergé, ou parce qu'il n'est pas prêt pour le jeu en groupe. Ces deux raisons très courantes sont totalement naturelles dans le cours normal du développement de l'enfant.

Un enfant peut exclure quelqu'un de son jeu parce qu'il :
1. se sent dépassé par tout ce monde autour de lui.
2. n'est pas encore parvenu à l'étape du jeu coopératif.
3. ne se sent pas en sécurité.
4. craint une interruption du jeu.
5. a une saute d'humeur.
6. n'aime pas l'idée apportée par son camarade.
7. s'exerce à asseoir son pouvoir.
8. cherche à protéger son espace.
9. cherche à préserver une amitié.
10. est en questionnement sur son identité de genre.

L'enfant se sent submergé

Quand deux enfants de trois ans annoncent à un autre que ce dernier ne peut pas jouer avec eux, ils ont une bonne raison : à cet âge, les enfants s'amusent rarement avec plus d'un ami à la fois.

Les chercheurs en psychologie sociale montrent qu'en raison des difficultés des tout-petits à gérer les relations à plusieurs, dès qu'ils se sentent submergés en société, ils choisissent naturellement de limiter le nombre de leurs camarades de jeu. L'interaction avec d'autres enfants les engage dans un travail éprouvant. Quand votre enfant dit « non, tu ne peux pas jouer » à un autre, c'est important de le soutenir. Peut-être tente-t-il désespérément de préserver la dynamique de son jeu. À moins qu'il n'ait tout simplement pas l'énergie d'y associer une nouvelle personne.

L'enfant n'a pas atteint l'étape du jeu coopératif

Parfois, nous présumons que les enfants savent jouer ensemble de manière coopérative. Or cette aptitude prend du temps à se développer. Les plus petits peuvent être encore à l'étape du jeu en solitaire, de l'observation ou en parallèle (voir Les étapes du jeu, Règle n° 11 : On n'est pas forcément tous copains). En exigeant d'eux qu'ils jouent à plusieurs, nous plaçons la barre trop haut. Ils ont besoin de regarder les autres s'amuser ou tout simplement de jouer non loin d'eux. Puis ils grandissent et gagnent en sécurité intérieure. À ce moment, et à ce moment seulement, ils s'adonnent aux jeux coopératifs, franchissant l'étape tout naturellement. Il est donc pertinent de refréner notre envie d'intégrer à tout prix un enfant solitaire dans le jeu des autres. Le jeu en solitaire est probablement ce dont il a réellement besoin.

L'enfant ne se sent pas en sécurité

Quand Lily a repoussé Éric d'un « non » retentissant, sa maîtresse s'est approchée d'elle et lui a posé cette question toute simple : « Est-ce que quelque chose chez Éric te fait peur ? »

La peur est souvent la raison numéro un du rejet d'un enfant par un autre. L'enfant dit non parce qu'il ne se sent pas en sécurité. Dans le cas de Lily face à Éric, cette peur peut être provoquée par une image effrayante sur le T-shirt d'Éric ou par l'éventualité qu'Éric lui pique son jouet. En demandant ouvertement à Lily, devant Éric, si elle a peur de lui, vous aidez Éric à comprendre le motif du rejet. Éric sera sans doute très surpris d'apprendre que quelque chose à son sujet pousse Lily à lui dire non. Un dialogue transparent donne à Éric l'occasion de clarifier son intention.

Cependant, en tant que parent, il nous est difficile d'admettre la peur comme cause d'un rejet. Nous jugeons notre enfant malpoli. Nous sommes obnubilés par ce qu'il a dit et nous oublions de l'interroger. Au lieu de nous indigner quand il décrète que « Ben ne peut pas entrer dans la cabane », il suffit de lui demander : « Mmm. Est-ce que quelque chose chez Ben te fait peur ? » Cela vous surprendra sans doute, mais cette simple question met souvent en lumière le vrai problème. Quand j'avais quatre ans, j'avais peur d'un enfant qui avait des taches de rousseur. J'étais persuadée que l'enfant avait la rougeole ! Alors si nous sommes témoins d'un rejet, la première chose à faire est… rien du tout. Prendre le temps de maîtriser notre impulsivité. Puis interroger l'enfant, écouter sa réponse et accueillir les émotions identifiées.

> La peur est souvent la première raison du rejet d'un enfant par un autre. Poser la question à l'enfant qui rejette : « Est-ce que quelque chose te fait peur ? »

À l'école maternelle, Amanda et Mollie construisent une cabane. Elles demandent un panneau sur lequel inscrire : « Maison de Mollie et Amanda. Interdite aux garçons et aux tigres. » Ce jour-là, les enfants se déguisent et s'amusent librement. Un garçon prénommé Ben, portant un costume de tigre, s'approche de la cabane.

Enseignant : Ben, tu dois demander à Amanda et à Mollie avant d'entrer. Regarde, il y a un panneau qui indique : « Maison de Mollie et Amanda. Interdite aux garçons et aux tigres. » Tu veux leur demander ? Elles peuvent dire oui, ou elles peuvent dire non.

Ben : Je peux jouer avec vous ?

Amanda : Je n'aime pas les gros bruits !

Enseignant : As-tu peur que Ben fasse du bruit dans ta maison ?

Amanda : Ben oui ! Les tigres, ça rugit.

Enseignant : Ben, est-ce que tu rugiras dans leur maison ?

Ben secoue la tête.

Enseignant : Ben peut-il entrer s'il ne rugit pas et ne fait pas de bruits gênants ?

Les filles : Ouais.

Mollie : Et si on changeait le panneau pour mettre « OK pour les gentils tigres » ?

Enseignant : D'accord, voilà ce que le panneau dit maintenant : « Interdit aux garçons. OK seulement pour les gentils tigres. »

L'enfant a peur d'interrompre le jeu

Alison et Rachel s'amusent follement. Elles jouent au papa et à la maman. Quand une autre petite fille leur demande de s'amuser avec elles, elles se sentent menacées. Que se passera-t-il pour leur jeu ? Elles ont déjà une maman et un bébé...

Les enfants rejettent souvent un camarade parce qu'ils ont peur que ce dernier ne casse leur jeu. En ajoutant une personne, la dynamique du jeu change forcément. Leur inquiétude a beau être justifiée, elle peut être surmontée si les enfants en ont la volonté. Notre rôle ? Les aider à trouver une façon d'insérer le nouveau venu dans le groupe, en commençant par montrer notre intérêt pour leur jeu, en posant des questions : « Que faites-vous ? À quoi jouez-vous ? Ah, vous avez déjà une maman et un bébé. Pourrait-il y avoir deux mamans dans ce jeu ? »

L'enfant a une saute d'humeur

L'humeur des enfants varie tout au long de la journée. Parfois, ils sautent sur une opportunité de jouer avec quelqu'un, pour mieux se plonger dans une activité solitaire quelques minutes plus tard. Il est important de se rappeler qu'un rejet est toujours temporaire.

Mon fils Zach adore jouer avec son voisin Tyler. Un jour, Tyler est passé à la maison, et avec son plus beau sourire, a demandé à jouer avec Zach. À ce moment précis, Zach était en immersion profonde dans son propre jeu, dans le bac à sable du jardin. Il a dit non. « Peut-être la prochaine fois, Tyler ! »

Même des copains de longue date comme Tyler et Zach n'ont pas toujours envie de jouer ensemble. Quand cela se produit, les enfants craignent parfois d'avoir perdu leur ami. Vous pouvez rassurer l'enfant rejeté par quelques mots : « Je sais que les enfants changent d'avis, parfois. Tu peux réessayer un peu plus tard, peut-être ? » et poser des questions à celui qui a dit non, même si ces questions comportent un risque : « Est-ce que tu l'apprécies encore ? » Quand l'enfant rejeté entend : « Oui, il est encore mon ami, je veux juste continuer à construire un château de sable », sa peur de perdre son ami tend à s'évaporer.

Bien sûr, une telle question peut aussi produire la réponse : « Non, il n'est plus mon ami. » Pour autant, il est pertinent de prendre le risque de la poser. Au pire, vous mettrez en lumière un conflit larvé qui requiert votre attention. En toute probabilité, il s'agit d'un malentendu. Souvent, les enfants croient qu'on ne peut être ami qu'avec la personne avec qui ils jouent au moment où vous leur posez la question. Donc s'ils ne jouent plus ensemble, l'« ami » a disparu. Vous pouvez dissiper le quiproquo : « Je sais que les amis ne jouent pas toujours l'un avec l'autre, mais qu'ils s'apprécient encore même quand ils ne s'amusent pas ensemble. »

L'enfant rejette l'idée et non la personne

Quand un enfant suggère « Et si on jouait aux dinosaures ? » et que l'autre lui répond « Non, je ne veux pas jouer avec toi », il est possible que le second rejette le thème du jeu et non le camarade. Pour aider les enfants dans cette situation spécifique, il est utile de comprendre s'ils veulent vraiment jouer ensemble ou si l'idée du jeu est primordiale. « Veux-tu jouer avec Danny ? On dirait qu'il ne veut pas jouer aux dinosaures. Y a-t-il autre chose que vous pourriez faire ensemble ? » Vous pouvez aussi proposer à l'enfant qui a rejeté l'idée du jeu de fournir une explication : « Ruby, je pense qu'Anna ne sait pas pourquoi tu ne veux pas jouer au papa et à la maman. Tu peux lui dire ? » Ces conversations aident les enfants à atteindre leur vrai objectif : jouer au jeu qui leur convient avec la personne qui leur convient.

L'ENFANT EXERCE SON POUVOIR

Des phrases incroyables sortent parfois de la bouche des enfants : « Si tu ne creuses pas les douves, tu ne peux pas venir à mon anniversaire. » Quand ils formulent un rejet sous forme d'une menace, ils s'exercent fort probablement à asseoir leur pouvoir. Utiliser judicieusement son pouvoir, savoir prendre des décisions, cela fait partie du jeu. Qui choisit le thème ? Qui définit les règles ? Qui a le droit de les modifier ? Vous pouvez aider les enfants à examiner ces questions en les laissant discuter de ce qui est juste, des idées de jeu, tout en restreignant l'usage de votre autorité d'adulte aux moments où ils ont davantage besoin de s'écouter parler les uns les autres.

L'ENFANT PROTÈGE SON ESPACE

Souvent, les enfants consacrent leur énergie à protéger leur territoire. Le protéger de quoi ? De toute intrusion qui pourrait perturber leur jeu.

Un groupe d'enfants de quatre ans plante un panneau à côté d'un abri : « Chez Kenny, Robert, Sam et Mason. Notre cachette secrète. On est des gentils. » Ainsi, ils préservent leur jeu.

Bella, quatre ans, veut jouer toute seule. Elle enfile un costume de zèbre et demande à ce qu'un panneau « Réservé aux zèbres » soit posé sur sa cabane. Comme elle porte l'unique costume de zèbre, elle est en sécurité.

Les enfants adorent les espaces confinés dans lesquels ramper : les cabanes, les tentes, les forteresses, sous une chaise... Très vite ils s'y installent et en font leur « maison ». D'après Fred Rogers, de l'émission *Mister Rogers' Neighborhood*, en construisant ces cabanes, ils montrent leur besoin d'intimité. Parfois, un enfant a juste besoin d'être seul ou d'être aux commandes d'un espace à lui tout seul. À la SYC, les enseignants sont attentifs à ce besoin et aident les enfants à ériger des tentes ou des cabanes, puis à y poser des panneaux « La tente d'Arthur – Réservée à Arthur » ou « Le bungalow de Mariah et Rachel – Interdiction d'entrer ». Si un enfant veut y entrer et se fait rejeter, il est facile de lui proposer de fabriquer son propre refuge. Une fois qu'il s'est assuré de la protection de son intimité et de la possession pleine et entière de l'endroit, il se sent en sécurité. Souvent, les enfants finissent par jouer les uns avec les autres en se rendant visite de cabane en cabane.

L'enfant protège une amitié

Jayden et Nick, quatre ans, sont pelotonnés dans un coin et se murmurent des choses à l'oreille. Jayden montre un autre garçon du doigt et annonce : « On jouera pas avec lui. »

Cela vous semble méchant, n'est-ce pas ? S'ils cherchent à protéger une amitié précieuse, il est fréquent que les enfants excluent tout enfant autre que leur ami. Parfois, ils ne peuvent pas gérer l'arrivée d'un nouveau camarade dans leur relation. Dans le cas présent, Jayden a peur que Nick joue avec un autre garçon plutôt qu'avec lui. Il n'a pas encore compris que les gens peuvent avoir plus d'un ami. Jayden teste l'exclusion comme tactique lui permettant de préserver son unique amitié.

Jayden a besoin d'apprendre que les amis, parfois, jouent avec d'autres personnes. Même s'il est l'ami de Nick, Jayden n'est pas son chef. C'est une leçon difficile à intégrer, mais nécessaire. Jayden peut tout à fait s'amuser tout seul ou tenter de jouer avec un autre enfant.

L'enfant fait l'expérience de son identité de genre

Certains enfants rejettent les enfants du sexe opposé de façon à explorer leur propre identité. Voilà un sujet aussi énorme que délicat à aborder, tant les panneaux « Interdit aux filles » ou « Interdit aux garçons » semblent brandir le spectre de la discrimination. Pour continuer cette discussion, vous pouvez vous reporter à la Règle n° 13 : Un panneau « interdit aux filles/aux garçons » doit être respecté.

Outils pratiques

En règle générale, un enfant en rejette un autre en raison de son stade de développement. Même si le rejet vous inspire des pensées sombres, voire terrifiantes, rappelez-vous qu'il porte nettement plus de poids pour vous que pour votre enfant. En premier lieu, il est important de réguler votre éventuel énervement. Vous pourrez ensuite aider les deux enfants à interpréter la situation et à passer à autre chose.

Gérer le jeu exclusif

1. Respecter le droit des enfants à choisir leurs camarades de jeu.
2. Prendre en compte l'étape de développement de l'enfant et son tempérament personnel. Qu'est-elle prête à faire ? Est-elle capable d'inclure d'autres enfants dans ses jeux ?

3. Montrer de l'intérêt pour le risque social et pour le jeu en cours. « On dirait qu'ils jouent aux tigres. Tu veux jouer aux tigres, toi aussi ? Ils diront peut-être oui, ou peut-être non. On va bien voir. »
4. Écouter les ressentis des deux camps. Poser la question suivante à l'enfant qui exclut l'autre : « Quelque chose te fait peur, Ben ? » Et accueillir l'émotion de l'enfant rejeté : « Cela te rend triste. Tu voulais jouer avec Sarah. »
5. Enseigner aux enfants à dire non sans blesser l'autre : « Je veux jouer toute seule pour le moment. Je t'apprécie toujours autant. On pourra jouer plus tard, peut-être ? »
6. Organiser un jeu pour plus tard. Une grande sœur n'est pas obligée de jouer avec sa petite sœur tout le temps. Vous pouvez l'aider à organiser son temps de manière à ce qu'elle l'inclue à un autre moment.
7. Aider l'enfant rejeté à passer à autre chose. « Que pourrais-tu faire d'autre ? Avec qui d'autre pourrais-tu jouer ? On dirait que Robbie joue dans le bac à sable. Veux-tu jouer dans le bac à sable, toi aussi ? »
8. Pour davantage de stratégies permettant de gérer le rejet répété, se reporter à la Règle n° 14 : Tolérer les rejets, ça s'apprend.

RESPECTER LE DROIT DE CHOISIR SES CAMARADES DE JEU

Si nous ne forçons pas les enfants à s'amuser ensemble, ils n'ont aucune raison de se moquer les uns des autres ou de s'exclure les uns les autres avec méchanceté. Un enfant agit de la sorte, dans la plupart des cas, parce qu'il ne sait pas qu'il a d'autres cartes en main. Vous pouvez les lui indiquer. Si vous protégez son droit à choisir ses propres camarades de jeu, il aura moins tendance à utiliser le rejet comme une arme blessante.

« Si tu ne veux pas jouer avec Alice, c'est OK. Essaie de le dire comme ceci : non, merci. Je ne veux pas jouer avec toi pour l'instant. » Si votre enfant parle sur un ton méchant, vous pouvez lui rappeler qu'elle n'est pas obligée de jouer avec une telle, mais qu'elle doit tout de même lui montrer du respect.

MONTRER COMMENT REJETER AVEC RESPECT

La phrase clé à répéter aux enfants est « Je ne veux pas jouer avec toi *pour l'instant* », avec une emphase sur « pour le moment ». « Je ne veux pas jouer à ce jeu pour l'instant. Je suis occupé avec mon puzzle. Peut-être tout à l'heure. » Les enfants sont égocentriques et leur humeur varie. Vous pouvez les aider en leur proposant une réponse qui laisse la porte ouverte à une collaboration future.

SE CONCENTRER SUR LES ÉMOTIONS

L'enfant exclu a besoin de soutien, surtout s'il a pris un gros risque social. D'abord, accueillir l'émotion, la nommer, la montrer au grand jour : « Tu as l'air triste. Comment te sens-tu ? C'est dur. Tu voulais vraiment jouer avec Nathan, mais il a dit non. »

Vous pouvez encourager l'enfant rejeté à partager ses émotions avec l'enfant qui l'a exclu : « Cela me fait mal quand tu ne me laisses pas jouer avec toi. » Pour certains enfants, ce partage pourra faire l'objet d'une lettre écrite ou d'un dessin. Dans la lettre, il est important d'écrire exactement l'émotion de l'enfant, même si les mots vous semblent durs.

Organiser un rendez-vous

Si le rejet a lieu entre deux frères et sœurs, ou entre deux enfants se fréquentant beaucoup, il peut être utile de les aider à prendre rendez-vous l'un avec l'autre pour jouer ensemble. L'objectif : aider frères et sœurs à prendre soin l'un de l'autre tout en préservant l'intimité de l'un comme de l'autre. Imaginons une petite fille qui se voit régulièrement claquer la porte au nez par sa grande sœur. La situation se débloque si vous les aidez à prendre date pour un jeu commun. L'aînée peut apprendre à dire : « Je veux être seule en ce moment. Mais après le dîner, je jouerai aux Lego avec toi. » Ou alors, vous pouvez expliquer à la petite : « J'ai entendu Ruby dire qu'elle veut être seule avec son amie Anna pour l'instant. Que pourrais-tu faire pendant qu'elle est occupée ? »

Passer à autre chose

Réconforter l'enfant rejeté est important, mais il est inutile d'insister. Certains surmontent le rejet très rapidement, mais parfois, ils ne sont pas d'humeur à chercher un autre ami. Proposer votre aide suffit : « Que pourrais-tu faire d'autre ? » Inutile de vous obstiner à lui trouver un autre camarade de jeu. Les enfants digèrent un rejet en grande partie en apprenant comment passer à autre chose.

Des mots pour en parler

Identifier le problème

- Je t'ai entendu dire que Kate ne pouvait pas entrer. Que ferait-elle si elle entrait ?
- Est-ce que quelque chose chez Ben te fait peur ?

- Veux-tu être avec Jeremy, ou veux-tu faire ce qu'il est en train de faire ?

Être rejeté

- Sarah ne veut pas jouer avec toi *pour l'instant*. Peut-être le voudra-t-elle plus tard.
- Tu es triste. Tu voulais vraiment jouer aux lions avec elle.
- As-tu peur que Sarah ne soit plus ton amie ? Sarah, est-ce que tu apprécies encore Fiona comme amie ?
- Tu ne peux pas forcer quelqu'un à jouer avec toi.
- Je sais que les enfants peuvent continuer à être amis même s'ils ne jouent pas ensemble tout le temps.

Protéger le droit des enfants à jouer

- C'est OK. Tu n'es pas obligé de jouer avec Danny.
- Tu peux lui dire : « Je n'ai pas envie de jouer pour le moment, mais je t'aime bien. Plus tard, peut-être. »
- Quand pourrez-vous jouer ensemble ?

Les mots à éviter

- Sois gentil et laisse Kathy jouer avec toi.
- Tu ne penses pas ce que tu dis. Bien sûr qu'elle peut jouer avec toi.
- On ne dit pas : « Tu joues pas. »
- Cela m'est égal, tu dois le laisser jouer avec toi.

En public

Comme pour le partage des jouets, la plupart des parents insistent et forcent leur enfant à accepter un nouveau camarade de jeu quand ils l'ordonnent. À l'extérieur de chez vous, vous pouvez informer parents et enfants que cela ne vous gêne pas si les enfants ne jouent pas ensemble. La simple annonce de votre point de vue peut suffire à soulager les tensions : « Ce n'est pas un problème si Annabelle décide de jouer toute seule. Elle peut continuer son jeu », ou « J'ai l'impression que vous aimeriez bien que Brian et Andy jouent ensemble. Pour moi, c'est OK s'ils ne jouent pas ensemble. » Certains camperont sur leur position : « N'importe quoi ! Bien sûr que Brian peut jouer avec Andy. » Dans ce cas, vous ne pouvez rien faire d'autre que d'observer où mène ce jeu coopératif imposé. Qui sait ! Parfois, les enfants s'acceptent mutuellement. Sinon, il ne reste qu'à tourner la page et avancer ! Si le clash des cultures se produit chez vous, il est plus facile de dire : « Ici, les enfants ne sont pas obligés de jouer ensemble s'ils n'en ont pas envie. Je sais que les enfants changent souvent d'avis et jouent ensemble quelque temps plus tard après s'être rencontrés. »

Règle nº 13 :
Un panneau « interdit aux filles/aux garçons » doit être respecté

Amelia et Leah, trois ans, construisent un bateau pirate dans la classe de maternelle de ma mère. Elles crient : « On a besoin d'un panneau ! » Ma mère note mot à mot ce qu'elles lui disent : « Interdit aux garçons. Interdit aux pirates garçons. Interdit de taper. Interdit de hurler. Interdit de jeter du maïs sur notre maison. »

De l'autre côté du couloir, dans la classe de moyenne section, un groupe de garçons de quatre ans dresse une forteresse. Le panneau indique : « La plus belle cachette au monde pour les gentils. Seuls les garçons qui vivent ici peuvent entrer. Seulement les gentils. Interdit aux filles. »

Ces enfants explorent ainsi trois concepts en même temps qu'ils s'efforcent d'en sécuriser les contours : les amis, les règles du jeu et l'identité de genre.

Pourquoi cette règle ?

Vers trois ou quatre ans, les enfants jouent souvent entre filles ou entre garçons. Rejeter le sexe opposé les aide à réfléchir à leur identité de genre et à se faire des amis.

À partir de trois ans, il est naturel que les enfants cherchent à comprendre leur rôle et identité de genre. Qui est un garçon ? Qui est une fille ? Comment sait-on ? Que veut dire être l'un ou l'autre ? Que suis-je ? À quoi joue une fille ? À quoi joue un garçon ? Toutes les filles ont-elles les cheveux longs ? Et cet adulte avec les cheveux courts, c'est un homme ou une femme ? Quand je serai grand, je serai une maman ou un papa ? Est-ce qu'un garçon peut se transformer en fille ?

En jouant exclusivement avec les enfants du même sexe qu'eux, ils renforcent leur identité de genre. Les filles jouent avec les filles. Les garçons jouent avec les garçons. Les enfants eux-mêmes instaurent cette ségrégation selon le sexe. Pour nombre d'entre eux, elle peut être extrêmement forte. Quand votre fille crie « Interdit aux garçons ! » ou accroche une pancarte « Interdit aux garçons – Réservé aux filles » à la porte de sa chambre, cela ne signifie en rien qu'elle en veut aux garçons, mais plutôt qu'elle cherche à solidifier son image d'elle-même en tant que fille.

Les bienfaits de cette règle

Votre enfant a le droit de choisir avec qui il joue. C'est votre rôle de le soutenir dans ses choix. Si un panneau « Interdit aux filles » apparaît à sa porte, vous pouvez lui poser des questions et clarifier ses raisons ou tout éventuel malentendu, tandis qu'il poursuit son jeu. Quand vous laissez les enfants explorer leur identité de genre dans leurs jeux, vous leur enseignez ceci :

- Je sais qui je suis.
- Parfois, j'aime jouer uniquement avec des filles/garçons. C'est OK.
- Les garçons et les filles sont différents.
- Les garçons et les filles aiment aussi beaucoup de choses en commun.
- Les adultes respectent mes jeux. Je peux jouer à ma façon tant que je ne fais de mal à personne.

Pourquoi ça marche

Michael Thompson, psychologue pour enfant et auteur de *Raising Cain* (Élever Caïn) et *It's a Boy !* (C'est un garçon !), explique que les enfants commencent à trier leurs partenaires de jeu selon leur sexe après avoir appris à jouer de manière coopérative avec d'autres enfants. De nombreux enfants jouent avec des enfants du même sexe à partir de trois ans et jusque vers sept ou huit ans, ce qui, d'après Thompson, est tout à fait naturel et s'observe dans toutes les cultures. Ce type de jeu peut choquer de nombreux parents, habitués à voir leur enfant jouer avec des garçons comme avec des filles depuis qu'il sait marcher.

Pourtant, il n'y a rien d'alarmant dans le jeu entre enfants du même sexe. Nous ne commençons à nous inquiéter que lorsque ces jeux s'assortissent d'interdiction et d'exclusion de l'autre sexe (Interdit aux filles ! Interdit aux garçons !). Cette gradation entre le « OK pour le jeu entre enfants de même sexe » et le « Pas OK pour exclure sur la base du sexe » n'existe pas aux yeux d'un enfant de maternelle.

Grandir vise à se constituer une image solide de soi. Les enfants y parviennent en partie en définissant ce qu'ils ne sont pas. Pendant les années de maternelle, ils abordent à leur façon tout ce qui touche à l'identité de genre. Votre enfant vous le montrera de diverses façons : en se déguisant, en jouant à des jeux d'imagination, en jouant à des jeux exclusifs.

L'exclusion est une façon puissante d'établir son identité. Les communautés maintiennent souvent leur identité en créant une opposition forte entre « eux » et « nous », sans nécessairement impliquer de la méchanceté : tout simplement, par exemple, en s'appropriant une mascotte. Quand les filles disent « Interdit aux garçons », elles se rallient à la mascotte des filles. Nancy Curry et Sara Arnaud, deux psychologues dont les recherches se centrent sur les jeux des enfants, disent que parfois, l'enfant ne se sent appartenir à un groupe qu'en excluant quelqu'un d'autre.

De nombreux enseignants de très jeunes enfants découragent l'exclusion fondée sur une identité de groupe, y compris sur l'identité de genre. Pas à la SYC, où ils préfèrent suivre le mouvement donné par les enfants. Puisque les enfants de cet âge semblent apprécier la ségrégation entre filles et garçons, les enseignants de la SYC rendent possible l'exclusion fondée sur le sexe et ne s'impliquent dans un conflit que lorsqu'un enfant en est blessé.

RETIRER NOS LUNETTES D'ADULTE

Quand nous voyons un panneau « Interdit aux filles » ou « Interdit aux garçons », nous frémissons. C'est naturel, cela signale que nous sommes bien des adultes. Mais quand une fillette de quatre ans construit sa cabane et annonce

« Interdit aux garçons », elle évolue dans un monde différent. « Interdit aux garçons » signifie « Je suis une fille, je cherche à comprendre qui je suis ». À cet âge l'exclusion fondée sur l'identité de genre est naturelle et ne devrait heurter la sensibilité d'aucun enfant. Sinon, vous pouvez utiliser les stratégies de médiation de conflit pour calmer les choses.

Le plus important ne change pas : les enfants ont le droit de choisir leurs camarades de jeu et les adultes ont besoin de les soutenir dans leurs décisions. En maternelle, les enfants travaillent à classer ce qu'ils perçoivent du monde dans diverses catégories. Ils voient beaucoup de choses au travers d'un filtre noir et blanc. Leur façon de s'approprier une identité de genre peut les pousser en mode « Interdit aux garçons » ou « Interdit aux filles » pendant plusieurs années, à moins qu'ils ne cultivent leur côté féminin avec une passion pour le rose, ou leur côté masculin avec une passion pour les super-héros. Ils nuanceront leur identité plus tard. Parfois, ils ont besoin de l'expérimenter via ses variantes extrêmes avant de choisir une posture plus équilibrée, plus réaliste.

Y A PAS DE MAL

Dès que l'on aborde l'identité de genre, il est difficile de mettre de côté notre point de vue d'adulte. Parce que nous nous battons depuis des siècles pour l'égalité des sexes, un panneau « Interdit aux filles » ou « Interdit aux garçons » nous fait horreur. La clé est de voir ce qui se passe avec le filtre du développement de l'enfant. Votre enfant de quatre ans a des besoins, l'un d'eux se trouvant être la recherche de son identité. Il l'explore à travers le jeu. S'il dit « Interdit aux filles », il a une bonne raison de le faire.

Un tel panneau peut cacher une autre peur. Du fait de leur ignorance, les enfants craignent toutes sortes de choses. Les garçons, ça crie forcément ? Les filles, ça n'aime jamais les camions ? Et si je joue avec un garçon, est-ce que j'en deviendrai un ? Vous aimeriez savoir à quoi pense votre enfant ? Demandez-lui : « Je vois que tu n'acceptes pas les filles dans ton jeu. Y a-t-il quelque chose que tu n'aimes pas chez les filles ? » Quand il exclut l'autre sexe, le jeu offre de nouvelles perspectives. Inutile d'aller creuser trop loin. Souvent, il reflète simplement les préférences de votre enfant, préférences qu'il vous revient d'accepter.

Tous les comportements ont un sens.

POURQUOI LES ENFANTS DISENT « INTERDIT AUX GARÇONS » OU « INTERDIT AUX FILLES »

- Ils excluent l'autre sexe pour établir leur propre identité.
- Ils cherchent à protéger leur droit de jouer avec le ou les camarades de leur choix.
- Ils explorent les différences entre les filles et les garçons à travers le jeu.
- Ils préfèrent la compagnie ou les activités de leur propre sexe.
- Ils signalent qu'ils ont peur de quelque chose.
- Ils signalent que quelque chose les perturbe.

Si nous laissons les enfants s'intéresser aux différentes identités de genre à leur rythme, en général ils passent vite à autre chose. En revanche, si nous réprimons ce besoin, il part se cacher profondément quelque part, à l'abri de nos regards. Nous risquons alors d'embrouiller davantage les enfants. Comme toutes les idées de jeu, il est préférable de laisser l'exclusion fondée sur le genre dénouer en plein jour les interrogations des enfants.

Percevoir les besoins développementaux de l'enfant derrière un panneau « Interdit aux filles/aux garçons » apaise nos craintes d'une discrimination. Mais d'autres craintes persistent : « Interdit aux filles » n'est-ce pas un message nocif ? Ne risque-t-il pas de blesser ? En maternelle, non : le jeu excluant l'autre sur la base de son sexe ne peut pas faire de mal. La règle d'or des parents rebelles s'applique : c'est OK si ça ne blesse personne et n'abîme rien, ce qui inclut les blessures émotionnelles. Si un enfant est réellement blessé ou perturbé par ces mots, « Interdit aux filles/garçons », alors vous pouvez interrompre le jeu et utiliser les outils de la médiation de conflit.

L'ATTRAIT DES EXTRÊMES

Non seulement les enfants de maternelle divisent le monde en deux camps, mais ils poussent souvent le concept du genre jusqu'à ses extrêmes. Il arrive qu'ils se construisent une idée très rigide de ce que les hommes et les femmes peuvent faire ou pas.

Il est naturel à cet âge de traverser une phase ultra-masculine de super-héros, ou une phase ultra-féminine de princesses vêtues de rose de la tête aux pieds. Les pères plutôt décontractés et pacifiques se demandent ce qui se passe avec leur fils. Les mères au naturel, qui ne se maquillent pas, observent avec stupéfaction leur fille se parer d'habits couleur lavande ou rose. C'est une façon pour l'enfant de comprendre qui elle est.

Même s'ils sont entourés des modèles contraires, les enfants se conforment à des stéréotypes de genre extrêmement rigides. Benjy, par exemple, fils d'une médecin, aime jouer aux premiers secours. Un jour, tandis qu'il s'amuse avec un autre enfant de trois ans, il déclare : « Y a que les garçons qui peuvent devenir médecins. » La mère de Benjy n'en revient pas. Après tout, dans cette famille, le médecin, c'est elle !

Vous pouvez toujours vous efforcer de donner l'exemple, expliquer jusqu'à épuisement, mais les jeunes enfants traversent une phase pendant laquelle ils ont besoin de trier les choses en les cataloguant entre deux extrêmes. Ils ont besoin de cohérence dans chacune de leurs catégories. Vous pouvez être sûre que Benjy changera rapidement d'avis quand il aura quelques années de plus.

Ce n'est qu'un jeu d'enfants

Enfin, un dernier point : ne pas prendre l'exclusion fondée sur le genre trop au sérieux. Un garçon de cinq ans qui choisit de ne jouer qu'avec d'autres garçons ne deviendra pas forcément un homme qui pénalisera les femmes. Une fille de quatre ans qui évite les garçons n'aura pas forcément tous les hommes en horreur quand elle sera grande. Jusqu'à la fin de l'école primaire, les jeux excluant l'autre sexe sont assez répandus. Par ailleurs, souvent, les enfants contredisent leurs propres règles. Amanda et Mollie, par exemple, avaient stipulé « Interdit aux garçons et aux tigres », mais elles ont laissé entrer Ben, le garçon déguisé en tigre, dans leur cachette. Le jeu exclusif fondé sur le genre ne nuit à personne. Inutile d'en faire tout un plat.

OUTILS PRATIQUES

EXPOSER LE FAUX PROBLÈME

Les enfants feraient tout et n'importe quoi pour protéger leur jeu. Souvent, les injonctions « Interdit aux filles/garçons » disparaissent quand le droit au jeu est renforcé, et spécifiquement le droit de sélectionner ses propres partenaires de jeu. « Ah ! Tu as dit "Interdit aux garçons" parce que tu voulais avant tout jouer avec Sophie ! C'est OK, tu peux jouer avec Sophie, et juste Sophie. » (Voir la Règle n° 11 : On n'est pas forcément tous copains, et la Règle n° 12 : On a le droit de dire : « Tu joues pas avec nous ».)

TROUVER LE VRAI PROBLÈME

Le rejet signale-t-il l'exploration de son identité de genre ? La peur que quelqu'un détruise une forteresse construite avec soin ? Une désinformation ? Une volonté de choisir ses camarades de jeu ? Les panneaux « Interdit aux filles/garçons » attirent l'attention des adultes, mais ils masquent souvent le vrai problème. Vous le déterrerez en questionnant les enfants.

ACCROCHER UN PANNEAU « INTERDIT AUX FILLES » OU « INTERDIT AUX GARÇONS »

Concevoir des panneaux aide à promouvoir l'envie d'écrire et de lire, tout en renforçant les droits des enfants et en leur offrant le sentiment qu'ils contrôlent leur jeu et en ont la pleine possession. Quand vous écrivez les mots exacts de votre enfant sur le panneau, en réalité, vous lui faites savoir que vous avez entendu son idée. Vous pouvez écrire « Interdit aux garçons » ou « Les filles n'ont pas le droit d'entrer » sans hésiter. La feuille de papier ne restera pas accrochée à vie, mais le temps d'un jeu, elle donne à votre enfant un très fort sentiment de sécurité et d'acceptation.

Reformuler de manière positive

En général, il vaut mieux reproduire sur la feuille exactement les mots de l'enfant. Sauf s'il identifie précisément un autre enfant et le rejette. Par exemple, si votre fille veut écrire « Henry ne peut pas entrer », il est préférable de lui poser auparavant deux questions. La première : « Qui laisses-tu entrer dans ta cabane ? » et la seconde : « Si Henry entre, que se passera-t-il ? » Pointer un seul enfant du doigt, Henry, et l'exclure peut le blesser et l'oppresser. Quand un enfant donne des noms, il est important de rechercher des messages positifs à inscrire sur le panneau : « Bungalow secret. Peter peut entrer. »

Autres panneaux possibles en remplacement de « Interdit aux filles/garçons »

Si vraiment vous reculez devant l'idée d'avoir sur la cabane de votre fils un panneau « Interdit aux filles », vous pouvez écrire à la place « La maison de Robert et de Jesse ». Vous laissez ainsi les enfants choisir leurs camarades de jeu, sans mettre les adultes mal à l'aise. Tous ceux qui voudront entrer dans la cabane doivent d'abord obtenir la permission de Robert et de Jesse. De plus, il est facile d'ajouter des noms au fur et à mesure, qu'il s'agisse d'une fille ou d'un garçon.

COMMENT GÉRER LES SITUATIONS « INTERDIT AUX FILLES/AUX GARÇONS »

1. Laisser l'enfant faire le premier pas. Vous n'avez aucune raison de suggérer la devise « Interdit aux garçons ». C'est à votre enfant de venir vers vous avec l'idée.

2. Modérer votre réaction. Rappelez-vous, vous êtes face à une très jeune enfant. Ses besoins ne sont pas les vôtres. Elle a besoin de jouer avec l'exclusion fondée sur le genre dans le cadre de son développement.

3. Réutiliser ses propres mots. Il est important de lui répéter ses propres paroles et, si vous les écrivez sur un panneau, de les reproduire avec autant d'exactitude que possible. Cela l'aide à comprendre que vous l'avez entendue. Dans le même temps, vous pouvez réfléchir tous les deux aux idées transmises par ses paroles.

4. Poser des questions d'approfondissement. Il est utile de savoir ce qui provoque le besoin d'un panneau « Interdit aux filles/aux garçons ». Est-ce une recherche identitaire ? Une peur ? La protection d'une amitié ? Un malentendu ?

5. Confirmer ce qui est vrai. Vous pouvez confirmer l'identité de genre de l'enfant : « Oui, tu es une fille et Sophie est une fille », en même temps que son droit à choisir ses camarades de jeu : « Si tu veux jouer avec Sophie, et uniquement avec Sophie, tu peux. »

6. Dissiper la confusion, offrir de l'information pour lever les malentendus. « Tu redoutes que les garçons fassent trop de bruit. Je sais que les garçons peuvent aussi ne pas faire de bruit », ou « Je sais que les filles peuvent jouer au base-ball ».

7. Clarifier le vrai problème. Après discussion, reformuler le message initial (« Interdit aux garçons ») et exprimer ce que l'enfant voulait vraiment dire (« Je suis une fille et je préfère jouer avec d'autres filles ») l'aide à comprendre elle-même ses pensées et en renforce la portée. Ensemble, vous pouvez décider de modifier la première version de son panneau. Par exemple « Interdit aux garçons » devient « Cabane de Megan. Seuls les enfants calmes peuvent entrer ».

La discrimination

Et l'exclusion pour d'autres raisons ? Quand le rejet pointe le bout de son nez, nous craignons de glisser sur la pente de la discrimination. Si nous autorisons les panneaux « Interdit aux filles/garçons », que faire avec les panneaux « Interdit aux Noirs », « Interdit aux étrangers », « Interdit aux Arabes », « Interdit aux Juifs » ?

La discrimination ethnique ou religieuse, l'exclusion centrée sur l'apparence des uns ou les handicaps des autres sont des sujets sérieux, mais à aborder surtout avec les enfants plus âgés. Les enfants les plus jeunes se regroupent principalement sur la base de leur sexe et de leur intérêt pour certains jeux. Parfois, ils sont simplement en manque d'information.

Quand j'avais six ans, je voulais être l'amie d'une petite fille appelée Liz. Elle construisait des tours et j'aurais aimé jouer avec elle, mais j'avais peur de lui toucher la main. Elle était noire et j'étais blanche. Je croyais que ma peau changerait de couleur si nous nous touchions. « Ta peau ne changera pas de couleur », m'a expliqué ma mère. C'est tout ce dont j'avais besoin. J'étais soulagée de savoir que la peau ne déteignait pas. Liz et moi avons joué ensemble pendant toute l'année scolaire. Ma mère a par la suite repris ma question et l'a approfondie : « Pourquoi est-ce que la couleur de ta peau est importante ? » Je lui ai répondu :

« Je veux te ressembler. » Ma peur de toucher Liz venait de mon ignorance et de ma peur de perdre le lien avec ma famille si je changeais de couleur.

Les enfants entretiennent toutes sortes de peurs bizarres. Ils sont à la fois curieux et ignorants. Pour eux, l'appartenance à un groupe ethnique est un sujet comme un autre, qui engendre autant de craintes, mais pas plus, que tout autre sujet, contrairement aux adultes, pour qui c'est un sujet à controverse cristallisant les polémiques. Les commentaires des enfants sur les groupes ethniques, les handicaps et les types corporels relèvent soit de l'insulte soit de l'ignorance.

Gérer la différence

Les enfants sont faits pour remarquer les différences. C'est ainsi qu'ils apprennent. Trier, classer et reconnaître des similarités est vital pour apprendre la langue, la culture, la lecture et les sciences. Au fur et à mesure que leur monde s'élargit, il est inévitable qu'ils détectent les différences ethniques et corporelles.

Avant trois ans, leur monde tourne autour d'eux-mêmes et de leur famille. Ils imaginent que tout le monde ressemble et agit exactement comme leur famille. Puis vers l'âge de quatre ans, ils commencent à remarquer les différences et à les classer. Une des peurs fréquentes des enfants de trois ou quatre ans est liée aux différences qu'ils constatent entre les inconnus et les membres de leur famille (une barbe, la couleur de la peau, un handicap).

Si votre famille rassemble des membres de différents groupes ethniques, votre enfant a déjà à cet âge classé les gens de différente couleur de peau dans la catégorie « amis et famille ». Sinon, si son monde est homogène, il remarque des différences, mais manque d'information pour les comprendre. Vous pouvez les lui fournir à un niveau basique, très basique : « Je sais que Teresa est une fille et que tu es une fille aussi. Je sais que vous aimez toutes les deux jouer au

papa et à la maman », ou « Oui, sa couleur de peau est plus/moins claire que la tienne ». Elle formulera éventuellement ses craintes si vous lui posez cette question : « Y a-t-il quelque chose qui t'inquiète au sujet de cette petite fille ? »
Les enfants ne peuvent apprendre à haïr ou mépriser l'autre à cause de sa couleur de peau (ou de tout autre facteur) que si on le leur enseigne. Les valeurs familiales ont une énorme influence sur le développement moral de l'enfant. D'où l'importance d'exprimer votre point de vue et de spécifier que vous êtes contre les stéréotypes et la discrimination. Dans les jeux exclusifs, le groupe ethnique et l'appartenance religieuse sont rarement des facteurs pris en compte jusque vers l'âge de six ans. À moins que les adultes n'aient appris aux enfants à pratiquer la ségrégation. En revanche, les enfants de cet âge donnent de l'importance au groupe sexué auquel ils appartiennent. Ils commencent à s'identifier en tant que garçon ou fille et cherchent à s'amuser avec les enfants qui partagent leurs centres d'intérêt.

Des mots pour en parler

Identité de genre et craintes

- Tu es un garçon. En ce moment, tu veux jouer avec des garçons.
- Si une fille entre, que se passera-t-il ?
- Tu as peur que les filles cassent ta forteresse.
- Je sais que les garçons peuvent s'amuser en jouant au papa et à la maman, eux aussi.

Protéger le droit de jouer

- Si tu veux jouer avec Sophie, et avec Sophie seulement, tu peux.
- Tu peux jouer avec qui tu veux.
- La personne avec qui tu joues, c'est ton choix.

Les mots à éviter

- Ce n'est pas gentil.
- Tu ne peux pas dire ça.
- Bien sûr que les garçons/les filles peuvent entrer dans ta cabane.
- Tu dois laisser tout le monde jouer.

En public

Quand vous entendez un adulte tirer à boulets rouges sur un « Interdit aux garçons/aux filles » prononcé par un enfant, vous pouvez adresser cette question à l'enfant : « Je t'ai entendue dire "Interdit aux garçons". Si un garçon joue dans le bac à sable, que se passera-t-il ? » Si l'autre parent n'est pas d'accord avec cette exclusion directe fondée sur le sexe de l'enfant, il est possible de le faire comprendre à l'enfant : « Je sais qu'à la maison on écrit de tels panneaux, mais M. Jeffers n'est pas à l'aise avec ça. Il redoute que cela blesse quelqu'un. »

« Pourquoi cette femme est si grosse ? » Quand de telles questions fusent, qu'elles portent sur une différence corporelle ou ethnique, vous pouvez doucement signaler à l'enfant que vous avez entendu sa question, mais il est tout à fait OK de lui dire que vous lui répondrez une fois de retour chez vous. Comme pour tous les sujets sensibles (voir la partie VII : Les sujets sensibles), chaque situation est différente et ces questions méritent votre temps et votre honnêteté.

Règle nº 14 : Tolérer les rejets, ça s'apprend

Personne ne veut jouer avec Adam, quatre ans. Tous les jours, les enfants s'amusent deux par deux ou en groupe, pendant qu'Adam attend en périphérie de leurs activités.

Brianna, cinq ans, est très directive avec les autres enfants. Très vite, les filles de sa classe l'évitent.

À l'école maternelle, Hunter reste seul. Quand les enfants de son âge s'approchent de lui pour lui proposer de jouer, il les ignore. Au bout d'un certain temps, ils cessent de lui proposer.

Le rejet occasionnel d'un camarade de jeu est anodin. Les enfants se rejettent fréquemment les uns les autres pour toutes sortes de raisons (voir la Règle nº 12 : On a le droit de dire : « Tu joues pas avec nous »). Le rejet répété, c'est autre chose. Il vaut mieux savoir repérer un enfant constamment exclu.

Pourquoi cette règle ?

Les situations de rejet chronique peuvent être renversées. Vous pouvez intervenir et aider l'enfant ostracisé.

Le rejet fait vraiment mal lorsqu'il est répété. Les enfants systématiquement rejetés ont besoin de l'intervention d'un adulte pour dénouer la situation.

Si votre enfant prend du retard pour développer ses habiletés sociales et a des difficultés à créer des amitiés, pas de panique. En maternelle, être rejeté par ses pairs n'est en rien une condamnation sociale à vie.

Quand il avait quatre et cinq ans, Andrew n'avait pas d'ami de son âge. Mais au CP, il s'est épanoui et a noué plusieurs amitiés solides. Les années de maternelle sont des années dédiées au jeu. Parfois, l'enfant a juste besoin d'un petit coup de pouce pour s'insérer dans les jeux des autres et s'intégrer socialement.

LES BIENFAITS DE CETTE RÈGLE

Quand vous aidez une enfant chroniquement rejetée à améliorer ses habiletés sociales, elle change d'état d'esprit et peut penser :

- Je peux m'adapter. Si les autres n'aiment pas ma façon de faire, je peux modifier mon comportement.
- Je peux prendre davantage de risques en société. Je m'en remettrai si cela ne marche pas comme prévu.

POURQUOI ÇA MARCHE

La plupart des enfants n'auront aucun problème avec une exclusion ponctuelle, passagère. Mais, d'après Michael Thompson, coauteur de *Best friends, Worst Enemies : Understanding the Social Lives of Children* (Meilleurs amis, pires ennemis : comprendre la vie sociale des enfants) dans environ 10 % des cas, il est important que les adultes adoptent une démarche proactive. Les enfants répétitivement rejetés au début de leur enfance éprouvent souvent davantage de difficultés par la suite à s'intégrer à l'école, ont davantage de risque d'y être harcelés, de s'attirer des ennuis ou de souffrir de dépression. Il nous revient de les aider à retourner la situation. Face à ces rejets chroniques, l'ingérence est de mise.

Pendant leurs premières années, la famille répond à la plupart des besoins sociaux des tout-petits. Mais au fur et à mesure que ceux-ci grandissent, les pairs gagnent en importance. Si le rejet s'installe dans la durée, l'enfant parvient difficilement à rompre le cercle vicieux tout seul. La chercheuse Karen Bierman montre comment le rejet chronique suit les enfants même lorsqu'ils changent d'école ou de groupe de pairs. Elle explique que la principale différence entre les enfants appréciés et les enfants rejetés est leur discernement. Les premiers savent s'insérer dans les jeux et s'en sortent bien. Les seconds n'attendent pas leur tour, manifestent de l'agressivité ou ne contrôlent pas leurs impulsions... Leurs difficultés à s'intégrer viennent de leur incapacité à lire les indices leur permettant de comprendre les situations.

Retirer nos lunettes d'adulte

« Cela lui passera. » Parfois, nous ne prenons pas les difficultés sociales de nos enfants au sérieux. « Ce ne sont que des jeux d'enfants. » La plupart du temps, c'est le cas. Mais quand l'enfant est confronté à un rejet chronique et à l'isolement social, la situation requiert notre attention. Observer avec soin. Appliquer des mesures concrètes pour casser le cycle. Notre aide peut faire toute la différence.

Parfois, il suffit d'une intervention très basique, par exemple enseigner une habileté sociale de base, montrer le comportement approprié ou décoder ce qui se passe. Par exemple : « Gavin a dit bonjour. Quand quelqu'un dit bonjour, les gens répondent en général par un autre bonjour. »

Parfois, il est nécessaire de contacter un professionnel. Les enfants ont toutes sortes de difficultés en société. S'ils manifestent un trouble du spectre autistique, ils bénéficieront énormément d'une intervention professionnelle le plus tôt possible.

Les outils pratiques

Quand une enfant est ponctuellement rejetée d'un jeu, elle peut avoir besoin d'aide pour exprimer sa tristesse. Mais quand l'enfant est systématiquement rejetée, elle a besoin de notre intervention. Un enfant ostracisé est en danger.

Repérer le rejet récurrent

Il est important de savoir distinguer le rejet occasionnel du rejet chronique. Si vous protégez le droit des enfants de décider avec qui jouer (droit qui inclut le droit d'exclure un autre enfant) et les laissez choisir leurs propres compagnons de jeu, il est plus facile de détecter assez vite les enfants constamment repoussés. A contrario, si un adulte insiste pour que les enfants acceptent tout le monde dans leurs jeux, il risque de masquer un rejet chronique. Il lui faudra alors davantage de temps pour repérer un comportement socialement destructeur. Pour en savoir plus sur les avantages du jeu exclusif, voir la Règle n° 12 : On a le droit de dire : « Tu joues pas avec nous ».

Vous pouvez aussi remarquer le comportement opposé. Certains enfants passent à côté des efforts de leurs camarades pour les inclure dans leurs jeux ! Quand un camarade les invite à participer, ils repoussent systématiquement l'offre. Par l'inadéquation de leurs réactions, ils vous signalent qu'ils ont besoin d'un coup de pouce. La raison varie selon l'enfant : anxiété en société, manque d'entraînement pour repérer les ouvertures sociales…

Enseigner l'amitié

Se faire des amis ne vient pas forcément facilement pour tous les enfants. Pour aider les enfants à s'insérer dans un jeu, voir la Règle n° 11 : On n'est pas forcément tous copains.

Changer une réputation

Oliver, quatre ans, veut tellement jouer avec d'autres enfants ! Fils unique, il croit encore que la meilleure façon d'y arriver est de pousser ou frapper les autres. Tout le monde l'évite.

Quand un enfant se forge une mauvaise réputation, il lui est difficile d'en changer. S'il parvient à modifier son comportement, à gagner en maturité, vous pouvez le pointer aux autres. Au milieu de sa troisième année de maternelle, Oliver a cessé de bousculer et taper sur ses camarades. Il a appris à se joindre aux jeux de « faire semblant ». Les enseignants ont pu dire aux enfants : « Tu es en sécurité si tu joues avec Oliver. Il joue sans taper, maintenant. Veux-tu lui poser la question, pour être sûre ? Oliver, taperas-tu Lydia ? Non ? OK. »

Aider l'enfant à demander « Vas-tu me frapper ? » ou « Vas-tu prendre ma pelle ? » le rassure autant que son compagnon de jeu potentiel, qui est prévenu et a tout intérêt à surveiller son comportement s'il veut continuer à avoir quelqu'un avec qui jouer. Une question suffit. Rien de plus simple !

Faire équipe

Adam a quatre ans. Personne ne veut jouer avec lui. Les autres garçons s'amusent sur l'aire de jeu et Adam reste en périphérie. Il les regarde. Mais il n'est pas le bienvenu.

Dès que Darren, son enseignant, a repéré cette exclusion chronique, il a travaillé à l'inclusion d'Adam dans le groupe. Il a tout simplement fait équipe avec Adam. Pendant les cours de sport, Darren a dit aux enfants : « J'aime avoir Adam dans mon équipe, je m'amuse beaucoup avec lui. » Quand les enfants ont vu que Darren appréciait la compagnie d'Adam, ils ont cessé de l'exclure. Darren leur a prouvé qu'Adam est un bon camarade de jeu.

Les enfants trient leurs pairs en catégories : soit ils les étiquettent comme « quelqu'un avec qui on peut s'amuser », soit ils les placent dans le groupe des camarades à éviter. Comment démontrer qu'un enfant rejeté est un bon compagnon de jeu ? Il suffit « d'être son pote », de rire avec lui. Vous montrez ainsi que non seulement vous reconnaissez la valeur de chaque enfant qui croise votre route, mais aussi que vous les acceptez tels qu'ils sont. La façon dont nous traitons les gens autour de nous est importante. Nos enfants nous regardent.

Cautionner leurs idées

Parfois, l'enfant ostracisé parvient à attirer des compagnons en trouvant une très bonne idée de jeu. À la maternelle, Noah était systématiquement exclu. Un jour, il a annoncé que la structure d'escalade était un immense « nid » et a lancé un nouveau jeu : « Je suis un hibou. Je mange les souris ! » a-t-il crié. Son idée est vite devenue un jeu de poursuite très apprécié. Depuis ce jour, il n'a plus rencontré de problèmes pour se faire des amis. Il s'est affirmé comme un leader devant ses pairs, quelqu'un qui invente de bonnes idées de jeux. Si votre enfant manque d'amis, mais a des idées, vous pouvez être le porte-parole de ses initiatives de jeux.

Apporter l'accessoire parfait

Pendant les années de maternelle, il suffit parfois d'arriver avec l'accessoire parfait pour se faire accepter par les autres. « De quoi ce jeu a-t-il besoin ? Que pourrais-tu apporter ? » Vous pouvez aider l'enfant à remarquer les accessoires en cours d'utilisation et l'aider à en trouver de nouveaux. Par exemple, face à un jeu de groupe de type « gendarmes et voleurs », que penserait-il d'apporter un casque, ou une cape ? Face à un groupe d'enfants creusant un tunnel, peut-être une super pelle ? À cet âge, les enfants s'intéressent à ceux qui leur fournissent quelque chose d'accrochant. Il peut s'agir d'un jouet sympa ou de son animal domestique, son chien par exemple. L'enfant rejeté gagne en monnaie d'échange en devenant le responsable de cet objet. Il se passe la même chose entre adultes : notre capacité à échanger quelque chose entre nous maximise notre capacité à créer des liens sociaux.

Améliorer les habiletés sociales

Brianna est souvent en marge des jeux parce qu'elle a un comportement despotique. À ses « Vous devez faire comme je dis ! » les autres réagissent par un « Si c'est comme ça, je ne joue plus » et ils partent. Brianna reste seule.

Sa mère et ses enseignants ont aidé Brianna à reconnaître un comportement autoritaire et lui ont appris comment attendre son tour pour proposer une idée de jeu. Brianna a énormément bénéficié d'être accompagnée par un adulte pour développer ses compétences sociales.

Voici un exemple d'interactions. Brianna joue avec Ava à la dînette. Elle ordonne à Ava de « faire à sa façon ». Ava en a marre d'être commandée.

Ava : Je ne joue plus à la dînette. Je veux jouer au chaton.
Brianna : Tu dois faire comme je dis.
Ava : Je ne veux plus jouer avec toi.
Adulte : Ava ne veut plus jouer à la dînette. Elle veut jouer au chaton.
Brianna : C'est quoi chaton ?
Adulte : Tu peux lui demander.

Le rôle de l'adulte est simplement d'appuyer les affirmations d'Ava. Brianna écoute alors ce qu'Ava lui dit. Elle lui demande ensuite comment jouer au chaton. À ce moment précis, le pouvoir change de mains. Jouer au chaton étant une idée d'Ava, elle devient la responsable du jeu. Pendant le jeu, Brianna écoute Ava et parvient à dominer son envie de tout diriger.

Faire appel à une aide extérieure

Certains enfants ont besoin d'aide au-delà de celle que vous pouvez leur fournir. Si votre enfant ne parvient pas à décrypter les comportements en société, ou s'il se débat avec des difficultés d'intégration sensorielle, une forte anxiété (ou tout autre problème), la démarche la plus sage est de faire appel à un diagnostic professionnel. Intervenir le plus tôt possible peut faire une énorme différence dans la vie de votre enfant.

Des mots pour en parler

- Tu es en sécurité si tu joues avec Oliver. Il ne tape plus quand il joue, maintenant.
- Veux-tu lui demander, pour être sûre ? Oliver, taperas-tu Lydia ? Il a dit non.
- On s'amuse bien avec Adam. J'aime bien l'avoir dans mon équipe.
- De quoi ce jeu a-t-il besoin ? Que pourrais-tu apporter ?
- J'ai remarqué qu'Ava n'aime pas quand tu n'écoutes pas ses idées.
- De nombreux enfants n'aiment pas quand quelqu'un est autoritaire. Sais-tu ce que veut dire autoritaire ? On va en parler.

Les mots à éviter

- Allons, ne sois pas timide.
- Qu'est-ce qui cloche chez toi ?
- Tu vas t'intégrer et puis c'est tout.
- Tu es trop autoritaire/timide/brutal, c'est ça ton problème.

En public

Parfois les autres peuvent identifier des problèmes que nous ne percevons pas chez nos enfants. Il est important d'être réceptif aux commentaires des adultes dont vous respectez l'avis, qu'il s'agisse d'un membre de votre famille proche ou de la maîtresse de votre fille. La plupart des professionnels de la petite enfance ne sont pas compétents pour diagnostiquer un trouble du spectre autistique ou tout autre trouble social, mais ils peuvent vous rapporter leurs observations : « Je ne vois pas Ryan croiser mon regard. L'avez-vous remarqué, vous aussi ? »

Vous pouvez aussi partager avec d'autres adultes ce sur quoi vous travaillez avec votre enfant : « Layla cherche à comprendre quand elle a un comportement autoritaire. Si vous la voyez être autoritaire avec Grace, cela l'aiderait si vous pouviez lui signaler. » Vous avez besoin d'autant d'alliés autour de vous que possible, des alliés qui ont l'intérêt de votre enfant à cœur.

IV.

DE LA PLACE POUR COURIR : LES ENFANTS, LE POUVOIR ET L'ACTION

L'enfance décide.

Jean-Paul Sartre

Règle n° 15 :
« Ici, interdit aux chaises, pas au loup »

Quand j'étais à l'école maternelle, la pièce que je préférais s'appelait la « salle de jeux ». Elle était presque vide : juste quelques tapis de sol, une échelle, un crochet pour une balançoire. Une grande pièce avec de la place. On avait le droit de courir partout, sauter, grimper, se bagarrer, casser des trucs, hurler. En fait, presque tout était autorisé. Le paradis.

Une fois parent, je me souviens avoir acheté la première chaise pour enfant quand mon fils avait trois ans. Il adorait dessiner et j'ai cru qu'il s'en servirait avec la table assortie que nous avions installée dans sa chambre. Finalement, très vite, j'ai compris que je n'avais fait qu'encombrer cette pièce. Myles aimait dessiner dans toutes sortes de positions, allongé sur son lit, à plat ventre par terre, en marchant équipé d'un bloc-notes. Tout, sauf assis sur une chaise. Il a quand même trouvé quoi faire avec cette chaise et quelques couvertures : une forteresse.

Les tout-petits n'ont pas besoin de chaises (sauf quand ils mangent). Mais ils ont besoin de mouvement.

Les enfants, et surtout les garçons, ont besoin d'espace pour bouger.

Pourquoi cette règle ?

Les enfants ont besoin de bouger (courir, sauter, escalader, hurler, lutter corps à corps...). Les jeux remuants constituent une partie essentielle de l'enfance.

Tyler a quatre ans. C'est un enfant très actif. Il a été renvoyé de sa première petite école, une école privée, parce qu'il ne parvenait pas à rester assis et à participer aux activités de la classe. À la SYC, il passe le clair de son temps dans la « salle de jeux » à cabrioler, grimper, poursuivre d'autres enfants, ou dehors, à tourner dans la cour en tricycle. Il n'a aucune difficulté à s'intégrer et à se faire des amis.

Les tout-petits ne sont pas « méchants » parce qu'ils remuent sur leur chaise et s'amusent à se bagarrer (voir la Règle n° 17 : On ne joue à la bagarre qu'avec des amis). Croire cela, c'est ne pas respecter leurs besoins. Ce que nous qualifions de comportement inacceptable signale généralement que nos attentes sont mal placées. À moins que l'environnement que nous leur proposons ne soit pas adapté. Bazarder les chaises donne de la place aux enfants. Ils en ont besoin pour bouger.

LES BIENFAITS DE CETTE RÈGLE

Si votre enfant bouge à son aise, autant qu'il en a besoin, vous y gagnerez tous les deux en santé mentale. L'enfant se sent davantage en sécurité parce qu'en jouant à des jeux turbulents, il développe ses compétences physiques, cognitives et sociales. Voici ce qu'il apprend :

- Je peux être qui je suis.
- Aimer bouger ne fait pas de moi quelqu'un de méchant.
- Le monde dehors ne m'est pas interdit. J'adore l'explorer.
- J'ai le droit de courir et de crier, mais pas partout. Je peux trouver le bon endroit pour le faire.
- Je commence à connaître mes limites. Le monde recèle des dangers et je ne peux pas m'attendre à ce que quelqu'un vienne à ma rescousse chaque fois que je suis en difficulté.
- Sentir mon corps se fortifier et gagner de nouvelles habiletés, c'est génial.

Pourquoi ça marche

Les enfants sont câblés pour le mouvement. Tous les enfants ont besoin de bouger. Mais ils ont souvent des ennuis avec les adultes quand ils remuent « trop ». De nombreux comportements que nous qualifions de « problématiques » trouvent simplement leur source dans un manque de place et un manque d'occasion de se dégourdir les jambes.

Retirer nos lunettes d'adulte

« Il ne m'écoute pas ! » Les enfants dont le mode sensoriel est principalement kinesthésique ont fondamentalement besoin de se mouvoir pour appréhender le monde[1]. Si votre enfant a la bougeotte, il est important de lui offrir de l'espace. Il en a besoin. De nombreux garçons apprennent et se concentrent mieux en mouvement. Or nous demandons aux enfants de rester assis immobiles pendant des temps très longs !

1. Priscilla Dunstan, dans *Parler le langage sensoriel de votre enfant* (JC Lattès 2017), les appelle les enfants tactiles. (*NdT*)

> Si nous voulons servir leur intérêt, il est essentiel d'adapter leur environnement et de leur laisser de la place pour s'ébattre et se débattre, faire du bruit. Leur comportement insupportable est souvent le fruit d'attentes erronées de notre part.

Physiologiquement, les garçons bougent davantage que les filles. Les recherches du psychologue Warren Eaton montrent que dès l'âge de deux ans, ils sont invariablement plus actifs physiquement que les filles. La différence entre les deux sexes est la plus grande vers sept et huit ans.

Depuis des années, nous nous inquiétons pour nos filles, persuadés que les garçons sont favorisés de manière endémique. Mais aujourd'hui, de nombreux parents prennent conscience que notre culture actuelle est préjudiciable aux garçons, particulièrement dans la petite enfance. Il est courant d'exiger de la part d'enfants de trois à cinq ans qu'ils restent assis sagement pendant des temps longs. Nous oublions leur besoin naturel et instinctif de mouvement. D'après Michael Thompson, auteur de *Raising Cain* et de *It's a boy !*, à l'école comme dans nos foyers, nous diabolisons ce qui est pourtant un comportement naturel de l'enfant : bouger[1].

Stephanie Rottmayer, directrice de la SYC, pousse l'analyse un cran plus loin : « De nombreuses femmes ne supportent pas l'énergie des garçons. Elles ne la comprennent pas. Elles la trouvent déstabilisante, perturbatrice et ne lui accordent aucune valeur. Elles essaient de

1. Voir aussi Angela Hanscom, *Dehors, les enfants !*, JC Lattès, 2018. (*NdT*)

modeler le comportement des garçons sur celui des filles. »

Pendant les années de maternelle, les garçons s'expriment de manière nettement moins verbale que les filles et, en contrepartie, d'une façon bien plus active, physiquement. Une étude du Yale Child Study Center constate que les garçons sont renvoyés de maternelle cinq fois plus fréquemment que les filles.

Les garçons ont besoin d'apprendre en agissant, en bougeant. Et ils ont besoin de voir leur énergie physique valorisée.

L'activité physique est importante pour tous les enfants. Si nous organisons nos vies pour les adapter davantage aux besoins des petits garçons, cela ne retire rien aux filles, au contraire.

Déborder d'énergie, ce n'est pas « mal » se comporter

> Faire de la place pour le mouvement. Les enfants ont besoin de jouer à la bagarre, prendre des risques, faire du bruit, gambader en tous sens.

Un peu partout aux États-Unis, les écoles primaires réduisent la durée des récréations et parfois même les suppriment complètement (oui, vous avez bien lu !). Certaines interdisent aux enfants de jouer au loup ou à tout autre jeu perçu par les adultes comme trop violent. Cela montre à quel point les adultes ne comprennent ni ne considèrent comme valable le besoin intense qu'ont les enfants de bouger.

Quel est le problème avec les jeux remuants ? Les femmes. Oui, voilà une affirmation choquante et certainement pas systématiquement correcte, mais qui aide à recadrer la situation. Malgré l'augmentation de l'implication des pères dans l'éducation des enfants et l'apparition de pères au foyer, la vie des tout-petits est encore fondamentalement dominée par les femmes : mères, enseignantes, grands-mères et nounous. De nombreuses femmes trouvent gênant le niveau d'énergie des enfants (et notamment celui des garçons). Trop violent. Trop bruyant. Trop effrayant. Dans le monde de la petite enfance, les femmes cherchent à contrôler cette énergie. Partout aux États-Unis, vous entendrez la même litanie : « Arrête de courir ! Descends de cet arbre, tu vas tomber ! Pose ce bâton tout de suite ! Arrêtez de vous chamailler ! Ne te salis pas ! Fais attention ! Mets la sourdine ! Arrête de faire n'importe quoi et reste tranquille ! »

À l'entrée en maternelle, les enfants découvrent les rangées de tables et de chaises. Certains s'y adaptent, mais ceux qui bougent beaucoup sont souvent étiquetés « enfants à problème ». Très peu de maternelles disposent d'une grande pièce accessible à tout moment et dédiée à l'épanouissement des biscoteaux. Dans la majorité des maternelles, les enfants n'ont le droit de courir que pendant la récréation. Or ce n'est pas ainsi que le corps des enfants fonctionne. Le mouvement est au centre de leur vie. Pour la plupart des enfants, il jaillit à toute heure de leur temps d'éveil. Et pas juste entre 10 h 25 et 10 h 45.

DES CERVEAUX QUI BOUGENT

On pense d'ordinaire qu'il est nécessaire d'être assis à un bureau pour bien apprendre. Mais l'enfant apprend constamment, qu'elle agite un bâton ou lance des stalactites dans une mare. Certains enfants, notamment les enfants « kinesthésiques », absorbent davantage d'information quand ils sont en mouvement.

Fille ou garçon, adulte ou enfant, quand nous bougeons, nous augmentons la puissance de notre cerveau. D'après, John Medina, auteur des *Pouvoirs cachés de votre cerveau*, le cerveau a évolué au moment où l'humanité était en mouvement quasi permanent. Bouger permet un traitement optimal de l'information. Quand nous remuons, nous oxygénons davantage notre cerveau. Depuis plusieurs années, nous savons aussi que croiser la ligne médiane du corps (tendre le bras gauche vers la jambe droite par exemple) aide à développer les connexions entre l'hémisphère gauche et l'hémisphère droit. Le mouvement stimule le cerveau. Les chercheurs en neurosciences démontrent qu'il aide à la croissance de nouveaux neurones et de nouvelles connexions neuronales. Le tout accélère les apprentissages, la mémoire et la concentration.

Pour des enfants vraiment très actifs, remuer de temps à autre ne suffit pas. Ils ont vraiment besoin de bouger tout le temps. En maternelle, Logan, cinq ans, ne parvenait pas à rester assis immobile. Heureusement, sa maîtresse a compris pourquoi. Elle a expliqué son besoin de bouger à ses parents et l'a laissé arpenter la classe, au fond de la salle. C'était un garçon intelligent. Une fois assouvi son besoin de mouvement, il a pu s'épanouir en classe.

Outils pratiques

Les tout-petits ont besoin d'espace, de pouvoir et d'action. Il est important de répondre à ces besoins fondamentaux aussi fréquemment que possible.

Faire de la place

Les enfants ont besoin de place pour des jeux remuants. De l'espace pour bouger et bouger vite, pour hurler et faire du bruit, pour jouer à la bagarre et aux sauvages. Réprimer leur énergie physique ne fait de bien à personne. Il est important de leur donner autant d'espace que nécessaire, aussi fréquemment que possible, tous les jours. Pour la plupart des familles, ce sera en extérieur, dans un jardin ou au square du coin. Ce peut être aussi un sous-sol, une véranda, ou tout autre endroit désigné.

Lire aux enfants pendant qu'ils bougent

Gabe, trois ans, adore les livres, mais il n'arrive pas à rester assis suffisamment longtemps pour écouter une histoire. Alors sa mère lui en lit une tandis qu'il marche en rond dans le salon.

Vous pouvez insérer du mouvement dans des activités traditionnellement réalisées assises, telles que la lecture ou le dessin. Par le mouvement, vous les aidez à se concentrer.

Mettre la sécurité en priorité deux

« Jackson ! Pose ce bâton tout de suite ! Tu vas crever l'œil de quelqu'un ! » Tout nous effraie. Au final, notre inquiétude est mal placée. Nos enfants risquent davantage de mourir dans un accident de voiture que de n'importe quoi d'autre. Et pourtant, depuis qu'ils sont bébés, nous passons notre temps à les trimballer en voiture. À moins qu'un jeu n'enfreigne la règle d'or (blesse-t-il quelqu'un ou abîme-t-il quelque chose ?) il est préférable d'encourager les enfants à jouer dehors, au contact de la nature, et à prendre des risques raisonnables. Concrètement, cela signifie apprendre à les laisser grimper aux arbres, marcher sur les murs, jouer avec des bâtons, sauter dans les flaques, escalader les rochers... Nous pouvons leur enseigner comment tomber sans se faire mal (en roulant sur eux-mêmes) et les garder éloignés des dangers réels (rues très fréquentées, falaises...). Plus ils augmentent leur expérience physique, à force de sauts, balancements et ascensions, plus ils gagnent en assurance et donc plus ils sont en sécurité. Ils prennent conscience de ce qu'ils savent faire, améliorent leur coordination musculaire et commencent à comprendre leurs limites.

NE PLUS DIRE « FAIS ATTENTION »

« Fais attention » est une injonction dénuée de réelle portée et pourtant, en présence de nos enfants, nous la prononçons à tout bout de champ. Elle ne fait qu'augmenter l'anxiété ambiante sans proposer d'aide concrète. Trop d'avertissements de ce type peuvent pousser les enfants à éviter le risque et à cesser de tester de nouvelles activités. Au lieu de dire « fais attention », il vaut mieux ne rien dire du tout. Sinon, vous pouvez aussi suggérer de l'information : « Tu es proche du bord », ou « Regarde, à tes pieds », ou « Il y a quelqu'un derrière toi ». Ou une question toute simple : « Te sens-tu en sécurité ? »

Demander « Te sens-tu en sécurité ? »

La prochaine fois que votre fille grimpe vraiment très haut, vous pouvez le lui signaler en lui posant une question toute simple : « Te sens-tu en sécurité ? »

Cette question sert de retour à la réalité. Elle force l'enfant à prendre conscience de sa situation et l'aide à écouter ses propres signaux intérieurs d'avertissement. Typiquement, il répond alors : « Ah ! Je n'avais pas vu que j'étais si haut sur l'échelle. Comment je fais pour descendre ? »

Cameron, six ans, a envie de goûter. Il grimpe sur le plan de travail de la cuisine et se dresse sur la pointe des pieds pour attraper les cookies sur l'étagère la plus haute. Quand sa mère lui demande s'il se sent en sécurité, là-haut, il lui répond : « Non, pas vraiment. » Puis il descend pendant qu'elle prend les cookies pour lui.

De toute évidence, la réaction de l'enfant dépend de son tempérament. Certains n'envisageront pas de ralentir ou de quitter l'endroit où ils sont allés se percher. Si votre enfant dépasse votre seuil de tolérance en matière de sécurité, voici ce que vous pouvez lui dire : « C'est mon travail de te garder en sécurité », avant de mettre un terme à des circonstances dangereuses. La question à se poser est : « La situation est-elle suffisamment sécurisée ? Suis-je d'accord pour la laisser prendre le risque qu'elle s'écorche un genou ou tombe ? » Parfois, la réponse sonnera clairement, « Non » – si l'enfant est à trois mètres de hauteur et pourrait tomber sur un sol en béton, par exemple. Mais, de manière générale, il est préférable de retenir notre propension à vouloir protéger l'enfant et se dire que même s'il se fait un peu mal, il vaut mieux qu'il apprenne à prendre des risques.

Parler clair et direct

Si votre enfant pousse des cris stridents en jouant, il est important d'énoncer clairement ce qui vous gêne : « C'est trop fort pour mes oreilles ! » La plupart des jeunes enfants ne savent pas réguler le volume de leurs cris. Leur demander d'utiliser une « voix douce » ne les aide pas vraiment. En revanche, si vous couvrez vos oreilles en disant à votre fille « c'est trop fort », vous lui offrez un indice visuel supplémentaire. Il vous revient ensuite de lui montrer où elle peut faire du bruit, si elle en a envie. Faire du bruit, bouger en tous sens est vital pour les enfants. Il est essentiel de leur laisser de la place pour cela, tout en clarifiant les règles. S'ils veulent traverser la cuisine en courant, il n'est pas aussi efficace de crier « Arrêtez de courir » ou « Rappelez-vous, on marche ! » que de leur dire : « Cette pièce n'est pas faite pour courir. Si vous voulez courir, vous pouvez sortir dans le jardin. »

Les laisser grimper aux arbres et ne pas les aider à en descendre

Morgan adore grimper aux arbres. Mais chaque fois qu'elle monte trop haut, elle appelle sa mère pour l'aider à descendre. Accourir à la rescousse d'un enfant coincé sur sa branche n'est pas une bonne idée. Il est naturel qu'un enfant dépasse sa limite en gravissant l'arbre toujours plus haut, puis demande de l'aide, mais il n'est pas judicieux d'approuver son comportement et de le renforcer. Qu'il veuille grimper à un arbre ou sur une structure d'escalade de l'aire de jeux, en le prévenant, « Si tu montes, tu dois pouvoir descendre », vous l'aidez à mieux juger les risques qu'il prend. Bien sûr, vous pouvez vous tenir à proximité et s'il est coincé, le rassurer et le guider de la voix : « Je ne le ferai pas à ta place, mais je reste là. Où pourrais-tu poser ton pied ? » Cette tactique développe la conscience corporelle et aide les enfants à apprendre où sont leurs limites. Ils deviennent ainsi les partenaires de leur propre sécurité.

Créer une « salle de remue-ménage »

Si vous disposez de suffisamment d'espace chez vous, il est important d'en dédier une partie aux jeux des enfants – une salle de jeux, un sous-sol, un patio où ils pourront faire du tricycle et lancer des balles. Il vaut mieux protéger d'abord les fenêtres et les ampoules – les enfants n'auront pas à avoir peur de casser quelque chose. Inutile de meubler la pièce. En revanche, prévoir des balles, des tapis de mousse et des structures de type mini-trampoline ou grande boîte en carton. Ce type d'endroit consacré au mouvement vous sauvera la vie, notamment en hiver. Si vous êtes limités dans l'espace que vous pouvez offrir, il est important de désigner aux enfants un fauteuil ou un canapé « OK pour les jeux de bagarre et l'escalade ».

Trouver des endroits ouverts au mouvement

Comment l'école de votre enfant accueille-t-elle le bruit et le mouvement des enfants ? La salle de classe est-elle principalement encombrée par des tables et des chaises ? L'école est-elle équipée d'une salle de gym ou d'une pièce dédiée à l'exercice physique ? Combien de récréations en extérieur ont les enfants ? Quelle en est la durée ? Idéalement, en maternelle, les enfants devraient pouvoir bouger librement entre les espaces de jeux intérieurs et extérieurs.

FAIRE SORTIR LES ENFANTS, MÊME S'IL PLEUT

Les enfants passent trop de temps assis, dans des sièges auto, sur des chaises à l'école, puis à la maison. À nous de les faire sortir, et tant mieux s'il pleut, quitte à les laisser sauter pieds nus dans les flaques. On peut bien évidemment aussi investir dans des bottes en plastique. Vous rejoindrez alors des générations de parents qui tenaient cette vérité pour acquise : la meilleure salle de jeux, c'est dehors !

Des mots pour en parler

Mouvement

- Si tu veux courir, tu vas dehors.
- Tu as besoin de davantage de place pour ce jeu. Tu descends au sous-sol.
- Tu peux sauter sur le vieux canapé du sous-sol.
- Ceci n'est pas un endroit pour l'escalade.
- Si vous voulez crier, vous pouvez le faire dehors.
- C'est trop bruyant. Cela me fait mal aux oreilles.

Risques et sécurité

- Tu es proche du bord.
- Regarde à tes pieds.
- Utilise tes deux mains.
- Il y a quelqu'un derrière toi.
- Te sens-tu en sécurité ?
- Mon boulot, c'est ta sécurité.
- Si tu grimpes, tu dois pouvoir descendre.

Les mots à éviter

- Fais attention.
- Ne cours pas !
- Ici on marche.

- Ici on parle doucement.
- Pose ce bâton !
- Ne grimpe pas là-haut, c'est casse-cou.
- Tu vas te faire mal.
- Ne te salis pas.
- Attention, tu vas te mouiller.
- Assieds-toi. Tais-toi. Sois sage !

En public

Même au parc, vous trouverez des parents qui n'aiment pas les jeux physiques. Julie est la maman de deux enfants. Chaque fois qu'elle laisse ses enfants grimper sur des murets, les autres parents lui adressent des regards désapprobateurs. À vous de décider ce qui est dangereux ou pas pour vos enfants, tout en suivant la règle d'or des parents rebelles. Avec ses jeux physiques, votre enfant blesse-t-il quelqu'un ou abîme-t-il quelque chose ? Non ? Alors c'est OK.

Les balades dans la nature facilitent la prise de risque et les personnes que vous croiserez auront moins tendance à vous juger négativement quand elles verront vos enfants courir, sauter par-dessus un torrent ou tenir en équilibre sur un tronc couché au sol. Après tout, la nature est notre premier terrain de jeu depuis la nuit des temps.

Règle n° 16 :
Donner du pouvoir aux enfants

Mon neveu Robin, deux ans, répond à un surnom très puissant qu'il s'est donné lui-même : Robin Johnson Excavateur de Chemin Pelleteur de Flipper.

Stella, cinq ans, adore jouer à la maîtresse. Quand elle rentre de l'école, elle aligne ses animaux en peluche, sonne la cloche et leur dit quoi faire.

Diego, six ans, se rend partout en courant. Il prend plaisir à lancer les choses. Par exemple, il aime propulser très fort des noix mûres contre un tronc d'arbre pour que leur coquille explose en morceaux en un Paf ! puissant.

Pourquoi cette règle ?

Les enfants s'épanouissent quand ils jouent avec leur pouvoir d'agir. Laissons-les jouer aux super-héros et aux jeux physiques et remuants.

Mon fils Zach, trois ans, n'arrive pas à s'amuser calmement avec un petit train, même pas pendant une minute. Très vite, il hurle « Oh Non ! Un accident ! »

et la locomotive déraille. Dans le monde de Zach, tous les camions, les trains, les bateaux et les poupées ont des accidents. Les voitures se tamponnent. Les trains tombent des falaises. Les bateaux chavirent et les marins Lego se font dévorer par des requins. Un tyrannosaure débarque et engloutit le bébé : « Oh Non ! Un gros dinosaure ! Il faut sauver le bébé ! » crie-t-il. Puis il passe en mode action : Zach est là. Le grand héros est arrivé pour sauver le monde.

Nous n'avons même pas la télévision à la maison. Donc l'intérêt de Zach pour les catastrophes et les gentils héros ne vient pas des films. Il aime simplement ce que de nombreux enfants de maternelle aiment : jouer à faire semblant et avoir l'impression d'avoir du pouvoir.

Pour les petits de maternelle, jouer avec le pouvoir est central : ils provoquent des accidents de train, s'imaginent en super-héros volant dans les airs, frappent un tronc d'arbre au moyen d'un bâton... Ces jeux leur donnent l'occasion de se sentir forts et importants. Quand ils jouent au patron ou à la maîtresse, au papa et à la maman, ils font, là aussi, l'expérience du pouvoir, de la responsabilité. Quelle que soit la forme que prend le jeu, ils ont besoin de se sentir puissants à de nombreuses reprises.

Les bienfaits de cette règle

Quand les enfants ont l'occasion de faire l'expérience du pouvoir dans leurs jeux, ils y gagnent de plusieurs façons. Ils se disent :

- Je suis fort. Je peux faire plein de choses.
- Aider les gens, sauver les gens, ça fait du bien.
- J'apprends à faire la différence entre le bien et le mal.

- Je peux affronter mes peurs.
- Je sais comment on se sent quand on a du pouvoir et quand on n'en a pas.
- Je peux être le boss dans mes propres jeux, et pour tout le reste, ce sont mes parents qui sont vraiment les responsables.

POURQUOI ÇA MARCHE

Vous vous êtes déjà demandé pourquoi certains enfants adorent les camions-bennes, les pelleteuses et toutes sortes de véhicules de construction ? Tandis que d'autres passent tant de temps à faire semblant d'être Spiderman, un pompier ou une momie ? Et que penser de ceux qui ont la folie des dinosaures ? Les raisons de ces jeux sont diverses et complexes. Les scientifiques n'ont pas tranché sur les causes évolutives et sociales de ces jeux. Mais ils ont tous une chose en commun : ce sont tous des jeux sur le thème du pouvoir.

« Je déteste ces déguisements de super-héros avec des faux torses montrant des muscles en plastique », me raconte une mère. « Comme s'ils étaient sous stéroïdes. Je n'aime pas que mes enfants croient que c'est à ça que les "vrais" hommes doivent ressembler. » Les jeux de nos enfants ne sont pas toujours à notre goût. Du point de vue d'un enfant, les muscles en plastique indiquent de la puissance.

Être « grand », c'est être « puissant », et pour les tout-petits, c'est important. Peu à peu, ils quittent la petite enfance en gagnant en indépendance. En jouant, ils font l'expérience de la sensation de contrôle, apprennent à prendre des décisions et enfilent des rôles trop grands, trop puissants pour eux « pour de faux ». Dans le jeu, ils osent tester de nouvelles habiletés physiques et sociales et s'efforcent de comprendre les différents rôles dans une société.

Mettons-nous à leur place, que voyons-nous ? D'immenses jambes tout autour de nous, de grosses voix qui nous disent ce que nous ne pouvons pas faire, des bras si forts qu'ils nous soulèvent et nous transportent comme si nous étions des fétus de paille... Du point de vue des tout-petits, nous sommes tout-puissants. Dans leur vie quotidienne, justement parce qu'ils ne possèdent pas énormément de pouvoir, ils recherchent la sensation de puissance, le sentiment d'être quelqu'un « d'important ». Le jeu est leur outil principal d'expérimentation avec le pouvoir, la force, la responsabilité.

À cet âge, le monde peut paraître confus et terrifiant. Jouer avec le pouvoir les aide à affronter leurs peurs.

> *Liam et Kyle ont trois ans. Ils se sont déguisés en tigres :*
> Kyle : Je suis un tigre ! Grrr !
> Liam : Moi aussi, je suis un tigre ! Grrr ! Grarrr ! Groarrrr !
> *Pour jouer, Liam et Kyle se donnent des coups de patte. Puis ils attrapent chacun leur biberon, s'assoient et tètent un moment.*

Dans cet exemple, les enfants ont besoin de temps pour se battre comme des tigres, mais aussi de temps pour téter au biberon. Ils équilibrent ainsi deux de leurs besoins : se sentir à la fois puissants et en sécurité.

JOUER AU SUPER-HÉROS : ET LA MORALE DANS TOUT ÇA ?

Ruby et Elizabeth voulaient jouer dans l'aire de jeu réservée aux constructions de blocs, déjà occupée par des garçons de quatre et cinq ans qui prenaient toute la place avec leur jeu de superhéros. Ruby a attrapé une poupée et annoncé : « Quelqu'un a kidnappé ce bébé ! » Les garçons ont immédiatement mordu à l'hameçon. Ils se sont précipités pour sauver le bébé, abandonnant l'aire des blocs. Les filles se sont installées pour commencer leur propre jeu. Elles ont fait le même constat que de nombreux parents, enseignants et psychologues : les garçons ne savent pas résister à l'attrait d'une mission de super-héros.

Pour les enfants de cet âge, et surtout pour les garçons, l'action se déroule souvent sur un plan imaginaire qui laisse la place, entre autres, à la violence et à l'agressivité. Ces jeux de faire semblant ont en réalité un rôle pro social, terme que les psychologues utilisent pour décrire un comportement positif, efficace, qui promeut l'acceptation sociale et la création de liens amicaux. Non seulement ces jeux mettent en scène le sauvetage des uns ou des autres, mais ils favorisent aussi le jeu coopératif entre les enfants. Tandis que ces derniers affrontent les méchants ou tuent des monstres imaginaires, ils collaborent avec leurs camarades et déploient des compétences complexes en résolution de problèmes, dont la négociation et la recherche de compromis. En jouant « aux gentils et aux méchants », ils vivent une expérience extrêmement gratifiante et excitante. Ils s'efforcent de surmonter leurs différends pour maintenir le jeu en vie.

Jouer aux super-héros fascine les enfants notamment parce qu'il faut identifier un méchant. Chaque enfant doit accepter d'être à tour de rôle soit un gentil, soit un méchant : le héros protecteur, l'agresseur, ou la victime, les vaincus. Parfois, quand personne ne veut être le méchant, les enfants en inventent un, mais en général, ils aiment alterner les rôles. Le jeu imaginaire est « réel » pour eux parce qu'ils y ressentent intensément des émotions réelles. Être capable de prendre différentes perspectives de cette façon est une étape fondamentale dans l'acquisition de valeurs morales et le déploiement de l'empathie. L'enfant pense : « C'était bon pour le chasseur, mais mauvais pour l'ours. »

> Comment se sent-on quand on est le méchant ? Prendre différentes perspectives sur le jeu suscite l'empathie des enfants.

Par le biais de leurs « bim bam boum, t'es mort », les enfants donnent un sens à leur monde et acquièrent des valeurs éthiques. Les jeux de rôles et leurs batailles, désastres et adversaires diaboliques offrent aux enfants l'occasion de sauver des vies et d'aider les gens. Michael Thompson, l'auteur de *Raising Cain* dont nous avons déjà parlé, explique que leur violence apparente sert un but profond : elle permet aux enfants de développer empathie, courage et compassion. D'après lui, chaque jeu de rôle est une « histoire de courage, de loyauté, de prise de risque pour sauver ses amis face à des ennemis très puissants ».

Quand les enfants endossent des rôles de magicien ou de super-héros, ils gagnent en confiance et pensent :

- Je peux être un héros.
- Je suis quelqu'un qui a de bonnes idées. Je peux montrer la voie aux autres.
- Je défendrai ce qui est juste.

En jouant aux gentils et aux méchants, les enfants explorent les concepts de bon et de mauvais. À cet âge, ils aiment l'idée du bien et du mal. Vu de loin, jouer aux gentils et aux méchants déborde d'actions, voire de violence, mais de plus près, vous verrez surtout des héros développer leur sens du bien. Les gentils gagnent toujours à la fin. Tout le monde est en sécurité, les super-héros veillent.

> RETIRER NOS LUNETTES D'ADULTE
>
> Les jeux imaginaires agressifs n'encouragent pas la violence. Si votre enfant préfère inventer des catastrophes, des explosions et des super méchants, vous pouvez applaudir son imagination. Il développe sa créativité. Les jeux de rôle sont en général coopératifs et pro sociaux. Leur violence est la façon qu'ont les enfants, depuis la nuit des temps, de faire l'expérience du pouvoir. Vous pouvez encadrer le jeu (il est interdit de blesser quelqu'un ou d'abîmer quelque chose), mais il est important de laisser l'enfant donner libre cours à son imagination.

Brian Edmiston est auteur et professeur en pédagogie à l'université d'État de l'Ohio. Il est aussi le père d'un petit garçon, dont il a étudié les jeux de rôle pendant six ans. À trois ans, son fils adorait jouer à la guerre. Au début, Edmiston n'était pas très à l'aise avec ce qu'il considérait comme un jeu violent. Sept ans plus tard, à tout juste treize ans, son fils a contacté l'élue de sa circonscription au Congrès pour l'inciter à mettre un terme à la guerre en Irak. Aujourd'hui, Edmiston pense que les jeux de rôle sont des histoires de pouvoir qui aident l'enfant à se forger une identité et une éthique. Il a un nom spécial pour les jeux de héros et de guerre : les jeux « mythiques ».

Affronter les peurs de l'enfant face au monde réel

Combattre un monstre imaginaire est une façon pour l'enfant de se battre contre ses propres peurs. Dans le jeu, il affronte ses craintes, explore des idées effrayantes et vainc ses peurs encore et encore.

Parfois, l'objet de sa peur est facile à comprendre. Il peut s'agir d'une simple image terrifiante. Un tigre. Ça fait peur, les tigres. Je vais me faire dévorer ? Il y en a dehors, dans mon jardin ? Ils vont me faire du mal ? Les tout-petits redoutent et cherchent à éviter la douleur. Ils craignent aussi leurs impulsions et émotions agressives. Ils inventent alors des thèmes de jeu qui les aident à mieux gérer ces craintes. Entre quatre et six ans, il est courant qu'ils manipulent le concept de la mort dans leurs jeux. À cet âge, ils commencent à affronter leur peur de leur mortalité (voir la Règle n° 27 : Un enfant a le droit de s'intéresser à la mort).

N'oublions pas : l'enfant choisit le thème de son jeu sur la base de ses besoins personnels. Il ne s'engage dans un jeu lui permettant d'exercer son pouvoir, donc dans des jeux potentiellement agressifs, que si ce type de jeu répond à son besoin du moment. Peter Gray, psychologue chercheur spécialiste des jeux des enfants, pointe notre incohérence du doigt : nous aimerions que les jeux des enfants ne soient que sucre, miel et innocence, alors que le monde ne l'est pas. Il écrit : « Nous avons tort de penser que nous pouvons changer le monde de demain en contrôlant ce à quoi nos enfants jouent aujourd'hui. » Les enfants choisiront toujours pour thème de jeux ce qui les fascine et les intéresse, au jour le jour.

Affronter les peurs des adultes face à l'imaginaire

Parfois, les jeux de rôle nous font peur. Quand les claquements de langue de nos enfants imitent à la perfection le tir d'une arme à feu, nous craignons d'avoir face à nous de futurs terroristes. Quand ils jouent à *Star Wars*, leurs combats au sabre laser nous dérangent et nous passons à côté de leur personnification du combat universel pour le bien. Nous nous inquiétons même quand un enfant frappe un arbre à coups de bâton : grandira-t-il en goujat, sans aucun respect pour l'environnement ? Les jeux de rôles éveillant nos craintes, nous cherchons à les contrôler. Nous pensons qu'ils sont mauvais parce que nous y voyons une menace de méchanceté future. Après tout, ils cristallisent une de nos plus grandes peurs, la peur que l'enfant que nous élevons devienne plus tard un adulte dur, insensible et potentiellement violent.

> Pas d'interférence : les enfants ont le droit de choisir leurs propres thèmes de jeu.

Vous avez le droit de vous détendre et d'apprécier l'enfance de votre fils ou fille. C'est OK. Si vous vous surprenez en train de noircir son avenir et d'envisager un danger futur (votre enfant en meurtrier), stop. C'est le moment de faire le point. En toutes probabilités, vous n'avez rien à craindre. Il est préférable de vous concentrer sur les dangers du moment présent. Les questions à se poser sont : Ce jeu créatif blesse-t-il une personne vivante, en ce moment ? Dégrade-t-il le bien de quelqu'un ? Abîme-t-il un être vivant en ce moment ?

Jane Katch est éducatrice spécialisée dans la petite enfance. Elle est aussi l'auteure de *Under Deadman's Skin : discovering the meaning of children's violent play* (Dans la peau du mort : découvrir le sens des jeux violents entre enfants). Elle explique que les enfants ne sont pas violents lorsqu'ils jouent à des jeux de rôle violents. Ils font semblant de s'agresser, d'être violents, tout en étant extrêmement coopératifs les uns avec les autres. Ils savent que c'est « pour de faux ».

Nous craignons qu'ils ne fassent pas la différence entre leur imagination et la réalité. En vérité, c'est nous qui confondons les deux. Cela vous aide si je vous demande de penser à vos auteurs de séries policières ou polars préférés ? Avez-vous peur de ces auteurs ? Les écrivains et scénaristes qui inventent les crimes mis en scène dans ces histoires si horribles sont-ils pour autant dangereux ? Non. La plupart du temps, nous applaudissons leur imagination. Nous trouvons leurs romans absolument captivants et nous attendons sagement dans la file des fans lorsque nous avons l'occasion d'obtenir une dédicace.

Si vous vous inquiétez des thèmes des jeux de vos enfants, il est peut-être temps de diminuer leur exposition aux écrans et médias divers. Qu'il s'agisse de films classés « tout publics » ou des informations du soir, les images sont souvent inappropriées pour les tout-petits. Supprimons du temps d'écran, pas leurs jeux.

Ils ont besoin de nous savoir aux commandes, empêchant les vraies gens d'être mis à mal. Mais ils ont aussi besoin de pouvoir jouer selon ce qui les intéresse, sans que nous les interrompions. Si nous y parvenons, la séparation entre monde imaginaire et réalité apparaît aux yeux de tous, en plein jour, pour les enfants comme pour nous.

Outils pratiques

Tous les jeunes enfants ont besoin d'exercer leur pouvoir. Certains ont un énorme besoin de se défouler dans des activités très physiques, très régulièrement. Si votre enfant déborde d'énergie ou donne des signes d'une agressivité déplacée, elle a sans doute besoin de davantage d'occasions de faire l'expérience de son pouvoir, soit lors de jeux énergiques, soit en endossant un rôle puissant dans un univers imaginaire.

Où trouver du pouvoir ? Dans les jeux remuants

Déployer sa force, sa vigueur, sa puissance dans le jeu libère l'énergie. Les jeux remuants placent l'enfant devant des défis physiques et l'aident à développer sa conscience corporelle et spatiale. Ils remplissent un besoin fondamental de l'enfant : son intense besoin de bouger (voir la Règle n° 15 : « Ici, interdit aux chaises, pas au loup »). L'enfant se sent fort et important, et il s'amuse, tout simplement. Fuir le loup, transporter des branches très lourdes, danser comme un fou, tambouriner sur de la pâte à modeler avec un marteau... vous pouvez compter sur lui pour inventer toutes sortes de mouvements énergiques.

LES JEUX QUI DONNENT DU POUVOIR À L'ENFANT

Courir et se bagarrer

- Courir, se poursuivre
- Faire les fous
- Donner des coups de pied (taper dans un ballon, dans des cartons...)
- Donner des coups de poing (dans des feuilles de journaux roulées en boule, sur un punching-ball...)
- Couper quelque chose du tranchant de la main, comme les karatékas (des baguettes, une feuille de papier...)
- Taper sur un tronc d'arbre avec un bâton
- Faire des bras de fer
- Se bagarrer ou jouer à la boxe
- Se tenir debout sur la balançoire
- Monter sur le toboggan par le côté glissant

Lancer, sauter, grimper

- Grimper aux arbres
- Escalader tout et n'importe quoi (un mur, une échelle...)
- Sauter depuis une hauteur
- Sauter à pieds joints dans un tas de feuilles mortes ou sur une feuille de papier à bulle
- Se suspendre à deux mains à une corde et se jeter sur une pile de cartons
- Construire et lancer une fusée à eau dans le jardin
- Lancer des balles (ou des boules de neige)
- Lancer des cailloux dans l'eau
- Lancer de la boue qui éclabousse
- Sauter dans des flaques d'eau

Faire l'expérience de la vitesse et du bruit

- Parler avec une grosse voix qui porte

- Souffler dans des trompettes ou des sifflets
- Aller très vite à vélo
- Se balancer fort et haut

Travailler ses muscles et son sens de la construction
- Marteler de la pâte à modeler
- Utiliser un vrai établi avec de vrais outils
- Soulever des objets lourds (des bûches, des briques…)
- Déplacer de gros objets
- Construire quelque chose
- Creuser un trou (avec de grosses pelles en métal)
- Jouer avec un tuyau d'arrosage

Se mettre dans la peau de quelqu'un d'autre
- Jouer au super-héros (aux gentils et aux méchants)
- Inventer un jeu et se déguiser (en tigres, en monstres, en sorcières, en pirates…)
- Jouer avec des épées en plastique ou en bois, des lasers ou toute autre fausse arme
- Jouer aux petites voitures, au train et provoquer des accidents
- Jouer à être quelqu'un de puissant (maman, papa, la maîtresse…)
- Jouer à être un héros (un médecin, un soldat, un pompier…)

Créer
- Créer librement, peu importe la technique employée
- Peindre une immense fresque
- Peindre debout
- Raconter une histoire et la mettre en scène
- Être un leader – créer une idée de jeu que les autres auront envie de suivre
- Danser

Où trouver du pouvoir ? Dans le jeu de rôle

Dans les jeux de rôles, quand l'enfant endosse le rôle de quelqu'un de puissant, il prend les commandes. Il se met dans la peau d'un sauveur de vie (un médecin, un policier, un pompier), d'un animal puissant (un ours, un tigre, un dinosaure, un requin), d'un super-héros dans un monde imaginaire (un pirate, Batman, Spiderman, *Star Wars*...). Jouer au papa et à la maman, à la maîtresse, lui offre l'occasion d'être le boss, en tant que maman, papa ou maîtresse.

Où trouver du pouvoir ? Dans la création

Il est facile de voir le pouvoir qu'un jeu de super-héros ou une activité physique confèrent à l'enfant, plus difficile de le voir dans un acte créatif. Pourtant, créer quelque chose offre un réel sentiment de pouvoir à l'enfant. Le champ de la création est vaste : inventer une histoire, peindre, trouver une idée originale de jeu...

William, quatre ans, se sent rempli des pouvoirs combinés de la créativité et du leadership quand sept camarades le rejoignent pour un jeu d'« oiseaux de proie » dont il est l'inventeur. Son idée est si intéressante que sept autres enfants l'adoptent.

Vous serez surpris du sentiment de pouvoir dont les tout-petits s'imprègnent en écrivant tout simplement leur prénom sur une feuille de papier.

Il est important de reconnaître toutes les formes de jeux permettant à l'enfant d'éprouver du pouvoir. Et de ne pas s'en effrayer. Le jeu est l'outil de l'enfant pour explorer des idées importantes à ses yeux. Plus nous limitons l'accès de l'enfant à des expériences où il goûte au pouvoir sur les choses et sur autrui, plus il cherchera à obtenir du pouvoir autrement.

Si son comportement vous pose problème ou s'il est souvent en colère, il est possible qu'il ait besoin de davantage d'occasions de ressentir du pouvoir. Comment lui donner l'occasion de goûter à cette sensation de puissance ? En lui réservant des espaces à la maison où il peut s'engager dans des activités physiques, en favorisant les jeux de rôles imaginaires, en lui fournissant du matériel artistique, par exemple. Mais vous pouvez aussi l'aider à gagner en puissance dans les situations de tous les jours : en le recrutant pour vous accompagner dans l'une de vos tâches, en lui proposant de fabriquer quelque chose ou de déplacer quelque chose de lourd.

Les parents et l'équilibre des pouvoirs

Un enfant qui a du pouvoir n'est pas un enfant incontrôlable. Dans la vraie vie, vous êtes aux commandes et vous le restez. En lui offrant l'occasion de se sentir puissant dans ses jeux, vous répondez à un besoin profond, naturel dans son développement. C'est aussi le cas en gardant le vrai pouvoir entre vos mains.

Parmi nous, certains relâchent difficilement les rênes le temps d'un jeu. L'idée d'un enfant puissant nous effraie. Laisser mon enfant goûter au pouvoir ? Laisser une classe entière d'enfants de quatre ans se lancer dans des activités physiques frénétiques ? Ça va pas la tête ? Nous passons alors l'intégralité de notre temps à contrôler le comportement des enfants. Et si nous tentions l'expérience d'encourager les jeux leur permettant de ressentir du pouvoir ? Tout simplement ? Quoi qu'il arrive, vous pouvez être sûre d'une chose : au minimum, votre enfant se régalera. Et vous risquez d'être surprise par les résultats : quand le désir de pouvoir n'est pas refréné, dans la plupart des cas, le comportement s'améliore.

Accorder à l'enfant l'occasion d'exercer son pouvoir ne signifie pas que vous abandonnez votre autorité, que vous cessez de poser des limites. Dans la vie de la famille, si l'enfant obtient trop de pouvoir, il risque de devenir insécure, anxieux. Votre mission de parent consiste à poser et faire respecter des limites cohérentes pour toute la maisonnée : des règles qui assurent la sécurité, installent une routine horaire... Bien sûr que les enfants cherchent à exercer leur pouvoir, mais ils se sentent davantage en sécurité s'ils savent qu'au final, leurs parents sont aux commandes. En leur accordant l'expérience du pouvoir dans leurs jeux, vous leur donnez exactement la dose de pouvoir dont ils ont besoin.

Des mots pour en parler

- De quoi as-tu besoin pour ton jeu ?
- Qui es-tu ?
- Es-tu un lion féroce ou un lion amical ?
- Tu utilises tes muscles, dis donc !

Les mots à éviter

- Ce n'est pas un jeu convenable.
- Ici, les costumes de super-héros sont interdits.
- Pourquoi tu ne veux pas que le tyrannosaure rex soit copain avec les autres dinosaures ?
- Laisse cette bûche par terre.
- On ne fait pas de boules de neige.

En public

Certaines écoles interdisent les jeux de super-héros. Dans vos sorties, les adultes que vous rencontrerez tenteront peut-être de faire changer le thème de jeu choisi par votre fille. À moins qu'ils n'expriment leur désapprobation. Si les jeux de rôles et autres jeux permettant d'exercer son pouvoir sont devenus centraux dans la vie de votre enfant, il est préférable de vous assurer qu'elle fréquente des adultes qui les acceptent. Parfois, il faudra peut-être envisager de changer d'école ou de mode de garde. Il est judicieux de partager vos principes avec le personnel responsable de votre enfant et de faire savoir que pour vous, tous les thèmes de jeu sont OK : « Tant que ma fille ne fait mal à personne et n'abîme rien, nous encourageons ses jeux de rôle. » Si votre enfant est obligée de censurer ses jeux à la crèche ou à la maternelle, elle aura besoin de davantage de temps libre à la maison pour y déployer sa puissance sans être freinée.

Règle nº 17 : On ne joue à la bagarre qu'avec des amis

Dan donne un coup à Leo, Leo lui renvoie un direct. Non loin, un adulte est témoin de la scène. Il ne les interrompt pas. En fait, ces deux petits de quatre ans s'amusent. Pieds nus sur un tatami, équipés de mini gants de boxe rouges et violets, ils rigolent. Ils passent un bon moment.

Pourquoi cette règle ?

Jouer à la bagarre, et même jouer à la boxe, est une activité saine et pro sociale. En revanche, si l'un des enfants est en colère, elle n'a pas sa place.

Quand j'ai expliqué à une maman que j'écrivais un livre sur divers sujets, dont la boxe à l'école, elle n'en est pas revenue : « La boxe ? En maternelle ? Vous plaisantez ? Je passe mon temps à essayer de séparer mes enfants pour éviter qu'ils ne se tapent dessus ! »

Justement. C'est probablement là qu'est le problème. Les enfants en bas âge sont des créatures éminemment physiques. Ils aiment le contact et ont un besoin profond d'être touchés. Comme leurs compétences verbales sont encore balbutiantes, ils utilisent le contact physique pour manifester leur intérêt, parfois par un câlin, parfois en jouant à la bagarre.

Lee et Janet, les fondateurs de la SYC, l'avaient remarqué. Ils ont observé des enfants jouer et ont vu à quel point ils appréciaient lutter, se rouler les uns contre les autres comme des lionceaux ou des chiots. Lee et Janet ont émis l'hypothèse que ces jeux devaient avoir une raison d'être. Et pourquoi pas ? Alors ils ont équipé leurs salles de classe de tapis de sol et de gants de boxe. Depuis quarante ans, à la SYC, les jeux de bagarre et les combats de boxe prospèrent.

> Jouer à la bagarre n'est acceptable qu'entre deux partenaires consentants, d'humeur à jouer ensemble. Cela reste un jeu. On ne joue pas à la bagarre pour régler un conflit.

Les jeux de bagarre, comme la boxe ou la lutte, offrent la possibilité aux enfants de jouer énergiquement tout en consolidant leur amitié, mais seulement si tout le monde s'amuse. Si l'un des combattants est en colère, alors ce n'est plus un jeu. On ne met pas fin à une discorde en jouant à la bagarre. Le jeu implique que les partenaires consentent à s'amuser ensemble dans la joie et la bonne humeur.

Depuis l'intuition de Lee et Janet, des scientifiques ont prouvé que de tels jeux ont des effets positifs sur le développement de l'enfant.

LES BIENFAITS DE CETTE RÈGLE

Les jeux de bagarre aident nos enfants à grandir à différents niveaux. Ils pensent :

- Je suis fort, puissant.
- Je me sens bien quand j'utilise activement mon corps.
- Je peux me faire des amis et accepter de nouveaux défis.
- Je peux mettre des limites au comportement des autres et faire cesser quelque chose qui ne me plaît pas.
- Si j'écoute mes amis, je sais quand je dois m'arrêter.
- Je peux gérer, même si je me fais un peu mal.
- Si quelqu'un se fait mal, on peut créer de nouvelles règles pour empêcher que ça se reproduise.

POURQUOI ÇA MARCHE

Que nous l'appelions « jeux de mains », « chahuter » ou « activités bruyantes », jouer à la bagarre fait partie intégrante de l'enfance. Pour Anthony DeBenedet, coauteur de *The Art of Roughhousing* (L'art de jouer à la bagarre), c'est même le jeu « sacro-saint » de l'enfance. Le jeu de mains n'est pas un jeu de vilain, au contraire.

Jouer comme des chiots turbulents participe au développement physique et cérébral des enfants. Quand deux enfants jouent à se bagarrer ou, roulant par terre, à qui chevauchera l'autre, ils expriment leur besoin de lutter l'un contre l'autre. Si nous proscrivons tout jeu de bagarre, nous contrecarrons ce besoin. Plutôt que de bannir les jeux de mains (Ne le touche pas ! Arrête de taper ton frère ! Je ne veux pas voir vos corps se toucher !), il est plus utile de viser à combler ce besoin ancestral.

Un chahut évoque une perte de temps et de contrôle. Pourtant, j'insiste, en chahutant, les enfants comblent un besoin profond. Les recherches du Dr Jaak Panksepp montrent que les jeux de bagarre aident à développer le lobe cérébral frontal et plus particulièrement le cortex préfrontal, zone clé du cerveau où sont hébergées la fonction exécutive et les aptitudes cognitives humaines les plus complexes, dont le self-contrôle, la capacité à résister à la tentation, le raisonnement, la concentration, la mémoire de travail, la résolution de problèmes et la flexibilité cognitive. Le cortex préfrontal peut être renforcé, tel un muscle que l'entraînement stimule et raffermit. Plus cette zone cérébrale s'organise, plus l'enfant rencontrera le succès dans toutes les sphères de sa vie – sociale, émotionnelle et scolaire. Les recherches en neurosciences développementales, dont celles d'Adele Diamond, prouvent qu'une fonction exécutive solide est le meilleur facteur prédictif de la réussite d'un enfant.

Puisque cette zone du cerveau est si importante, êtes-vous surpris si je vous dis que les enfants la construisent en faisant simplement ce qu'ils font le mieux, rouler par terre en jouant à se disputer tout en poussant des cris aigus signalant leur allégresse ? Voilà pourquoi nous devons accueillir à bras ouverts leurs jeux de bagarre.

Comme le dit l'éducateur jeunesse Dan Hodgins : « Il est tout aussi important de faire une bataille de polochons avec ses enfants que de leur lire une histoire. »

Retirer nos lunettes d'adulte

La plupart des bagarres « pour de faux » entre enfants se déroulent dans la joie et la bonne humeur. Il en va de même pour les bagarres entre enfants et adultes. Il est important de ne pas systématiquement y mettre un terme quand vous en êtes témoin. Vous pouvez d'abord leur poser la question : « Est-ce que vous vous amusez tous les deux ? » Jouer à se remuer dans les pattes, tels des chiots, est un jeu naturel et sain. Il ne dégénère pas en vraies disputes et ne rend pas les enfants plus agressifs. Au contraire, il aide les enfants à consolider leurs amitiés et leurs habiletés cognitives. Parmi ses nombreux bienfaits, vous trouverez : la compréhension des limites, le déchiffrage des émotions du camarade de jeu, le développement de l'empathie et l'entraînement au contrôle des impulsions.

Où et quand jouer à la bagarre ?

Bien sûr, personne ne vous propose de laisser vos enfants passer l'intégralité de leurs journées dans des matchs frénétiques de boxe ou de lutte. Comme pour tout quand on est parent, il nous revient de fixer les limites. Les enfants ont besoin de savoir que les jeux de mains sont des jeux appropriés, mais certainement pas tout le temps ni n'importe où. Tout dépend du lieu et du moment.

Quand nous avons de bonnes raisons de mettre un terme à un jeu de bagarre, il est important de signaler aux enfants les choix qui s'offrent à eux. Par exemple : « Vous ne pouvez pas jouer à ce jeu ici, mais vous pouvez le poursuivre dehors. » Ou « Ce n'est pas le bon moment pour une bagarre pour l'instant. Il est l'heure de partir faire les courses. Vous aurez le temps à votre retour. »

Les jeux de lutte commencent souvent de manière spontanée. À l'amorce des chamailleries, il est pertinent de vérifier qu'aucun n'est en colère puis de déplacer leur jeu vers un endroit approprié : « On dirait que vous avez envie de jouer à la bagarre. Je vous emmène au sous-sol, on va sortir les tapis de mousse. »

UN JEU PRO SOCIAL

Sarah a cinq ans. Elle va dans une école Montessori en Californie. Ses enseignants craignent tellement le chahut et les jeux de lutte qu'ils demandent aux parents de les interdire chez eux. Ils leur prescrivent de « ne pas jouer à la bagarre, ne pas jouer à des jeux agressifs » avec leurs enfants. Ils redoutent que ces jeux rendent les enfants plus agressifs.

Est-ce le cas ? En réalité, non. Daniel Goleman, auteur de *L'Intelligence émotionnelle*, raconte comment jouer à la bagarre aide les enfants à contrôler leurs impulsions et leur colère, ce qui empêche les vraies échauffourées d'éclater. David Fernie, professeur en pédagogie de la petite enfance, pense que les parents se trompent quand ils s'inquiètent de l'impact des jeux de bagarre. D'après lui, ces jeux ne rendent pas les enfants plus agressifs. Ses recherches montrent que les enfants de trois à six ans qui ont l'habitude de jouer à ces jeux deviennent moins agressifs et manifestent des compétences sociales plus appropriées que ceux qui n'y jouent pas du tout. Les jeux de bagarre restent avant tout des jeux. Plus les enfants y jouent, mieux ils décryptent les signaux sociaux.

Se bagarrer, c'est forcément un jeu social. L'enfant dépense aussi son énergie en se consacrant à d'autres activités sportives comme les galipettes, se balancer, taper sur un punching-ball, mais celles-ci demeurent essentiellement individuelles. L'acte même de s'engager dans une bagarre pour de faux est un acte social qui renforce l'amitié entre les enfants. Quand ils jouent à la bagarre, ils partagent une activité physique ensemble et créent une relation l'un avec l'autre.

Les amitiés physiques

Jack et Milo ont quatre ans. Ils adorent jouer à la bagarre.

« Arrrgh ! » Jack hurle et tombe sur Milo.

« Je t'ai eu ! »

Pousser, taper pour de faux sont des gestes signalant une amitié, et non une agression. Toute interaction physique de ce type est entièrement appropriée. Les compétences verbales et relationnelles des enfants de maternelle sont encore en développement. Généralement, les filles sont en avance sur les garçons sur les deux plans. Pratiquement tous les enfants ont soif de contact corps à corps, mais pour les garçons, ces contacts peuvent être leur bouée sociale. À travers les jeux physiques, les jeux de lutte, les garçons parviennent à se connecter les uns aux autres. Ces jeux leur offrent l'occasion de tisser de nouvelles amitiés.

De nombreuses mères et enseignantes détestent le haut niveau d'énergie physique des jeux de garçon. Mais d'après William Pollack, auteur de *Real Boys* (Vrais garçons), les garçons comptent sur ces jeux fougueux et animés pour assouvir leurs besoins émotionnels. Même si les jeux de bagarre sont bons aussi pour les filles, ils sont particulièrement importants pour les garçons qui en ont besoin pour nouer des relations saines avec leurs camarades.

LE DÉCHIFFRAGE DES ÉMOTIONS

Les jeux les plus simples de poursuite ou de bagarre exigent des compétences sociales complexes. Ils offrent aux enfants un intense entraînement en déchiffrage des émotions. L'un se fait mal, l'autre se demande si son ami est toujours partant ou lui fixe une limite : Mon ami s'amuse-t-il toujours ? Je ne le frappe pas trop fort ? Il ne va pas vouloir arrêter de jouer ? Qu'est-ce que je peux changer dans mon comportement pour qu'il continue de se bagarrer contre moi ? Et moi, j'ai apprécié ce qu'il vient de me faire ?

D'après Frances Carlson, auteur de *Big Body Play : Why Boisterous, Vigorous, and Very Physical Play Is Essential to Children's Development and Learning* (Jouer avec son corps : pourquoi les jeux turbulents, vigoureux et très physiques sont essentiels au développement de l'enfant et à ses apprentissages) les jeux très physiques sont bien plus que des exercices physiques.

Les enfants qui ont le droit de jouer à la bagarre apprennent à gérer leurs relations avec leurs pairs. Ils observent le langage corporel de leur camarade et s'écoutent l'un l'autre pour que le jeu continue. Avec un peu d'assistance, ils parviennent à s'affirmer, à définir leurs limites face à leur ami, et à leur tour, à réagir quand celui-ci leur dit « stop ».

Les gagnants et les perdants

Dans un jeu de bagarre, il n'y a pas de perdant. C'est une activité, pas une compétition. Les enfants s'essoufflent et s'amusent avec leur ami ; ensuite, c'est terminé. La plupart du temps, après une bagarre pour de faux, ils se sentent forts. « J'ai des bras super puissants ! » crie Lucas, quatre ans. « Moi aussi ! » répond sa partenaire de boxe, Katie.

Les bienfaits des jeux de bagarre

- Nouer des amitiés
- Dépenser de l'énergie
- Goûter au pouvoir
- Contrôler ses impulsions
- Prendre des risques
- Stimuler le cerveau
- Améliorer la conscience corporelle et spatiale
- Répondre au besoin de mouvement
- Répondre au besoin de contact physique
- S'entraîner à poser des limites aux camarades
- Acquérir des compétences de négociation
- Bâtir la confiance avec ses pairs
- Augmenter son estime de soi
- Déchiffrer les émotions
- Montrer de l'empathie
- Ressentir de la joie

Les bienfaits de la prise de risque

Les enfants adorent les jeux de bagarre en partie à cause de leur composante prise de risque. Tous les jours, nous cherchons à éliminer le risque de la vie de nos enfants. Mais savoir évaluer les risques et en prendre à petite dose est bon pour eux. Les professionnels de la petite enfance, dont Bev Bos, pensent que les enfants ont besoin de prendre des risques pour augmenter leur confiance et grandir : « Le risque nous fait avancer et nous aide à avoir confiance en nous. » Jouer à la boxe et à la lutte est une façon sécurisante de s'entraîner à prendre des risques. L'intensité physique de ces jeux teste l'enfant jusque dans ses limites et lui permet de découvrir sa force : « Waouh ! j'y arrive ! »

Se faire mal

Quand les enfants jouent à des jeux physiquement engageants, parfois, ils se font mal. Peu importe s'il s'agit d'un loup ou d'une bagarre pour de faux, les bobos font partie du jeu.

Chaque adulte gère à sa façon la sécurité de son enfant. Si vous êtes de ceux qui ne supportent pas de le voir souffrir, il est difficile pour vous d'arrêter de dire « Ne cours pas ! Fais attention ! » et encore plus dur pour vous de prononcer ces mots : « Bien sûr mon chéri, va jouer à la bagarre avec ton copain. » Et si vous tentiez l'expérience ? Si vous parvenez à mettre de côté votre inquiétude pendant que votre enfant lutte avec son ami, vous observerez ses sourires, ses fous rires. Tant que les enfants s'amusent, vous pouvez les laisser prendre le risque de se faire mal. C'est OK s'ils se font un peu mal. Dites-vous (et dites-le aux enfants) que le monde ne va pas s'écrouler ! Vous pouvez leur annoncer au début du jeu : « Vous vous ferez peut-être un peu mal. Vous aurez peut-être des bosses. Vous pouvez dire “stop” à tout moment ou faire une pause si cela ne vous plaît plus. »

En réalité, se faire mal aide les enfants à acquérir de nombreuses compétences, à différents niveaux. Si les deux partenaires du jeu sont consentants et que leur bagarre pour de faux se déroule dans un lieu sécurisé, inutile de se faire un sang d'encre. Vous pouvez laisser les enfants décider du moment où ils en ont assez. Ils développent des habiletés importantes : prendre un peu de risques, gérer les incontournables bobos et résoudre les problèmes de manière à minimiser le risque de se faire de nouveau mal. Quand l'un des partenaires d'une bagarre pour de faux se fait mal, l'autre apprend à en reconnaître les manifestations émotionnelles. Chacun découvre comment prendre soin de l'autre. Vous pouvez leur demander : « Que peux-tu faire pour éviter de te faire mal ? »

Mason a quatre ans. Cela fait plusieurs fois qu'il se fait mal en jouant à la boxe avec son copain Jake. « Aïe ! » crie-t-il chaque fois. Puis il se replonge dans le combat. Quand Jake pousse Mason tellement fort qu'il tombe et se cogne la tête, Mason pleure. Mais il n'a pas envie d'arrêter de jouer. Il demande à Jake de ne plus le pousser. Et ils reprennent leur jeu en rigolant. « On s'éclate ! » s'exclame Mason.

Si vous n'en avez pas l'habitude, il est naturel d'avoir peur de lâcher du lest pour laisser les enfants jouer à des jeux turbulents. Mais ils en tirent d'énormes bénéfices. Si vous en acceptez les risques, vous verrez vos enfants s'épanouir.

Outils pratiques

Les jeux de bagarre apportent de nombreux avantages, y compris l'occasion pour l'enfant de recevoir des leçons de vie qui font sens pour lui. Voici comment accueillir ces jeux.

Le guide du parent rebelle pour laisser les enfants jouer à la bagarre

1. Vérifier que tout va bien. « Vous vous amusez bien tous les deux ? »
2. Mettre un terme au jeu si l'un des deux enfants est en colère. Accueillir l'émotion de colère et réguler le conflit.
3. Recadrer. Déplacer le jeu à l'endroit et au moment appropriés.
4. Poser la règle de base. « Vous arrêtez dès que l'un de vous dit "Stop". »
5. Ajouter les règles des enfants. « Voulez-vous fixer des règles du jeu ? »
6. Décider quoi faire quand un enfant se fait mal. « Voulez-vous créer une nouvelle règle, maintenant ? »
7. Vérifier régulièrement que tout va bien. « Vous vous amusez toujours, tous les deux ? »

S'attendre au meilleur

Quand vous voyez des enfants lutter l'un contre l'autre, il n'est pas pertinent de vouloir systématiquement les séparer. Vous pouvez en revanche vous assurer que cette bagarre est une bagarre pour de faux et non l'expression d'une colère. La question toute simple « Vous vous amusez tous les deux ? » vous aide à poser l'hypothèse que tout est pour le mieux et que vous êtes témoin d'un jeu constructif : ils s'amusent comme des chiots, voilà tout. Ceci dit, il vaut mieux vérifier que chaque enfant a répondu à la question. Parfois, l'un pense qu'il s'agit d'un jeu, mais pas l'autre. Si la colère est là ou si l'un des enfants ne s'amuse pas, c'est le moment d'éclaircir les choses grâce à une médiation de conflit.

On arrête quand quelqu'un dit « Stop »

Tout chahut peut être guidé par une règle simple : on arrête quand une personne dit « Stop ». C'est la seule règle dont vous avez besoin. Pendant un jeu de bagarre, le plus important est de vous assurer que chaque enfant écoute les limites de l'autre. Ils ont besoin de savoir mettre un terme au combat quand quelqu'un dit « Stop » de même qu'ils ont besoin de comprendre que, si le jeu ne les amuse plus, ils ont le pouvoir de le faire cesser.

Poser les limites pour un jeu de bagarre

1. Appliquer la règle d'or des parents rebelle : c'est OK si ça ne blesse personne et n'abîme rien.
2. Arrêter quand quelqu'un dit « Stop ».
3. Choisir le bon endroit.
4. Choisir le bon moment.
5. Appliquer les règles du partenaire de jeu.
6. Au final, l'adulte reste le chef.

Faire poser les règles par les enfants

Une fois le jeu déplacé vers le bon endroit ou repoussé au bon moment, une fois les règles de base posées, vous pouvez laisser les enfants ajouter de nouvelles règles. Certains parents aiment les longues énumérations de règles (pas de chaussures, on ne tire pas les cheveux, on ne touche qu'avec les mains ouvertes...), mais les enfants apprendront mieux à gérer leur jeu si vous les invitez à créer leurs propres règles. Apprendre à écouter l'autre et à poser des règles est un des nombreux bénéfices des jeux de bagarre.

Apprendre à un enfant à créer des règles est d'une simplicité enfantine. Voici comment la conversation peut se dérouler avec deux enfants de cinq ans :

Adulte : Vous pouvez jouer à la bagarre ici. La règle est la suivante : vous devez vous arrêter de jouer si quelqu'un dit « Stop ». Voulez-vous créer d'autres règles ? Non ? D'accord.
Ryan et Jameson sourient et commencent à lutter l'un contre l'autre.
Ryan : Stop !
Adulte : Jameson, j'ai entendu Ryan dire « Stop ». Tu dois arrêter quand il dit « Stop ».
Ryan et Jameson reprennent leur lutte « pour de faux », mais Jameson fronce les sourcils assez rapidement.
Jameson : Hé !
Adulte : Jameson, as-tu apprécié le moment où Ryan a tiré sur ton T-shirt ? Non ? Veux-tu créer une nouvelle règle, maintenant ?
Jameson : Oui. On ne tire pas sur les vêtements.
Adulte : D'accord. Ryan, si tu veux continuer à jouer à la bagarre avec Jameson, tu dois respecter cette règle : on ne tire pas sur les habits. Tu veux continuer à jouer avec lui ? Oui ? OK.

Il est utile d'écrire les règles au fur et à mesure que les enfants les créent. En général, la liste augmente au fil du temps. Non seulement cette liste stabilise les règles et les rend visibles aux yeux de tous, mais elle renforce le pouvoir des enfants à imaginer leurs propres règles. Que demander de mieux ? Noter les règles sur une feuille devant eux leur montre le pouvoir de l'écrit dans la vie de tous les jours. Tout à coup, savoir écrire, savoir lire, prend un sens concret (Voir la Règle n° 7 : Le bambin peut dicter).

Voici un exemple des règles créées par deux enfants de quatre ans :

Règles de boxe – Max et Oliver
1. Pas de coup au visage.
2. Pas de coups de pied.
3. Dire « stop » ou quitter le tapis de mousse si on veut arrêter.
4. Pas de chaussures.
5. Faire une pause et boire de l'eau.

Quand un enfant crée une nouvelle règle, son partenaire de jeux doit être d'accord pour la respecter. « Si tu veux jouer avec Hannah, c'est sa condition. » Il est important d'attendre que le partenaire de jeu exprime clairement son accord verbal, d'un « oui » sans équivoque. S'il n'est pas OK, le jeu est terminé.

Laisser les enfants élaborer leurs règles assure la sécurité de chacun. Non seulement les enfants acquièrent du pouvoir, mais cela facilite votre travail : vous n'êtes plus obligée de réfléchir à tout ce qui pourrait mal tourner. Les problèmes importants seront soulevés par les enfants eux-mêmes. Si les enfants oublient, vous pouvez leur rappeler leurs propres règles : « Est-ce que tout va bien pour toi ? Parce que je t'ai entendue dire “On ne donne pas de coup de poing". » Les enfants ont le droit de créer leurs règles et de jouer à la bagarre : voilà une opportunité puissante d'apprentissage.

Quand les sourires disparaissent

Quand les sourires disparaissent, le jeu est terminé. Comme les enfants débutent dans le décryptage des émotions de leur partenaire, ils peuvent ne pas voir quand les rires laissent la place à la peur. Si le jeu va trop loin, c'est à l'adulte de l'interrompre.

Au parc, Jason jouait à des jeux dynamiques avec trois autres garçons. Au début, ils s'amusaient. Soudain, le visage de Jason a changé, il avait peur. Il a commencé à donner des coups de pied style karaté, à distribuer des coups de poing, puis a explosé en sanglot quand sa mère s'est approchée. Les autres garçons ont cessé immédiatement de jouer. « On croyait qu'on s'amusait encore », ont-ils déclaré.

Vous pouvez dire aux enfants : « Regardez son visage. Il a l'air effrayé. Il ne sourit plus. » Ça pourrait être le bon moment pour faire une pause : « Tout le monde arrête et va boire un peu d'eau. » Même s'ils ont l'air de s'amuser comme des fous, vous êtes toujours responsable. Vous pouvez tout arrêter. Si, à sa tête, vous voyez qu'un enfant trouve le jeu trop rude, c'est le bon moment d'intervenir et d'y mettre un terme.

Selon l'âge de vos enfants et leur tempérament, vous n'avez pas nécessairement besoin d'être dans la même pièce quand ils jouent à la bagarre. Les tout-petits bénéficieront sans doute de vos coups d'œil, mais il n'est pas obligatoire de les surveiller constamment. Ils hurleront bien suffisamment ou quitteront le jeu, si celui-ci devient trop brusque pour eux.

Observer et se sentir en sécurité

Certains enfants préfèrent observer. Il n'est pas pertinent du tout de les forcer à y participer. Au contraire, mieux vaut les laisser être spectateurs aussi longtemps qu'ils le souhaitent. Vous pouvez même leur créer un « petit coin » sécurisé proche de l'action pour qu'ils la regardent tout en se sentant hors de danger. Pour signaler l'endroit à tous, j'utilise une feuille de papier sur laquelle je dessine le symbole de la Croix-Rouge. Puis je leur indique qu'en cet endroit, lutter, boxer, se pourchasser est interdit. Certains adorent la possibilité de se réfugier dans ce « QG Sécurité » et s'en servent comme une base, entrant, sortant, comme il leur plaît.

Les enfants prudents sont souvent fascinés par les jeux brusques. Alexandra, quatre ans, aime se déguiser en princesse. Elle transporte son doudou partout avec elle et regarde les autres jouer à la boxe à l'écart du tapis. « Je n'aime pas la boxe, déclare-t-elle. Mon doudou aime la boxe, mais je dois toujours l'aider. » Puis un jour, elle tente l'expérience. Elle s'amuse tellement qu'elle boxe avec deux partenaires différents. « À vos marques ? Prêts ? Boxez ! hurle-t-elle. J'adore la boxe ! » Les jeux de bagarre développent l'estime de soi des enfants, surtout ceux ayant tendance à manifester de la timidité, grâce au pouvoir qu'ils les poussent à exercer.

Les petits frères, les petites sœurs et les partenaires de force inégale

Les enfants ne se ressemblent pas. Il y en a de toutes tailles et de toutes constitutions. Même s'ils ont le même âge, le match s'avère parfois déséquilibré. Pour autant, les jeux de bagarre sont amusants et adéquats pour tous les enfants, quels que soient leurs taille, corpulence et âge. Ils les aident à développer leur conscience des autres et à tisser des liens entre eux. Votre aîné de cinq ans et votre second de trois ans ne peuvent sans doute pas encore jouer ensemble aux dames, mais ils peuvent s'amuser à se bagarrer ensemble.

Kacy, quatre ans, est un enfant à besoins spéciaux. Elle voudrait tellement boxer un peu. Son partenaire, Carson, cinq ans, est costaud pour son âge. Il a l'habitude des jeux brusques, physiques. Kacy enfile les gants de boxe et danse autour du tapis de mousse en remuant ses poings.
Carson : Vas-y, cogne-moi, mets-moi à terre, Kacy ! Vas-y, pousse-moi !
Kacy sourit et le pousse avec ses gants.
Carson : Ouais ! Pousse-moi encore, vas-y, fais-moi tomber ! Oh, ça y est, tu m'as eu ! *(Il tombe théâtralement.)*
Kacy est aux anges. Elle lève les bras en V de la victoire, un large sourire sur le visage.

Comme Carson, les enfants plus grands, plus forts, prennent l'habitude de réduire d'un cran leurs mouvements pour se bagarrer avec un partenaire plus petit. Jouer ainsi leur enseigne à maîtriser leurs impulsions. Les jeux physiques mélangeant les âges et les capacités aident les enfants à contrôler leur corps et augmentent leur conscience sociale. Si un enfant plus jeune est intéressé par un jeu de bagarre, vous pouvez le laisser jouer. La manière de fixer les règles et les limites est la même. Sans omettre le rappel de temps en temps pour vérifier que tout va bien : « Ce jeu te plaît Carson ? et à toi aussi Kacy ? Vous vous rappelez, vous pouvez toujours dire “Stop” si cela devient trop brutal pour vous. »

De toute évidence, les enfants plus grands, plus forts, ne connaissent pas toujours leur force et ne contrôlent pas systématiquement leurs mouvements. Si un enfant est trop brusque, vous pouvez instaurer une pause : « On dirait que tu as du mal à jouer à la bagarre sans faire de mal à Sam, alors je ne peux pas te laisser lutter contre lui pour le moment. » Les enfants parviennent généralement à autoréguler ces situations. Ils rejettent eux-mêmes leur camarade quand celui-ci devient trop brutal. Il est fort probable que l'enfant exclu aura tellement envie de se bagarrer de nouveau qu'il s'efforcera de contrôler ses gestes la fois suivante. Il fera tout pour être vu comme un partenaire de boxe attractif.

Jouer à la bagarre avec un adulte

Dès que mon fils de trois ans voit son père arriver, il lui hurle : « On joue à la bagarre ! »

Souvent, le jeu de bagarre aide les pères à nouer et nourrir des liens forts avec leurs enfants. Ces derniers sont tout excités à l'idée de s'attaquer à une grande personne. Ceci dit, ce n'est pas forcément la tasse de thé de tous les adultes. Comme une mère me l'avoue : « Je ne peux pas jouer à la bagarre avec mes enfants. Ça n'est pas moi. »

Si vous n'êtes pas à l'aise à l'idée de ferrailler avec vos enfants, ce n'est pas une bonne idée de vous forcer. Toutefois, si vous acceptez de tenter l'expérience que je vous propose ici, vos enfants se régaleront : couchée sur le lit (ou au sol, dehors), votre mission est de repousser leurs attaques. Vous pouvez aussi vous agenouiller sur la moquette ou sur un tapis de mousse et proposer à vos tout-petits d'essayer de vous mettre à terre. À moins que vous préfériez jouer à un jeu de poursuite…

Attention : il est important de se maîtriser, de vérifier avec vos enfants que tout va bien et de proposer des pauses régulières. Si les enfants ne s'amusent plus, ils ont alors l'opportunité de quitter le jeu. Un adulte, c'est tellement plus grand qu'un enfant : psychologiquement, ils peuvent nous trouver écrasants. Parfois, ils réagissent en fous rires convulsifs, alors qu'en fait, ils ont perdu le contrôle de leurs émotions et préféreraient sortir du jeu. Il est essentiel de lire attentivement leurs émotions et de proposer de multiples pauses.

Des mots pour en parler

Accueillir les jeux de bagarre

- Que se passe-t-il ? Vous vous amusez tous les deux ?
- On dirait que vous voulez jouer à la bagarre. Avez-vous des règles ?
- Ma règle est : on arrête si quelqu'un dit « Stop ».
- Vous pouvez jouer à ce jeu, mais pas ici. Vous pouvez y jouer dehors.

Gérer les bobos

- Parfois, quand on joue à la bagarre, on a des bosses.
- Y a-t-il un problème ? Je vois de l'inquiétude sur ton visage.
- Voulez-vous faire une pause ?
- On dirait que ça te fait vraiment mal.
- Que pouvez-vous faire la prochaine fois pour que personne ne se fasse mal ?

Le cadre

- Vous vous amusez toujours, tous les deux ?
- As-tu apprécié ça ?
- Vous vous souvenez ? Vous pouvez dire « Stop » si vous n'aimez pas le jeu.
- Tu veux qu'il te tire ton T-shirt ? Non ? Vous pouvez créer une nouvelle règle.
- Si tu veux jouer avec James, tu respectes sa règle : on ne tire pas sur les T-shirts.

Mettre un terme à un jeu de bagarre

- Regarde son visage. Il a l'air d'avoir peur. Il ne sourit plus.
- Je vous arrête. Je m'inquiète pour lui, j'ai peur que tu fasses mal à son corps.
- On dirait que c'est trop dur pour toi de te bagarrer avec Sam sans lui faire de mal, alors je ne te laisse pas jouer à la bagarre pour le moment.

Les mots à éviter

- Arrêtez de vous disputer !
- Sois gentil.
- Laisse-la tranquille !
- Ça suffit. Du calme !
- Je ne veux pas voir vos corps se toucher.
- Je ne veux pas voir de bagarre ici.
- OK. Ça suffit. C'est terminé.
- Pourquoi tu ne peux pas jouer calmement avec Natalie ?

En public

Quand vous rencontrez d'autres parents, il est fort probable qu'ils ne seront pas du tout à l'aise avec les jeux de bagarre. « Non, non ! Les garçons ! Arrêtez ça. Séparez-vous. Brook, tu joues là. » Vous vous trouverez sans doute dans des situations où l'autre parent interrompra un innocent jeu de bagarre alors que vous (et les enfants) voudriez qu'il continue.

Si vous êtes au parc, par exemple, et qu'il s'agit de quelqu'un que vous ne connaissez que de vue, autant laisser passer l'incident. Vous pouvez toutefois tenter une explication : « Ce type de jeu me va, si ça vous convient aussi. On dirait que les enfants s'amusent bien. » Souvent, ces mots aident l'autre parent à se détendre.

Si un ami de votre enfant vient chez vous, il est plus facile d'en parler avec ses parents. Vous pouvez d'ailleurs les prévenir en amont : « Chez nous, les enfants ont le droit de jouer à la bagarre et à d'autres jeux physiques. Nous avons un tapis en mousse. Nous le déroulons et les enfants s'amusent comme des fous. Cela vous gêne si Carter veut se joindre à ce type de jeux ? » Vous pouvez aussi leur en parler après les faits : « C'était super d'avoir Carter à la maison. Les enfants ont joué dans le bac à sable pendant un long moment, puis ils ont joué à la bagarre. Carter s'est bien amusé et a su écouter Jacob quand il a dit "Stop". »

Si les autres parents ne sont pas du tout à l'aise avec l'idée, il est préférable de respecter leurs souhaits. Vous pouvez expliquer à votre enfant : « La famille de Carter n'aime pas ce jeu. Tu y joueras plus tard. Pas de jeux de bagarre pour l'instant. »

Règle n° 18 :
« Ici, bombes et pistolets pour de faux ont le droit d'entrer. Les méchants aussi. »

La famille de Max proscrit les fausses armes. Alors il prend le balai-brosse des toilettes et, dans le jardin, s'amuse à viser un ennemi imaginaire avec, en hurlant « Pan ! Pan ! Pan ! ». Gabe veut jouer à *Star Wars*, mais son maître d'école n'autorise pas de tels jeux. Il lui demande de changer son sabre laser en baguette magique.

Sabres laser, pistolets, épées : les fausses armes font peur aux adultes. Tant et si bien que certaines familles et écoles les interdisent. Mais quand un enfant a envie d'enfiler cape et épée, d'imiter les duels de chevalier ou de cow-boys, rien ne l'arrête. Nous avons besoin d'entendre ce besoin, de le respecter et de laisser l'enfant lui donner libre cours.

Pourquoi cette règle ?

Jouer avec des fausses armes ne rend pas un enfant violent. Il nous revient de respecter le droit de l'enfant à jouer.

Quand nous voyons un enfant déguisé en pirate, nous sourions. Comme il est mignon, avec son chapeau marqué d'une tête de mort et de deux tibias entrecroisés, sa petite voix qui grogne : « Hé, matelot ! » En général, les adultes n'ont aucun problème avec les jeux de pirates et les considèrent comme anodins. Ils les tolèrent. Et pourquoi donc ? Un pirate, en vrai, c'est un être violent, un meurtrier, un voleur, une brute épaisse. Nous en avons fait des héros de roman, mais ils sont encore en activité aujourd'hui, sur nos océans, déroutant les bateaux au large des côtes asiatiques et africaines. Curieusement, aucun parent d'élève de maternelle ne s'inquiète de savoir si son enfant deviendra pirate quand il sera grand. Pour nous, en jouant aux pirates, l'enfant fait œuvre de pure imagination.

Et nous ferions mieux de penser exactement en ces termes pour les jeux du type « Pan ! Pan ! Pan ! ». Quand un enfant de maternelle agite un pistolet ou une épée en plastique, il ne glisse pas pour autant sur la pente du crime. Certains enfants ont davantage besoin de ce type de jeu que d'autres. Mais si votre fils de quatre ans adore « canarder » ses amis en ce moment, cela ne veut pas dire qu'il se transformera plus tard en adolescent antisocial et violent. C'est d'ailleurs probablement l'inverse qui se passera.

En accueillant les besoins de votre enfant et en le laissant explorer ses propres idées avec ses camarades de jeu, vous préparez le terrain pour davantage de compréhension, de coopération et de vie en communauté.

LES BIENFAITS DE CETTE RÈGLE

Jouer avec une fausse arme est une autre forme de jeu de rôle. Si nous nous assurons que ces jeux ont leur place, l'enfant se sent accueilli et compris :

- Je peux être qui je veux.
- Les adultes respectent mes jeux.
- Je peux m'amuser avec mes amis.
- Tous les gens n'apprécient pas d'être visés avec un pistolet en plastique. Je dois d'abord demander si c'est OK.
- Les fausses armes ne sont pas pareilles que les vraies armes. Les vraies armes sont dangereuses.

POURQUOI ÇA MARCHE

Voir un enfant de trois ans porter une arme peut vous glacer le sang. Même si c'est un jouet en plastique bleu ciel avec une gâchette orange. Aux États-Unis, les fusillades dans les écoles et les actes terroristes font régulièrement la une. On peut comprendre pourquoi nous sommes nombreux à trouver nauséeuse l'idée d'un bambin sachant tout juste marcher maniant une fausse arme.

Nous ne supportons pas l'idée que notre enfant puisse devenir violent plus tard. Voici nos craintes :

1. Les jeux de guerre rendent les enfants violents.
2. Les jeux de guerre embrouillent les enfants à tel point qu'ils ne savent plus faire la différence entre une vraie arme et une fausse.
3. Jouer à la guerre, tout simplement, ça n'est pas « bien ».

Mais comme tout autre jeu très physique où l'enfant s'amuse à prendre le pouvoir, jouer avec une fausse arme n'a pas le même sens pour un adulte que pour un enfant. Plus que pour n'importe quel autre jeu de rôle, il est essentiel de poser nos lunettes d'adulte face aux jeux de guerre.

Quand un enfant crie « Pan ! Pan ! Pan ! » ou attrape une épée, il est judicieux d'invoquer la règle d'or : C'est OK si ça ne blesse personne et n'abîme rien. Observons la situation. Ce jeu fait-il du mal à quelqu'un ? Les enfants semblent-ils s'amuser ? Leur visage est-il heureux, souriant ? En général, les enfants adorent ce type de jeu qui mobilise leur énergie, leur offre l'opportunité de ressentir du pouvoir et de nouer des amitiés. C'est OK. Vous pouvez en être sûre.

Revenons à notre principal souci d'adulte : une éventuelle violence future. Jouer à la guerre ne mène-t-il pas à des comportements agressifs par la suite ? La réponse est simplement non. Les adultes violents ont dans leur enfance manifesté des signes avant-coureurs de leur agressivité, dont la cruauté envers les animaux, un extrême isolement social et un rejet chronique et le sentiment d'être persécuté, incompris. Les jeux de rôle offrent exactement l'inverse. Généralement pratiqués en société, ils impliquent un mélange complexe de concessions mutuelles au fil du développement du thème du jeu. Chacun y met un peu du sien. L'histoire centrale donne parfois une place un peu grande aux drames (explosions de rayons laser, envois de boulets de canon empoisonnés...), mais les enfants y font preuve d'empathie quand un de leurs camarades se fait mal, en vrai. De nombreux enfants se forgent des amitiés solides durant ces jeux. Les conséquences de tels jeux sont à l'opposé d'un développement de l'agressivité.

RETIRER NOS LUNETTES D'ADULTE

Jouer à la guerre est aussi légitime que jouer au papa et à la maman. Quand un élève de maternelle crie « Pan ! Pan ! » il s'agit d'un jeu et non d'un acte violent. Le thème du jeu peut être violent, mais ne nous méprenons pas : les jeux de guerre sont des jeux très sociaux et coopératifs. Ils développent les compétences des enfants en amitié et même en moralité. Si nous craignons les jeux de guerre et les bannissons de notre maison, les enfants y joueront quand même. Ils resteront fascinés par le pouvoir et par les armes. Souvent, ils y joueront ailleurs que sous notre nez, voilà tout. Jouer avec une fausse arme n'est pas dangereux, mais notre réaction peut l'être. Vous pouvez faire confiance à votre enfant et le laisser choisir ses propres thèmes de jeu.

Nous sommes la génération *Star Wars*, pistolets à eau et à pétard. Quand il avait cinq ans, mon frère Scott adorait jouer à « Daniel Boone[1] » et dormait avec son fusil en bois. Aujourd'hui, il est père au foyer et milite pour les droits de l'homme avec le soutien de son église. Moi, j'adorais les batailles de pistolet à eau et de bombes à eau, que je fabriquais avec des ballons gonflables. Mon mari, lui, a passé la plus grande partie de son enfance à faire exploser toutes sortes de choses dans ses jeux. Chaque fois que des parents me racontent qu'ils se rongent les sangs parce que leur petit de trois ans adore les bombes et les épées, ils me chantent aussi le même refrain : « Moi aussi, quand

1. Célèbre explorateur américain du XVIIIe siècle. (*NdT*)

j'étais petit... » Nous avons tous joué à ces jeux quand nous étions petits et nous sommes devenus des adultes responsables. Pourquoi nos enfants feraient-ils exception ? Tout ira bien, non ?

Oui, tout se passera bien. Le problème ne vient pas du jeu de rôle, thème de jeu ou jouet choisi par l'enfant. Le problème vient de son comportement dans la vraie vie. C'est la vraie vie qui compte. Voici ce qu'il est important d'enseigner aux enfants : 1. Comment résoudre les vrais conflits dans le calme, la paix ; et 2. Comment surmonter les émotions les plus fortes. Le plus important, c'est comment les enfants se traitent les uns les autres.

Tout aussi essentiel : notre propre façon de traiter les enfants. Que se passe-t-il quand un adulte demande à Gabe de changer son sabre laser en baguette magique ? Dans ce type de situations, une majorité d'enfants se sentent écrasés, incompris, jugés comme « mauvais ». « Je n'ai jamais le droit de m'amuser », grommelle-t-il. Ou alors « Je ne suis pas gentil. Les jeux que j'aime sont mauvais ». Puisque cette scène se déroule en classe de maternelle, Gabe peut aussi se dire : « Ils préfèrent les filles *ou* l'école, c'est nul. Je n'ai pas ma place ici. »

Chaque fois que nous interdisons les jeux de guerre ou les fausses armes, voici la leçon en filigrane que nous enseignons à nos enfants :

- Les grands n'aiment pas la personne que je suis.
- Ils s'en fichent de ce qui m'intéresse vraiment ; ils veulent que je change de centres d'intérêt.
- Je suis un mauvais enfant.

- Il vaut mieux mentir. Je peux leur dire que c'est une baguette magique, mais en fait, pour moi, c'est une mitraillette.
- L'école n'est pas un endroit où j'ai ma place.
- Mes parents ne me laissent pas m'amuser avec mes amis. Ils mettent un frein à tout ce qui est amusant.
- Quand je joue avec des fausses armes, je dois me cacher.

Nous ne pouvons pas souhaiter que nos enfants s'imprègnent de ces leçons. Elles érodent la confiance et fragilisent les relations. Si l'intérêt de l'enfant pour les armes est refoulé hors de notre champ de conscience, il est possible qu'il se place involontairement en danger.

Vous pouvez changer d'avis. Vous pouvez modifier vos règles. De nombreuses familles ont commencé par une règle « pas de fausses armes dans cette maison » qu'elles ont par la suite abandonnée. Une maman m'a raconté : « Quand mon fils était petit, j'étais très stricte et ne voulais aucune fausse arme à la maison. Mais la deuxième ou la troisième fois qu'un autre garçon est venu chez nous, il est vite devenu évident que mon interdiction ne tiendrait pas. Ils sont arrivés chacun avec leur propre pistolet à cartouche en mousse. » Pour cette maman, la décision de changer de règle s'est faite à la minute où elle a vu par la fenêtre son fils Max s'amuser gaiement avec un ami qui faisait mine de lui tirer dessus avec son faux pistolet. Max ripostait avec la ventouse des toilettes. « J'ai alors compris que Max avait un point de vue très différent du mien sur les pistolets en plastique. J'avais envisagé le problème uniquement du point de vue adulte, un point de vue sociopolitique. »

Maintenant que j'ai observé de nombreux parents opérer ce même retournement de perspective, je suis convaincue que l'attitude d'un parent envers les jeux de guerre dépend de son enfant. Certains enfants manifestent un fort intérêt pour les jeux de guerre, d'autres non. Nous pouvons nous fier aux envies de notre enfant. Pour de nombreux parents, peu importe les preuves scientifiques, rien ne les fera changer d'avis. Mais constatant combien leurs enfants en ont profondément besoin, ils commenceront peut-être à en entrevoir la valeur.

Avec quoi jouer ?

Les enfants ont besoin d'accessoires pour jouer. Notre ancestral besoin évolutif de manier des outils y est sans doute pour quelque chose. Nos tout-petits ont besoin d'objets à déplacer, à manipuler non seulement pour s'amuser, mais pour apprendre aussi. Cela semble être particulièrement le cas pour les garçons, qui ont tendance à mieux s'orienter dans l'espace que les filles. David Geary, psychologue auteur de *Hommes, Femmes, l'évolution des différences sexuelles humaines*, raconte que les garçons jouent davantage avec des objets que les filles. Bien sûr, tous les enfants peuvent utiliser leurs doigts pour mimer la possession d'un pistolet ou d'un sabre laser, mais ils préfèrent en général se servir d'un bâton ou un jouet. Jan Waters ajoute : « Pour tous les autres types de jeu, nous n'interdisons pas les accessoires. Nous leur proposons une poupée si besoin. Pour quelles raisons leur interdire les fausses armes ? »

Quand nous limitons l'accès aux accessoires de jeux, les enfants trouvent souvent le moyen de contourner nos interdits. S'ils ont besoin d'une arme, ils mordent leur cookie pour lui donner la forme d'un pistolet, ou prennent des cuillères, assemblent des Lego. Oui, comme Max, ils n'hésiteront pas une seconde à vous emprunter la ventouse qui sert ordinairement à déboucher les toilettes... Quand les fausses armes sont interdites, recenser les nombreux objets utilisés en remplacement tourne vite l'adulte en ridicule.

Benjamin, quatre ans, n'a pas le droit de jouer avec des fausses armes. Alors quand il tombe sur un pistolet en plastique, il le ramasse et dit : « Ceci n'est pas un pistolet. » Et il se met à tirer. Même quand un enfant est sagement assis devant un coloriage, son désir de jouer avec des armes transparaît : « Ça, c'est une sorcière. Ça, c'est une grosse, méchante moustache violette qui tire des balles. Pan ! »

Certains enfants ont juste un besoin profond de jeux de guerre. Que ce thème de jeu soit respecté ou pas par les adultes qui les entourent, ils trouveront un moyen de s'y plonger. Lorsque le besoin est si profondément ancré, ne vaut-il pas mieux donner une chance aux enfants d'en explorer les bénéfices, et de grandir dans une atmosphère où leurs besoins sont acceptés ?

LISTE NON EXHAUSTIVE DES OBJETS UTILISÉS PAR LES ENFANTS COMME ARMES

- Bâton de sucre d'orge
- Ventouse des toilettes
- Doigts

- Bretzel ou biscuit
- Manche à balai
- Balai à frange
- Flûte à coulisse
- Glaçon en forme de stalactite
- Tête de cheval montée sur un manche
- Bâton
- Cuillère de cuisine
- Lego
- Baguette pour faire des bulles
- Racleur à neige
- Frite pour nager...

LEURS PEURS, LEUR SÉCURITÉ

Riley, quatre ans, était plutôt réservé avec les autres enfants. Il aimait porter six épées en plastique à la ceinture ou dans ses mains à tout moment. Cela lui procurait une sensation de sécurité. Au cours du temps, Riley a porté de moins en moins d'épées sur lui. Au point qu'il est finalement parvenu à jouer avec les autres sans épées.

Exactement comme pour les jeux de super-héros ou jeux de bagarre, certains enfants se servent de fausses armes pour surmonter leurs peurs et se sentir forts. Une épée en plastique ou en bois peut représenter la sécurité, comme pour Riley, mais elle peut aussi être utilisée comme arme pour se défendre farouchement contre un vicieux Dark Vador.

À l'école, Sam, quatre ans, marche le long du couloir en tenant une épée et en criant à ses camarades de classe « Je vous sauverai ! Je vous sauverai ! ». Gerard Jones est l'auteur de *Killing monsters : Why children need fantasy, super heroes and make-believe violence* (Tuer des monstres : pourquoi les enfants ont besoin de jeux de rôle, de super-héros et de violence pour de faux). Pour son livre, il a interviewé des enfants de tous âges pour comprendre ce qu'ils aiment dans la violence pour de faux. Souvent, d'après Jones, les enfants jouent à se tirer dessus pour maîtriser leurs propres peurs et faire l'expérience d'un sentiment de pouvoir.

« Jouer avec une fausse arme n'est pas forcément synonyme d'agressivité, pas du tout, affirme Stephanie Rottmayer, directrice de la SYC, surtout avec des enfants de trois ans. À cet âge, ce type de jeu les aide à se sentir en sécurité et un peu plus puissants. » (Voir la Règle n° 16 : Donner du pouvoir aux enfants.)

Il est important de faire la part des choses entre la peur, la colère et l'immaturité émotionnelle infantile d'une part, et l'agressivité que celles-ci provoquent chez les tout-petits. Voici les peurs les plus courantes qui peuvent être confondues avec de l'agressivité :

- Peur de me faire mal.
- Peur que quelqu'un essaie de me piquer quelque chose (partager).
- Peur de tout ce qui fait peur (les monstres, le noir, les chiens, les étrangers, les bruits très forts...).
- Peurs sociales (ne sait pas comment se faire des amis, comment les garder).
- Peur de la séparation (maman, papa, ou le doudou lui manque).

LES JEUX DE GUERRE ET LA MORALE

Les enfants utilisent les fausses armes et les jeux de guerre pour explorer des concepts de dimension profondément humaine : le bon et le mauvais, la vertu et le mal, la sécurité et le danger, le pouvoir et la protection. Ils cherchent aussi à comprendre ce qu'est la vie, la mort et leur propre mortalité.

Pour l'experte en petite enfance Vivian Paley, tous les jeux créatifs, jeux de guerre inclus, aident les enfants à concevoir et à créer les bases de leur développement moral. Le psychologue Michael Thompson ajoute que les jeux de guerre leur offrent l'occasion de s'entraîner à la compassion et au courage, à intervenir pour sauver leurs copains dans des actes de bravoure héroïque. Si vous écoutez les enfants dérouler leurs scénarios de jeux imaginaires, vous les entendrez débarrasser le monde de monstres et de méchants pour protéger leurs amis et leur famille. Du point de vue de son développement, c'est là où en est votre enfant. Après cette phase très noir ou blanc, il apprendra à distinguer différentes nuances de gris. (Et le monstre alors, comment se sent-il ? Est-ce que les méchants existent vraiment sur terre ou est-ce que c'est juste un concours de circonstances quand quelque chose va mal ?) Plus tard. Pour l'instant, tant que ses jeux n'enfreignent pas la règle d'or (C'est OK si ça ne blesse personne et n'abîme rien), alors vous pouvez laisser le jeu progresser.

Vous voilà rassurée sur la morale de votre enfant, mais que se passe-t-il si elle n'est absolument pas intéressée par les jeux de guerre ? Inutile de s'inquiéter : elle trouvera comment développer son sens moral autrement. Son besoin d'exercer son pouvoir aussi.

L'imaginaire contre la réalité

Les enfants risquent-ils de mélanger le monde imaginaire avec le monde réel ? En vérité, dès la toute petite enfance, ils comprennent la beauté du faire semblant. Pour de faux, ils peuvent faire ce qu'ils veulent, être qui ils veulent. Et personne n'est censé se faire mal.

À la minute où un enfant se blesse pendant un jeu imaginaire, il hurle. Il a franchi la ligne de démarcation entre les deux mondes, il est retourné dans le réel. C'est bien la preuve qu'il repère admirablement la différence entre les deux.

Un jour, mon fils Zach et mon mari faisaient semblant de se battre en duel avec des épées en plastique. Pour jouer, mon mari a touché Zach au ventre, qui a immédiatement protesté et réaffirmé les règles : « Tape l'épée, ne tape pas mon corps. Ça fait mal. » Même si les vraies épées sont conçues pour blesser ou tuer, Zach et son père savaient parfaitement qu'ils jouaient à faire semblant.

Les enfants comprennent le jeu. C'est même ce qu'ils comprennent le mieux. Jouer à la guerre est clairement un jeu, puisqu'ils ont bien l'intention de s'amuser. Mettre en scène des duels de cow-boy ou jouer à *Star Wars* pendant des heures ne les empêche pas d'avoir de l'empathie pour un camarade de jeu blessé et de se précipiter vers lui pour l'aider. Pour eux, jouer à la guerre est un jeu innocent parmi d'autres.

LES JEUX DE GUERRE ET LA VIOLENCE

Malgré la controverse, les recherches sur les éventuels liens entre jeux de guerre et violence sont assez rares. Le Dr Steven Kirsh, auteur de *Children, adolescents and media violence : a critical look at the research* (Enfants, adolescents, et la violence médiatique : regard critique sur les études), a recensé les études publiées sur le sujet sur les cinquante dernières années. Il n'en a trouvé que quinze. La plupart s'intéressent aux jeux de rôles agressifs. Aucune étude longitudinale, autrement dit portant sur de nombreuses années, n'a identifié de corrélation entre les jeux de rôles utilisant des fausses armes et le développement d'un comportement violent ultérieur chez les enfants qui y jouent.

Les scenari violents et les jeux de guerre ne génèrent pas des enfants violents dans la vraie vie. Une enfance difficile sur le plan émotionnel et social peut mener des personnes jeunes ou adultes à commettre des attaques violentes. Les jeux de guerre ne mènent pas à cette violence ; c'est un jeu pro social qui aide les enfants à traiter tout un éventail d'émotions.

Or quand un enfant a appris à gérer ses émotions, il participe à calmer la violence. Parce qu'il impose des limites aux autres et écoute les leurs. Parce qu'il maîtrise son impulsivité et se fait des amis. Parce qu'il sait quand dire « Stop » et quand solliciter un adulte. Le jeu lui enseigne la médiation de conflit.

Les jeux de guerre et l'agressivité

Les enfants ne deviennent pas violents à cause des jeux de guerre, mais leur agressivité augmente-t-elle ? Pendant trente-cinq ans, à la SYC, Jan Waters a observé des enfants de quatre et cinq ans. Elle voit l'inverse se produire. Quand les enfants ont le droit de choisir et développer leurs propres thèmes de jeux, ils se sentent acceptés et compris. Les jeux à fort niveau d'énergie comme les jeux de guerre canalisent l'agressivité de manière à ce que les enfants ne s'attaquent pas les uns les autres à d'autres moments. C'est le point de vue de Penny Holland, enseignante et chercheure en Angleterre. Plus tôt dans sa carrière, elle avait un niveau zéro de tolérance pour les jeux de guerre, mais elle a découvert que ces derniers, quand ils étaient autorisés, avaient un effet calmant sur sa classe. Quand les adultes de son école fonçaient sur les élèves pour interrompre systématiquement leurs jeux de guerre, ces élèves finissaient par se considérer comme de « mauvais » éléments et se dissociaient de leur groupe social. Leur comportement devenait ensuite encore plus disruptif.

Les enfants jouent aux jeux dont ils ont besoin. Le psychologue Peter Gray remarque : « Certains croient que les jeux violents créent des adultes violents. C'est la violence du monde adulte qui pousse les enfants, littéralement, à jouer à la violence… Si nous voulons changer le monde, alors changeons-le ; et les enfants suivront. »

L'étude de la « Poupée Bobo » est une étude célèbre de 1961 menée par le psychologue Albert Bandura. Elle montre que les enfants qui sont témoins de gestes violents deviennent plus agressifs. Dans cette étude, certains enfants regardent un film où un adulte frappe un clown gonflable avec un maillet, d'autres ne sont pas exposés à cette scène. Les enfants ayant vu l'adulte agresser le clown ont ensuite davantage tendance à l'attaquer, eux aussi, lorsqu'ils sont placés seuls avec lui, derrière une vitre sans tain. Cela n'est pas surprenant et il est aujourd'hui communément admis que les enfants apprennent en imitant les autres. Bien sûr, le clown n'était pas un vrai clown et ne pouvait pas être blessé par les coups. La violence médiatique, qu'il s'agisse de dessins animés ou des informations télévisées, influence certainement le jeu des enfants. Mais les histoires violentes qu'ils développent dans leurs jeux de rôles ne génèrent pas nécessairement davantage d'agressivité. Quand les enfants rejouent *Star Wars* ou toute autre guerre, ils conservent une attitude amicale les uns envers les autres.

Les scientifiques n'ont pas encore donné leur dernier mot. Ils cherchent encore un lien entre ces jeux de guerre et un comportement inacceptable. Les dernières études se contredisent. Plusieurs ne trouvent aucune augmentation significative de comportement violent. Le psychologue Jamie Ostrov affirme même que regarder des films violents ou jouer à des jeux vidéo violents n'est pas si mauvais pour les enfants. Ses recherches suggèrent que ce qui rend les enfants plus agressifs et les pousse à mal se comporter les uns avec les autres est de voir des personnes s'insulter, soit en personne, soit à l'écran. Or les films des enfants regorgent d'échanges d'insultes. Une autre étude réalisée par la psychologue Cyndy Scheibe montre que la quasi-totalité des programmes télévisés pour enfants contient des insultes, même les programmes éducatifs. La plupart des insultes sont appuyées en bande-son par des rires préenregistrés.

Quand vous observez votre enfant jouer à la guerre, voici ce que vous pouvez chercher à détecter : traite-t-elle ses camarades de jeu correctement ? En d'autres termes, respecte-t-elle la règle d'or : « C'est OK si ça ne blesse personne et n'abîme rien » ?

OUTILS PRATIQUES

Les enfants sont tous différents. Mon fils Myles préférait les livres et n'a jamais joué avec de fausses armes. En revanche, dès qu'il a pu, mon autre fils Zach a passé son temps à jouer à la guerre, s'entraînant à faire les bruits de balles et d'explosion les plus ressemblants. Si votre enfant est du type qui adore les jeux avec les fausses armes, inutile de l'en priver. En toute probabilité, vous ne parviendrez pas à réprimer un désir aussi profond. Il est plus efficace de trouver comment rendre ces jeux supportables pour vous dans votre maison.

RENFORCER LA RÈGLE « NE PAS FAIRE MAL »

Peu importe jusqu'où va la violence des jeux de rôle des enfants. Il est fondamental qu'ils comprennent qu'ils ne peuvent pas faire mal aux gens. En général, c'est le cas. Ils savent qu'ils peuvent faire tout ce qu'ils veulent dans leur monde imaginaire, mais que les vraies personnes ne doivent pas être blessées. Quand un problème surgit, vous pouvez les aider à le régler en mode médiation de conflit.

Instaurer un cadre respectueux

« Je vais te tirer dessus ! » dit mon Zach de trois ans en me menaçant avec un balai-brosse, qu'il tient comme un fusil.

Zach : « Tu veux que je te tire dessus ? »

Moi : « Bien sûr ! Tu peux. »

Zach : « Pan ! Pan ! T'es morte ! »

Moi : « Aaaah ! » *(Je fais semblant d'être touchée.)*

Ensuite, Zach se tourne vers son grand frère.

Zach : « Tu veux que je te tire dessus, Myles ? »

Myles : « Non. » *(Myles est concentré sur un coloriage.)*

Zach : « OK. »

Zach retire sa casquette et la dépose au sol.

Zach : « Je tire sur ma casquette. Pan ! Pan ! »

Tout un chacun mérite respect, celui qui éprouve le besoin de jouer avec des fausses armes, comme son entourage. Ça se fait naturellement grâce aux règles de politesse habituelles. Par exemple, si les enfants jouent dans un tas de feuilles mortes et qu'un petit en jette dans les cheveux d'un autre, il a peut-être besoin d'être interpellé : « Veux-tu qu'il te lance des feuilles sur la tête ? Elle a dit non. Tu peux lancer des feuilles sur moi, mais pas sur Sonja. » De la même façon, vous pouvez expliquer aux enfants qu'il est OK de faire des bruits de guerre, mais que tout le monde n'apprécie pas qu'on lui tire dessus, même pour de faux : « Tu demandes d'abord. »

S'échauffer pour les jeux de guerre

Si vous êtes encore indécise face aux jeux de guerre, plutôt que de les interdire totalement, vous pouvez poser la limite au-delà de laquelle mettre un terme au jeu. Vous ne serez pas la seule à agir ainsi. Même le magazine *Mothering*, bastion de l'allaitement et de tout ce qui est sain, a publié un article très fouillé sur l'intérêt d'accepter les fausses armes dans les jeux de rôle et jeux d'imagination.

Il est complètement OK que vos enfants comprennent que vous n'appréciez pas certaines formes de jeux. Mais comme l'explique Michael Thompson, coauteur de *It's a boy !* : « Si vous êtes le parent d'un garçon [ou d'un enfant qui aime les jeux de guerre], il vous faut apprendre à faire confiance à l'imagination de votre enfant… même si elle n'est pas à votre goût. » Si un enfant a un besoin profond pour ce type de jeu, il respectera sans doute vos règles afin de continuer son jeu de rôle. Les jeux de guerre sont excitants et puissants. Les enfants ont fortement envie d'y participer. Vous trouverez ci-dessous différents exemples de limites que les parents posent pour ce type de jeu.

POSER DES LIMITES FAMILIALES POUR UN JEU DE GUERRE

Il est important de ne considérer cette liste de limites que pour permettre aux adultes de se sentir plus à l'aise avec les jeux de guerre. Les enfants choisissent tous, quasiment unanimement, l'option 8.

1. Les épées OK, mais pas les pistolets et les fusils.
2. Les épées OK, mais on ne touche personne avec (ce qui demande une énorme dose de self-contrôle).
3. Les jeux de rôles avec de fausses armes, c'est OK, mais seulement avec des objets de récupération (par exemple des branches mortes) ou ses mains (et doigts).
4. Les fausses armes OK, mais seulement si elles ne ressemblent pas à de vraies armes.

5. Les jeux de rôles avec de fausses armes sont OK, mais on ne pointe pas l'arme vers les gens (difficile à tenir, puisque c'est le principe du jeu).
6. Les jeux de rôles avec de fausses armes sont OK, mais on ne vise jamais la tête de quelqu'un. (Les enfants y parviennent. Cette règle peut rendre le jeu moins effrayant pour les adultes et renforcer l'idée que les vraies armes sont dangereuses.)
7. Les jeux de rôles sont autorisés, mais seulement dans certains endroits. (Seulement à la maison, puisque de nombreux adultes ailleurs n'aiment pas ça ; seulement dehors.)
8. Tous les types de jeux de guerre sont OK. Les enfants doivent écouter les limites des uns et des autres (par exemple : « Ne me tire pas dessus ! »).

Les parents redoutent généralement les pistolets en plastique, et beaucoup moins les épées en plastique ou en bois ou les sabres laser. Il est en fait plus facile pour un enfant de jouer en toute sécurité avec un faux pistolet. Les pistolets ne touchent jamais le partenaire du duel. Les enfants se tiennent à distance l'un de l'autre et se disent juste « Pan ! ». En revanche, Les jeux avec de fausses épées poussent les enfants à se rapprocher et à chercher le contact. Le risque d'un accident involontaire est plus élevé.

AIDER LES ENFANTS À JOUER EN SÉCURITÉ

La plupart du temps, les tout-petits s'inquiètent de savoir s'ils vont se blesser. Est-ce que je vais avoir mal ? Est-ce que mon ami va se faire mal ? Ces peurs requièrent votre attention. À un groupe d'enfants qui jouent avec des armes en plastique, vous pouvez dire : « Heidi a peur. Allez-vous lui faire mal ? » En général, les enfants qui jouent à ces jeux de rôle sont surpris que vous leur posiez la question. Ils pensent « Non, bien sûr que non. On joue, c'est tout. On n'avait même pas vu qu'elle était là. »

Un enfant inquiet se demande si une bagarre pour de faux est une vraie bagarre, ou si une fausse arme est une vraie arme. Pour ces enfants aussi, vous pouvez impliquer le groupe qui joue et apaiser ces craintes : « Robert a peur de votre pistolet. Est-ce un jouet ou un vrai pistolet ? » ou « Ava voudrait savoir si vous êtes en colère l'un contre l'autre. Est-ce que vous vous battez pour de vrai ? Oh ! Ils disent que c'est juste un jeu. » Prononcer ces mots à voix haute, même si cela vous semble évident, est utile. Ils sont bien plus puissants s'ils viennent d'un des enfants jouant à la guerre. En impliquant joueurs et non-joueurs, vous aidez les enfants à trier ce qui est réel et ce qui ne l'est pas. Ils apprennent ainsi à lire les émotions des autres.

Comme pour tous les conflits survenant pendant un jeu, il peut être nécessaire d'enseigner aux enfants à se défendre eux-mêmes. Un jour, Zach a pris une pelle du bac à sable et en a fait un faux pistolet. Puis il a cherché à jouer avec son voisin, Tyler, deux ans et demi. Tyler est parti en courant, hurlant : « Non ! Non ! » Je l'ai rattrapé, me suis placée face à lui et j'ai fait le signe du temps mort avec mes mains : « Dis-lui : “Ne me tire pas dessus.” » Tyler a recopié mon geste et, sur un ton très solide, a répété : « Ne me tire pas dessus ! »

Zach a obligeamment tiré sur quelqu'un d'autre, poussant Tyler à changer d'avis.

« Tire-moi dessus ! » a-t-il demandé en souriant.

« Pan ! » a répondu Zach. Tyler s'est laissé tomber au sol théâtralement et a explosé de rire une fois allongé. Puis il s'est remis debout et a supplié Zach de recommencer.

Parfois, le simple fait de savoir comment poser une limite au comportement de ses camarades suffit à alléger les craintes des enfants, suffisamment en tout cas pour qu'ils se lancent dans le jeu.

QUAND LES ENFANTS NE SE SENTENT PAS EN SÉCURITÉ À PROXIMITÉ D'UN JEU DE GUERRE

1. Reconnaître et confirmer leur peur. « Oui, les vraies armes sont dangereuses. »
2. Expliquer ce qui se passe. « C'est un jouet. Ces enfants jouent à un jeu et ils s'amusent. »
3. Aborder la peur frontalement. « As-tu peur d'être blessé ? »
4. Obtenir l'engagement des enfants qui jouent. « Ils ne te feront pas mal. »
5. Poser des limites. Créer un coin « sécurité » ou aider les enfants à poser leurs propres règles : « Ne me tire pas dessus. »

Certains enfants n'aiment pas jouer avec des armes en plastique. On leur a peut-être appris à ne pas jouer avec, à moins qu'ils aient d'autres inquiétudes, plus intimes. Si le copain d'à côté joue bruyamment avec votre aîné à un jeu de guerre et que votre plus jeune enfant se met à trembler, il est important de comprendre ce qui se passe et de lui montrer comment retrouver un sentiment de sécurité. Vous pouvez soit poser une limite, soit trouver un endroit éloigné pour ses jeux. Vous pouvez lui dire : « Je me charge de ta sécurité. » S'il dit « Les pistolets, c'est méchant », vous pouvez acquiescer. « Tu as sans doute entendu ta maîtresse dire que les armes, c'est méchant. Elle a raison. Les vraies armes sont dangereuses. Ceci est un jouet, ce n'est pas une vraie arme. »

ENSEIGNER LE B.A.-BA DE LA SÉCURITÉ AVEC LES ARMES À FEU

Chaque année, les informations nous relatent des drames tragiques d'enfants qui tuent accidentellement leur frère ou leur sœur. Quand une vraie arme à feu tombe entre les mains d'un enfant, il est en danger, qu'il ait déjà joué avec de fausses armes ou pas.

Je vis dans le Michigan. Dans mon quartier, près de 40 % des foyers ont au moins une arme à feu. Dans certains États, ce pourcentage atteint 50 %, parfois 60 %. Peu importe où vous habitez, un tel niveau d'équipement en arme à feu pose un vrai problème. Même si vous n'en avez pas chez vous, quelqu'un parmi vos connaissances en a une. Or interdire à votre enfant de jouer à la guerre ne le protège pas des vraies armes. Il vous revient d'enseigner à votre famille les règles fondamentales de sécurité relatives aux vraies armes à feu.

Les vraies armes à feu sont de vrais dangers. Mais cela n'a rien à voir avec les jeux de rôle avec fausses armes. Les parents pensent avec effroi que si leur enfant joue avec des pistolets en plastique, il ne saura pas les différencier des vrais pistolets. En réalité, les enfants sont toujours en danger s'ils trouvent une vraie arme à feu – qu'ils jouent avec de fausses armes ou pas. Même s'ils disent qu'ils savent que le pistolet est un vrai pistolet, ils ne peuvent tout simplement pas comprendre à quel point il est dangereux.

LES ENFANTS ET LES VRAIS PISTOLETS

Puisqu'un tiers des foyers américains est équipé d'au moins une arme (60 % dans certains États), même si votre famille n'en possède pas, votre enfant peut trouver une vraie arme à feu chez un camarade. Malheureusement, de trop nombreux adultes ne respectent pas les consignes de sécurité qui rendent ces armes inoffensives une fois rangées. Empêcher les accidents est du ressort des adultes à 100 %. Et de leur responsabilité.

Leçons de sécurité pour les enfants

Il est important d'enseigner aux enfants ce simple fait : les vraies armes sont vraiment dangereuses. Ils peuvent le comprendre dès l'âge de trois ans ou dès qu'ils sont attirés par les fausses armes. Voici comment lui en parler s'il trouve une vraie arme à feu :

1. Stop !
2. On ne touche pas ! Tu ne touches jamais une vraie arme.
3. Si ton copain veut te montrer une vraie arme, tu dis non !
4. Tu quittes la pièce. Tu t'éloignes de l'arme TOUT DE SUITE.
5. Tu vas dire ce qui se passe à un adulte.

Les bases de la sécurité face à une arme à feu (ce que toute personne s'occupant d'enfants devrait savoir) :

1. Ne jamais, jamais pointer une vraie arme à feu vers quelqu'un (y compris vers soi-même).
2. Décharger l'arme puis la ranger dans un coffre fermé à clé.
3. Ranger les munitions dans un placard séparé, différent du coffre où se trouve l'arme.
4. Quand on ne sait pas si l'arme est chargée ou pas, il est important de supposer qu'elle l'est. Ne pas y toucher.
5. Enseigner les règles de sécurité aux enfants. Si vous possédez une arme à feu, il ne suffit pas de leur dire « interdiction de toucher à ce coffre ». Les enfants sont naturellement curieux et attirés par l'interdit. On ne peut pas faire l'économie d'une leçon complète sur les consignes de sécurité à suivre en présence d'une arme.

6. Avant d'envoyer votre enfant rendre visite à un nouvel ami, vous pouvez demander aux parents s'ils ont une arme à feu chez eux : « On enseigne les consignes de sécurité sur les armes à feu à notre fille. Combien en avez-vous ? Comment les mettez-vous hors de portée ? » Si vous n'êtes pas satisfaite des réponses, vous pouvez annuler la visite.

En matière d'arme à feu, transmettre les consignes de sécurité à un très jeune enfant peut sembler intimidant. Vous trouverez des ressources sur Internet, par exemple la vidéo d'Eddie Eagle[1], un dessin animé approprié pour des enfants d'école maternelle.

Quand votre enfant est invité à jouer chez son amie Susie, quatre ans, il peut être délicat de demander aux parents s'ils ont une arme. Je me souviens très bien de mon arrivée chez les parents du premier gamin qui a invité mon fils. La première chose que j'ai vue ? Un fusil accroché au mur du garage. « Oh ! Je vois que vous avez un fusil », ai-je dit avant même le moindre « Bonjour comment allez-vous ? ». Nous avons alors engagé une conversation hésitante et embarrassante sur la nécessité de ranger les munitions dans un endroit séparé et fermé à clé. Peut-être ce type d'échange est-il plus facile par mail. Avec le temps, vous aborderez le sujet avec aisance. C'est la conversation à ne pas manquer.

Le travail de l'enfant ? Jouer. Celui de l'adulte ? Ranger les armes et les mettre hors de portée des enfants.

1. En anglais, sous-titres en anglais. (*NdT*)

Des mots pour en parler

- Ava s'inquiète à cause de votre jeu. Jouez-vous avec une vraie épée ?
- As-tu peur d'être blessé par quelqu'un ? On va demander aux autres : « Allez-vous lui faire mal ? »
- Ceci est une fausse épée pour jouer, ce n'est pas une vraie épée.
- Tout le monde n'apprécie pas qu'on lui tire dessus. Tu demandes d'abord.
- Dis « ne me tire pas dessus ! ».
- Rappelle-toi, si tu veux jouer avec le pistolet, tu ne peux pas viser la tête des gens.
- Rappelle-toi, l'épée ne peut pas taper sur le corps de l'autre.
- C'est un jeu auquel nous jouons à la maison, mais pas chez tante Jennifer.
- Certaines personnes n'aiment pas ce type de jeu.
- Que peut-on faire pour que tout le monde se sente en sécurité ?
- Oui, les vraies armes sont dangereuses.

Les mots à éviter

- On ne joue pas avec de fausses armes ici.
- Ce n'est pas un pistolet, c'est une baguette magique.
- Ce n'est pas une bonne idée de jeu.
- Ne t'approche pas du coffre des armes (invite la curiosité de l'enfant).

En public

Si vous décidez de laisser vos enfants jouer avec de fausses armes, autant vous attendre à rencontrer des parents à qui cela ne plaira pas du tout. Le sujet est incroyablement sensible. Par exemple, si une directrice de maternelle ou de crèche autorise les jeux avec les fausses armes, elle peut s'attendre à ce que des parents changent leur enfant d'établissement, rien que pour cette raison. Inutile de céder sous la pression, mieux vaut les laisser partir, en les accompagnant de toute votre bienveillance : vous comme eux, vous efforcez de faire le mieux pour l'enfant.

Pour éviter le clash des cultures, certaines familles acceptent les jeux de guerre uniquement à la maison. Les enfants ont ainsi toute la place qu'ils veulent pour s'exprimer librement, tout en étant conscients que l'aire de jeu du parc et la salle de classe ont des règles différentes. « C'est un jeu réservé à la maison, tu te rappelles ? Tout le monde n'apprécie pas les jeux d'épée. »

Si vous avez à cœur de soutenir les jeux de guerre partout où vous êtes, alors vous aurez du pain sur la planche et de nombreux problèmes à résoudre. Des adultes affichent leur désapprobation parce que votre enfant joue à la guerre ? Vous n'avez rien à leur cacher, alors autant reconnaître leur malaise. Simplement : « Je vois que ce jeu vous gêne. Avez-vous peur qu'il les pousse à devenir réellement violents ? » Il est inutile de tenter de les convertir à votre point de vue, en le partageant à chaud avec eux, mais vous pouvez leur raconter votre vécu sur le sujet : « Ma sœur et moi avons beaucoup joué à ces mêmes jeux quand nous étions petites, et aujourd'hui c'est une vraie militante pacifiste… » ou « À la maison, nous avions la règle "pas de fausses armes", mais Connor m'a fait changer d'avis. C'est un jeu tellement créatif. » Vous obtiendrez peut-être une réaction positive avec l'exemple du jeu des pirates.

En cas de choc des cultures, entre voisins, amis ou étrangers, il est important d'expliquer le problème à votre enfant, en le lui présentant comme un sujet de réflexion sur la sécurité. Par exemple, vous pouvez lui dire : « Je sais que tu t'amuses, mais certaines personnes n'aiment pas les jeux de guerre. Elles ont peur parce que les vraies armes tuent. Que peut-on faire pour que tout le monde se sente en sécurité ? »

Il est difficile de résister à la pression sociale des adultes. Qu'il s'agisse de parents inconnus croisés sur l'aire de jeu, ou d'une belle-sœur avec qui nous déjeunons, leur avis nous fait hésiter. Confiance ! Quand vous respectez et défendez le droit à jouer d'un enfant, vous gagnez son respect tout en répondant à ses besoins. C'est considérablement bon pour lui.

Règle nº 19 :
Les garçons peuvent porter des tutus

Mon fils Zach aime se déguiser en Cendrillon. Il enfile un costume et fait semblant de perdre sa pantoufle de vair. « Oh non ! Il est minuit ! Ding, ding, ding, ding… » Quand il n'est pas Cendrillon, il aime être Dorothy, personnage principal du *Magicien d'Oz* : il coince son chien en peluche sous son bras, comme Dorothy avec son chien Toto. « Moi, je suis Dorothy, me dit-il, et toi, tu es la méchante vieille sorcière. »

Quand mon mari voit Zach traverser le salon en courant en robe à dentelle, une perruque aux cheveux longs sur la tête, il sourit.

Moi : Je suis soulagée que cela ne te pose pas de problème.

Lui : Pourquoi cela me poserait un problème ? C'est un enfant. Il joue.

C'est vrai. Mais les jeux de rôles qui inversent les genres sont parfois déstabilisants. Un garçon en robe ? Mince alors, un garçon qui joue à la poupée ? Notre culture laisse les petites filles jouer avec l'un ou l'autre des rôles sexués, mais impose aux garçons de se contenter strictement des rôles masculins. Dès l'âge de trois ans, de nombreux garçons cessent de changer librement de genre dans leurs jeux et n'osent plus franchir la limite que nous leur prescrivons inconsciemment.

Pourquoi cette règle ?

Les jeux où l'enfant change de rôle sexué sont des jeux créatifs sans danger. Vous pouvez le laisser s'amuser. Ces jeux ne peuvent pas modifier qui il est.

Connor fait semblant d'être « enceint » en coinçant un oreiller sous son T-shirt : « Je suis une maman et je vais avoir un bébé. »

Mateo et Gabe enfilent des collants et se déguisent en fille. Quand ils sont prêts, ils jouent des scènes de théâtre pour leur maman.

Grace, quatre ans, adore les dinosaures. Elle refuse de s'attacher les cheveux avec les rubans que sa mère lui achète, elle refuse de porter des robes. Chaque année, elle demande un gâteau d'anniversaire en forme de dinosaure.

Si votre fils de cinq ans arbore une perruque de fille, si votre fille veut une fausse moustache et une cravate… il n'y a aucun mal. Les enfants jouent avec les rôles sexués comme avec les idées. Ce jeu est un autre jeu imaginaire, un autre « faire semblant » qui les aide à arpenter leur monde. Le travail d'un enfant de maternelle est de jouer et d'explorer. Plutôt que de tuer dans l'œuf ces jeux de rôles, nous avons besoin de les favoriser, surtout quand les enfants sont petits.

LES BIENFAITS DE CETTE RÈGLE

Tous les enfants bénéficient d'un environnement favorable à l'expression de leurs besoins. Y compris pour explorer les rôles sexués. Ils pensent :

- Je peux essayer de nouvelles choses.
- Je peux voir la vie du point de vue d'autres personnes.
- Je peux jouer librement en suivant mes propres idées.
- Je peux être calme et doux parfois, et dur et bruyant d'autres fois.
- À travers le jeu, je peux rencontrer des filles et des garçons.
- Je peux être qui je suis. Quand je serai grand, je pourrai être qui je veux.
- Je peux faire des choses qui m'intéressent. Je n'ai pas besoin de m'inquiéter de ce que pensent les autres.
- J'ai confiance.
- Mes parents aiment qui je suis. Ils me soutiennent.

POURQUOI ÇA MARCHE

Quand Zach se rend chez sa nounou, elle ne lui demande pas « Comment vas-tu ? » mais « Qui es-tu ? » parce que la réponse change chaque jour. Un jour Zach arrive dans un costume d'ours, le suivant, il est un éléphant, un pompier ou un chef des pirates. Parfois, il débarque chez elle en sirène. Il n'y a pas très longtemps, il a craqué sur l'histoire de Blanche-Neige. Pendant deux semaines, il s'est déguisé en princesse et a seriné à qui voulait l'entendre la chanson « Un jour mon prince viendra », à l'église, au supermarché, partout.

À trois ans, il sait pertinemment qu'il est un garçon. Il a passé toute une année à nous dire : « Je suis un homme ! Papa est un homme ! Un homme grand ! » Il apprécie tout ce qui va vite et fait du bruit. Il adore les camions, les tigres, les dinosaures et les pelleteuses. Mais par-dessus tout, il aime jouer à faire semblant. Si une histoire frappe son imagination, il la joue et la rejoue. Comme tous les enfants de son âge, il est plutôt égocentrique, donc il s'attribue le rôle principal. Parfois, il est Robin des bois, parfois, il est Blanche-Neige. Pour lui, porter une perruque et une jupe est juste un moyen d'explorer la vie et d'essayer différents rôles. Prétendre être une fille l'amuse. « Moi, pas Zach. Zach pas là. Moi, Petit Chaperon rouge. Tu vois mon panier ? Oh non ! le loup est là ! Grrr ! »

Cette aptitude à prendre différents rôles dans le jeu développe la conscience de l'autre chez l'enfant. Comment se sent-on quand on est quelqu'un d'autre ? À quoi ressemble la vie quand on la regarde du point de vue de quelqu'un d'autre ? D'après le psychologue William Damon, adopter la perspective de quelqu'un est un pas important pour le développement de l'empathie et de la morale. Ellen Galinsky, auteur de *Mind in the making* (Un esprit en formation), explique que le changement d'angle aide les enfants à éviter les agressions et leur apprend à résoudre les problèmes dans le calme.

Endosser différents rôles développe l'empathie.

Observer la vie depuis un autre point de vue est une merveilleuse aptitude humaine au cœur de la pratique des enseignants, travailleurs sociaux, négociateurs, acteurs, prêtres, écrivains et de nombreux autres professionnels. Prenons l'exemple d'un auteur de romans. Quand il raconte une scène sous l'angle de son héroïne, nous ne nous posons pas la question de savoir s'il est assez « masculin ». Nous ne trouvons pas cela bizarre. Si le livre est bon, il nous dit une chose sur l'auteur : voici une personne observatrice et créative, qui comprend à quoi la vie ressemble quand on est une femme, qui parvient à nous transporter dans le monde d'une femme.

C'est exactement ce que l'élève de maternelle cherche à faire dans ses jeux de rôles sexués. Elle explore, s'amuse, imagine de nouvelles idées et les met en scène. Refuser aux enfants la totalité des expériences de jeux à leur portée revient à renier leurs idées et à renier une partie de qui ils sont.

La liberté de jouer

Dans la classe de moyenne section de Cindy, les enfants écoutent la musique de *Casse-Noisette,* dansent et le mettent en scène. En premier, Jenna joue le rôle de Clara, puis Nate veut prendre son tour. « Mais, Clara est une fille ! » proteste une petite de quatre ans. Nate tend la main vers le casse-noisette. La maîtresse intervient : « Tout le monde peut être Clara. C'est le tour de Nate, maintenant. Tu pourras être Clara après. » Le sourire scotché aux lèvres, Nate bondit vers le centre de la pièce, le casse-noisette dans ses bras.

La curiosité des enfants est universelle. Ils veulent tout essayer, tout explorer. Qu'il s'agisse du bricolage de maman dans le jardin ou des préparatifs de papa dans la cuisine. Si leur jeu met en scène une histoire, ils s'approprieront le premier rôle.

Pendant ce temps, dans la classe de petite section de Myles, c'est la Saint-Valentin[1]. La maîtresse leur distribue deux modèles de carte à réaliser : un pour les garçons, un autre pour les filles. Le modèle « fille » est un ours à découper. Myles adore les ours. Quand il tend la main vers la version « fille », sa maîtresse lui dit : « Tu ne peux pas avoir celle-ci. C'est pour les filles. »

RETIRER NOS LUNETTES D'ADULTE

Les jeux des enfants sont innocents. Si un garçon veut porter une robe, si une fille veut jouer à la bagarre, évitons de nous inquiéter à leur sujet. Un enfant dont les idées de jeu sont respectées va bien. À nous de défendre son droit à choisir ses thèmes de jeu. Quand ils se sentent soutenus dans leurs choix, les enfants s'épanouissent. Si quelqu'un se moque d'eux, à nous de passer en mode médiation de conflit.

Accorder aux enfants le droit de choisir leurs thèmes de jeux signifie que nous acceptons qu'ils jouent avec les rôles sexués et en franchissent les frontières traditionnelles. Un garçon de cinq ans devrait se sentir libre d'essayer n'importe quel déguisement, jouer avec n'importe quel jouet, explorer n'importe quel rôle. C'est vrai aussi pour les filles. Il n'y a pas si longtemps, il était impensable qu'une petite fille escalade un arbre ou porte des pantalons (ce n'était pas « gracieux »). Aujourd'hui, les petites filles ont la chance de jouir d'une très grande liberté. Une fille peut jouer à la

1. Aux États-Unis, la Saint-Valentin est célébrée dans toutes les écoles comme la fête de l'amitié. Les enfants fabriquent et dessinent des cartes avec des messages pour leurs amis. (*NdT*)

princesse, puis enfiler une tenue de camouflage. On l'encourage à essayer de nouveaux sports et arts, qu'il s'agisse de dance ou de taekwondo. Leurs frères et pairs masculins n'ont pas cette chance. Leurs choix sont plus restreints. Dès trois ou quatre ans, le jeu des garçons est inhibé, limité par ce que le « code des garçons » prescrit.

LE CODE DES GARÇONS

Le code des garçons est une expression qui nous vient du psychologue et professeur à Harvard William Pollack, auteur de *Real Boys : Rescuing Our Sons from the Myths of Boyhood* (Les vrais garçons : sauver nos garçons des mythes du masculin). Nous savons tous ce qu'elle veut dire. Les garçons ne sont pas censés s'habiller en rose. Les garçons ne sont pas censés jouer à la poupée. Les garçons, ça ne sait pas chanter. Ça ne pleure pas. Les garçons sont forts en sports. Ils doivent être forts tout le temps et cacher leurs émotions. Être bienveillant, c'est une faiblesse. Si tu fais des trucs de filles ou si tu as des filles parmi tes amis, alors tu n'es pas assez masculin.

Les garçons sont assaillis par ce type de message en provenance de leur père, mère, des médias et des autres enfants. D'après Pollack, à cinq ans, de nombreux garçons dissimulent leurs émotions. Les émotions « faibles » (de fille) comme la peur et la tristesse sont masquées par la colère. Pendant leurs deux premières années de maternelle, les garçons apprennent à se censurer et à limiter leur imagination et leur curiosité.

> Le jeu d'un enfant n'est pas un problème. Le problème, c'est notre réaction à son jeu.

Alors même que nous élargissons le champ d'action des filles et leur annonçons qu'elles peuvent faire tout ce que font les garçons, nous envoyons un message ferme aux garçons : ne pleure pas comme une fille, ne jette pas la balle comme une fille, ne te déguise pas avec des habits de fille. En résumé, ne sois pas une fille. Que peut-il bien tirer de toutes ces injonctions ? « Les filles sont d'une manière ou d'une autre moins bien que les garçons. La pire des choses qui pourraient m'arriver, c'est que je sois comme elles. » Dans le même temps, nous disons aux filles qu'elles peuvent être qui elles veulent. Nos messages ne sont pas cohérents. Et ils blessent les enfants. Quand un garçon entend que ressembler à une fille est la pire des choses qui pourraient lui arriver, les filles autour de lui reçoivent le même message.

SÉPARER LES GARÇONS DES FILLES

Quand j'étais petite, les familles tentaient d'élargir des deux côtés les rôles traditionnellement dévolus à chaque genre. Dans les années 1970, les garçons portaient des cheveux longs. De nombreuses filles se coupaient les cheveux en brosse. Tout le monde s'habillait en pantalons. Les entreprises de jouets vendaient principalement leurs camions aux garçons et leurs maisons de poupée aux filles, mais de nombreux jouets affichaient sur leur boîte des photos d'enfants des deux sexes.

Aujourd'hui, il est difficile de trouver une brosse à dents qui ne soit pas genrée. Les brosses à dents pour filles arborent le rose princesse et celles des garçons ne sont disponibles qu'en couleurs fortes, comme le rouge et le noir, avec des logos Spiderman ou des petites voitures. Plus rien n'est neutre, adapté aux deux sexes. Le fossé entre les garçons et les filles est impitoyablement profond. Il rejette les enfants sur chaque berge, dans des rôles encore plus déterminés. Il est alors encore plus difficile aux enfants de repousser les rôles sexués qui leur sont imposés, d'essayer d'expérimenter la vie comme ils l'entendent.

À trois ans, Myles admirait le vernis à ongles rouge, bleu ou rose de ses baby-sitters. Il aimait tellement ces jolies couleurs qu'il a voulu s'en mettre sur les doigts de pied. Je n'en utilise pas, donc je n'en avais pas chez moi. J'ai appelé une amie. « Quelle couleur tu veux ? » m'a-t-elle demandé. Nous nous sommes retrouvées à la plage et nous avons verni les ongles de Myles. Quand Jacob, deux ans, a vu ce que nous faisions, il a voulu lui aussi essayer. « OK, a soupiré mon amie. J'espère juste que son père n'y verra pas d'objection. »

Il y a quelques années, une publicité pour la marque J. Crew a choqué de nombreuses familles en montrant une mère avec son fils de cinq ans, dont elle avait verni les ongles des pieds en rose fluo. La légende de la photo annonçait : « J'ai de la chance d'avoir un garçon dont la couleur préférée est le rose. Se vernir les ongles est bien plus rigolo en rose fluo. » De l'autre côté du pays, à Seattle, Dyson, cinq ans, est devenu célèbre grâce au livre dans lequel sa mère raconte à quel point il adore se déguiser en princesse et enfiler robes roses et bijoux clinquants.

Quelque chose nous gêne profondément quand un garçon franchit la ligne rouge de démarcation entre les deux sexes. Nous doutons de sa masculinité. Nous craignons qu'il perde ses repères. Nous nous effrayons : « Que vont dire les gens ? » De nombreux parents taisent la petite voix qui leur dit : « Est-ce que cela signifie qu'il est gay ? » Mais cela ne nous dérange pas du tout qu'une fille se déguise en pirate et joue à être Capitaine Crochet, ou qu'elle escalade les grilles de la cage à écureuil du square, s'amusant avec d'autres garçons. Il y a tout juste deux ou trois générations, cela aurait été impensable. Les temps ont changé. Nos propres idées ont évolué. La mère de Dyson a d'abord essayé de rediriger ses préférences vers les camions, mais elle a fini par accepter son envie profonde de rose et de clinquant. Et elle en a fait un livre, *My Princess Boy* (Mon garçon princesse). Comme le dit le père de Dyson : ce n'est pas contagieux.

Ici et maintenant

Certains enfants n'ont ce type de jeux autour de l'identité de genre que le temps d'une journée. D'autres leur manifestent un intérêt intense et, pendant les années de maternelle, les poussent jusqu'à leurs extrêmes. Dans tous les cas, les jeux de votre enfant ne touchent que son présent, ici et maintenant. Ils n'indiquent absolument rien pour son futur. Vous pouvez le laisser jouer sans projeter quoi que ce soit sur son avenir.

Quand il avait quatre ans, Alexander a porté pendant de nombreux jours d'affilée des sous-vêtements de princesse, des barrettes dans les cheveux et une chemise de nuit de princesse. Une fois adolescent, il ne se souvenait plus du tout s'être déguisé en fille. Mais si ses parents avaient interrompu puis interdit son jeu, en toute probabilité, il s'en souviendrait parfaitement. « Quelque chose cloche en moi. Mes idées de jeu sont mauvaises. Être une fille, c'est mauvais. »

Quand il avait trois ans, Felix était jaloux de la robe de soirée de sa grande sœur. Il en voulait une, lui aussi. Sa mère l'a emmené dans une friperie où il a choisi une robe vert émeraude en soie avec une doublure rose fuchsia. À la maison, une fois la robe coupée à sa longueur, Felix l'a enfilée et accessoirisée avec des boucles d'oreilles en toc et un casque jaune. Très rapidement, son intérêt pour la robe s'est évanoui. Aujourd'hui, Felix a vingt ans. Il porte des habits pour homme complètement standards. « Mais le vert est toujours sa couleur préférée », raconte sa mère.

J'ai entendu un enseignant dire « si votre enfant aime jouer avec les camions, cela ne veut pas dire qu'il deviendra conducteur de camion ». Dans le même registre, si votre fils aime enfiler une robe en deuxième section de maternelle, cela ne signifie en rien qu'il deviendra un travesti en grandissant.

Nous, les adultes, avons tendance à sauter un peu trop vite à la conclusion. Nous oublions à quel point l'exploration et l'imaginaire emplissent l'esprit des tout-petits. Pour eux, jouer est déconnecté du futur. Tout est histoire d'ici et maintenant.

Mon enfant est-il gay ?

Peut-être. Il est simplement trop tôt pour le savoir. À l'âge de la maternelle, les enfants sont bien trop petits pour être classifiés d'une manière ou d'une autre. Une chose est sûre : le jeu des enfants ne peut pas les « rendre » gay. D'après les psychologues et chercheurs, l'homosexualité se développe sur la base d'une combinaison complexe de facteurs génétiques, hormonaux et environnementaux. Votre parentage fait peu ou pas de différence sur le sujet ; la biologie détermine une grande part de l'orientation sexuelle.

Le jour de sa naissance, nous ne plongeons pas notre regard dans les yeux de notre bébé pour lui dire : « Je ne t'aimerai que si tu grandis et deviens hétérosexuel, si tu reprends les rênes de l'entreprise familiale et me donnes des petits-enfants. » Nous l'aimons, un point c'est tout.

Voilà notre mission primordiale : l'amour inconditionnel. Les enfants et les jeunes que les familles soutiennent tendent à s'épanouir. Chez les jeunes homosexuels et transgenres qui n'obtiennent pas le soutien de leur famille, le taux de dépression et de suicide est épouvantablement élevé.

Nous ne pouvons pas changer ce qu'est une personne. Nous ne pouvons que deviner ce qu'un enfant deviendra. Un enfant comme Dyson grandira-t-il en adulte aimant se travestir ? Personne ne le sait. Il n'a que cinq ans. Son intérêt pour les robes disparaîtra peut-être, peut-être pas. Certains enfants maintiennent un intérêt profond pour le comportement du genre opposé. Mais d'après les chercheurs, et notamment d'après le Dr Edgardo Menvielle, un enfant transgenre à cinq ans ne le sera pas forcément à dix ans ou à quinze ans.

Quoi que devienne votre enfant plus tard, votre mission est de l'aimer et de la soutenir tout au long de son voyage vers l'âge adulte.

Outils pratiques

Observer notre réaction

Quand j'étais petite, je me rappelle que je voulais être un garçon. Pendant un certain temps, je m'étais baptisée Timothy. Si votre fille veut être un garçon, ou si votre garçon veut être une fille, il n'y a aucune raison d'être choqué. Vous pouvez leur en parler ainsi : « Donc, tu veux être un garçon. Qu'est-ce que tu aimes, chez les garçons, qui te donne envie d'en être un ? » Quand quelqu'un me posait la question, petite, je répondais : « Les garçons s'amusent davantage parce qu'ils peuvent enlever leur T-shirt s'ils ont chaud, pas les filles. »

Quand votre fils teste une activité « de fille » ou enfile des vêtements de fille, vous pouvez le prendre pour ce que c'est : un jeu. Il suffit de constater calmement : « Tu joues à la poupée aujourd'hui », ou « Je vois que tu as un boa en plumes et des chaussures à paillettes. » Il comprend alors qu'il a le droit d'essayer de nouvelles activités.

Attention à ce que nous disons aussi à nos filles. Les recherches sur le genre montrent que nous avons tendance à faire l'éloge des filles pour leur style, leur image alors que nous louons les garçons pour ce qu'ils font. Face à une petite fille, « Oh, comme tu es jolie ! »

nous échappe à tout instant. Nous ne le remarquons même pas, mais nous semons ce type de commentaire à longueur de journée. Si votre fille de quatre ans est mignonne à croquer, vous avez le droit de le lui dire, mais il est important de lui signaler aussi que vous voyez ce qu'elle fait, et non juste son look. Au lieu de « Tu as mis une très jolie robe aujourd'hui », pourquoi ne pas lui demander pourquoi elle a choisi cette robe (parce que je me sens bien quand je tourne avec) ? Si une fille tente une activité brutale, ou traditionnellement masculine, il est judicieux de ne pas l'en empêcher. À nous de retenir nos « Sois gentille », « Tu vas te salir ! » et « Fais attention ».

Observer les commentaires des camarades de jeu

« Les filles, ça ne peut pas être des pirates. »

« C'est une couleur de filles. Tu peux pas mettre du rose. »

« Les garçons peuvent pas porter un tutu. La danse, c'est pour les filles. »

Les enfants eux-mêmes sont parfois les plus stricts quant au respect des rôles genrés. Quand un enfant proclame « les filles ne peuvent pas faire ça » ou « les garçons, ça fait pas ça », vous avez le droit d'intervenir. Les enfants n'ont pas besoin d'un sermon sur l'égalité des sexes, mais une phrase prononcée avec autorité peut faire des merveilles. Vous rendez alors service aux enfants partout où vous passez. En dénonçant la désinformation, vous leur faites comprendre qu'il existe de nombreuses façons d'être une fille ou un garçon et vous leur montrez que vous soutenez ceux parmi eux qui osent prendre des risques. « Je sais que les filles comme les garçons peuvent être des pirates, si elles veulent. » « De nombreuses filles aiment le rose, mais je sais que les garçons aussi ont le droit d'aimer le rose. C'est juste une couleur. » « La danse, c'est très sportif. Il existe des danseuses et des danseurs. » « Tout le monde peut jouer avec les déguisements. Les garçons peuvent porter des robes s'ils en ont envie. C'est OK pour moi. » Les enfants ne se font pas la police entre eux par méchanceté. À cet âge, ils cherchent juste à comprendre ce qu'être un garçon, être une fille, veut dire.

Si un commentaire sur les filles (ou sur les garçons) blesse un enfant, vous pouvez aborder la situation comme une autre occasion de médiation de conflit. « Je m'inquiète parce que peut-être ce garçon t'a blessé quand il a dit ça. C'est le cas ? » Votre soutien aide les enfants à en parler et à agrandir leur monde, plutôt que le rétrécir. Vous verrez alors que même un enfant qui se moquait des autres auparavant se sent suffisamment à l'aise pour franchir le fossé entre les genres et jouer avec les différents rôles sexués.

Sécuriser une arène

À la SYC, tous les enfants peuvent se déguiser et repousser leurs limites dans des jeux non traditionnels. Les garçons courent partout chaussés de ballerines rouges et brillantes comme celles de Dorothy dans *Le Magicien d'Oz*. Les filles enfilent des gants de boxe et se lancent dans des combats pour de faux. Les garçons jouent au papa et à la maman en tutus. Les enfants se sentent en sécurité.

Votre objectif : Trouver divers endroits où l'enfant pourra explorer les genres en toute sécurité. Chez vous, chez sa meilleure amie, chez ses grands-parents. L'endroit le plus sûr pour aller au-delà des stéréotypes sexuels restera probablement son domicile. Voilà une bonne raison pour réfléchir aux accessoires que vous pourriez lui proposer. Dans une maisonnée remplie de garçons, il est pertinent de garder une poupée et quelques robes de déguisement à disposition. Si vous n'avez que des filles, vous pouvez vous équiper de quelques dinosaures, chapeaux de pirates et outils en plastique. Les enfants des deux sexes aiment jouer à la dînette avec des cuisines miniatures. Tous apprécient les colliers et les chapeaux bizarres. En leur proposant des jouets de tous types, vous élargissez leurs options et signalez que vous êtes OK avec les jeux de rôles explorant les genres.

Inutile d'en faire trop, d'acheter des jouets qui ne serviront qu'à prendre la poussière. Les études comportementales sur le jeu montrent invariablement que les filles préfèrent les poupées et les garçons, les camions. Certaines familles remplissent les coffres des filles de pelleteuses et de petits trains dans l'espoir de les libérer des stéréotypes de genre. Le plus important est d'offrir le choix à l'enfant, sans la forcer. Elle saura vous signaler ce qui l'intéresse.

Des mots pour en parler

- Je sais que les filles peuvent jouer à la bagarre, elles aussi. Je sais que les garçons peuvent cuisiner.
- Le rose, ce n'est qu'une couleur. Je connais de nombreux garçons qui aiment le rose.
- Si tu veux porter cette robe, c'est d'accord.
- Tout le monde peut se déguiser avec les costumes.
- Tu peux faire semblant d'être qui tu veux.

- Tu peux jouer avec tout ce que tu veux ici.
- Dans cette maison, c'est OK pour un garçon d'essayer des vêtements de fille.
- C'est une belle robe.
- Je vois que tu as mis des chaussures brillantes aujourd'hui.
- Les règles sont différentes dans différents endroits. Tu peux porter cette robe à la maison.
- Je m'inquiète de savoir si elle t'a blessé quand elle a dit ça.

Les mots à éviter

- Les garçons ne peuvent pas faire ça. Les filles ne peuvent pas faire ça.
- C'est juste pour les filles.
- Pourquoi un grand garçon comme toi voudrait-il porter une robe ?
- Tu es un garçon. Comporte-toi comme un garçon.

En public

Myles a toujours adoré le vert et le violet. En maternelle, quand il choisissait un feutre violet, parfois, les autres enfants rigolaient en lui disant que le violet était une couleur de fille. Dès que nous mettons le nez dehors, nous sommes confrontés aux normes culturelles. Elles sont vivaces. Si vous pensez que votre enfant risque, en maternelle, d'entrer dans un piège social, vous pouvez l'outiller de quelques phrases à répéter : « Les garçons peuvent jouer à ce qu'ils veulent » ou « Le violet, c'est la couleur des rois ».

Ne craignons pas d'affirmer nos convictions à voix haute : « Dans cette maison, les garçons peuvent porter des tutus s'ils le désirent. Cela ne me pose pas de problème. Ils peuvent essayer les déguisements qui leur font envie. » Ainsi, tout le monde sait que votre maison est un endroit sécurisé pour jouer et explorer de nouvelles idées de jeu.

Parfois, un des parents du couple accepte les jeux autour du genre tandis que l'autre s'inquiète. Vous pouvez lire les études disponibles et en discuter avec votre conjoint. S'il (ou elle) reste opposé à l'idée, votre enfant peut parfaitement comprendre que son papa ou sa maman n'est pas à l'aise avec certains jeux. Il vous revient alors de définir des règles spécifiques à votre famille et de créer des moments et des endroits sécurisés pour que votre enfant s'adonne à ces jeux non traditionnels.

En extérieurs, en visite chez quelqu'un ou dans des lieux publics, à vous de décider ce qui vous met à l'aise et ce qui est le plus approprié pour votre famille. Votre travail de parent c'est aussi, en partie, d'enseigner à vos enfants les différences culturelles. Un ami m'a raconté son arrivée chez sa tante, à l'occasion d'un déjeuner de Thanksgiving. Il a sonné à la porte accompagné d'une amie et du fils de cette amie. La tante a refusé de les faire entrer parce que le fils de cette amie portait une robe : « Rentrez chez vous et changez-moi ces vêtements, a dit la tante. Je ne veux pas d'un garçon habillé comme ça à ma table. »

Les enfants peuvent apprendre que les règles varient selon les endroits. Certaines familles décident de laisser l'enfant en robe à tout prix, quitte à rompre leur amitié. D'autres acceptent de se plier aux exigences de leur hôte. D'autres encore accordent une plus grande liberté à la maison, mais respectent les normes culturelles en public. Peut-être que votre enfant s'en moque, mais peut-être que non. À vous de voir.

V.

CRÉATIVITÉ, PERSISTANCE ET FAUSSES LOUANGES

Tous les enfants sont des artistes.
Le problème est de rester artiste
quand on grandit.

Pablo Picasso

Règle n° 20 : Un dessin n'est pas obligatoirement joli

Sam, trois ans, se concentre et termine sa peinture. « Oh, quel joli dessin ! » s'écrie sa mère. « J'en ai marre, j'arrête », répond-il.

Kara, deux ans, fait de la peinture à l'éponge. Son père la guide pour améliorer la beauté du rendu. « Et si tu ajoutais du rouge ? Ce serait très joli. Tu n'as pas encore utilisé de bleu. On va en mettre là. »

Ces âges sont ceux de l'expérimentation avec la couleur. Ce que l'enfant crée peut vous sembler très réussi, puis il le recouvre d'un gros pâté gris. Pour les tout-petits, l'art a rarement quelque chose à voir avec la beauté, mais plutôt avec l'exploration et l'expression personnelle. En fait, la plupart du temps, les enfants se fichent du produit final. L'art, pour eux, c'est uniquement de l'action.

Pourquoi cette règle ?

L'important, c'est le processus, pas le résultat. Pour les tout-petits, l'art revient à faire.

Quand un enfant a terminé son dessin, il est tentant de le complimenter : « Oh ! quel joli dessin ! Comme c'est mignon ! » puis d'afficher son œuvre à la porte du réfrigérateur. Pourtant, il vaudrait mieux retenir nos « comme c'est joli » et réfléchir à la signification du dessin du point de vue de l'enfant.

Tous les dessins d'enfants ne sont pas des œuvres d'art, tous ne sont pas « jolis ». Certains ne sont que barbouillages de matière visqueuse brunâtre. D'autres, des gribouillages ou des gros pâtés. Votre enfant cherche peut-être à dessiner quelque chose d'effrayant, de pas joli du tout. Si vous lui demandez « qu'est-ce que c'est », il ne saura pas toujours quoi vous répondre. Votre question suppose que son dessin représente quelque chose. Or, peu importe à quoi il ressemble. Ce qui compte par-dessus tout, c'est sa signification pour l'enfant.

Quand il avait trois ans, mon fils Myles aimait mélanger les couleurs quand il peignait. Plus il en mélangeait, plus la mixture prenait une teinte marron. Parfois, il en mélangeait tellement qu'il faisait un trou dans le papier. Si quelqu'un lui demandait ce qu'il dessinait, il ne savait pas quoi répondre. Mais si vous lui posiez la question « Comment as-tu fait ça ? » alors il vous racontait dans le détail son procédé.

De nombreux enfants se fichent de ce que deviennent leurs peintures une fois terminées. Quand ils ont fini, ils ont fini. Afficher leur dessin à la porte du frigidaire ne leur pose pas de problème, mais mieux vaut comprendre que vous le faites pour vous-même et non pour votre enfant.

LES BIENFAITS DE CETTE RÈGLE

Plutôt que de complimenter l'enfant pour son « œuvre », il est préférable de l'aider à expérimenter de nouveaux processus. Voici ce qu'ils apprennent :

- L'art me permet d'explorer des idées et exprimer mes émotions. Cela me fait du bien.
- Je ne suis pas obligée de faire pareil que tout le monde.
- Je peux prendre des risques et essayer de nouvelles choses.
- J'ai confiance dans mes idées et dans mes capacités.
- Je peux penser tout seul.
- Les adultes s'intéressent à moi et me posent des questions sur mes dessins. Je connais les réponses parce que ce sont mes créations.

POURQUOI ÇA MARCHE

La créativité dépasse l'art. Les personnes créatives pensent de manière autonome, tentent de nouvelles façons de faire les choses et n'ont pas peur de remettre en question l'ordre établi. Proposer une activité « créative » aux enfants revient à les encourager dans leurs explorations et prises de risques.

Fredelle Maynard est l'auteur de *Guiding your Child to a more creative life* (guider votre enfant vers une vie plus créative). D'après elle, la majorité des tout-petits démarrent dans la vie avec un haut niveau de confiance dans leurs idées, mais finissent par limiter leur créativité à cause des critiques qu'ils reçoivent. Trop souvent, la peur de faire des erreurs, de susciter notre désapprobation ou d'être humilié réprime l'intérêt de l'enfant pour la prise de risque, l'exploration et au final, pour les apprentissages.

Janet Stocker, une des cofondatrices de la SYC dont nous avons déjà parlé, croit que la réaction des adultes aux efforts des enfants est extrêmement importante et que de nombreuses activités manuelles émoussent la créativité au lieu de la développer, parce qu'elles visent à fabriquer un objet spécifique. Elles ne favorisent ni la prise de risque ni la liberté d'expression de l'enfant avec le matériel dont il dispose. Pour Janet, l'exploration libre prime sur l'objet à fabriquer. L'éducatrice de jeunes enfants Bev Bos est du même avis : les activités manuelles amusent les enfants, surtout pendant les vacances, mais il ne faut pas les confondre avec les activités artistiques. Une activité artistique et créative n'est possible que lorsque l'enfant interagit avec le support créatif de manière autonome. L'adulte n'est alors qu'un fournisseur de matériel.

Pour les tout-petits, la frontière est mince entre l'art et la science. Chaque nouvelle couleur, chaque nouveau support ou matériel provoque l'expérimentation. Ils ont besoin de toucher, presser et parfois même goûter à tout. Certains experts en art disent que les enfants ont d'abord besoin de jouer et d'explorer le matériel avant de pouvoir exprimer leurs idées avec créativité. Dans les écoles maternelles suivant la pédagogie Reggio[1], on encourage les enfants de deux et trois ans à jouer et à simplement faire l'expérience de l'argile ou de la pein-

1. La pédagogie Reggio est une philosophie et une pratique de l'éducation, à l'origine pour les jeunes enfants, développées au cours des années 1960 par Loris Malaguzzi dans sa ville de Reggio Emilia (wikipedia). (*NdE*)

ture. Une fois qu'ils ont eu assez de temps et se sont familiarisés avec différents matériaux, ils s'en servent pour traduire leurs idées.

> RETIRER NOS LUNETTES D'ADULTE
>
> Un barbouillage informe de couches de peinture globuleuse représente l'intérêt que porte votre enfant à l'exploration de la couleur et de la texture. Vous pouvez suivre son exemple et ne pas vous focaliser sur le produit fini. D'ailleurs, pour l'enfant, ce dernier n'a peut-être aucune importance. Les tout-petits sont fascinés par le processus de création, mais il leur est souvent égal de savoir ce qui arrivera à leur dessin une fois qu'ils l'ont terminé. Pour eux, l'art, c'est avant tout de l'action.

LES ACTIVITÉS MANUELLES ET LA CRÉATIVITÉ

Madison, cinq ans, rentre chez elle. Comme la maternelle avait programmé une journée « arts », sa maman lui demande ce qu'elle a fait. « Eh bien, la maîtresse a dit que c'était de l'art. Je ne sais pas ce que c'était. Tout ce que je sais, c'est que ce n'était pas de l'art. » Mère et fille se lancent alors dans une discussion sur l'art, ce que c'est, ce que ce n'est pas. Madison en arrive à cette définition : « L'art, c'est quand tu décides de ce que tu veux faire et tu le fais de la manière que tu veux pour que ce soit comme tu veux. »

En fait, ce jour-là, la classe de Madison avait réalisé une activité manuelle. Les enfants aiment beaucoup les activités manuelles et certaines sont très amusantes. Mais gardons les choses en perspectives : ce ne sont pas des activités artistiques. Il est plus juste de les voir comme des jeux structurés, par exemple un jeu de plateau, type petits chevaux. Qu'avec ces activités l'enfant passe une petite partie de son temps à se familiariser avec du matériel artistique ne pose aucun problème, au contraire. Mais le véritable art, comme le vrai jeu libre, est expérimentation et créativité. La créativité vient de l'intérieur de l'enfant et ne peut être dirigée de l'extérieur.

Pourquoi encourageons-nous à ce point les activités manuelles ? Avouons-le : pour une partie d'entre nous, nous aimions tellement cela quand nous étions petits, que nous voulons juste partager l'expérience avec eux. Pendant les vacances, nous nous régalons à leurs côtés.

Comme les projets manuels donnent en général des résultats un peu plus présentables que la plupart des tentatives « artistiques », nous organisons ces activités dans l'espoir d'obtenir un petit cadeau sympa pour l'anniversaire de leur grand-mère. Bien sûr, c'est aussi une bonne façon de les occuper. Nous avons donc des raisons parfaitement sensées de privilégier les activités manuelles. Mais il n'est pas judicieux d'en oublier les activités créatives et libres. Une activité manuelle produit forcément un objet, au final : un arc-en-ciel pour un porte-clés, un arbre en pâte à sel, un bonhomme de neige en carton et coton, par exemple. Or pour les enfants, le processus – coller, colorier, découper, peindre – l'emporte sur le résultat recherché.

Si vous êtes fan d'activités manuelles et voulez en partager les joies avec vos enfants, il est important de laisser de la place à leurs idées, de ne pas leur montrer de modèle de l'objet final visé. Si votre fils de trois ans vous entraîne dans des directions inattendues, pourquoi ne pas le laisser explorer son idée ? Mettre de côté l'objectif de départ et accepter d'être guidée par son idée, voilà le but de l'exploration. Par exemple, imaginons que vous aviez l'intention de créer une guirlande colorée en papier crépon pour vos décorations de Noël. Vous avez préparé les bandes de papier et la colle. Mais si votre fille assemble les bandes d'une manière imprévue, c'est OK. Vous pourrez fabriquer les guirlandes vous-même plus tard.

À la maison, l'exploration est plus facile qu'à l'école, où la pression du groupe est forte. Le plus souvent la maîtresse montre un modèle et attend des enfants qu'ils s'y conforment pour obtenir un produit fini identique.

Éviter les modèles

« Les enfants, aujourd'hui nous allons fabriquer un clown. Prenez tous une assiette en carton, deux yeux ronds, un carré pour le nez et un gros triangle pour le chapeau... » Quelle que soit l'école, quelle que soit la crèche, partout dans les couloirs vous trouverez les produits finis de projets artistiques semblables : ils sont tous copies conformes du modèle. La maîtresse montre le prototype, les enfants le reproduisent.

Vous vous imaginez devoir copier un tableau de Renoir ? Comment vous sentiriez-vous ? Incompétente. « Faire pareil » peut dégoûter un enfant de toute envie artistique. Quand les petits doigts d'un enfant de cinq ans s'efforcent de répliquer les gestes d'un adulte, la plupart du temps, ils dérapent, renversent, déchirent. Résultat : lignes pas droites, nez collés de travers... Souvent, les projets d'activité manuelle fondés sur des modèles servent surtout aux adultes. Ils ne sont pas pensés dans l'intérêt de l'enfant. Ils imposent des idées, au lieu de laisser celles des enfants émerger.

Brendan, quatre ans, ne veut pas fabriquer le même clown que les autres. Quand sa maîtresse distribue les assiettes en carton et la colle, il se réfugie sous sa chaise. Elle le force à sortir de sa cachette et à participer. Heidi, quatre ans elle aussi, est d'accord pour faire un clown, mais pas sans y apporter sa touche. Sous le chapeau du clown, elle lui ajoute des cheveux en papier cartonné. Mais elle les découpe en tout petits morceaux, en douce, pour que sa maîtresse ne s'en aperçoive pas.

Voici ce que des enfants comme Brendan et Heidi apprennent :

- En art, il y a une bonne façon de faire et une mauvaise.
- On doit faire exactement pareil que les autres.
- L'art, c'est quelque chose que les grands vous font faire.
- Mes idées n'ont aucun intérêt.

La chanson *Flowers are red* (Les fleurs sont rouges) de Harry Chapin résume parfaitement le processus. Les paroles racontent l'histoire d'un petit garçon qui déborde de créativité. À l'école, sa maîtresse lui dit « Les fleurs sont rouges, les feuilles vertes sont vertes ». Tout le monde dans la classe doit colorier ses fleurs de la même façon, tel qu'indiqué par la maîtresse. Le petit garçon proteste : « Il y a tellement de couleurs dans l'arc-en-ciel, tellement de couleurs dans le soleil, tellement de couleurs dans la fleur et je les vois toutes. » Plus tard dans la chanson, il a une nouvelle maîtresse qui accepte sa créativité, mais c'est trop tard. Il colorie toutes ses fleurs en rouge et récite : « Les fleurs sont rouges, et les feuilles vertes sont vertes… »

> Les modèles imposent des idées fixes et créent une attente de perfection.

À l'inverse, voici comment Kacy, trois ans, investit un projet artistique tout en semant un peu la pagaille. Elle commence par peindre le sac en toile de jute comme tous les autres enfants. Au bout d'un moment, elle pose son pinceau et trempe ses doigts dans la peinture. Elle peint d'abord avec ses doigts, puis avec ses mains. Très vite, elle peint aussi avec ses avant-bras. Elle en a jusqu'aux coudes. La peinture à l'eau est facile à nettoyer et elle se régale dans cette expérimentation.

LAISSER DE LA PLACE POUR LES SUJETS TERRIFIANTS

À cinq ans, pendant la Seconde Guerre mondiale, mon père dessinait des avions larguant des bombes. Les bombes, les avions de guerre lui occupaient l'esprit. En temps de paix, de nombreux enfants sont fascinés par la puissance et la tension des explosions, des accidents de voiture et autres désastres. Alors ils les dessinent. Les gens méchants et les bombes occupent leur esprit.

Voir que votre enfant s'inspire de thèmes violents pour dessiner peut vous déstabiliser. Pourtant, dans l'expression artistique, picturale ou narrative, la liberté est essentielle. L'art n'est qu'une autre façon de communiquer des émotions et des idées, comme le jeu de rôle. Il n'est pas plus difficile de laisser son enfant s'exprimer librement avec de la peinture ou des feutres qu'avec un thème de jeu de rôle.

Dessiner des morts, des bombes, des batailles, c'est excitant. Les tout-petits aiment le pouvoir. Peut-être votre fils a-t-il du mal à comprendre la notion de mort, en ce moment (voir la Règle n° 27 : Un enfant a le droit de s'intéresser à la mort). À moins qu'il illustre son histoire préférée du moment. Dans tous les cas, quelque chose sur le sujet l'attire. L'expression artistique est une façon merveilleuse d'aborder une idée (en toute sécurité). Il vaut mieux la peindre que de l'enterrer profondément en soi. Si un enfant dessine quelque chose, c'est qu'il est en recherche sur cette chose. C'est ça qu'il a en tête en ce moment.

ENCOURAGER LES DIFFICULTÉS INHÉRENTES À LA CRÉATION

La créativité est une forme de résolution de problème, couplée à une prise de risque et à une expérimentation. Il est judicieux de laisser l'enfant surmonter ses difficultés. S'il vous dit « Je ne sais pas dessiner une maison, tu peux m'en dessiner une ? » réagir avec fermeté d'un « Je t'aiderai, mais je ne le ferai pas à ta place ». Aider un enfant à dessiner ne demande qu'à rester à ses côtés en lui offrant du soutien moral : « Si je la dessine, ce sera ma maison. Et ta maison à toi, à quoi ressemble-t-elle ? »

Nous, parents, avons tendance à foncer sur la résolution de problèmes. Si l'enfant peint tout dans un petit coin de la feuille, pourquoi serait-ce un problème ? Elle n'a aucune raison d'utiliser toute la feuille. Le jour où chaque centimètre carré de la feuille est recouvert de peinture, vous pouvez lui dire : « Je vois que tu as peint partout sur la feuille », ou lui offrir de l'information : « Si tu veux encore des feuilles, tu peux te servir sur la table. » Dans tous les cas, mieux vaut éviter de foncer à sa rescousse, se lever, lui attraper la feuille et la lui apporter. Peut-être vise-t-elle justement à badigeonner la même feuille de diverses couches de peinture les unes sur les autres.

Avant de vous exclamer « Quel joli oiseau ! » ou « Quelles jolies montagnes ! » avez-vous cherché à savoir ce que le dessin était censé représenter ? Ce n'est pas forcément ni un oiseau, ni une montagne. Il est plus utile de réagir aux dessins de votre enfant en lui posant des questions : « Tu veux me raconter quelque chose au sujet de ton dessin ? » La réponse sera peut-être « non ».

Laisser l'enfant développer ses idées artistiques sans le freiner ou le diriger, l'inviter à vous dire ce qui est important sur ce qu'il a produit, et puis un beau jour, il se servira peut-être de ses capacités créatrices pour exprimer ses idées les plus intimes.

Outils pratiques

Et si vous vous mettiez à l'art sans directives ? Il suffit de fournir à l'enfant le matériel créatif et de lui offrir de la place (physique et mentale) pour explorer ses capacités, ses idées. Parfois, il se lance dans des expériences de textures ou de couleurs sans s'intéresser au produit final. Souvent, à partir d'une idée, il prend une direction totalement inattendue. Pourquoi ne pas respecter sa créativité ?

Par exemple, vous pouvez lui présenter la technique de la peinture au pochoir – autour d'une forme, une feuille d'érable par exemple, on applique la peinture au pochoir, puis on retire la forme. Si votre fille part dans le jardin chercher d'autres formes, feuilles, tiges, écorces, alors elle embrasse la technique et la développe. Peut-être ira-t-elle prendre une paille dans la cuisine pour souffler la peinture autour de la forme au lieu d'utiliser le pochoir. À moins qu'elle ne roule les formes dans la peinture… Le moment pour freiner la créativité de l'enfant ? Quand il enfreint la règle d'or et risque de blesser quelqu'un ou d'abîmer quelque chose.

Faire de la place à l'art

- Garder les outils de base (feutres, crayons de couleur, pâte à modeler, colle, peinture) accessibles.
- Identifier un endroit où les projets artistiques peuvent se déployer et salir (dans la cuisine, sur la terrasse, dans la baignoire, sur une table réservée, dans le jardin…).
- Voir d'autres idées pour gérer le bazar d'une activité créative dans le chapitre suivant, Règle n° 21 : On peut peindre en dehors du papier.

Se concentrer sur le processus

Se contenter de questions commençant par « Comment… ? » et laisser les enfants quitter nos sentiers tout tracés.

Des mots pour en parler

- Tu veux me raconter quelque chose à propos de ton dessin ?
- Comment as-tu fait ça ?
- Tu as utilisé beaucoup de rouge.
- Tu as travaillé un long moment à ce dessin.
- Ce n'était pas facile de coller ces boîtes les unes aux autres. Tu y es arrivé.
- Je vois que tu as peint sur toute la feuille.
- Si tu veux d'autres feuilles de papier, il y en a sur la table, là-bas.
- Je t'aiderai, mais je ne le ferai pas à ta place.
- Si je la dessine, alors c'est ma maison. À quoi ressemble ta maison à toi ?
- Que veux-tu faire avec ton dessin maintenant ?

Les mots à éviter

- Quel joli dessin !
- Qu'est-ce que c'est ?
- Tu as dessiné un joli chien.
- Voilà, je t'ai dessiné une maison.
- Tu as besoin de nouvelles feuilles de papier. En voici une.
- Oh, ce n'est pas joli. Tu ne devrais pas dessiner ça.
- Oh, bravo ! Tu es très fort en peinture.

En public

Les modèles, les rangées de créations identiques et les activités manuelles fortement prescriptifs sont l'apanage des crèches et des écoles maternelles. Si l'école de votre enfant développe surtout les activités manuelles, vous pouvez vous mettre en recherche d'un atelier extrascolaire centré sur l'expression libre. Quand vous visitez les locaux, vous saurez rapidement quelle importance est attribuée à la liberté d'expression. Il suffit d'observer les murs et de compter le nombre de créations copies conformes les unes des autres. Vous pouvez aussi contrebalancer l'effet directif des activités manuelles scolaires en offrant à votre enfant du temps libre et de la place pour pratiquer une activité artistique non structurée chez vous.

Règle n° 21 : On peut peindre en dehors du papier

Quand j'étais élève à la SYC, il n'y avait pas beaucoup de règles, mais je me souviens de celle-ci : « On ne peint pas sur les autres, à moins qu'ils soient d'accord. »

Tout simplement, à la SYC, la peinture n'est pas restreinte à la feuille de papier. Et les enfants peignent avec tout ce qu'ils veulent : doigts, ventre, genoux, nez. Un jour un enfant se peint le corps entier en vert. Ou badigeonne les bras de sa copine en violet, mais seulement si elle est d'accord.

Pourquoi cette règle ?

Certains enfants évitent les activités artistiques jusqu'au jour où ils peuvent utiliser leurs grands muscles. Voyons grand et en extérieur.

L'art propre et net n'attire qu'une minorité d'enfants. Pour les autres, la nature même de la plupart des activités artistiques (en intérieur, enfants assis, recouverts d'un tablier, sommés de rester propres) a quelque chose de rédhibitoire. Parfois, les enfants remuants ne manifestent aucun intérêt ou sont rapidement exclus. Pourtant, eux aussi devraient pouvoir apprécier l'expérimentation artistique.

L'art n'a pas à rester confiné sur une table de travail. Il nous appelle à pousser les murs. Et pourquoi ne pas sortir et peindre dehors sur un énorme carton ?

Dan, cinq ans, passe sa vie en extérieur. Il n'aime pas être assis à un bureau, et déteste peindre bien sagement sur une feuille. Quand son maître lui apporte les pots de peinture dehors, sur son territoire, Dan se met à peindre, longuement, d'énormes rayures debout devant le chevalet. Puis il saute sur l'occasion de décorer la porte du local à vélo.

Les enfants comme Dan peuvent ne montrer aucun intérêt pour les activités artistiques en intérieur, mais seront très heureux de peindre quelque chose de GRAND.

LES BIENFAITS DE CETTE RÈGLE

Voir l'art en grand, déplacer l'activité dehors peut donner une nouvelle impulsion aux explorations créatives des enfants. Ils pensent :

- L'art c'est aussi pour moi.
- Mes idées sont peut-être différentes, mais on peut leur trouver un endroit.
- Je sais qu'il y a des endroits où je peux me salir et d'autres où je ne peux pas.
- Je peux créer et découvrir de nouvelles choses. C'est excitant.

POURQUOI ÇA MARCHE

Dessiner, peindre en grand correspond davantage aux besoins développementaux des enfants. À l'école maternelle, la motricité fine de nombreux enfants, surtout les garçons, est encore balbutiante. Avant de contrôler ces petits muscles, ils ont besoin de renforcer leurs grands muscles et leur motricité globale[1]. Tant que cette musculature n'est pas prête, les projets nécessitant l'usage de ciseaux et de petits pinceaux peuvent être source de frustration.

Par ailleurs, certains tout-petits ne parviennent pas à contenir leurs gestes à la feuille de papier parce qu'ils n'ont pas encore développé le sens des frontières spatiales. Avant tout, à leur âge, leur corps a besoin de bouger.

À Flint, dans le Michigan, Dan Hodgins a travaillé pendant de nombreuses années sur des projets artistiques avec des élèves de l'école maternelle de la Mott Community College. Il explique que les garçons adorent voir les choses en grand et utiliser l'intégralité de leur corps. Se servir d'énormes pinceaux, avec des manches de la taille d'une bouteille ou d'une brosse de toilettage pour chevaux rend l'art plus accessible et plus amusant pour eux. Vous ne devinerez jamais le pinceau préféré de Hodgins quand il travaille en maternelle : les ventouses pour déboucher les toilettes. Elles sont énormes, font des dessins rigolos et, quand elles sont en prise, tirer dessus demande de la puissance.

Quand les enfants prennent l'habitude de créer librement alors qu'ils sont petits (avant même de contrôler la musculature de la motricité fine), l'art devient partie intégrante de leur identité. Un enfant qui aime courir et ne parvient pas encore à tenir un crayon peut se voir

---

1. Voir A. J. Hanscom, *Dehors, les enfants !*, *op. cit.* Chapitre 2, « Le corps et les sens », page 63. (*NdT*)

comme « un enfant qui fabrique de l'art ». Par la suite, quand sa motricité fine s'installe, il continuera à apprécier les pratiques artistiques.

Chez les enfants de maternelle, la créativité s'éveille quand ils engagent l'intégralité de leur corps dans le geste artistique. Utiliser leurs grands muscles ainsi que leurs petits muscles, ainsi qu'autant de modes sensoriels que possible, le toucher, l'ouïe, l'odorat, la vue, rend l'art intéressant. Les impliquer sur les plans émotionnels donne un sens à ce qu'ils font : Ça m'amuse ? Ça me chatouille ? Ça me fait peur ? Pour les petits, l'art est une expérience intégralement corporelle.

Quand ils appliquent leur créativité à la manipulation de nouveaux matériaux, cela ne ressemble pas toujours à ce que nous appellerions de l'art. Jessica, par exemple, joue avec de la mousse à raser qu'elle fait gicler dans la baignoire. D'abord, elle vise des jouets qu'elle recouvre entièrement. Puis elle se l'étale sur le corps. Ça la chatouille. Elle s'enduit le nombril avec, puis les épaules, les bras, les jambes, les doigts de pied, les cheveux. Elle est alors entièrement dissimulée sous une couche de mousse blanche. En réalité, ses expériences avec la mousse à raser l'engagent dans une pratique artistique.

RETIRER NOS LUNETTES D'ADULTE

L'art est beaucoup plus qu'une activité calme où les enfants manipulent sagement une feuille, des crayons de couleur et de la colle. L'art peut être bruyant et joyeux si nous ajoutons du mouvement, de l'action : peindre dehors, colorier quelque chose de très grand, une fresque, des cartons, des feuilles extra-larges, du bois. Du point de vue de l'enfant, toute exploration créative d'un nouveau matériau est « art ». Quand nous restreignons l'activité artistique à la largeur d'une table, les enfants les plus actifs décrochent. En agrandissant le champ d'expérience, nous les aidons à découvrir les bienfaits et la puissance de la créativité.

L'art « orienté action » aide les enfants à se délecter du processus créatif tout en évitant aux adultes de ne s'intéresser qu'au résultat final.

ÉLARGIR NOS PRATIQUES ARTISTIQUES

À la SYC, les enfants peignent les arbres en violet. Ils envoient des giclées de teintures de toutes les couleurs sur des feuilles accrochées aux palissades. Ils marchent pieds nus dans la peinture et décorent les équipements des aires de jeux. Vous n'êtes pas obligés d'avoir des arbres violets dans votre jardin, mais vous pouvez réserver un coin du jardin aux activités créatives. Et si vous laissiez les enfants peindre l'échelle du toboggan, leur cabane en bois ou l'arrière de l'abri de jardin ?

Une mère laisse ses enfants peindre sur ses vieux volets avec de la peinture à doigts. Quand ils ont fini, ils lavent le sol au jet d'eau. Jacob, cinq ans, aime nettoyer autant que peindre. Isabella, deux ans, peint son volet pendant un long moment, bien plus longtemps qu'elle ne peint quand elle est à l'intérieur devant une feuille. Le jour suivant, elle demande de nouveau à peindre un volet.

En intégrant de l'action au cœur de la pratique artistique, les enfants s'impliquent davantage. Les enfants actifs, surtout ceux qui aiment les jeux dans lesquels ils explorent leur pouvoir, peuvent découvrir de nouvelles joies. Créer quelque chose est une activité puissante.

Faire avec le désordre

La pagaille est inévitable. La minute où vous laissez les enfants élargir leurs pratiques artistiques, en peignant avec leurs pieds, par exemple, vous y gagnez un bazar pas possible. Autant le prévoir et leur accorder de la place pour mettre tout le souk qu'ils veulent : sur une table précise, sous l'auvent du jardin, dans la cuisine (où toutes les surfaces sont lavables) ou, pourquoi pas, dans la baignoire. Dehors, c'est encore mieux. Si une activité tend à dépasser les bornes, vous pouvez la déplacer à un endroit plus approprié. L'important : laisser les enfants continuer à explorer leur idée.

Pendant une minute, Dylan étale des tourbillons de couleurs sur une feuille. Ensuite, il trempe son pinceau dans le pot de peinture et fait exprès de faire couler de la peinture au sol. Quand elle s'écrase au sol, elle forme une jolie tache. Dylan observe, fasciné.

Qu'avez-vous envie de dire à Dylan ? Certains parmi nous parviennent à applaudir sa créativité tout en ayant totalement conscience que la peinture s'accumule autour de la chaise et coule jusqu'au frigidaire. D'autres font cesser l'expérience immédiatement : « La peinture, c'est sur la feuille ! Si tu n'arrives pas à peindre comme il faut, je te confisque tes pots de peinture ! »

Il existe une autre voie : poser une limite claire, déplacer l'activité, mais laisser l'enfant développer son idée, si possible. Par exemple : « Si tu veux faire couler de la peinture par terre, tu peux aller dehors. La cuisine n'est pas le bon endroit. » Dylan retient la leçon suivante : *Ah, je ne peux pas faire ça ici. Mais il y a un autre endroit pour mes idées. Je peux continuer mes expériences.* Une fois dehors (sur le patio, où il sera plus facile de tout nettoyer au jet), vous pouvez dire : « Waouh ! Regarde un peu ces taches rouges que tes gouttes font ! » La plupart des peintures pour enfant sont lavables. C'est à lui de nettoyer derrière lui. Cela fait partie du processus et en général, cela les amuse autant que le reste.

Vous avez le droit d'être mal à l'aise face à la pagaille. Moi aussi je le suis. Chaque famille a son propre niveau de tolérance. Vous pouvez poser vos limites et décider des endroits où le bazar est acceptable, et ceux où il ne l'est pas. Une fois ces règles fixées, il est de votre ressort d'intervenir et de rediriger l'activité qui dépasse les bornes : « Tu peux peindre ton corps, mais pas ici. Seulement dans la baignoire. » Ou « Je vois que tu fais de la patouille avec la peinture sur le sol. Si tu veux continuer ça, tu sors sur la terrasse. »

Vous ne supportez aucun désordre ? Votre enfant pourra sans doute semer la pagaille ailleurs, à la crèche, chez ses cousins ou chez un copain. À chaque famille son seuil de tolérance.

Garder la pagaille artistique sous contrôle

- Placer les pots de peinture sur des plateaux ou dans des bassines
- Organiser l'activité en extérieur
- Confiner les projets à des surfaces lavables (la cuisine)
- Utiliser la baignoire pour les projets les plus salissants

- Étaler un vieux rideau de douche ou une vieille nappe au sol, en protection
- Se procurer des vêtements usés ou de seconde main dans des friperies
- Transformer de vieux T-shirts adultes en tabliers

Le matériel

Les expériences créatives n'ont pas besoin d'un budget faramineux. L'eau et la boue font l'affaire aussi bien que la peinture. En cherchant bien, vous trouverez dans la poubelle de recyclage de nombreux matériaux réutilisables pour les projets artistiques de vos enfants. De vieux cartons, le côté non utilisé des feuilles A4. Vous n'avez pas besoin d'investir de fortes sommes dans les magasins spécialisés.

Du point de vue de l'enfant, deux choses priment : l'exploration de la texture et celle de la couleur. Il a besoin de jouer avec des matériaux durs et souples, épais ou liquides, collants ou glissants.

À la Roseville Community School, Bev Bos suggère aux parents de se rendre au magasin de bricolage le plus proche de chez eux et de se poser la question : « Un enfant pourrait-il peindre avec ça ? » La réponse est oui avec presque tout et n'importe quoi. Bos utilise des jouets pour chien, des rouleaux et bâtons de massage, les pieds de vieux guéridons, qu'elle roule dans la peinture. L'une de ses idées les plus physiques consiste à remplir un bas en nylon avec du sable, à le tremper dans la peinture, puis à le laisser tomber depuis une hauteur.

Les enfants en veulent toujours plus. Plus de colle, plus de perles. Certains professionnels de la petite enfance nous pressent de fournir un accès illimité aux matériaux artistiques, surtout à l'école. Ce n'est pas toujours possible, et même si cela l'était, ce n'est pas toujours désirable. Nous vivons sur une planète limitée en ressources. Certaines, le sable, la boue, l'eau peuvent sembler illimitées, mais nous pouvons enseigner aux enfants le fait qu'elles ne le sont pas. Quand j'avais cinq ans, je me rappelle que je dessinais sur le verso des vieux plans de cours de mon père. J'apprenais à réutiliser le papier. La créativité se développe aussi quand les enfants n'ont pas « assez ». Ah, tu veux davantage de perles ? Et que se passe-t-il si j'ajoute des pommes de pin ?

LES OUTILS PRATIQUES POUR L'ART EN MOUVEMENT

- Peindre debout
- Peindre dehors
- Faire rouler des petites voitures dans de la peinture
- Courir pieds nus dans de la peinture
- Pousser des peignes, des brosses ou tout autre objet dans de la peinture
- Souffler de la peinture avec des pailles ou un sèche-cheveux
- Peindre en rollers
- Colorier quelque chose d'inhabituel : une citrouille, des coquillages, des feuilles…
- Peindre sur un arbre ou une cabane de jardin
- Décorer de grands cartons
- Utiliser de gros pinceaux : pinceaux à façades, têtes de balai-brosse, goupillons…
- Dehors, renverser de l'eau colorée ou des peintures sur du papier

- Depuis une échelle ou un muret, lâcher des bombes à couleurs (du sable dans un collant que l'on plonge dans de la peinture)
- Lancer du sable ou de l'amidon et observer les formes créées
- Peindre avec les doigts, le nez ou le coude
- Dessiner ou peindre en écoutant de la musique ou une histoire
- Faire de grands dessins avec des grosses craies spécial extérieur
- Dessiner sur de grands tableaux blancs achetés au magasin de bricolage
- Varier les matériaux : proposer du bois, des clous, des matières recyclées, du fil de fer, de la boue, de l'eau…
- Construire quelque chose (en scotchant des cartons entre eux ou en clouant des planches…)
- Retirer de la matière (sculpter du savon ou des blocs de mousse pour emballage)

Des mots pour en parler

- Comment pourrais-tu faire ça ?
- Si tu veux faire couler de la peinture, tu vas dehors.
- Que se passerait-il si… ?

Les mots à éviter

- L'art, c'est uniquement sur la table.
- Tu ne peux pas faire ça.

En public

Si notre artiste en herbe peint les arbres, lance des bombes de couleurs… Elle ne sera pas la bienvenue partout, et c'est bien normal. Les enfants ont besoin de comprendre où la pagaille est acceptable et où elle ne l'est pas. Cela fait partie de leur apprentissage des limites. Sur le moment, vous pouvez lui dire à quoi s'attendre ailleurs que chez vous. Si elle aime se peindre les bras dans votre jardin : « Tu peux le faire chez nous. » Si par hasard, le jour où vous l'emmenez à la bibliothèque, un atelier artistique est proposé, il est bon de lui faire savoir qu'« à la bibliothèque, les feuilles et le papier restent sur la table ». Votre rôle : clarifier les frontières entre ce qui est acceptable et ce qui ne l'est pas, tout en élargissant le champ d'action artistique là où c'est possible.

Règle n° 22 : Arrêter de dire bravo

Cette règle s'attaque à une habitude bien ancrée. Nous ne pouvons pas nous empêcher de féliciter nos enfants à tout bout de champ. Nos « Bravo » semblent aussi automatiques que nos « Bonjour, comment ça va ? ». Pourtant nos « Bravo », « Tu es génial ! » et « C'est tellement joli ! » sonnent creux. Les enfants n'ont pas besoin de nos fausses louanges. Ils ont besoin d'une réelle attention et d'occasions de développer leur persistance, leur automotivation et leur estime d'eux-mêmes.

Pourquoi cette règle ?

Remarquer simplement ce qu'a fait l'enfant est plus efficace que de le couvrir d'éloges. Il est préférable qu'il construise une forte estime de soi, au lieu de s'attendre à une approbation extérieure pour tout ce qu'il fait.

Pourquoi ? On n'obtient pas une solide estime de soi avec des compliments, aussi nombreux soient-ils[1]. Dans

1. Cf. Jessica Joelle Alexander et Iben Dissing Sandahl, *Comment élever les enfants les plus heureux du monde*, pp. 75-81. JC Lattès 2016.

la vie, les enfants ont besoin de se savoir capables, compétents, aptes à relever des défis. Ils ont aussi besoin de se sentir aimables et dignes d'intérêt pour ce qu'ils sont, et juste ce qu'ils sont. Nous pouvons les aider à développer leur confiance, mais pas en les encensant[1]. Les couvrir de fleurs peut même se retourner contre vous. Voici deux dialogues différents entendus sur une aire de jeux. Tous les deux impliquent un enfant de cinq ans :

> « Maman ! Regarde ! » Bianca appelle sa maman depuis la barre d'une échelle horizontale où elle s'agrippe, les pieds dans le vide. Elle la traverse à moitié, de barre en barre, puis lâche sa prise et tombe avant d'être arrivée au bout. « Bravo ! lui crie sa mère. Bravo Bianca ! »
>
> Natalie commence l'escalade de l'échelle du toboggan. Elle s'arrête à mi-course, inquiète. « Je suis là, lui dit sa grand-mère. Je ne te tiens pas, mais je reste près de toi pour que tu ne tombes pas. » Natalie grimpe un peu plus haut et finit par atteindre le sommet. « Tu y es arrivée. Tu as fait un gros effort et tu es arrivée tout en haut. Waouh ! Tu es super haut ! »

Qu'ont appris Bianca et Natalie ?

Bianca a compris qu'elle fait plaisir à sa mère quand elle s'agrippe à l'échelle. Elle n'a pas besoin de prendre de risque ou de chercher à aller plus loin que là où elle est tombée. L'important, c'est de faire plaisir aux autres. La prochaine fois, elle souhaitera de nouveau obtenir l'approbation de sa mère.

---

1. Voir aussi Lea Waters, *Cultiver ses forces, l'éducation positive au quotidien*, Chapitre 8, « L'énigme des compliments », JC Lattès 2018. (*NdT*)

Natalie sait que l'important, pour elle, est d'atteindre le sommet de l'échelle et que sa grand-mère le comprend. Elle a appris à se faire confiance et à se débrouiller toute seule. Elle a ressenti une vague d'émotions positives : la joie de sa propre réussite en sus de l'intérêt et de la bienveillance de sa grand-mère. La prochaine fois, elle essaiera quelque chose d'autre, même si c'est dur. Elle fera des efforts jusqu'à ce qu'elle ait acquis une nouvelle habileté.

Il est difficile de ne pas lancer de fleurs à nos enfants. Ils sont si mignons. Ils font de si gros efforts. Nous désirons ardemment qu'ils soient bien dans leur peau. Nous sommes irrésistiblement tentés de les récompenser avec des bons points ou des « Génial ! » ou autres « Super ! » à longueur de journée. Attention. Nos enfants ont avant tout besoin de développer leur persistance et leur confiance pour réussir dans la vie. S'ils prennent l'habitude de rechercher notre approbation, nos félicitations les en empêchent. Vous pouvez leur dire « Je t'aime » autant que vous voulez, mais lever le pied sur les compliments. Quand la confiance vient d'eux et non de vous, s'ils en ont la motivation, ils ont toutes les cartes en main pour surmonter défi après défi.

Les bienfaits de cette règle

L'enfant pense en ces termes :

- J'aime les défis.
- Je m'efforce aussi longtemps que possible de réussir. Si je n'y arrive pas tout de suite, je persiste dans l'effort.
- En général, je m'améliore quand je fais des efforts.
- Je n'ai pas besoin de rechercher les compliments tout le temps. Les bons points, les images, les récompenses, ce n'est pas si important que ça.

- Les adultes s'intéressent à ce que je fais : ils me respectent.
- Je sais que je suis aimée.

Pourquoi ça marche

« Papa ! R'ga'de ! R'ga'de ! R'ga'de-moi ! R'gaaaaa'de ! »

Le nombre de « Regarde-moi » que nous pouvons entendre chaque jour est astronomique. Nos enfants semblent avoir besoin d'une forme de réponse, alors nous disons : « Super ! » ou « Génial ! » ou « Bravo ! » Et si vous comptiez combien de fois vous prononcez ces mots et leurs semblables dans une journée ? Vous risquez d'être surpris.

Les enfants ne recherchent pas nécessairement les compliments quand ils réclament notre attention. Ils veulent avant tout partager ce qu'ils font, obtenir notre regard et non notre approbation. « Regarde-moi » n'appelle pas un « Bravo ». Vous pouvez tout simplement répondre : « Je te vois ! » À trop applaudir, nous nous conditionnons nous-mêmes ainsi que nos enfants. Il est naturel, du point de vue de l'enfant, d'avoir envie de montrer ce qu'elle fait aux adultes qu'elle aime. Mais quand elle demande à tout instant « Tu aimes ma robe ? » ou « Je suis jolie ? » alors elle cherche une approbation et une incitation extérieures à elle-même.

Certains enfants sont en permanence en quête de louanges dès l'âge de trois ou quatre ans. Quand ils en prennent l'habitude si tôt, elle peut les hanter toute leur vie. En tant qu'adolescents, ils risquent d'avoir désespérément besoin de l'assentiment de leurs pairs. En tant qu'adultes, ils douteront de leurs idées et se reposeront trop fortement sur l'opinion des autres (celle des médias, de leurs amis, de leur conjoint) et auront constamment besoin d'être récompensés par leur patron.

> Limiter les compliments vagues du type super, joli, intelligent, bien, génial.

Alfie Kohn est l'auteur de *Punished by Rewards* (Punis par les récompenses), *Aimer nos enfants inconditionnellement* et d'autres livres. D'après lui, quand les louanges sont au cœur des relations, enfants et adultes ne vivent pas à la hauteur de leur potentiel, parce que, les uns comme les autres, ils deviennent dépendants des éloges et craignent de prendre des risques et perdre l'approbation d'autrui.

Les recherches du Dr Carol Dweck sur la persistance dans l'effort montrent que les enfants qui réussissent sont dotés d'un état d'esprit appelé « état d'esprit de développement ». Ces enfants ont le cran d'affronter les défis sur leur route parce qu'ils comprennent que l'entraînement améliore leurs performances. Déclarer à un enfant « tu es intelligente » ou « tu es jolie » ou « tu n'es pas très douée en sports » les mène à croire que ces traits de personnalité sont immuables, fixes à jamais. Dweck explique que ces enfants, persuadés qu'ils ne pourront rien y changer, évitent tout ce qui pourrait les pousser à se surpasser, cessent de prendre des risques et abandonnent. Nous n'avons aucune raison d'avoir peur de dire aux enfants que « c'est dur ». Dotés d'un état d'esprit de développement, ils apprécient les défis et fournissent davantage d'effort face à la difficulté.

D'après Haim Ginott, les félicitations sont efficaces lorsqu'elles se composent de deux parties. D'abord, l'adulte présente ce qu'il voit ou perçoit (« Tu es arrivé tout en haut. Tu es maintenant très très haut »). Ensuite l'enfant réagit au tableau dépeint par l'adulte et se congratule intérieurement (« Je suis très forte en escalade »). Les encouragements descriptifs développent sa confiance. Vous trouverez de multiples exemples de cette méthode dans le livre d'Adele Faber et Elaine Mazlish *Parler pour que les enfants écoutent, écouter pour que les enfants parlent*.

Cela ne veut pas dire qu'il faut supprimer de son vocabulaire toutes les louanges (il est tout à fait possible de continuer à dire « belle réception ! » quand votre enfant attrape la balle). Tout est histoire de modération et d'adaptation au contexte. L'enfant a besoin d'être reconnu dans ce qu'il fait. La description que vous lui offrez de ses actes répond davantage à ses besoins que tout un chapelet de « super, génial, bravo » !

RETIRER NOS LUNETTES D'ADULTE

À nos yeux, l'enfant quémande continuellement nos louanges. Alors nous les lui prodiguons : « Bravo ! »
En fait, il a avant tout besoin de notre attention, de voir que nous reconnaissons ce qu'il fait. Nous l'aidons ainsi à se sentir aimé pour ce qu'il est et nous l'encourageons à rechercher la joie intérieure qu'offre la persistance face au défi. Supprimer de notre vocabulaire les louanges creuses et proposer à la place des phrases descriptives montre que nous sommes les témoins de ses efforts. Nos observations neutres lui font plus de bien que n'importe quelle félicitation.

Parler du processus et éviter le compliment

Hailey a quatre ans. Elle cherche l'approbation des adultes à tout moment. Quand elle peint et utilise des triangles pour représenter les corps de ses personnages, elle s'efforce de les faire ressembler à ceux que font ses grandes sœurs. Presque tous les jours, elle peint les mêmes personnages que la veille ou l'avant-veille et demande à l'adulte à proximité : « Tu l'aimes ? »

« Ce qui est important, c'est que tu l'aimes, toi, répond sa maîtresse. L'aimes-tu ? »

Au lieu de faire un compliment à l'enfant, ce qui lui donne une approbation extérieure, vous pouvez diriger votre attention sur son vécu et sur la manière dont elle s'y prend. Nous avons vu comment les tout-petits s'intéressent davantage à l'acte de dessiner qu'au résultat final. De la même manière, jouer, pour eux, n'est rien d'autre qu'un processus. Pour cette raison, vous pouvez l'interroger sur son procédé : « Comment as-tu fabriqué ce four ? » « Je me demande comment tu as fait pour empiler tes Lego si haut ? » Vous pouvez aussi lui retourner sa question : « Et toi, qu'en penses-tu ? Tu aimes ? »

Les encouragements fondés sur le processus aident l'enfant à se projeter dans le futur. Elle apprend qu'elle peut progresser avec le temps. Si nous lui disons : « Tu sais très bien dessiner ! » alors elle peut interpréter notre compliment par *Je suis déjà très bonne en dessin. Je n'ai pas besoin de faire d'efforts pour être bonne.* Annoncer à un enfant qu'il est « bon » ou « doué » en quelque chose lui appose une étiquette et fige la situation (« Tu as les cheveux bruns »). Il est plus judicieux de commenter la manière avec laquelle il fait les choses. « Tu as mis de nombreux détails dans ton dessin. Je vois que tu as travaillé longtemps dessus. » Les descriptions aident l'enfant à dépasser ses capacités du moment présent et à grandir.

OUTILS PRATIQUES

OBSERVER SANS JUGEMENT

Voici ce que j'appelle un compliment creux : « Que tu es une gentille ! C'est super sympa ! Bravo ! » Ce type de félicitation ne permet pas à l'enfant d'identifier ce qu'il a fait de « gentil » ou « sympa » ou « joli ».

Imaginons que Danny a rangé ses feutres. On l'applaudit : « Bravo. » Il n'a vraisemblablement aucune idée de ce qui lui vaut ce « bravo ». Mais si son père lui dit « Tu sais remettre les capuchons sur les feutres », alors il comprend ce qu'il a « bien » fait. En toute probabilité, il ressent aussi la joie intérieure de se sentir compétent, capable et autonome.

Au lieu de féliciter l'enfant, vous pouvez lui proposer vos observations. Celles-ci seront alors forcément spécifiques, relatives à l'enfant. Dès que vous y serez habituée, elles vous viendront automatiquement. Il suffit de décrire ce que vous voyez.

Au lieu de...	**Décrire ce que vous voyez**
Bravo Nicky.	Tu te balances toute seule.
Tu es tellement forte !	Tu es arrivée en haut de l'échelle.
Tu es si intelligente.	Tu connais beaucoup de chiffres maintenant. Tu sais compter jusqu'à douze.

Tu es si jolie !	Je vois que tu as mis un chapeau rigolo sur ta tête.
Bravo ma fille !	Merci. Tu as ramassé tous tes jouets.
Tu es un si gentil garçon.	Tu sais remettre les capuchons sur les feutres.
Voilà un dessin magnifique.	Tu as utilisé de nombreuses couleurs différentes.
C'est tellement sympa !	Tu as laissé Bobby prendre son tour avec l'avion.
Génial !	Tu as réussi à faire…

Quand ils sont petits, les enfants ne recherchent pas nos louanges. Ils souhaitent simplement se savoir vus, entendus, reconnus. La réponse la plus efficace à leurs « Regarde-moi, regarde ce que j'ai fait ! » est d'accuser réception de leur présence : « Tu as fait ceci » ou « Je te vois », « Tu sais faire ceci ». Puis de laisser l'enfant vous en dire plus s'il veut.

Se concentrer sur la persistance

La persistance – prendre des risques et maintenir ses efforts – fait partie du processus. Il est plus efficace de concentrer nos commentaires sur les efforts de l'enfant que sur ses performances (ce qui revient à le couvrir de fleurs). Quand il se débat avec un puzzle ou avec la fermeture éclair de son manteau, vous pouvez l'encourager en admettant que la tâche est ardue : « Les fermetures éclair peuvent être un peu difficiles à fermer. Je vois que tu fais des efforts. » L'enfant aime les défis, surtout s'il vous entend apprécier son investissement pour les surmonter. Votre reconnaissance, en lieu et place de vos louanges, l'aide à développer sa persistance.

Vous pouvez renforcer sa détermination en lui racontant des histoires « de quand il était petit ». Par exemple : « Je me rappelle quand tu n'arrivais pas à pédaler sur ton tricycle. Maintenant tu pédales très vite ! » Souvenez-vous, les tout-petits affrontent de nouveaux défis en permanence. Apprendre à parler, à faire ses lacets, à se balancer seul... Il est réconfortant de savoir que les choses qui étaient par le passé compliquées pour eux (marcher, mâcher) sont désormais faciles. Mon fils Myles aime m'entendre raconter comment il a appris à dire mon nom : « D'abord tu as dit Mully, puis tu as essayé Munny, et enfin tu y es arrivé ! » Leurs histoires « d'enfance » les amusent et renforcent leur persistance.

ÉVITER LES COMPLIMENTS CREUX

Vous savez quand vous errez au pays du compliment creux quand, comme le dit si bien Alfie Kohn, les mots vous viennent « d'une voix sucrée, modulée, qui n'a rien à voir avec celle que vous avez lorsque vous papotez avec vos amis ». Les enseignants et les parents utilisent souvent les fausses louanges avec un objectif manipulatoire. Quand ils déclarent « J'aime la façon dont Maria ramasse ses jouets », en réalité, en donnant l'apparence de féliciter Maria, ils se servent de la situation à d'autres fins. Vous rappelez-vous comment vous vous sentiez quand un adulte vous étiquetait comme « enfant sage » ou « serviable » ? En toute probabilité, au moment où l'adulte congratule Maria, les autres enfants la fusillent du regard. Le compliment n'a certainement pas joué en sa faveur, socialement parlant. « Ce type de commentaire, de la part de l'adulte, est à la fois narquois et sournois, explique Jan Waters, de la SYC. "J'aime la façon dont Maria range ses jouets", signifie en fait "Je n'aime pas la façon dont les autres le font." L'adulte n'a qu'une chose à faire : dire les choses simplement, telles qu'il les voit. » Donc il vaut mieux déclarer : « Je vois encore des jouets par terre. C'est l'heure de ranger. »

Un dernier mot sur les compliments

« Si de temps en temps je dis à ma fille qu'elle est intelligente ou belle, ça lui fait du bien, non ? »

Pas vraiment. Il est préférable qu'elle se sente belle et intelligente par elle-même. Un enfant acquiert ce sentiment via votre affection constante et votre simple intérêt pour qui elle est : pour ses pensées, ses rêves, ses actions et son unique personnalité. Que signifie « Tu es intelligente » ? En général c'est une autre façon de dire : « Tu as trouvé la solution » ou « Tu as répondu correctement » ou « Tu en sais des choses sur les dinosaures ». Mais quand on aborde le sujet de la beauté physique, surtout pour les toutes petites filles, moins nous en disons, mieux elles se porteront. Mieux vaut concentrer notre attention sur leurs actions, leurs pensées, leurs idées (voir aussi la Règle n° 19 : les garçons peuvent porter des tutus).

Pour toutes ces raisons, il est important de retenir nos « Bravo ! » et de les remplacer par une description de ce que nous observons. Dans le même temps, profitons-en pour en finir avec les phrases qui étiquettent les enfants (tu es intelligente/jolie/sportive...).

Des mots pour en parler

Reconnaître

- Tu y es arrivé.
- Regarde jusqu'où tu es montée !
- Tu sais faire ça.
- Tu as accroché ton manteau au crochet tout seul.
- Tu as mis les camions à la queue leu leu.
- Tu portes un déguisement.
- Tu as laissé tout le monde prendre son tour.

Persistance, processus, effort

- Tu as travaillé dur pour résoudre ce problème.
- Tu as passé un long moment à construire la tour.
- Waouh ! Ça a l'air compliqué. Tu essaies de construire une tour très haute et ce n'est pas facile.
- Je me demande comment tu as fait pour construire une tour aussi haute.
- Comment as-tu fait ça ?
- Qu'est-ce qui te plaît dans ta tour ?

Les mots à éviter

- Bravo ! Super ! (à éviter la plupart du temps)
- Quel joli dessin ! C'est très beau !
- C'est tellement gentil.
- Tu es jolie/belle.
- Tu es un gentil garçon/fille.
- Tu es si intelligent !
- Tu es si bon en sauts/dessin (le talent de l'enfant semble figé).
- J'aime vraiment la façon dont Maria ramasse les jouets.

En public

Quand quelqu'un complimente votre enfant devant vous d'un simple « bravo », vous pouvez ajouter une description de ce que vous voyez. « Bravo, Leah ! » devient « Bravo Leah ! Tu as rangé tes chaussures dans le placard. Tu sais être responsable de tes affaires. » Cela vous aidera aussi à vous débarrasser de votre propre habitude de distribuer des « bravos » ou « super », « génial » à tout bout de champ. Pour ajouter une phrase descriptive à une louange, il est utile de se concentrer en premier lieu sur le processus à l'œuvre et l'effort fourni par l'enfant. Très vite, le nombre de « bravos » diminuera et vous n'en perdrez pas pour autant votre bienveillance. Souvent la meilleure réponse à un compliment bien intentionné sera un simple Merci !

VI.

LES GROS MOTS, LA POLITESSE ET LES MENSONGES

La morale est comme la rougeole. Il faut l'attraper.

Aldous Huxley

Règle n° 23 :
S'excuser n'est pas une obligation

Sur l'aire de jeu, Danny, deux ans, bouscule une petite fille qui tombe par terre. La mère de Danny se précipite sur la scène, blême : « Dis-lui pardon ! » ordonne-t-elle à son fils. « Pardon », répète Danny. Puis il ignore la fillette et poursuit son jeu.

Pourquoi cette règle ?

Dire « pardon » est une forme d'échappatoire. Pour régler un incident, il est plus utile de le réparer.

Les tout-petits adorent le mot « pardon ». C'est un mot magique qui les tire de toutes sortes de situations. Ils poussent quelqu'un ? Donnent un coup de coude ? Marchent sur le dessin d'un camarade ? Un petit « pardon » et ils sont de nouveau libres de vivre leur vie. C'est un peu comme si on leur enseignait comment devenir des chauffards : « Oups, je vous ai mis dans le fossé ! Pardon ! Ciao ! »

Ce n'est pas notre intention, n'est-ce pas ? Nous aimerions leur montrer comment rester sur le lieu de l'accident, prendre la responsabilité de leurs actions, comprendre que leurs mots, leurs bras, leurs jambes ont un impact sur les autres. Comment faire ?

En premier lieu, l'enfant doit comprendre ce qu'il a fait. Il est important de le lui faire remarquer, même si c'est évident (il a bousculé quelqu'un qui est tombé). Pour lui, les liens de cause à effet demeurent mystérieux. Il pense : « Vraiment ? Ma façon de sauter (ou de piloter mon tricycle, ou de jeter un jouet…) a provoqué un accident ? Oh ! Je voulais juste jouer… » Simplement, lui répéter les faits : « Tu as balancé ton sac et heurté le bras de Lucy. Regarde, elle a mal au bras. Elle pleure. »

Rester sur place, à l'endroit où l'accident s'est produit, aide les enfants à développer leur empathie pour celui qui s'est fait mal. Demander : « Est-ce que ça va ? » Prendre le temps, ensemble, de regarder les larmes couler sur le visage de l'enfant bousculé. Examiner la marque rouge sur son bras. Vous pouvez ajouter : « Regarde, c'est là qu'elle a mal. Elle pleure, fort. Cela doit lui faire très mal. »

Ensuite, une fois que l'enfant qui a généré le problème a compris l'intégralité de ce qui s'est passé, il est temps d'agir et de secourir la victime de l'accident. « Sarah est triste depuis que tu l'as heurtée. Peux-tu lui apporter un mouchoir ? » Souvent, les enfants sont reconnaissants à l'idée d'avoir quelque chose de concret à faire. *Une mission de sauvetage ! Je ne peux pas faire cesser la douleur au bras de Sarah, mais je peux aider Sarah à aller mieux.* Les tout-petits attrapent la perche que vous leur tendez et partent avec enthousiasme chercher une serviette, un mouchoir, un sac de glace, un ours en peluche ou la maman, le papa de l'enfant.

Les bienfaits de cette règle

Un jour, votre enfant s'excusera en pensant profondément à ses paroles. Mais pour l'instant, lui montrer quoi faire et comment observer les conséquences de ses actions lui enseigne des habiletés plus fondamentales. Quand vous ne la forcez pas à « dire pardon », voici ce qu'elle apprend :

- Mes actions ont des conséquences. Parfois, ce que je fais blesse quelqu'un.
- Je peux comprendre comment quelqu'un d'autre se sent.
- Je peux faire quelque chose pour réparer.
- J'ai du temps pour comprendre et pour éprouver du remords.
- Quand je dis « pardon », je le pense vraiment. Je me sens mal pour ce que j'ai fait.

Pourquoi ça marche

Parfois, les tout-petits nous bernent. Ils peuvent grimacer un « pardon » et pleurer en même temps que leur victime, mais il y a une chose qu'ils ne savent pas encore faire : se sentir vraiment désolés. Chaque enfant est différent et peut-être le vôtre sera-t-il capable de regretter ses actes avant les autres, mais la plupart ne disposent tout simplement pas des habiletés émotionnelles et cognitives pour éprouver du remords. Le remords requiert d'adopter le point de vue de quelqu'un d'autre et de comprendre le lien de cause à effet entre actes et conséquences. Chez les enfants en bas âge, ces habiletés affleurent tout juste. Leur demander de « dire pardon » ne leur enseigne qu'une leçon peu judicieuse : je te donne un coup de pied, je dis « pardon » et je poursuis ma route.

Retirer nos lunettes d'adulte

Les enfants de moins de six ans sont rarement désolés. Souvent, ils n'ont pas encore atteint le stade de développement moral pour éprouver un remords. Pour cette raison, il est inutile de les forcer à s'excuser. En revanche, vous pouvez les aider à réparer les conséquences de leur action en leur proposant d'aller chercher un mouchoir ou une poche réfrigérée pour calmer la douleur. Leur enseigner à « dire pardon » les tire d'affaire, mais s'ils disent à la place « Je ne te rentrerai plus dedans quand tu es à vélo », alors ils ont compris une règle fondamentale de sécurité. Nous pouvons leur montrer les bonnes manières, mais n'exigeons pas qu'ils en fassent preuve à un si jeune âge. C'est trop tôt.

Nous voulons tous que nos enfants prennent soin des autres. Malheureusement, exiger qu'ils disent « pardon » les empêche de développer leur empathie. William Damon est l'auteur de *The Moral child* (l'enfant moral) et aussi chercheur renommé en psychologie développementale à Stanford. D'après lui, chez l'enfant, la conscience morale peut être guidée, mais ne peut lui être imposée. Quand les parents manifestent de l'empathie envers l'enfant, ils l'aident à développer naturellement sa compassion morale.

Les expertes en développement de l'enfant Janis Keyser et Laura Davis, auteurs de *Becoming the parent you want to be* (Devenir le parent que vous voulez être), sont d'accord sur ce point : chez l'enfant, la compassion s'installe spontanément. Nous redoutons qu'elle ne vienne jamais et nous insistons pour que l'enfant s'excuse. Nous croyons qu'elle s'enseigne à coups de « pardon ». D'après Keyser et Davis, elle ne s'enseigne pas. Mais nous pouvons la soutenir : en rassemblant les enfants pour faciliter la communication entre eux et en montrant du respect pour les émotions. Les enfants auront alors l'occasion de manifester de la bienveillance. Keyser et Davis écrivent : « Quand on leur offre la possibilité d'aider celui qui a mal, souvent, les enfants font des choses incroyables. »

PRIVILÉGIER L'ACTION AUX MOTS

Zach va à la SYC rendre visite à la classe de petite section de sa grand-mère. Il rejoint un groupe de cinq autres garçons et se mêle à leur jeu de course en tous sens. Parmi les cinq garçons, Charlie dépasse tout le monde d'une tête et semble maladroit. Quand Charlie court, tout à son enthousiasme, il a tendance à heurter ses camarades. Inévitablement, sa trajectoire rencontre celle de Zach et les enfants se rentrent dedans de plein fouet. Zach hurle de douleur et grimpe sur mes genoux. J'ai à peine le temps de me retourner que je vois trois petites mains empressées me tendre des packs réfrigérés : immédiatement après le choc, Charlie et deux autres camarades de trois ans sont passés à l'action. Charlie reste près de nous et demande : « Est-ce que ça va ? »

Ces enfants ont appris à quel point il est important d'agir, à quel point cela nous fait du bien d'aider quelqu'un. Charlie a pris la responsabilité de l'accident et ne s'est pas enfui (personne ne s'est mis en colère contre lui, il est vrai). Il est retourné à son jeu quand Zach était de nouveau sur ses pieds et se sentait mieux.

« Les tout-petits ne sont jamais vraiment désolés. Ils ne peuvent pas l'être. Mais ils sont tout à fait capables d'agir », résume Jan Waters. Sans arrêt bousculés, heurtés, accidentellement ou volontairement, ils vous offrent d'innombrables occasions de développer l'empathie et la responsabilité. La victime souffre généralement d'inévitables bobos sans gravité, mais n'oublions pas que l'enfant qui tire le plus grand enseignement de la situation est en général celui qui l'a causée.

Poser des garanties

« Pardon » fait plaisir aux adultes, mais n'a aucun sens pour l'enfant. Quand deux enfants se rentrent dedans, les émotions fusent, mais le remords n'en fait pas partie. Les tout-petits sont rarement désolés.

L'enfant qui a provoqué la collision ressent peut-être de la peur – la peur qu'un adulte le gronde d'avoir blessé quelqu'un. Parfois, il est gêné ou même en colère contre lui-même. L'enfant blessé éprouve lui aussi son lot de tristesse, colère ou peur. Tristesse, parce qu'il a mal. Colère, parce qu'il n'aime pas être bousculé. Peur, à cause du choc, de la surprise. En toute probabilité, il a peur d'être de nouveau poussé et blessé. Il pense : « Cette fille m'a poussé. Le refera-t-elle ? » S'entendre dire « Pardon » ne répond pas à sa question.

> Une garantie du type « Je ne te pousserai plus » a plus de sens qu'un « pardon ».

L'enfant blessée a davantage besoin d'une garantie qu'elle ne sera plus poussée, bousculée ou frappée. Au lieu d'exiger un « pardon », il est pertinent de réparer la confiance entre les deux enfants. Par exemple : « Tu lui dis, “Je ne te frapperai plus !” » ou « Je ne ferai plus mal à ton corps. » Vous pouvez aussi demander simplement : « Vas-tu encore la frapper ? » Il est important que les deux enfants entendent la réponse. Vous pouvez la répéter d'une voix forte, si vous doutez que le message soit passé : « Rachel, Jack dit qu'il ne te poussera plus contre le mur. » S'il s'agit vraiment d'un accident, les enfants peuvent se donner l'un l'autre la garantie suivante : « Je ferai attention à toi pour qu'on ne se rentre pas dedans encore une fois. » Rassurer l'autre sur le fait que cela ne se reproduira plus a du sens. « Pardon » n'en a aucun.

Que se passe-t-il si l'enfant refuse de donner une garantie ou répond « oui ! » à la question « Le frapperas-tu de nouveau ? ». C'est le moment d'intervenir et de poser une limite ferme, tout en montrant votre empathie : « Tu as encore envie de frapper Parker, mais ce n'est pas OK de frapper. Je vais aider ton corps à s'arrêter de frapper. » Vous pouvez rassurer l'autre enfant : « Je m'occupe de ta sécurité. Je ne le laisserai pas te frapper. » Pour en savoir plus sur les limites, voir la Règle n° 2 : C'est OK si ça ne blesse personne et n'abîme rien.

EST-CE UN ACCIDENT OU PAS ?

« Oh, c'était un accident. Elle n'avait pas l'intention de faire ça. »

Peut-être. Ou peut-être que si ! Cette phrase vous semble innocente ? Croire que l'on connaît les intentions des enfants est présomptueux. La plupart du temps, en vérité, nous ne pouvons pas savoir. Notre objectif est d'enseigner aux enfants la responsabilité de leurs actes. Balayer un incident d'un « C'est juste un accident » les déresponsabilise.

Parfois, ils sont volontairement agressifs. À partir de quatre ans, ils peuvent même y mettre un brin de mauvaise foi. Peut-être rendent-ils un coup qu'ils ont pris lors d'un précédent conflit non résolu. Peu importe leur raison : il n'est pas judicieux de croire que nous la connaissons, ou que notre enfant est systématiquement innocent. Accepter la responsabilité de ses actes est fondamental, qu'il s'agisse d'un accident ou d'un acte intentionnel.

Se montrer « désolé »

Bien sûr, un jour ou l'autre, nous souhaitons que nos enfants s'excusent. C'est la norme, dans notre culture. La meilleure façon d'enseigner les bonnes manières ? Donner l'exemple. Nous arrivons tous à leur faire répéter « pardon » comme des perroquets sans qu'ils en comprennent le sens. Quand nous nous excusons nous-mêmes devant eux, nous ajoutons du sens au mot « pardon ». T. Berry Brazelton, célèbre pédiatre et auteur de *Points forts* et de nombreux autres livres sur le développement de l'enfant, explique pourquoi donner l'exemple est la meilleure stratégie : elle montre aux enfants les comportements appropriés tout en les laissant découvrir par eux-mêmes les récompenses sociales de ces comportements. Voilà pourquoi vous pouvez continuer à vous excuser, sans insister pour qu'ils le fassent.

Quand vous vous excusez auprès d'eux, quelle qu'en soit la raison, il est intéressant d'ajouter un plan d'action à votre « Je suis désolée » : « Je suis désolée d'avoir détruit ton dessin. Je n'avais pas compris à quel point il était important pour toi. La prochaine fois, je te demanderai avant de recycler un de tes dessins. » Ou « Oh, je suis désolée ! Je t'ai promis de t'apporter ton vélo, et j'ai oublié. Que peut-on faire pour m'aider à me le rappeler la prochaine fois ? »

Comme j'ai élevé Myles de cette façon, je me suis demandé s'il savait comment dire « pardon ». Donner l'exemple, était-ce une méthode efficace ? Un jour, il avait cinq ans, il m'a écrasé le pied. « Je suis désolé, j'ai pas fait exprès ! » s'est-il écrié avec une vraie bienveillance dans la voix. Je ne l'avais jamais forcé à s'excuser, et pourtant, la leçon avait porté. Aujourd'hui, il y parvient parfaitement chaque fois qu'il en a besoin.

Outils pratiques

Pour les petits accidents de tous les jours, voici quelques outils – pour les coups volontaires, en revanche, vous pouvez dénouer la situation en mettant en place une médiation de conflit. Voir la Règle n° 3 : Les enfants ont besoin de conflits.

Quand ils sont impliqués dans un accident, certains enfants s'enfuient instinctivement. Les ramener sur le lieu de l'accident, un bras autour des épaules, puis leur dire : « Nous avons besoin de toi ici. Ben a mal. Peut-être que tu n'as pas fait exprès, mais Ben a mal. »

POUR LES ACCIDENTS DE TOUS LES JOURS

- Rassembler les enfants.
- Raconter à celui qui a provoqué l'accident ce qui s'est passé, avec précision : « Ton vélo a heurté son corps. »
- Décrire ce que vous voyez : « Elle pleure. Sa jambe saigne. »
- Donner l'exemple et manifester de l'empathie envers l'enfant blessé : « Est-ce que ça va ? »
- Passer à l'action. « Va chercher un mouchoir ! » « Tiens, apporte-lui ce pansement. »
- Offrir une garantie : « James dit qu'il ne te rentrera plus dedans. Il ne fera du vélo que sur le trottoir. »
- Donner l'exemple dans votre quotidien : savoir demander « pardon » quand l'occasion se présente.

POUR LES AUTRES CONFLITS

- S'adresser à l'enfant blessé : « Tu as apprécié qu'il te pousse ? Non ? Tu le lui dis ! »
- Rassembler les enfants et suivre les étapes de la médiation de conflit.
- Obtenir une promesse : « Dis-lui que tu ne le pousseras plus. » La répéter à voix haute afin que les deux enfants soient en phase : « Jack dit qu'il ne te poussera plus. »
- Si l'enfant refuse de promettre, promettre à sa place : « Je m'occupe de ta sécurité. » Puis préciser la limite à ne pas dépasser.

Être le témoin du déploiement de la compassion chez son enfant est un moment merveilleux à vivre, en tant que parent. Quand nous ne les forçons pas à s'excuser, souvent, ils ouvrent grand leurs bras pour faire des câlins aux camarades qu'ils bousculent, ou leur offrent spontanément de la nourriture ou un doudou. Si vous expliquez la situation calmement et suggérez quelque chose à faire à votre enfant, vous serez surprise de voir la bienveillance et la compassion qu'il est capable de manifester.

Des mots pour en parler

Responsabilité et action

- Tu dois retourner là-bas. Cette fillette a été blessée.
- Peut-être que tu n'en as pas eu l'intention, mais elle est blessée. Nous avons besoin de voir si ça va aller pour elle.
- Tu courais très vite et tu l'as renversée.
- Est-ce que ça va ?
- Regarde, elle pleure. Elle a mal.
- Cours vite chercher un mouchoir (un sac réfrigéré, un doudou, un coussin, un pansement...).
- Merci. Voilà qui l'aidera à aller mieux.

Les garanties d'enfant à enfant

- Dire « Pardon » ne suffit pas. Jesse a besoin de savoir que tu ne le pousseras plus.
- Le pousseras-tu de nouveau ?
- Eva, si tu veux jouer avec Jesse, tu dois respecter cette règle : on ne pousse pas.

Les mots à éviter

- Dis-lui pardon.
- Excuse-toi !
- Et la politesse ?
- C'était un accident.
- Elle n'a pas fait exprès.

En public

En extérieur, vous ne pourrez pas endiguer la marée de « pardons ». Les parents réagissent extrêmement rapidement chaque fois qu'ils perçoivent un manquement aux règles de la politesse, même chez un enfant de deux ans. À la bibliothèque municipale, il y a quelques jours, j'ai vu une mère traîner un bambin de pas plus de vingt mois par la main. Elle le grondait : « C'était malpoli. Tu comprends ce que je te dis ? Tu ne peux pas être malpoli comme ça avec les gens. Tu dois t'excuser, dire pardon au petit garçon. »

Si un enfant s'approche de votre enfant et s'excuse, vous pouvez simplement lui répondre merci, et ajouter pour votre enfant : « Il venait juste voir comment tu allais. » Si la situation le permet, vous pouvez poursuivre la procédure de réparation. Par exemple, si votre enfant a provoqué l'accident, vous pouvez la ramener sur les lieux et l'aider à choisir une action bienveillante, puis proposer une garantie qui aura plus de sens que « Désolée ».

Règle nº 24 :
Laisser les enfants dire des gros mots

Jillian a cinq ans. Elle sait que sa mère n'aime pas entendre le mot « stupide ». Alors elle le dit.

« Ce n'est pas un mot que nous utilisons dans notre famille », lui dit sa mère. Jillian regarde sa mère droit dans les yeux et lui décoche : « Stupide maman. »

Peu importe les mots que vous considérez comme « méchants », « mauvais », de nombreux enfants savourent l'effet-choc. Ils aiment vous voir bondir. Les gros mots sont des mots de pouvoir et les jeunes enfants veulent expérimenter le pouvoir. Nous pouvons les aider à apprendre les conventions sociales et comment user de leur pouvoir avec sagesse.

Vous pouvez protéger vos oreilles tout en accordant à vos enfants la liberté de s'exprimer en changeant simplement l'heure et l'endroit où ces mots peuvent être prononcés.

Pourquoi cette règle ?

La plupart des enfants aiment les mots interdits. Alors, pourquoi ne pas les laisser les prononcer… dans les toilettes ?

Les mots « interdits » varient en fonction des familles. Le seuil de tolérance est parfois très élevé, avec des scènes à faire rougir un charretier, ou plus faibles, aucun gros mot ne dépassant le stade de « caca boudin » et de ses déclinaisons « pipi caca crotte », voire extrêmement faible, quand les termes « stupide », « idiot », « tais-toi » ou « ennuyant » sont eux aussi bannis. Quels que soient vos goûts, vos choix, vous avez le droit de définir une limite aux mots que vous ne voulez pas entendre. Simplement, attention : la censure complète se retourne souvent sur les censeurs.

« Cacaboudin ! » dit Ben, cinq ans. Tous ses copains explosent de rire tandis que la maîtresse monte sur ses grands chevaux. Non loin de Ben, une lueur malicieuse s'allume dans le regard d'Emma : « Caca-prout, caca-prout, caca-prout ! » entonne-t-elle.

Censurer les mots d'enfants provoque deux problèmes majeurs. L'un est très concret : il est irréaliste de vouloir contrôler les mots prononcés par autrui. De la même manière que vous ne pouvez pas forcer votre enfant à s'endormir, vous ne pouvez pas, objectivement, l'empêcher de dire quelque chose. L'autre problème est indissociable de notre nature humaine : en posant l'interdit, nous créons automatiquement l'émotion agréable associée à sa possible transgression. Quand ils prononcent un mot interdit, les enfants y gagnent un petit frisson de plaisir. C'est trop tentant. À tous les coups, votre réaction vaut le détour !

Et si vous acceptiez les gros mots de votre enfant ? Votre visage ne montre rien. Vous ne réagissez pas. Vous êtes calme. Puis vous lui offrez l'information suivante : « C'est un mot que les grands utilisent quand ils sont très en colère. Si tu veux dire ce mot, tu peux le dire dans les toilettes. » Quand vous ouvrez la porte à la liberté d'expression, vous diminuez l'attrait du frisson de plaisir lié à la transgression de la censure.

LES BIENFAITS DE CETTE RÈGLE

En accueillant la liberté d'expression, avec ses limites, vous enseignez à votre enfant comment explorer le pouvoir des mots, comment les utiliser avec sagesse :

- Je peux utiliser les gros mots, mais ce n'est pas excitant. Personne ne me regarde.
- Je sais ce que les gros mots signifient. Ils ne sont pas si mystérieux.
- Il y a des endroits et des moments pour les gros mots, comme pour tout.
- Je connais des gens, comme ma grand-mère, à qui les grossièretés font vraiment très mal. Je ne veux pas lui faire de mal.
- Quand je me mets en colère, parfois ça m'aide de dire un gros mot très puissant.
- Les gros mots et les mots blessants, ce n'est pas pareil. Il n'est pas OK d'insulter les gens et d'utiliser les mots pour leur faire du mal.

POURQUOI ÇA MARCHE

À trois ans, Erin possède un vocabulaire riche. Un jour, il s'énerve contre sa mère et cherche à lui envoyer un mot blessant. Il cherche le mot le plus grand qu'il connaisse et lui crie : « Toi, tu es… tu es… tu es un radiateur ! »

D'après Laura Davis et Janis Keyser, lancer un gros mot est une excursion au monde du pouvoir. Les tout-petits lancent des « idiot ! » ou « tête de prout » ou même « radiateur ». Un peu plus grands, une fois en maternelle, ils apprennent des gros mots d'adulte. Tim Jay, auteur de *What to do when your kids talk dirty* (Que faire quand vos enfants disent des grossièretés), explique qu'il est naturel à cet âge d'être fasciné par le corps humain et tout ce qui tourne autour du pot et des toilettes. Après tout, l'apprentissage de la propreté a joué un rôle important dans leur vie.

Quand vos enfants rentrent de l'école avec de nouvelles polissonneries et les essaient sur vous, ils vont à la pêche à l'information : quelles sont les réactions appropriées pour ce mot ? Comment agit-il sur les gens ? Ils comprennent le pouvoir émotionnel des gros mots. Ils recherchent la source de leur pouvoir si spécial en les répétant encore et encore, observant votre réaction. Parfois, ils les utilisent pour obtenir votre attention. Davis et Keyser suggèrent de les informer en retour : « Si tu veux que je m'occupe de toi, tu peux dire : “Maman, j'ai vraiment besoin de toi”. »

Pour Stephanie Rottmayer, la directrice de la SYC, l'adulte fait tout un drame des gros mots prononcés par l'enfant, alors que, justement, du point de vue de l'enfant, jurons et insultes perdent tout intérêt s'ils ne sont pas récompensés par une réaction violente de la part de l'adulte : « Parfois, c'est simplement OK qu'un groupe d'enfants se rassemblent et s'échangent des mots d'oiseaux. Ils ne font de mal à personne. Ils rigolent, ils s'amusent. »

Ceci dit, il reste important d'expliquer aux enfants que certaines personnes supportent d'entendre ces gros mots, d'autres pas, et qu'il existe des endroits et des moments où il est inacceptable, socialement, de les dire.

Le pouvoir du langage

Les gros mots se répartissent en de nombreuses catégories. On peut par exemple séparer les jurons (ce sont les mots « puissants ») des grossièretés (qui tournent autour du corps) et des mots spécifiques à chaque famille (comme « débile » ou « ferme-la ! »). Si le gros mot de votre enfant entre dans l'une de ces trois catégories, vous pouvez maintenir sa liberté d'expression chez vous en lui offrant la possibilité de le prononcer dans une sélection limitée d'endroits. D'autres termes ont un pouvoir plus fort, une sérieuse capacité à blesser l'autre : les insultes et les mots à connotation sexuelle. Pour ces derniers, d'autres réactions sont à mettre en place.

> Poser nos lunettes d'adulte
>
> Nous bannissons certains mots parce que nous n'aimons pas les entendre. Mais le langage est censé être contrôlé et non censuré. Vous pouvez lever l'interdiction tout en préservant vos oreilles : il suffit d'enseigner à votre enfant ce qui est acceptable et de lui accorder un certain degré de liberté. Par exemple : elle a le droit de dire ce qu'elle veut dans sa chambre ou dans les toilettes. Il y a un temps et un endroit pour tout, même pour les gros mots.

Les jurons

Pourquoi les adultes jurent-ils ? Pourquoi certains mots sont-ils « mauvais » et d'autres « bons » ? Quand les temps sont durs, nous avons besoin, pour la grande majorité d'entre nous, de prendre appui sur des mots puissants. Quand nous coinçons nos doigts dans la portière de la voiture, quand nous laissons tomber notre smartphone dans les toilettes, même la plus douce des mamans lâche un juron bien salé. Dans le comic strip *Calvin et Hobbes*, Calvin, six ans, déclare : « Les déceptions de la vie sont plus dures à supporter si tu ne connais pas de jurons. » Certaines personnes en émaillent leurs discours, mais le pouvoir de ces mots a alors tendance à fondre comme neige au soleil. Les jurons ne conservent leur intensité que si nous les gardons en réserve pour les gros coups de stress ou les accès de colère noire.

> Si vous voulez empêcher votre enfant de jurer, la seule solution est de ne jamais jurer vous-même. Vous pouvez lui montrer qu'en cas de stress, vous vous restreignez à quelques Mince, Mercredi, ou autres Zut. Vous pouvez aussi vous amuser à reprendre des jurons moins usités, comme Enfer ! Sapristi ! Nom d'une pipe ! Diantre ! Saperlotte ! Et, pourquoi pas, mille sabords ! Tonnerre de Brest ! Ou Scrogneugneu !

Garder cette idée en réserve devrait nous aider à rester neutres face aux jurons d'un très jeune enfant. Car, avouons-le : quand un petit de trois ans hurle « Bordel ! », nous perdons en un clin d'œil toute objectivité. Quand l'enfant dit quelque chose qui nous fait sortir de nos gonds, éloignons-nous simplement.

En général, à la maison, mon mari et moi employons un langage audible par toutes les oreilles. Comme moi, mon mari mesure ses paroles, mais, occasionnellement, il perd son sang-froid. Quand c'est le cas, Zach, trois ans, garde ses oreilles grandes ouvertes. Il adore l'intensité de la voix de son père et le pouvoir dramatique de ces nouveaux mots qui lui échappent dans ce moment de fureur. Il a naturellement bien envie de les essayer à son tour.

Un matin, à l'heure du petit déjeuner, nous sommes à court de céréales.

« Bon sang ! Oh, bon sang de bon Dieu ! » hurle Zach.

« D'où sort-il ça ? » me demande mon mari.

Les jurons n'ont aucun sens pour les petits autre que leur pouvoir. Si vous ne voulez pas que votre enfant jure, jamais, il ne vous reste qu'à vous contrôler en toute occasion. Cette stratégie ne fonctionnera sans doute que temporairement, jusqu'à la première rentrée scolaire, quand les camarades de votre enfant mettront à jour son glossaire.

LES GROSSIÈRETÉS

Le corps, c'est fascinant. De nombreux enfants adorent les bruits normalement produits uniquement aux toilettes et le vocabulaire associé. Parler pipi-caca-prout est tout à fait naturel pour les enfants en âge d'aller à la crèche et à l'école maternelle. Ce registre de vocabulaire les tord de rire en moins de deux. Il n'y a rien de mal à laisser des copains de quatre ans rigoler ensemble. Il s'agit d'une forme plutôt positive de création de lien social. La plupart des adultes ne trouvent pas ce vocabulaire aussi drôle que les petits, donc vous pouvez préparer un changement de lieu pour ce genre de conversation.

Deb enseigne à la SYC. Comme un groupe d'enfants avait envie de parler « caca boudin », elle a construit dans un coin de sa classe la « cabane du pipi-caca-prout ». Elle en a délimité les frontières avec des blocs de mousse et annoncé : « Les enfants peuvent dire tout ce qu'ils veulent dans cette cabane. Si vous voulez dire des mots réservés à ce qui se passe dans les toilettes, vous pouvez les dire ici. » La maison du pipi-caca-prout a eu un impact très positif. Elle a offert à ceux qui en avaient besoin un refuge dédié à la liberté d'expression. Leurs camarades de classe et enseignants n'entendaient rien de ce qui s'y disait. Dans la cabane, ils s'en donnaient à cœur joie. Et puis la nouveauté a fini par s'émousser et ils ont changé de jeu. À la maison, vous pouvez procéder à un arrangement semblable et désigner un endroit où les enfants peuvent parler « caca boudin » et rigoler à s'en tordre les boyaux.

LES MOTS INTERDITS SPÉCIFIQUES AUX FAMILLES

Chez les uns, c'est « ferme-la ». Chez les autres, c'est « fesses ». Si vous ne voulez pas entendre certains mots chez vous, il est judicieux en premier lieu d'identifier pourquoi ils vous gênent : ce sont des insultes blessantes ? ou des grossièretés à la pipi-caca-prout ? Il vous revient de donner l'exemple et de n'utiliser que les mots que vous supportez. Vous pouvez gérer les autres mots selon leur catégorie.

LES « BOMBES » RÉSERVÉES AUX ADULTES

L'intérêt d'un enfant pour le langage pipi-caca-prout est compréhensible en maternelle. Attention, cependant, si votre adorable bambin de cinq ans lâche des mots d'adulte caractéristiques du monde porno. Il a donc été exposé à ce lexique et il n'aurait pas dû l'être. Vous ne pourrez pas les effacer de son vocabulaire (vous pouvez toutefois le laisser les dire dans sa chambre), mais les mots sexuellement explicites associés à d'autres signes d'alerte pourraient indiquer qu'il a été l'objet d'un abus sexuel. Il est important que vous en traquiez l'origine. Où les a-t-il entendus ? Si la source de ces mots vous inquiète (un adolescent, un adulte du voisinage), vous avez raison d'aller jusqu'au bout de votre enquête.

LES INSULTES

Si Suzy traite Sarah d'idiote, le problème n'est pas tant le mot choisi que la colère et la blessure émotionnelle provoquées. Au lieu de vous concentrer sur son choix (« Ce n'est pas gentil, tu ne devrais pas dire “idiote” »), il est pertinent de s'atteler à l'émotion que cache le mot : « Je vois que tu es en colère contre Sarah ! Je me demande ce qui s'est passé ? » Puis vous pouvez enclencher une médiation de conflit qui dénouera la situation.

Quand l'insulte nous est adressée, souvent elle nous pique au vif. Respirer. Mettre le mot de côté et décrire l'émotion de l'enfant : « Tu es très en colère parce que tu ne peux pas avoir ce cookie. » Voir aussi la Règle n° 6 : « Je te déteste ! » n'est pas une attaque personnelle.

Outils pratiques

Même si vous ne proférez ni juron, ni grossièreté, ni insulte chez vous, un jour ou l'autre, les gros mots pénétreront le vocabulaire de votre enfant. Si vous n'aimez pas les entendre, voici quoi faire.

Rester impassible

Votre enfant adore être au centre de votre attention. Si un gros mot vous met hors de vous, il trouve cela très excitant ! Ne pas entrer dans son jeu. Rester impassible, calme. Lui parler d'une voix normale en une réponse brève. Si vous pensez ne pas garder votre sang-froid, vous pouvez toujours vous éloigner. Il est important de lui refuser la possibilité de s'amuser à vos dépens.

Changer l'endroit

Si à table votre enfant jure ou centre sa conversation sur ses fonctions digestives et urinaires, lui offrir la possibilité de dire ce qu'il a à dire ailleurs, aux toilettes par exemple, permet de déminer le conflit. Il peut aussi sortir dans le jardin ou aller dans sa chambre, porte fermée. Ainsi vous acceptez sa liberté de s'exprimer tout en protégeant vos oreilles. Et vous évitez un piège : celui d'interdire certains mots. Vous pouvez lui dire : « Si tu as besoin de dire ce mot, tu vas aux toilettes. Tu peux y dire ce mot autant que tu veux, mais pas à table. »

Informer

Quand il avait cinq ans, un jour après l'école, mon fils Myles est rentré et m'a dit :

— Je connais un gros mot.

Il m'a regardée avec une petite étincelle d'espièglerie dans l'œil.

— Qu'est-ce qui te fait penser que c'est un gros mot ?

— Katy m'a dit de ne pas le dire.

— C'est quoi ?

— Traction, a-t-il répondu avec fierté.

Les gros mots paraissent particulièrement puissants quand les enfants n'en connaissent pas le sens, ce qui est le cas pour la plupart des enfants. Typiquement, nous leur censurons ces mots sans jamais leur en expliquer la signification. En petits groupes, ils s'esclaffent sur des gros mots et répandent de fausses informations. Quand j'étais petite, je me rappelle avoir voulu faire l'expérience d'un gros mot alors que j'étais dans la voiture avec ma mère. Elle est restée silencieuse pendant un long moment puis m'a dit que cela signifiait « femelle du chien », donc « chienne ». Voilà qui m'a profondément déçue. Connaître le vrai sens du mot en a retiré tout le mordant.

Quand votre enfant prononce un gros mot pour la première fois, vous pouvez lui en donner le sens (voir aussi la Règle n° 26 : L'éducation à la sexualité commence en maternelle) : « Tu peux me demander le sens de n'importe quel mot, je te les expliquerai tous. » Discuter des lieux où il est OK de les dire, des personnes qui y sont sensibles, permet de lever le voile sur le mystère qui recouvre ces mots, tout en offrant à l'enfant une information correcte. Il éprouve alors de la reconnaissance envers vous. Personne n'aime « avoir la honte ».

S'APPUYER SUR LA SCIENCE

L'intérêt de votre enfant pour les gros mots peut signaler qu'il manque d'information sur le fonctionnement de son corps et la différence entre les zones très privées et les autres. C'est le moment de vous procurer un livre sur le corps humain et de le parcourir avec lui, en montrant notamment les différentes zones des systèmes digestif et sexuel. Vous pouvez lui enseigner de nouveaux mots, lui expliquer par exemple que le terme approprié pour « popotin » est « fesses ». Il appréciera certainement les mots compliqués, comme œsophage. Savoir prononcer un mot pareil lui donne du pouvoir. L'approche scientifique coupe l'herbe sous le pied des petits plaisantins.

INVENTER DE NOUVEAUX MOTS PUISSANTS

Il y a quelques jours, pendant le petit déjeuner, mon fils de six ans a proféré un juron qui m'a fait sourire. Il testait les pouvoirs de son nouveau gros mot : « Cornigratte. »

Vous pouvez encourager votre enfant à créer ses propres gros mots. S'il répète des mots déconseillés aux moins de dix-huit ans, vous pouvez lui dire : « C'est un mot très fort. C'est le mot que j'utilise quand je suis vraiment en colère. Tu as besoin d'un mot très fort, toi aussi ? » L'aider à trouver son mot spécial, rien qu'à lui, promet d'être un moment très amusant pour tous les deux.

À cet âge, les enfants sont de grands créatifs. Ils se régalent à inventer leurs propres gros mots. Je connais une famille qui jure avec « sucravion » ! Quand il entre dans une colère noire, mon mari lâche des « fenouil-burgers » ! Mon fils Zach a choisi « Chop !

Chop ! » tandis que Myles, lui, préfère les mots longs : « Cornigratte », « blobiprane » ou parfois « hippocalorique » ! Prononcer ces gros mots les plie en deux de rire et leur accorde une fantastique sensation de puissance et de maîtrise. « C'est mon mot, dit souvent Myles à son père. Tu n'as pas le droit de le dire. C'est mon mot rien qu'à moi. Si je dis "cornigratte", tu sais que je suis très énervé. »

Les mots d'une langue étrangère forment aussi d'excellents substituts. J'ai rencontré un petit de six ans qui jurait en allemand quand il était en colère. « Scheiss ! » criait-il. C'était son mot codé. Dans le Maine, peu de personnes parlent allemand, donc il ne risquait pas grand-chose à utiliser ce mot comme juron personnel. Certains enfants aiment cette idée, parce que dans la langue étrangère, ces mots sont « réels ».

ENQUÊTER EN CAS D'INSULTES RACISTES OU SEXISTES

Si votre enfant emploie un vocabulaire insultant à connotation sexiste ou raciste, attention. Ces mots peuvent indiquer un danger pour votre enfant. Enquêter : où précisément les a-t-il entendus ? Qui fréquente-t-il ? Êtes-vous inquiète pour sa sécurité ? S'il profère ces insultes contre quelqu'un, il est important de s'occuper d'abord du conflit, puis, dans un second temps, de rechercher l'origine de l'insulte.

Quand l'enfant prononce les autres gros mots, souvent, son ignorance en est la source. Dans ce cas, l'informer sur le sens du mot et placer des limites à son utilisation suffit. Mon fils Myles aime baptiser des pays imaginaires. Un jour, il en a nommé un « Nig-ger ». Je lui ai expliqué que le nom qu'il avait choisi était déjà un mot et je lui en ai donné le sens : « C'est un mot très méchant pour les personnes dont la peau est noire. C'est un mot tellement méchant que plus personne ne le dit, même les adultes. Il blesse terriblement. » En fonction de l'appartenance ethnique de votre famille, l'explication peut varier.

Des mots pour en parler

- Si tu veux dire ce mot, tu vas dans les toilettes.
- Tu peux dire ce mot autant que tu veux, mais pas à table.
- Sais-tu ce que ça veut dire ? Je peux t'expliquer.
- Tu peux me demander la signification de n'importe quel mot, je te la donnerai toujours.
- On va parler de ce mot, des endroits où on peut le dire et des endroits où on ne peut pas le dire.
- On dirait que la façon dont ton corps fonctionne t'intéresse.
- Ça, c'est un mot que les adultes utilisent quand ils sont en colère.
- As-tu besoin d'un gros mot pour toi, rien qu'à toi ? Quel mot pourrait signifier que tu es très en colère ?

Les mots à éviter

- On ne dit pas ce mot dans cette maison.
- Ce n'est pas un mot que tu peux dire.
- Que je ne t'entende plus dire ce mot !
- Ne me parle pas comme ça !

En public

Parfois, il est matériellement impossible d'envoyer votre enfant jurer dans les toilettes. Tout simplement parce que l'endroit où vous êtes n'en dispose pas. Où que vous soyez, on l'a vu, il est important de se concentrer d'abord sur les émotions de l'enfant avant de parler des gros mots. Ensuite, vous avez deux options. La première : trouver un espace « privatisable ». Votre voiture par exemple, ou un coin désert où il pourra vider son sac. La seconde : reporter le moment. « Tu pourras dire ce mot autant que tu voudras dans ta chambre, à la maison, mais pas ici, dans le magasin. » En général, les enfants sont d'accord s'ils comprennent qu'ils pourront s'exprimer librement plus tard.

Règle nº 25 : Déguster ses mensonges

Si vous croyez que votre enfant de trois ans peut répondre avec honnêteté à vos questions, vous risquez d'être déçue pendant encore quatre ans. Techniquement, les enfants peuvent mentir dès l'âge de deux ans. Nombre d'entre eux ne commencent à raconter des bobards qu'à partir de quatre ans. Mais la vraie compréhension des enjeux moraux sous-jacents aux notions d'honnêteté et de conscience de l'autre ne s'installe que beaucoup plus tard, vers sept ans.

Il est inutile de tenir mordicus à ce que votre enfant vous dise « la vérité » et rien que la vérité. Quand les mensonges font surface, vous pouvez vous appuyer dessus et guider votre enfant vers des échanges plus transparents qui augmenteront sa conscience de soi. Les enfants en bas âge mentent pour de nombreuses raisons. La plupart du temps, ils mentent pour nous faire plaisir. Ne montons pas sur nos grands chevaux.

Pourquoi cette règle ?

Les tout-petits mentent pour exprimer leurs souhaits et tenter de maîtriser leur environnement. Votre réaction compte davantage que le mensonge lui-même.

La première fois qu'un enfant de trois ou quatre ans raconte des salades aussi énormes que lui à ses parents, il les place en état de choc profond.

— Oui, je me suis lavé les mains.

— Non, c'est impossible. Je n'ai pas entendu l'eau couler. Ne mens pas.

Quand l'enfant ment, il nous offense profondément. Notre sang ne fait qu'un tour. Souvent, nous lui crions dessus pour lui « enseigner » l'honnêteté.

Au cours du développement de l'enfant, mentir est un apprentissage naturel. En mentant, il n'a aucune intention de nuire. Si vous observez ces mensonges, il cherche en fait à tout prix à nous faire plaisir : « Que pourrais-je dire qui ferait plaisir à maman ? Elle veut que je me lave les mains. Je peux lui dire "je l'ai fait". » Les enfants nous disent ce que nous avons envie d'entendre. Ils nous mentent pour éviter les problèmes ou obtenir ce qu'ils veulent. Parfois aussi ils mentent pour rire, par espièglerie. Ou pour l'expérience. Ils cherchent à changer leur monde avec leurs mots, à le conformer à leur monde imaginaire. Ils « fabulent ».

Poser nos lunettes d'adulte

Quand votre fille ment, elle fait de son mieux pour dire ce qui est pertinent pour elle. Elle ne cherche pas à provoquer une crise morale. C'est sa façon de vous faire plaisir et de se protéger. Elle ne veut pas consciemment esquiver la vérité pour vous mettre en colère. Elle n'est pas « méchante ». La punir n'arrêtera pas ses mensonges (les enfants mentent aussi pour éviter les punitions). Il convient dans ces situations de lui montrer que vous appréciez la vérité. Elle changera alors son comportement pour vous faire plaisir.

Un mensonge d'enfant est à prendre comme un souhait ou une émotion. Il nous revient de reconnaître dans ce mensonge un effort sophistiqué de domestiquer le monde avec la parole. Apprécier dans le mensonge le côté « j'apprends à choisir ce que je dis » et lui enseigner comment procéder à ce choix, voilà notre tâche.

LES BIENFAITS DE CETTE RÈGLE

Quand un enfant ment, s'il n'est pas systématiquement puni ou couvert de honte, il apprend peu à peu les leçons de vie suivantes :

- Mes parents aiment quand je dis la vérité. C'est ce qui leur fait plaisir.
- Espérer quelque chose, c'est amusant, mais cela ne change pas la réalité.
- Si je fais quelque chose de mal, cela ne veut pas dire que je deviens une mauvaise personne.
- Il est difficile d'admettre quand on se trompe, quand on a tort ou quand on fait quelque chose de mal, mais je peux le faire.
- Je suis en sécurité quand je dis des choses à mes parents, même les choses difficiles.

POURQUOI ÇA MARCHE

Il existe de bonnes raisons d'aimer nos petits menteurs. Les recherches de la psychologue Victoria Talvar, entre autres, montrent que les enfants mentent pour rendre leurs parents heureux. Plus les recherches creusent ce sujet, plus elles nous indiquent que mentir est une habileté sociale complexe, souvent motivée par deux objectifs différents, la volonté de se préserver d'un danger ou d'augmenter le bonheur de quelqu'un. Les enfants modifient leurs histoires pour nous faire plaisir.

Ils répondent à nos questions de la façon la plus efficace pour éviter une punition, pour nous rendre heureux et pour obtenir ce dont ils ont besoin. T. Berry Brazelton explique qu'il n'est pas judicieux de s'attendre à ce qu'un enfant de trois à six ans comprenne vraiment les bénéfices de l'honnêteté.

> Un mensonge d'enfant ne devrait pas être interprété à travers le prisme de la moralité. La conscience morale de l'enfant se développe en son temps et en son heure.

Pourquoi les adultes apprécient-ils l'honnêteté ? Parce que les relations honnêtes nous permettent de vivre dans une communauté juste et bienveillante. Les mensonges peuvent blesser. Mais l'honnêteté brutale, elle aussi, peut faire des dégâts. Pour cette raison, certains parmi nous considèrent les « petits » mensonges, ou mensonges « pieux », comme autant de preuves de notre respect et compassion pour autrui. Pour enseigner l'honnêteté, il nous faut l'incarner, en même temps que la gentillesse et la bienveillance.

Les punitions ne sont pas un moyen très efficace pour transmettre la moralité. Après tout, la moralité veille au respect de ce qui est bon contre ce qui est mauvais et vise un meilleur vivre ensemble. L'une des raisons principales d'un mensonge, chez les enfants comme chez les adultes, est de se protéger contre la punition. Le Dr Talwar montre que les punitions n'empêchent pas les mensonges. Au contraire, elles poussent les enfants à augmenter le degré de sophistication de leurs mensonges. Une fois que les enfants ont compris que le mensonge est un mal passible de punition, ils ne les répriment pas pour autant, mais augmentent leurs efforts pour ne pas être pris. Ils deviennent de meilleurs menteurs.

La capacité de mentir montre que l'enfant est capable de prendre le point de vue d'une autre personne. Il pense : « J'ai renversé mon pot de peinture. Mais elle ne le sait pas, elle ne m'a pas vu. » Que cette nouvelle capacité se manifeste en mensonge n'enlève rien à son importance : elle indique que l'enfant développe son empathie. Les parents peuvent guider ce signe d'une moralité émergente, mais il est inutile d'aller trop vite. Le raisonnement moral complexe ne peut prendre place qu'à un stade ultérieur du développement cérébral de l'enfant.

Les tout-petits savent-ils mentir ?

Pendant des années, les psychologues ont cru que les enfants de moins de six ans ne savaient pas mentir, qu'ils en étaient cognitivement incapables. Aujourd'hui, le consensus scientifique a changé : les tout-petits mentent eux aussi, mais au meilleur de leur forme, ils ne profèrent que des ébauches de mensonge. Les vrais mensonges ne s'observent généralement qu'après six ans, quand l'enfant a la capacité mentale d'inventer une histoire cohérente. Mais à cet âge-là, il n'est pas assez mature pour comprendre l'implication morale de son acte.

Robert Coles, psychiatre à Harvard, a concentré l'essentiel de ses recherches sur la moralité de l'enfant. Dans son livre *The moral intelligence of children* (l'intelligence morale des enfants), il explique que l'enfant n'acquiert le raisonnement moral qu'à partir de sept ou huit ans. Malgré tout, selon lui, comme avec l'intelligence émotionnelle, l'adulte peut guider l'enfant au fur et à mesure du développement de son intelligence morale. La chercheuse australienne Kay Bussey confirme que l'enfant commence à faire l'expérience du mensonge vers deux ou trois ans, mais ne comprend pas vraiment le concept de vérité avant l'âge de huit ans. Il comprend alors que dire la vérité fait du bien.

Nous pouvons donc classer les mensonges des petits en deux catégories. D'abord ceux des enfants de deux et trois ans : ils découlent d'une confusion entre la réalité et l'imaginaire. Ensuite, ceux des enfants de plus de quatre ans : l'enfant sait qu'il ment sans pour autant comprendre un concept aussi complexe que l'honnêteté.

Quand nous posons nos lunettes d'adulte et voyons le mensonge pour ce qu'il est – un effort de l'enfant pour nous faire plaisir – soudainement, le mensonge perd son côté menaçant. L'enfant multiplie les expériences avec une nouvelle habileté. Il cherche à se protéger. Vue sous cet angle, la charge émotionnelle de ses mensonges disparaît. Vous ne vous sentez plus manipulée, trahie. Vous êtes mieux armée pour garder votre parentage en mode actif (comprendre votre enfant) plutôt qu'en mode réactif (exploser telle une poudrière parce qu'*il vous a menti*).

Mentir est une façon de se bercer de chimères

Si vous les écoutez un peu, les enfants passent leur journée à prendre leurs rêves pour la réalité.

Mon fils Zach veut un esquimau. En général, il en fait couler partout, donc chez nous, la règle est que les esquimaux se mangent dehors, dans le jardin. Mais Zach veut manger le sien dans la cuisine :

— Il pleut ! annonce-t-il.

— Non, il ne pleut pas. Il fait beau.

— Il pleut ! C'est mouillé ! mouillé ! Je dois manger dedans !

Zach prend ses désirs pour la réalité. En d'autres termes, il entretient ses pensées magiques pour arriver à ses fins. Quand il dit « Il pleut », il ne ment pas. Il exprime son souhait de contrôler le monde.

Voici un bobard assez courant chez les enfants en cours d'apprentissage de la propreté :

— Tu as fait caca dans ta couche ?

— Non, j'ai pas fait caca ! dit le petit de deux ans.

— J'ai l'impression que ça sent, dit le père. On va changer ta couche.

Ce « J'ai pas fait caca » est une pensée magique. L'enfant pense : « Si seulement je n'avais pas fait caca. Je ne veux pas arrêter de jouer. »

Quand cela se produit, traduire le souhait de l'enfant, son désir intime, permet de donner du sens à ses paroles. Par exemple : « Tu n'as pas envie d'arrêter de jouer. Tu aimerais bien ne pas avoir fait caca. Mais tu as fait caca. On fait une pause et tu reviendras jouer très vite. »

La plupart des parents laissent passer sans sourciller la pensée magique qui change le temps qu'il fait ou nie la couche pleine, mais pas celle qui cherche à cacher une règle transgressée. L'enfant ne fait pas la différence. Quand elle enfreint une règle ou invente une histoire pour masquer une bêtise, elle s'efforce d'exprimer son souhait et d'obtenir ce dont elle a besoin.

ÉVITER DE CONDAMNER, ÉVITER LES PIÈGES DU MENSONGE

— As-tu cassé cette lampe ?
— Non.
— Ne me mens pas. Je t'ai vu lui donner un grand coup avec ton avion Lego.

Ce scénario est un piège très courant. Nous savons déjà ce que l'enfant a fait, mais quelque chose nous pousse à lui poser la question pour obtenir une réponse « honnête ». Systématiquement, nous entrons dans une lutte de pouvoir : qui a tort ? Qui a raison ? Si vous savez déjà ce qui s'est passé, il est inutile de le demander à l'enfant.

Elle répond « non, je n'ai pas cassé la lampe » parce qu'elle s'efforce de se protéger et en même temps, de vous faire plaisir. Comme pour la couche pleine, elle aimerait tellement ne pas avoir cassé la lampe ! Elle voudrait que quelqu'un d'autre qu'elle ait cassé la lampe.

Peut-être craint-elle d'être punie. Avant tout, elle ne veut pas perdre votre affection.

Son « Non » a plusieurs significations :

- Si seulement je ne l'avais pas cassée.
- J'aimerais tellement que quelqu'un d'autre l'ait cassée.
- Je ne suis pas méchante. Je ne suis pas le genre d'enfant qui casse exprès.
- Si je dis que je ne l'ai pas fait, tu continueras à m'aimer.
- Je ne veux pas être punie.

Personne n'aime être la cible de reproches, même s'ils sont justifiés. Quand un enfant est dans le pétrin et ne sait pas comment s'en sortir, souvent, il ment pour prendre de la distance avec la bêtise qu'il a commise. Il réagit ainsi parce qu'il se sent coincé. « C'est pas moi ! » ou « C'est nounours ! ». Nous pouvons leur enseigner quoi faire quand ils se sentent acculés. Voici comment :

— Je vois que la lampe est par terre.

— Oui papa, elle vient de tomber.

— Les lampes, ça ne tombe pas tout seul. Quand tu casses quelque chose, tu peux me le dire.

— C'est pas moi.

— Je parie que tu aimerais bien ne pas l'avoir fait tomber.

— Oui, si seulement elle était pas tombée. Je l'ai juste un peu touchée. Je savais pas qu'elle se casserait…

Quand vous lui montrez de la compréhension, en général, l'enfant raconte ce qui s'est produit. Quand Myles bafoue une règle, si je lui dis : « Je parie que tu aimerais bien ne pas l'avoir fait », immédiatement, il me dit tout.

Guider au lieu de gronder

L'autre jour, j'ai surpris Zach, trois ans, en flagrant délit, la main droite couverte de traînées blanches et luisantes. Quand il m'a vue, il l'a vite essuyée sur son pantalon. Mon mari venait juste de terminer de repeindre un pan de mur. Il avait laissé le pinceau et le pot de peinture sur l'établi, dans le garage.

— Qu'est-ce que c'est ? ai-je demandé à Zach.
— Rien.
— On dirait que tu as touché la peinture de ton papa.
— Non.
Les traces de peinture blanche ressortaient on ne peut plus nettement sur son pantalon bleu marine.
— Hum, voyons voir, ai-je répondu. Montre-moi où est la peinture.

Zach s'est dirigé droit vers le pot de peinture et m'a montré où il avait trempé ses doigts. Puis il m'a aidée à nettoyer tout ce qu'il avait sali.

Mettre un frein à notre colère quand l'enfant ment, lui parler d'une voix neutre, même s'il nous énerve, répond à son besoin profond. Il a menti justement pour éviter notre colère, même s'il sait que nous ne le punirons pas. Vous pouvez lui montrer comment réparer sa bêtise et lui expliquer qu'il vous fait plaisir quand il vous dit la vérité.

Ne pas réprimer sa créativité à inventer des histoires

Quand il invente une histoire tellement énorme qu'elle ne peut être que fausse, il ne sert à rien de s'inquiéter et de vouloir à tout prix séparer le vrai du faux. Il est plus efficace d'apprécier la fable (« J'ai une licorne et elle habite sous cet arbre et toutes les nuits, elle... ») et de reconnaître la créativité de l'enfant : « Et après, elle a fait quoi, ta licorne ? » L'imagination débordante des tout-petits les amène à élaborer des récits complexes qu'il ne sert à rien de qualifier de « faux ». Comme vous savez désormais que l'enfant cherche à reporter la responsabilité de sa bêtise sur son ami imaginaire, vous pouvez l'aider à affronter l'idée que tout le monde fait des erreurs.

Outils pratiques

Ne pas ignorer les mensonges

Que l'enfant en soit encore au stade du développement de son sens moral ne lui donne pas le droit de mentir à tout va. Certes, à deux ans, il ne fait pas encore la différence entre le vrai et le faux, mais entre quatre et six ans il en a une perception bien plus nette. Plutôt que d'ignorer les mensonges qu'il sème dans son quotidien, quel que soit son âge, nous pouvons le guider et lui enseigner comment gérer les difficultés et accepter ses erreurs, que faire quand on ressent la morsure de l'humiliation et comment prendre l'habitude de reconnaître ses actes. Même s'il est tout petit. Il n'a pas encore toutes ses facultés de raisonnement moral, mais il peut s'entraîner à prendre de bonnes habitudes. Les mensonges apparaissant en général suite à une émotion désagréable, la peur, la jalousie, la frustration, la honte, il a avant tout besoin de notre aide pour vivre ces émotions épineuses. Comme tous les enfants, il a un besoin criant de se sentir compris. Plus il s'exerce à reconnaître ses erreurs dans un cadre sécurisé, plus il lui sera facile, en grandissant, d'admettre ses bêtises.

LES ÉTAPES POUR DÉCONSTRUIRE UN MENSONGE :

1. Dire ce que l'on voit : « Je vois des écritures au crayon rouge sur le mur. »
2. Informer : « Les murs ne sont pas faits pour écrire dessus. Si tu veux utiliser des crayons, tu le fais sur du papier. »
3. Reconnaître les souhaits pour ce qu'ils sont : « Je parie que tu aimerais que ça se soit passé comme ça. »
4. Montrer de l'empathie : « Je n'aime pas faire des erreurs. Parfois, quand je fais une erreur, je me sens si mal que j'aimerais que quelqu'un d'autre ait fait l'erreur. »
5. Donner un travail à l'enfant, si possible, pour réparer la situation : « Va chercher un chiffon, une éponge, un balai… »
6. Travailler ensemble à la résolution du problème : « Que peut-on faire pour que tu t'en souviennes la prochaine fois ? Et si on fabriquait un panneau avec "Ne pas toucher à l'aquarium" écrit dessus ? » Vous pouvez aussi ranger hors de portée l'objet de sa tentation…

Dans ces situations, l'empathie pour l'enfant est notre guide. Ensuite seulement, nous pouvons dérouler les étapes d'une résolution de problème et montrer à l'enfant ce qui s'est mal passé et comment ne pas le répéter. Nous voulons tous que les enfants s'adressent volontairement à nous en cas de problème, même si (ou surtout si) la situation les met en grande difficulté. Il est important de garder notre calme et de maintenir les canaux de communication ouverts : « Tu peux toujours venir me parler quand quelque chose de ce type t'arrive. » Voilà comment construire peu à peu ses habiletés morales et la préparer à l'autonomie.

Des mots pour en parler

Réagir aux mensonges des enfants

- Tu aimerais que... ?
- Je sais que tu aimerais que ça se soit passé comme ça.
- Je parie que tu aimerais ne pas avoir fait ça.
- Il est difficile de ne pas toucher à l'ordinateur quand il est allumé.
- Je n'aime pas faire des erreurs. Parfois, quand je fais une erreur, je me dis que j'aimerais que quelqu'un d'autre l'ait faite. Tu te sens comme ça, toi aussi ?
- C'est difficile d'être celui qui a fait la bêtise, l'erreur.

Réparer

- Quand tu casses quelque chose, tu me le dis.
- C'est difficile, mais c'est important de le dire à quelqu'un.
- Tu peux toujours venir me le dire. Je ne me fâcherai pas. J'aime vraiment ça quand tu me dis la vérité.
- Quand on fait une erreur, on aide à la réparer.
- Il y a des saletés par terre. Nous avons besoin de la serpillière.
- Que peut-on faire pour t'aider à t'en souvenir ?

Les mots à éviter

- Es-tu en train de me mentir ?
- Ne mens pas !
- Tu sais que ce n'est pas vrai. J'ai vu ce qui s'est passé.

En public

Dès que nous mettons le nez dehors, nous ne pouvons éviter d'entendre ce refrain : « Ne mens pas. » S'efforcer de protéger son enfant des crises de rage des autres adultes face au mensonge est une perte de temps. Le plus important ? Notre propre réaction. Nous pouvons prendre le relais des « Ne mens pas » d'un autre adulte en gardant notre calme et en déroulant les étapes de déconstruction d'un mensonge décrites ci-dessus.

VII.
LES SUJETS SENSIBLES

Il faut du courage pour se lever et prendre la parole.
Il faut tout autant de courage pour s'asseoir et écouter.

Winston Churchill

Règle n° 26 : L'éducation à la sexualité commence en maternelle

Quand j'ai annoncé à un groupe de parents que j'avais commencé l'éducation à la sexualité de mon fils alors qu'il n'avait que deux ans, leur surprise était telle qu'ils en sont d'abord restés muets. Puis les réactions ont fusé :

— Vous plaisantez !

— Ah mon Dieu. Je ne dirai rien au mien avant qu'il ait au moins treize ans.

— Je suis tellement contente de ne pas avoir à me préoccuper de ce sujet avant un bon bout de temps. La petite graine, tout ça, houlala !

Bien sûr, avec mon fils de deux ans, je ne suis pas entrée dans les détails. Nous avons lu des livres d'images ensemble et j'ai répondu à ses questions. De toute façon, je ne pouvais pas les éviter : quand Myles avait deux ans, j'étais enceinte, j'attendais son petit frère, Zach.

J'ai observé les personnes présentes. Plusieurs mères étaient elles aussi enceintes. Alors que pouvaient-elles bien raconter à leurs aînés ? Qu'esquivaient-elles, précisément ?

Pourquoi cette règle ?

La curiosité des tout-petits est particulièrement développée envers tout ce qui touche au corps et donc à la naissance. Nos réponses honnêtes les aident à se former une image saine de leur propre corps et ouvrent la voie à une vie entière de conversations franches entre l'enfant et ses parents.

Pour moi aussi, l'éducation à la sexualité a commencé tôt. Je ne me souviens pas ne pas avoir su comment on fabrique les bébés. Sans doute à cause du contexte des années 1960 et 1970 et de la révolution sexuelle, qui a taillé en pièces les vieilles valeurs. Les livres publiés à l'époque conseillaient des discussions libres au sujet de la sexualité entre l'enfant et ses parents. Ma mère s'était dit que c'était une bonne idée.

Je me souviens d'une enfance faite de réponses franches et honnêtes. Je disposais d'une information fiable, factuelle et cela ne me gênait en rien. Ainsi, quand j'ai eu huit ans, j'ai pu me frayer un chemin au travers de l'avalanche de désinformation qui se déversait dans le bus du ramassage scolaire ou dans la cour de récréation.

Les bienfaits de cette règle

Quand nous commençons tôt l'éducation à la sexualité de nos enfants, il est plus facile par la suite de construire sur les bases que nous avons déjà posées. Du plus loin qu'il s'en souvienne, votre enfant vous voit comme un parent à qui il peut tout demander. Votre fils, votre fille apprennent à penser :

- Je fais confiance à mes parents. Ils me donnent des réponses franches.

- Je peux tout demander à mes parents, même des questions difficiles et intimes.
- Il y a certains sujets dont on ne parle qu'à la maison.
- Certaines parties de mon corps sont privées.
- Je sais comment je suis né. J'ai des connaissances.
- Mon corps change en grandissant.
- La vie est fascinante.

POURQUOI ÇA MARCHE

De nombreux experts clament que « l'éducation à la sexualité commence à la naissance ». Ce qu'ils veulent dire : depuis leur naissance, nous pouvons montrer aux bébés qu'il n'y a aucune honte à avoir de son corps, au contraire, et que les différentes parties corporelles ont chacune un nom. L'éducateur en sexualité Logan Levkoff est souvent interviewé pour les émissions *Good morning America* et *Today*. D'après lui, les adultes ont le pouvoir d'influencer la représentation que se fait l'enfant de son corps en tant que bon, naturel (ou sale, honteux) dès le stade du nourrisson. Comme le Président Obama, Levkoff est pour l'éducation à la sexualité à tous les âges. Ce chapitre traite plus précisément de ce qui est approprié pour les deux-six ans.

En maternelle, l'éducation à la sexualité se concentre essentiellement sur les bébés et les différentes parties du corps. D'où viennent les bébés ? Quelle est la différence entre un corps masculin et un corps féminin ? Parler des bébés mène à discuter des différentes zones du corps, puis à expliquer la différence entre hommes et femmes, qui mène à… disons-le franchement : ces conversations peuvent mener partout, guidées par la curiosité de l'enfant.

Que cherchons-nous ? Nous voulons que nos enfants :

- disposent d'informations fiables.
- ne ressentent pas de honte au sujet de leur corps.
- comprennent quelles zones de leur corps sont privées.
- s'adressent à nous en premier quand ils ont une question relative à la sexualité, ou à tout autre sujet sensible.

RETIRER NOS LUNETTES D'ADULTE

Ne répugnons pas à éduquer nos enfants à la sexualité. L'éducation à la sexualité ne favorise pas la promiscuité sexuelle entre enfants. Voyons-la comme une leçon de biologie. Son grand cadeau : l'ouverture d'un canal de communication fiable entre vous et votre enfant, à qui vous apprenez à nommer les différentes zones du corps et comment les bébés, les chiots et les chatons sont fabriqués. Commencer tôt lui montre qu'il peut venir vers vous avec toutes ses questions, quelles qu'elles soient. Vous aurez ainsi l'occasion de partager avec lui vos connaissances et vos valeurs pendant toutes les années à venir.

COMMENCER TÔT

Quand j'avais cinq ans, un des livres d'images de notre bibliothèque me fascinait plus que les autres. Je me souviens de sa couverture violette. À l'intérieur, l'histoire me semblait magique. J'avais du mal à croire que j'avais pu être un jour plus petite qu'un point sur une feuille. Ce livre s'appelait *Comment naissent les enfants*, des auteurs Andrew Andry et Steven Schepp. Tout en douceur et par étapes, il présentait les concepts de la fécondation et du rapport sexuel, en commençant par les fleurs, puis en passant aux poulets, aux chiots et aux humains. Arrivée à ce dernier stade, j'avais compris le système des ovules et du sperme, le trou où le sperme entrait et d'où le bébé sortait. Ce n'était ni surprenant ni effrayant. C'était plaisant. Et merveilleux.

Nous avons de la chance, ce livre publié en 1968 a été réimprimé en 1984 et est encore disponible dans les librairies en ligne. Les illustrations en papier découpé clarifient bien des questions sans être agressives. En le relisant aujourd'hui, je vois à quel point les auteurs comprennent les petits de deux à six ans et tout ce qu'ils veulent savoir, sans en dire trop.

Si une enfant est suffisamment grande pour vous poser la question, alors elle est suffisamment grande pour avoir une réponse franche.

Bien sûr, il existe une grande diversité de livres comme support de discussion. Nombre d'entre eux utilisent les codes de la bande dessinée, comme si le sujet était trop gênant et ne pouvait être traité qu'avec de l'humour. Les deux-six ans ont tendance à trouver ces livres plus confus qu'autre chose. Les bandes dessinées conviennent aux enfants plus âgés (école primaire et plus) qui en apprécieront l'humour. Avec les tout-petits, vous pouvez choisir les classiques et la simplicité. L'essentiel est de commencer tôt.

Plus tôt, c'est plus facile

Les tout-petits ne savent pas à quel point le sujet est sensible. Pourquoi les adultes seraient-ils gênés à l'idée de parler de certaines zones de leur corps ? Puisque les enfants de trois ans n'éprouvent encore aucun embarras pour tout ce qui touche au sexe, il est beaucoup plus facile d'ouvrir la discussion. À cet âge, ils sont très terre à terre. Si vous vous sentez mal à l'aise à l'idée d'aborder le sujet avec votre enfant, il est d'autant plus pertinent de vous y mettre tôt. Vous vous entraînez ainsi à prononcer des mots qui pourraient vous faire hésiter, comme vagin ou sperme, face à une audience vraiment très indulgente.

La première fenêtre d'opportunité pour commencer l'éducation à la sexualité s'ouvre à un très jeune âge. « Si votre enfant de six ans peut vous poser des questions sensibles et obtenir une réponse franche, alors plus tard, une fois adolescente, elle aura confiance pour continuer à le faire », explique Deb Baillieul, qui enseigne l'éducation à la sexualité au CP. « Si elle n'arrive pas à vous en parler à six ans, ce n'est pas vous qu'elle ira questionner une fois adolescente. » Entamer le dialogue sur le corps et la sexualité le plus tôt possible facilite les choses pour tout le monde. Même si l'adolescence vous semble très loin, vous vous remercierez plus tard d'avoir posé des bases solides et ouvert un canal d'échanges sur le sujet.

Quand vous commencez tôt à parler de la sexualité, vous maîtrisez davantage la qualité de l'information que votre enfant reçoit. Sur ce sujet, votre enfant croisera toutes sortes de sources d'information : des camarades ignorants comme des camarades très au fait.

Certains auront peut-être même assisté à la naissance d'une petite sœur chez eux ! D'autres n'auront obtenu que des « Chut ! » en réponse à leurs questions et seront désespérément en quête d'information. Si vous n'éduquez pas votre enfant à la sexualité, vous pouvez être sûre que d'autres s'en chargeront. Il est utile de vous positionner tôt comme une autorité disponible sur le sujet.

Rester accessible

Laura rentre de l'école et demande ce que veut dire un mot qu'elle ne connaît pas. Sa mère explose de colère : « C'est un mot que les ignorants utilisent pour dire ce que font mari et femme et je ne veux plus jamais t'entendre le prononcer ! »

Voilà l'éducation à la sexualité que la plupart d'entre nous ont reçue. Sans modèle à suivre, il est facile de se fermer comme une huître. Vous pouvez avoir confiance en une chose : en tant que parent, vous vous fraierez un chemin et parviendrez à aborder le sujet. Je vous propose d'ouvrir un livre et de vous entraîner à désigner à haute voix les zones anatomiques qui vous font rougir, en vous concentrant avant tout sur votre attitude. Vous voulez être un parent disponible, accueillant, à qui votre enfant peut poser des questions. Vous ne lui offrez pas une conférence sur la sexualité, mais un échange. Pour que la discussion porte ses fruits, il est important d'accepter la curiosité de l'enfant. Pour devenir un parent à qui l'enfant peut tout demander, il suffit la plupart du temps d'écouter l'enfant.

Outils pratiques

Restreindre la discussion à la maison

Vous êtes au supermarché et pendant que devant vous une femme enceinte dépose ses boîtes de sauce tomate sur le tapis roulant de la caisse, votre enfant lâche la question qui fait rougir : « Maman, comment le bébé est entré dans le ventre de la dame ? »

Il est tout à fait OK de repousser à plus tard votre réponse à cette grande question. Il n'y a aucune urgence à expliquer les œufs, le sperme et les rapports sexuels et aucune nécessité à le faire en public. Vous pouvez reporter votre réponse sans toutefois l'esquiver.

« C'est une question très importante, ma puce. On en discutera dans la voiture, en rentrant à la maison. »

Votre enfant a besoin de savoir que vous avez entendu sa question, que pour vous, c'est une bonne question, et que vous avez l'intention de lui en parler : « C'est une énorme question et je veux avoir le temps d'en discuter avec toi. Je répondrai à ta question sur les bébés quand on sera rentrés à la maison. » Même si vous êtes au supplice à l'idée de donner un cours de biologie à votre tout-petit, il est essentiel de tenir votre promesse. Une fois que vous aurez quitté le supermarché et atteint la sécurité de votre foyer, que le lait est rangé au réfrigérateur, vous pouvez répondre directement à la « grande » question.

Si une explication en public ne vous gêne pas, bien sûr, n'hésitez pas. Il est toujours préférable de répondre aux questions des enfants sur-le-champ. La leçon porte mieux ses fruits si elle est associée à un moment qui l'illustre. De plus, vous participez ainsi à la création d'une relation de confiance où l'enfant peut vous demander tout ce qu'il veut à tout moment.

Clarifier la question

Avant tout, il est utile de vérifier exactement ce que l'enfant veut comprendre et de ne répondre qu'à sa question, ni plus ni moins. Sinon, le risque est de la surcharger d'information. Vous vous attendez sans doute à une longue discussion, mais souvent la question reste basique. Au début, les premières questions relatives à la sexualité peuvent être assez déroutantes par leur simplicité.

« Tu demandes comment les bébés sortent. Veux-tu savoir comment ils sont fabriqués ? » Une fois l'ambiguïté levée, il reste à comprendre quel niveau d'information l'enfant recherche. Peut-être ne s'intéresse-t-elle pas encore à la façon dont les enfants entrent dans le ventre de la maman : savoir où il grandit et comment il sort lui suffira pour l'instant. Elle attend une réponse simple. Ensuite, vous verrez bien si elle pose une autre question.

Quand une question sur la sexualité surgit, vous pouvez aussi répondre par une autre question : « Qu'en penses-tu, toi ? » Vous gagnez quelques secondes pour vous concentrer sur le sujet et préparer votre réponse, tout en évaluant son niveau de compréhension du moment. Si elle déclare « les bébés viennent de l'hôpital », vous saurez par quoi commencer.

Admettre notre nervosité

Si la question vous déroute, votre enfant le remarquera. Il ne vous trouble pas intentionnellement, donc soyez prête à admettre votre nervosité : « Quand j'étais petite, c'était un sujet dont on ne parlait pas. Je ne sais pas comment l'aborder et ça me met mal à l'aise. » La plupart des enfants lisent le langage non verbal et entendent les non-dits dans la voix de leurs parents. Il est donc inutile de leur cacher votre embarras. Au contraire, le partager avec eux donne l'exemple d'une relation ouverte, honnête et franche. Un jour, votre enfant peut lui aussi avoir besoin de vous confier quelque chose de difficile à avouer.

Filles et garçons : enseigner les deux facettes de la sexualité

« Maman, il est où ton pénis à toi ? »

De nombreux enfants apprennent que les garçons ont un pénis et que les filles n'en ont pas. Il est important de mentionner ce que les filles ont de manière à ce que garçons et filles grandissent en comprenant que chaque sexe a quelque chose d'unique et de spécial. À nous de ne pas concentrer leur attention sur « ce qui manque » : « Les corps sont différents. Les garçons ont un pénis et les filles ont une vulve. » « Les hommes et les femmes ont des mamelons, mais les mamelons des filles se développent et deviennent des seins. » « Les filles ont trois trous et les garçons en ont deux. Tout le monde a un trou pour le pipi et un trou pour le caca. Les filles ont un autre trou pour que le bébé sorte. » « Les filles ont un utérus où le bébé grandit, à l'intérieur d'elles. »

Les garçons ont besoin de connaître le corps des filles et les filles ont besoin de connaître celui des garçons. Il peut sembler plus naturel d'enseigner à votre fils qu'il a un pénis et ne pas mentionner que les filles ont une vulve et un vagin. En réalité, les enfants des deux sexes ont besoin de connaître leur corps ainsi que celui du sexe opposé. Combien d'enfants ont surpris leur mère dans la salle de bains et se sont inquiétés à la vue de sang menstruel ? Garçons et filles ont besoin d'explications simples, basiques. Vous pouvez leur en dire davantage s'ils posent davantage de questions. « Les femmes adultes ont leurs règles. Les règles sont rouges parce que c'est surtout du sang, mais elles ne font pas mal. C'est comme ça que le corps des femmes fonctionne. »

RENFORCER LA DISTINCTION ENTRE CE QUI EST PRIVÉ ET CE QUI EST PUBLIC

Un jour, sur une aire de jeu grouillant d'enfants, mon fils de six ans a baissé son slip pour se gratter un bouton de moustique sur la fesse. Si votre enfant adore courir cul nu sur la pelouse du parc, pour lui, la démarcation entre zones publiques et zones privées peut être floue. Vous pouvez commencer par lui décrire ce qu'est un endroit privé et une zone du corps privée.

Les endroits privés. Identifier les endroits privés en posant des questions à l'enfant : « Tu te déshabillerais au supermarché ? Et dans le bureau du médecin ? Et dans la salle de bains ou dans ta chambre ? » Réfléchir aux réponses devrait permettre à l'enfant de classer correctement chaque endroit.

Les zones du corps privées. Ce sont les zones que recouvre le maillot de bain de l'enfant. Nommer les personnes qui ont le droit de les toucher, y compris l'enfant lui-même. C'est le moment de préciser les différents contacts, ceux qui sont OK, ceux qui ne le sont pas, et de lui expliquer quoi faire s'il ne se sent pas à l'aise avec quelqu'un. À cet âge, les enfants aiment jouer au docteur. En général, c'est une quête innocente d'information. Attention toutefois si vous constatez un déséquilibre entre les enfants, par exemple si l'un des enfants a cinq ans tandis que l'autre en a neuf.

Réservé aux adultes

Il est préférable d'insister sur l'idée que les rapports sexuels sont des choses que les grands font. Il est sain que les petits en entendent parler, mais ils ont aussi besoin de comprendre que leur corps ne sera pas prêt avant de nombreuses années. « Quand tu seras grand, ton corps sera prêt. Les garçons et les filles de ton âge n'ont pas de rapport sexuel. » Ces informations renforcent les leçons de sécurité que vous leur transmettez sur l'abus sexuel.

Les livres sont des alliés

Lire à votre enfant lui enseigne tout ce qu'il veut savoir sur son corps et sur les bébés en mots et en images. Un livre, une aubaine. Si votre embarras vous rend muet, le livre vous délie la langue. Si vous avez des lacunes en biologie, il les comble : vous pouvez répondre « Je ne sais pas » à la question de votre enfant et tendre la main vers le livre. Si possible, vous l'aurez lu au moins une fois avant de l'ouvrir devant l'enfant. En effet, certains livres catégorisés deux-six ans sont en fait plus adaptés aux enfants du niveau d'école primaire. Si votre enfant a entre deux et six ans, rester simple et choisir celui qui fournit le bon niveau d'information et vous met à l'aise tous les deux. Il en existe tellement que vous trouverez celui qui convient à votre famille. Le plus important est de ne pas oublier qu'au-delà de l'information transmise, vous cherchez aussi à enseigner attitudes et valeurs.

En tant que parent, vous disposez de nombreuses ressources pour aborder différents aspects de la sexualité avec des tout-petits : les jeux de rôles (jouer au docteur), la masturbation, le rôle des médias, l'abus sexuel. Le Sexuality Information and Education Council of the United States (SIECUS – le Conseil américain sur l'information et l'éducation à la sexualité) publie un dépliant gratuit sur Internet, *Guidelines for sexuality issues, birth to five years* (Directives pour les problèmes liés à la sexualité, de la naissance à cinq ans). Vous trouverez d'autres suggestions de lecture pour adultes ou pour enfants en annexe.

ENCORE ET ENCORE

Certaines familles prennent rendez-vous avec leur préadolescent pour une unique conversation sur « la petite graine ». Quand c'est fini, tout le monde quitte la pièce avec le rouge aux joues et un gros soupir de soulagement. Mais des questions restent sans réponse.

Quand l'éducation à la sexualité s'installe dans le temps comme manière naturelle de comprendre les choses de la vie, votre enfant vous posera des questions sur le sujet à tout âge. Même si vous lui avez *tout* expliqué quand il avait quatre ans, ne croyez pas que vous en avez terminé. Il absorbe l'information dont il a besoin à chaque étape de son développement et a besoin d'être exposé aux mêmes messages à de nombreuses reprises. Le programme très populaire d'éducation à la sexualité *Our Whole Lives* (notre vie entière) travaille avec de nombreux groupes d'âge et recommande une éducation à la sexualité tout au long de la vie.

Les sujets de discussion sont illimités. À trois ans, l'enfant s'intéressera avant tout aux bébés, alors qu'à cinq ans il se posera des questions sur l'adoption ou les différents types de famille. Les messages qu'il recevra des différents médias, Internet, films... augmentent en importance avec le temps. Ces messages aussi participent à son éducation à la sexualité.

Si vous aidez votre enfant à accepter et à comprendre son corps en maternelle, elle aura tendance à développer une meilleure image corporelle en grandissant. « Aucun enfant ne devrait avoir honte de son corps, m'a déclaré Janet Stocker, de la SYC. Ce sont des corps magnifiques, chacun d'eux. »

L'ÉDUCATION À LA SEXUALITÉ DES DEUX-SIX ANS

1. Comment fabrique-t-on un bébé : voilà le sujet central, naturel et pertinent de l'éducation sexuelle d'un enfant de cet âge. L'enfant est souvent entouré de bébés, à moins que sa mère ne soit enceinte. Il voit des images de lui bébé. Il est important de lui expliquer comment les bébés se forment et se développent, où ils grandissent et comment ils sortent. Discuter d'œufs et de sperme est approprié : vous pouvez raconter comment, pour faire un bébé, il faut une femelle, pour l'œuf, et un mâle, pour le sperme.
2. Les zones du corps : les enfants ont besoin du vocabulaire exact désignant les différentes zones de leur corps : nombril, nez, vulve... la totale. Ils ont besoin de comprendre ce que chaque partie du corps fait (ce trou est pour le pipi, celui-ci pour faire sortir le bébé, si un jour tu veux devenir maman) et comment les nettoyer. Ils ont aussi besoin de savoir nommer les parties du corps du sexe opposé et en quoi ces corps diffèrent, de savoir que leur corps changera et ressemblera plus tard à celui d'un homme ou d'une femme.

3. Les zones privées et la sécurité. Au début, les enfants ne différencient pas vraiment les endroits privés des endroits publics. Nous pouvons leur donner l'exemple et leur rappeler doucement quelles zones de leur corps peuvent être touchées par les autres, quelles zones ne peuvent pas l'être. Pour leur expliquer la différence, vous pouvez utiliser l'image du maillot de bain : les zones privées sont celles que le maillot recouvre. Si quelqu'un les touche, il est important qu'ils vous le signalent.
4. Autres drôles de questions. Si un enfant pose une question, c'est qu'il a besoin de savoir. Nous avons tout intérêt à nous montrer accessibles et à explorer avec lui les sujets qui l'attirent. Entre deux et six ans, inutile d'aller très loin. À cet âge, il est surtout intéressé par les bébés et trouve dégoûtants les rapports sexuels, les bisous sur la bouche…

Des mots pour en parler

Réagir à la question

- Je suis contente que tu me poses cette question.
- C'est une grande question. Laisse-moi réfléchir une minute.
- C'est une question importante. Nous en discuterons dans la voiture.
- Je veux avoir du temps pour t'en parler. Je répondrai à ta question quand nous serons de retour à la maison.

Répondre à la question

- Et toi, qu'en penses-tu ?
- Tu m'as posé une question sur (renseigner le blanc). Que veux-tu savoir ?
- Tout le monde a des trous, un pour le pipi, un autre pour le caca. Les filles en ont un autre pour faire sortir le bébé. Cela s'appelle le vagin.
- Je me demande pourquoi tu me poses cette question ?

- Ai-je répondu à ta question ?
- Je vois que tu as d'autres questions. On va trouver un livre sur le sujet.
- C'est privé. C'est OK dans ta chambre, mais pas sur l'aire de jeux.

Les mots à éviter

- Le bébé grandit dans son estomac.
- Les bébés sont fabriqués par l'amour.
- Des anges (des cigognes...) apportent les bébés.
- C'est sale.
- Une gentille fille comme toi ne devrait pas poser ces questions.
- C'est compliqué. Tu ne peux pas comprendre.
- Ça ne te regarde pas.

En public

L'enfant fait peu de cas des convenances. Bien sûr, nous aimerions qu'elle aborde les sujets personnels, et notamment la sexualité, uniquement à la maison, derrière une porte close. En toute probabilité, elle le fera là où elle voudra, où qu'elle soit.

Parfois, la question vous sera posée par votre enfant en présence de l'enfant de quelqu'un d'autre. Dans ce cas, attention à ne pas outrepasser vos responsabilités. La plupart du temps, mieux vaut reporter la réponse : « C'est une question pour ton papa et ta maman. »

Sinon, une réponse très courte convient. Peu importe votre choix, chaque fois, il est essentiel de parler de votre conversation avec les parents de l'enfant. « Je voudrais vous dire qu'aujourd'hui, Charlie a posé des questions au sujet du pénis du chien. Voici ce que je lui ai dit... » Dès que possible, prévenir les parents de l'enfant que ce dernier s'interroge sur la sexualité, sans toutefois les mettre sur la sellette, devant leur enfant : « Phoebe a posé une question sur la sexualité et je lui ai dit que vous lui raconteriez tout ! »

Mon neveu Robin avait six ans quand mon fils Myles est né. Un jour où il admirait le bébé, il m'a dit qu'il l'aimait tellement qu'il voulait l'épouser. Puis il a réfléchi un instant et m'a posé une question : « Est-ce que les garçons peuvent épouser des garçons ? » Comme je connaissais parfaitement les valeurs et le point de vue de mon frère et de ma belle-sœur, j'ai pu fournir à Robin une réponse directe et franche. En fonction du contexte, vous saurez quoi dire, ou ne pas dire.

Vous avez commencé à éduquer votre tout-petit à la sexualité ? Vous avez le droit de partager votre point de vue sur le sujet avec d'autres parents avec qui vous vous sentez des affinités. Parfois, en abordant le sujet, vous les soulagerez d'un poids. Il est toujours agréable de discuter de sujets sensibles avec quelqu'un en qui on a confiance. Si votre sœur vous avoue qu'elle ne se sent pas à la hauteur pour cette mission, et vous supplie d'expliquer les bases de la sexualité à sa fille, vous pouvez lui proposer de s'installer à côté de vous, dans la même pièce, là où vous lirez un livre sur le sujet à votre nièce. Dans tous les cas, il est important de ne le faire que si on vous l'a explicitement demandé.

Règle n° 27 : Un enfant a le droit de s'intéresser à la mort

Dans le congélateur de ma mère, à côté des glaces, vous trouverez parfois un colibri. À moins que ce ne soit un cardinal rouge ou un passerin indigo. Si jamais un oiseau se heurte à ses fenêtres et meurt, ma mère ramasse son petit corps et l'enferme dans un sachet de congélation. Elle le congèle pour le montrer à ses élèves de petite section. Le lendemain, les enfants observent ses yeux ouverts et fixes et caressent gentiment ses plumes avec un bâtonnet. Ils demandent : « Quand est-ce qu'il va s'envoler ? »

Pourquoi cette règle ?

Appréhender le concept de la mort est une des tâches importantes des années de maternelle.

Souvent, quand ils atteignent l'âge de trois ou quatre ans, les enfants s'interrogent sur la vie et la mort. Il est très courant qu'ils intègrent la mort dans leurs jeux de rôle :

« On va mourir, tomber et couler tout au fond de la grande mer bleue et se transformer en petits morceaux de gens. »

« Le chien de Sophie est mort. Il a mangé de la mort-aux-rats. C'est quoi la mort-aux-rats ? Je mange de la mort-aux-rats… Ahhh ! »

« Papi est au ciel. Et il revient quand ? »

Explorer l'idée de la mort est le signe d'un grand pas en avant dans le développement émotionnel de l'enfant. Il s'attelle à une des missions importantes de l'enfance. Vers trois ans, il ne comprend pas encore la finalité de la mort et croit que l'oiseau mort se remettra à voler ou que Papi reviendra de son voyage au ciel. Les questions commencent en maternelle, mais la confrontation avec la mortalité se poursuit pendant des années. Il est pertinent d'accepter les efforts de l'enfant, d'accueillir ses questions avec calme et de lui fournir des réponses appropriées à son âge.

Monica, mère de jumeaux de cinq ans, découvre un raton laveur mort au bord de la route. Pendant plusieurs jours, le corps reste bien visible, au même endroit. Chaque fois que Monica sort de la maison avec ses enfants, il est sur leur chemin, mais elle ne supporte pas l'idée qu'ils le voient. Chaque fois, elle les distrait pour éviter qu'ils le remarquent.

La mort soulève des émotions conflictuelles en nous. Quand l'enfant nous demande « Est-ce que je vais mourir ? » nous sommes confrontés à notre propre mortalité. Nous préférons parfois écarter les questions et protéger nos enfants. Alors nous ignorons le corps du raton laveur au bord de la route. Or vers trois ans, les enfants commencent à penser à la mort et il est naturel qu'ils veuillent des réponses. Pendant leurs années de maternelle, nombre d'entre eux perdent un de leurs grands-parents. Ou un animal domestique. Avant qu'ils ne soient confrontés à l'intensité fulgurante d'un deuil, il est utile de leur expliquer les bases du cycle de la vie et de la mortalité des êtres vivants. Aborder le sujet avec des oiseaux morts est très efficace.

LES BIENFAITS DE CETTE RÈGLE

En répondant franchement aux questions de l'enfant sur la mort et en observant avec elle des plantes ou des animaux morts, vous la préparez à affronter les inévitables changements de la vie. Elle se dit :

- Tous les êtres vivants ont un temps pour vivre et un temps pour mourir. Les arbres, les oiseaux, les animaux domestiques, les gens.
- Je peux parler à mes parents des sujets importants. Ils me donnent des réponses franches.
- Les choses mortes ne sont pas nécessairement effrayantes. Cela fait partie de la vie.
- Même si mes parents meurent, il y aura toujours quelqu'un pour prendre soin de moi.
- Je mourrai moi aussi un jour. Cela arrive à tout le monde.

POURQUOI ÇA MARCHE

Robert Coles, auteur de *La vie spirituelle des enfants*, écrit : « Pour les enfants, même s'ils sont en bonne santé et n'ont jamais été vraiment très malades, la mort garde un sens puissant. Au final, la question se posera toujours. »

L'idée de la mort apparaît de multiples façons dans la vie de l'enfant : dans les livres, les films où les personnages meurent, mais aussi lorsqu'il écrase une fourmi sur le trottoir. Ellen Galinsky, spécialiste du développement de l'enfant, reconnaît que parler de la mort est parfois tabou dans les familles, mais affirme que tous les enfants en âge d'aller à la maternelle s'interrogent sur le sujet et ont besoin d'information.

Certains enfants racontent qu'ils pensent souvent à la mort. D'autres ne semblent pas y accorder d'importance. Mais tous seront très intrigués si vous leur offrez la possibilité d'observer avec vous un oiseau mort. Toute réaction, de la fascination totale à la curiosité anecdotique, est saine et acceptable.

Si votre enfant s'intéresse à la mort, il a besoin de réponses très terre à terre à ses questions. Si la mort est un thème récurrent dans ses jeux de rôles, vous avez le droit d'être un peu déroutée par sa concentration intense sur le sujet. Cela fait partie de son développement, exactement comme s'il devenait obnubilé par les balançoires, la peinture ou les super-héros. Les théologiens s'intéressent à la question depuis des millénaires. Que votre enfant s'interroge et cherche des réponses à sa manière est naturel. En tant que parent, vous avez vos propres objectifs. Vous souhaitez sans doute que votre enfant :

- se sente en confiance pour venir vous parler de la mort et de tout autre sujet sensible.
- comprenne le cycle de la vie et la mort.
- ressente toute la gamme des émotions humaines et exprime ses idées et son ressenti.
- apprenne les coutumes et croyances familiales relatives à la mort.
- développe avec le temps une attitude saine vis-à-vis de la mort.

Il ne sert à rien de forcer la discussion avec l'enfant. S'il ne veut pas en discuter, ou si se rendre à un enterrement l'inquiète, il est préférable de ne pas insister. Il aura de nombreuses autres occasions pour s'intéresser au sujet.

> RETIRER NOS LUNETTES D'ADULTE
>
> Il n'est pas morbide qu'un enfant s'intéresse à la mort. C'est naturel et sain. Vous pouvez répondre à ses questions directement et lui expliquer le cycle de la vie. Observer avec lui un ver de terre ou un oiseau morts vous aide à lui présenter en douceur le concept avant qu'il ne soit confronté à un deuil.

EXPLORER LA MORT EN SE SENTANT EN SÉCURITÉ

L'autre jour pendant le petit déjeuner, mon mari pensait à son café et je pensais à prendre ma douche et à tout ce qu'il fallait faire pour que les enfants partent à l'heure à l'école. Mon fils Zach, trois ans, pensait à la mort.

— On va mourir ? a-t-il demandé.

— Oui, tout le monde meurt un jour. Tous les êtres vivants.

— Moi, je vais être mort ? a-t-il poursuivi.

— Oui, mais pour le moment, c'est ton tour d'être vivant.

— Oui, mais moi, je vais mourir ? *(Clairement, la mort le questionnait.)*

— Oui, Zach.

Il s'est tu un moment et a planté sa cuillère dans ses céréales.

— Toi, tu vas mourir ?

J'ai alors répété les mots que j'avais entendus toute ma vie :

— Oui, mon chéri, mais probablement pas aujourd'hui. J'ai prévu d'être là pendant un long moment.

Quand j'étais petite, contrairement à Zach qui aime poser les grandes questions au petit déjeuner, je réservais les miennes pour le câlin du soir, quand ma mère venait me border et m'embrasser avant d'éteindre la lumière. Pour un enfant, rester seul dans le noir de sa chambre ressemble un peu à un adieu final. Je me souviens encore de mon grand désarroi intérieur quand, chaque soir, la personne que je préférais au monde disparaissait de ma chambre.

Quand elle était sur le point de partir, je lui demandais :

— Est-ce que tu vas mourir ? Quand est-ce que tu vas mourir ?

— Je ne sais pas, répondait-elle sincèrement. J'espère dans très longtemps.

Elle ne me donnait aucune fausse garantie. Et c'est important. Mais déjà à l'époque, je comprenais qu'elle espérait partager sa vie avec moi le plus longtemps possible. Il est difficile de dire « Je ne sais pas » à un enfant. Nous aimerions affirmer « Je serai toujours là pour toi ». Mais en vérité, nous n'en savons rien. Il est plus exact de répondre : « Je t'aimerai toujours et je serai avec toi aussi longtemps que possible. » Ou « Je t'aimerai toujours, quoi qu'il arrive. » La vérité est la réponse la plus attentionnée. Les enfants l'acceptent, même les tout-petits.

Quelqu'un prendra soin de toi

Même quand l'enfant vous demande « Tu vas mourir maman ? » sa question n'est pas toujours centrée sur vous. Comme d'habitude, il pense avant tout à lui. La vraie inquiétude est : « Qui s'occupera de moi ? »

Quand je me suis absentée de la maison pour un voyage, Zach a voulu savoir comment il ferait pour manger. « Ton père te donnera à manger et aussi ta nounou Jenny », lui ai-je répondu. « Oh ! s'est-il écrié, avec un soulagement évident. Ça en fait du monde ! » Il s'est senti nettement mieux une fois rassuré sur ses besoins basiques.

Il est essentiel de tranquilliser les enfants sur le fait que quelqu'un s'occupera toujours d'eux. « Si je ne suis pas là, maman prendra soin de toi. » Il faut s'attendre à la question suivante : « Et si maman meurt, elle aussi ? » Répondre calmement. « Nous avons prévu un plan pour prendre soin de toi. Si quelque chose se passe pour maman et moi, alors ta tante Jackie et ton oncle Michael veilleront sur toi. » Cela peut vous sembler un peu morbide, mais ce type de réponse toute simple réconforte les jeunes enfants.

Vous pouvez aller un cran plus loin. Quand les trois enfants de Jennifer et Greg, cinq, quatre et trois ans, ont appris que tante Carrie s'occuperait d'eux si leurs parents mouraient, ils ont demandé : « Mais comment ferait-on pour la trouver et pour lui dire ? » Jennifer leur a montré où elle rangeait son carnet d'adresses et leur a proposé de le donner à un adulte qui saurait y repérer le numéro de téléphone de leur tante et l'appeler. Les plans de secours rassurent les enfants.

Les adultes pleurent, eux aussi

Quand j'étais petite, j'avais un livre qui s'appelait *Grownups cry too* (Les adultes pleurent aussi), de Nancy Hazen. Grâce à ce livre, j'ai compris que les grands pleuraient eux aussi pour toutes sortes de raisons, y compris quand ils sont heureux. Cela m'a fascinée. Mon père pleurait en écoutant de la musique, ma mère quand elle rencontrait des gens qu'elle aime.

Bien des années plus tard, mon ami Dan a perdu son chien Yukon, fidèle compagnon depuis de nombreuses années. Il l'a enterré dans son jardin, entre la balançoire et une plate-bande. Quand je l'ai serré dans mes bras, Dan tremblait de chagrin et sanglotait. « Je ne sais pas quoi dire aux enfants, m'a-t-il confié, je ne veux pas qu'ils me voient en larmes. » Les enfants de Dan avaient alors cinq et six ans. Je l'ai rassuré : « C'est OK de pleurer devant tes enfants. C'est bon pour eux de te voir triste. Dis-leur que tu aimais Yukon et qu'il te manque. » Mes mots l'ont soulagé. Une fois intégrée l'idée que cela ne leur ferait pas de mal, il a partagé sa peine avec ses enfants. Ensemble, ils ont parlé de la mort et de combien leur chien leur manquait.

Si vous avez besoin de pleurer, il n'est pas utile de chercher à maintenir un sourire de façade et de cacher votre chagrin à vos enfants. Une bonne part de leur intelligence émotionnelle s'élabore en vous regardant. Si vous traversez une période difficile et pleurez beaucoup, vous pouvez les rassurer en leur rappelant que les émotions passent, que vous ne pleurerez pas toute votre vie, mais qu'en ce moment précis, vous vous sentez très triste.

L'enfant en deuil

Ce chapitre se destine principalement aux enfants qui s'intéressent à la mort sans pour autant être confrontés à un deuil personnel. Si votre enfant vient de perdre un de ses grands-parents, un parent, un frère ou une sœur ou un autre membre de sa famille proche, ses besoins sont différents. Elle peut ressentir un chagrin profond, une forte colère, de la peur ou même un horrible sentiment de culpabilité et croire que quelque part elle est responsable du décès. S'il s'agit d'un enfant que vous connaissez, il est utile de se rappeler que les enfants ne traversent pas les deuils de la même manière que les adultes. Ils entrent dans des états émotionnels intenses et en sortent dans des cycles bien plus rapides, parvenant à s'amuser entre deux séances de profond chagrin. Il existe de nombreuses ressources et stratégies pour accompagner les enfants en deuil, dont l'art thérapeutique, et bien d'autres.

Outils pratiques

Accepter la mort

Vous avez tendance à réagir comme Monica, la mère qui protégeait ses enfants du cadavre de raton laveur ? Alors, au travail. Avant d'aborder le concept de la mort avec notre enfant, mettre à plat nos propres croyances est essentiel. Les questions souvent candides des enfants nous déboussolent. De nombreux parents sont mal à l'aise avec la mort et préfèrent éviter le sujet. Quelles sont vos convictions et vos peurs ? En tant que parent, il nous revient d'accepter notre mortalité avant d'être en mesure d'aider notre enfant.

S'APPUYER SUR LES CYCLES DE VIE

Puisque les enfants comprennent la notion « chacun son tour », vous pouvez l'utiliser de cette manière : « Pour vivre et pour mourir, c'est chacun son tour. C'est notre tour d'être vivant en ce moment. »

Parcourir les albums photo de la famille aide à raconter le cycle de la vie et de la mort d'une manière non menaçante. « C'est ton arrière-grand-mère. Elle est morte, mais quand elle était vivante, elle a eu un petit garçon appelé Henri qui a grandi et est devenu ton grand-père. »

Le cycle de vie des arbres et des plantes est une autre façon d'explorer le concept de la mort en toute sécurité. En marchant dans les bois, par exemple, à l'occasion d'un arbre mort sur votre chemin, de rondins ou souches. Dans votre jardin, vous pouvez observer des fleurs se faner, ou cueillir un bouquet de pissenlit et voir les pétales tomber, les fleurs périr dans leur vase, tout en soulignant que tous les êtres vivants ont un temps pour vivre et un temps pour mourir.

COMMENCER PAR LES VERS DE TERRE ET LES OISEAUX MORTS

Confronter la mortalité est une tâche énorme. Avant que votre enfant n'ait à gérer le chagrin de la perte d'un être aimé, ou d'un animal domestique adoré, vous pouvez engager la conversation en vous appuyant sur un animal auquel il n'est pas attaché. Une souris, peut-être ? Un oiseau ou un ver de terre ? Tout simplement, en regardant un animal mort, l'enfant a le temps de poser ses questions et de digérer l'idée même de la mort. Ensuite, quand il aura à affronter le décès d'un animal de compagnie ou d'un grand-père, il sera mieux équipé. Il aura rencontré la mort, il l'aura vue de ses propres yeux. Ses questions les plus basiques ayant déjà obtenu des réponses, il peut s'ouvrir plus librement à son chagrin.

Tout d'abord, il nous faut trouver un ver de terre mort. Après une grosse pluie, on en trouve facilement. Il y a peu de chance que cela provoque une émotion chez l'enfant, tout en offrant l'occasion rêvée de parler de ce qui est vivant et de ce qui est mort. Qu'est-ce qui fait que quelque chose est vivant ? Comment sait-on que c'est mort ? Il a besoin de réponses claires et d'informations concrètes, physiques. « Les animaux morts ne mangent plus et ne bougent plus. » Ou « Ce ver de terre est mort. Il ne peut pas te faire de mal. Regarde, si nous le touchons avec cette brindille, cela ne lui fait pas mal. »

D'autres enfants voudront réparer la mort et appeler un médecin. C'est ce qui s'est passé quand Tessa, le rat d'une classe de petite section de maternelle, est mort :

Milo : Elle a besoin d'aller chez le docteur des animaux.

Blake : Peut-être qu'elle va se réveiller. Mais c'est juste une idée.

Kent : Elle est tellement triste d'être morte.

Hailey : Si je lui donne de l'eau, peut-être qu'elle redeviendra vivante ?

Manipulons le corps avec délicatesse et en montrant aux enfants que nous le respectons. Puisqu'il est bourré de germes, mieux vaut ne pas entrer en contact direct : on peut utiliser une brindille ou un bâtonnet pour le retourner et le toucher. Certaines personnes préfèrent que les enfants enfilent des gants afin qu'ils sentent le corps complètement froid. Si c'est un oiseau, vous pouvez diriger le regard des enfants sur les ailes, la crête, le bec. Ils seront fascinés de voir que plus rien ne bouge tout seul.

Madison : C'est doux. J'ai soufflé sur les plumes.

Un autre enfant : Ses yeux sont encore ouverts, mais il est mort. On enquête !

Les animaux écrasés fournissent eux aussi de la bonne matière éducative. Au lieu de contourner l'écureuil écrasé, l'oisillon tombé du nid, vous pouvez en parler. Si vous êtes à pied, s'arrêter, le regarder, poser des questions : Comment est-il mort ? Remontera-t-il sur son arbre ? Est-ce qu'il ressemble à l'écureuil en peluche que tu as à la maison ? Quelle est la différence entre ta peluche et un vrai écureuil ? Souvent, les enfants craignent d'être blessés, d'avoir mal. Souvent, ils pensent que la mort fait mal et en ont peur pour cette raison. Si c'est le cas du vôtre, vous pouvez lui dire : « Non, être mort ne fait pas mal. Les êtres vivants peuvent se faire mal, mais pas ce qui est mort. »

Vous avez le droit d'organiser une petite cérémonie pour l'animal mort et l'enterrer en présence de l'enfant. Les rites de ce type peuvent laisser des traces dans l'esprit de l'enfant. Ils offrent à voir l'aspect émotionnel d'un décès tout en mettant en scène notre respect pour les vivants comme pour les morts.

Tué par un train, le chat Cattail a offert une leçon à ses propriétaires même après son enterrement. Max, Mae et Mateo l'avaient enveloppé dans un torchon puis enseveli au fond du jardin. Une semaine après la cérémonie, ils ont commencé à se poser des questions : où pouvait bien être Cattail ?

Mateo : Il est au paradis.

Mae : Il est peut-être à l'hôpital ?

Max : Il est sous terre.

Les enfants ont supplié leur mère de le déterrer. « D'accord pour cette fois, et cette fois uniquement. » Ils ont creusé ensemble là où ils l'avaient inhumé. Ils ont vu que son corps était encore là, allongé sous la terre.

SE CONCENTRER SUR LES FAITS PHYSIQUES

Un groupe d'enfants de trois ans observent un passereau mort.

Un enfant : Qu'est-ce qu'il mange ?

Addie : Il ne mangera plus jamais rien.

Maîtresse : C'est exact. Il est mort. Les animaux morts n'ont pas besoin de nourriture.

Scott : C'est un oiseau mort, mort et complètement mort.

Maîtresse : Cet oiseau ne mangera plus et ne fera plus caca. Il ne volera plus, ne se perchera plus sur une branche et ne chantera plus.

Il faut du temps pour exposer aux enfants les faits les plus simples et concrets relatifs à la mort. Savoir que les animaux morts ne mangent plus, ne respirent plus et ne courent plus, et ne le feront plus jamais, les aide à comprendre la finalité de la mort. Ils n'en mesureront sans doute pas toutes les implications avant d'entrer à l'école primaire, mais ils commencent à voir la différence, sur le plan physique, entre la vie et la mort.

LA QUESTION DE LA RELIGION

Que se passe-t-il après la mort ? Où vont les gens ? Pourquoi meurt-on ?

Si vous avez des croyances religieuses, c'est le moment de les partager avec votre enfant, tout en restant simple et en ajoutant aussi les informations pratiques, concrètes dont nous venons de parler. Les enfants prennent tout à la lettre. Souvent, le mystère de la religion les jette dans la perplexité. Quand ils entendent « Papi est au paradis », ils pensent qu'il est parti en voyage et habite ailleurs. Des livres comme *Water Bugs and Dragonflies* (les punaises d'eau et les libellules) de Doris Stickney, peuvent vous aider à expliquer l'idée de la transformation spirituelle.

Si vous êtes athée, vous pouvez aussi en parler à votre enfant. Et si vous êtes du camp des indécis, vous avez le droit de lui dire « personne ne sait » ou « je ne sais pas, mais voilà ce que je pense ». Peu importe ce que vous croyez, votre enfant peut comprendre que différentes personnes ont différents points de vue sur ce qui se passe après la mort. Elle rencontrera d'autres familles qui parleront du paradis ou expliqueront la mort différemment. Autant qu'elle le sache.

PARLER DE LA MORT AUX DEUX-SIX ANS

- Rester simple. Ne répondre qu'à la question que l'enfant se pose à ce moment précis.
- Parler de la mort avant que l'enfant ne vive la perte d'un être cher.
- Commencer par des vers, des oiseaux ou tout autre animal mort. Un enfant comprend ainsi les faits et les aspects physiques relatifs à la mort avant de perdre son animal de compagnie ou une personne qu'il aime.

- Donner des explications concrètes sur ce que font les êtres vivants et ce que ne font plus les êtres morts. Expliquer que les animaux morts (et les personnes) ne peuvent plus bouger, penser, respirer, manger ou aller aux toilettes.
- Utiliser le terme « mort ». Les euphémismes embrouillent les enfants.
- Éviter d'associer la mort avec le sommeil ou le départ. Les enfants peuvent avoir peur de dormir ou de vous voir partir.
- Éviter d'associer la mort à la maladie. Les enfants tombent souvent malades et pourraient croire par erreur qu'ils vont mourir. Si votre famille connaît quelqu'un sur le point de mourir des suites d'une maladie grave, il est important de clarifier qu'une maladie grave est très différente d'une maladie bénigne.
- Lire des livres illustrés traitant de la mort avec l'enfant. Certains sont athées, d'autres religieux. Pour vous assurer que l'histoire correspond à vos attentes, mieux vaut la parcourir à l'avance.
- Rester aussi calme et terre à terre que possible.

LIRE SUR LE SUJET

De nombreux livres pour enfants se concentrent sur le deuil, y compris le deuil d'un animal de compagnie, mais parfois aussi celui d'un parent ou de grands-parents. D'autres traitent de la mort et des cycles de la vie d'une manière douce et informative. Certains commencent avec la mort des plantes et des animaux et enchaînent avec la mort des gens. Vous pouvez lui lire *The dead bird* (l'oiseau mort) de Margaret Wise Brown (l'auteure de *Goodnight Moon,* bonne nuit la lune), *Lifetimes* (éternités) de Bryan Mellonie ou *I miss you : a first look at death* (tu me manques : premier regard sur la mort) de Pat Thomas.

De tels livres aident à enclencher la discussion. Il n'est pas nécessaire que votre enfant ait vécu l'expérience de la mort d'un animal de compagnie pour lui lire un livre sur le sujet. Au cours de la lecture, vous aurez l'occasion d'expliquer votre point de vue, qu'il soit religieux ou athée. Aux enfants de plus de huit ans, vous pouvez lire *La Source enchantée* de Natalie Babbitt. Ce petit joyau a aidé des générations d'enfants à accepter le cycle de la vie et leur mortalité.

Des mots pour en parler

Parler de la mort d'un animal

- Cet animal est mort.
- Son corps est froid et rigide. Il ne volera plus, ne chantera plus, ne mangera plus, ne fera plus caca.
- Une voiture lui est rentrée dedans et lui a cassé son corps.
- Vous pouvez toucher le corps avec ce bâtonnet.
- On touche délicatement.
- Nous pouvons l'enterrer si vous voulez.

Parler de la mort d'un humain

- Il/elle est mort-e.
- Tous les êtres vivants meurent.
- Oui, je mourrai un jour. Oui, tu mourras un jour.
- Chacun à son tour vit, chacun à son tour meurt.
- C'est notre tour d'être vivant en ce moment.
- Je ne sais pas quand, mais probablement pas avant un long moment.
- Je prévois d'être avec toi aussi longtemps que je peux.
- Je t'aimerai toujours, peu importe ce qui se passe.
- Quelqu'un prendra soin de toi, toujours.

- Que se passe-t-il quand quelqu'un meurt ? Je crois que...
- On va lire un livre là-dessus.

Les mots à éviter

- Chut, ne parle pas de ça, ça ne se fait pas.
- Ne t'inquiète pas, je ne mourrai pas.
- Je serai toujours là pour toi.
- Pourquoi parles-tu autant de la mort ? Pense à quelque chose de plus drôle !

En public

Les conversations sur la mort sont principalement intimes, mais parfois, nous ne pouvons éviter un clash des cultures. Certaines personnes n'aiment pas la mort. D'autres pensent qu'il n'est pas approprié d'en parler aux enfants. À moins qu'ils ne craignent que leur foi ou leur athéisme ne soit pas entendu ou respecté.

Si sur l'aire de jeu les enfants de diverses familles s'attroupent autour d'un ver de terre ou d'un écureuil mort, attention de ne pas projeter vos croyances sur la mort. Vous pouvez vous contenter des faits (« Il est mort, il ne mangera plus ») et accepter les croyances que les enfants mentionnent. En groupe, il est naturel qu'ils échangent les connaissances glanées chez eux : « Il est au paradis, maintenant », dira l'un. « Non, il sera juste enterré dans la terre », ou « Les écureuils ne vont pas au paradis. Juste les gens », annoncera un autre. Il est important de conserver votre neutralité et de rappeler à tout le monde que « chaque famille a sa propre façon de penser à ces choses-là ».

VIII.

LES RÈGLES REBELLES DANS LE VRAI MONDE

Vous avez des ennemis ? Bravo. Cela signifie que vous avez défendu quelque chose, une fois dans votre vie.

Winston Churchill

Règle n° 28 :
Se faire des ennemis sur l'aire de jeu

Mon amie Rachel m'a dit un jour : « La chose la plus dure, pour moi, c'est quand mes enfants sont au contact d'autres qui reçoivent une éducation totalement différente de la leur. »

Un autre parent me dit : « Je me considère raisonnablement indépendante. Je cherche à ne pas me laisser influencer par les décisions et les actes des autres. Dans le même temps, je ressens une forte pression à me conformer à un modèle de parent pour être acceptée. En public, c'est incroyable ce que les autres parents peuvent porter comme jugements lapidaires. »

Peu importe votre style de parentalité, vous ne ferez jamais l'unanimité. Devenir parent implique automatiquement d'être au contact de nouvelles personnes et de créer de nouvelles relations, au sein de la famille ou en dehors, dans notre quartier. Notre efficacité, en tant que parent, est incompatible avec notre désir naturel d'être appréciés par tout le monde. Pour commencer, nous pouvons nous attendre à ce que nos enfants n'aiment pas particulièrement les limites que nous leur fixons. De la même manière, notre style de parentage ne sera pas la tasse de thé de tous les adultes que nous rencontrerons. Chacun fait de son mieux. À vous de faire ce que vous croyez être juste.

Pourquoi cette règle ?

Si vous êtes un parent rebelle, tout le monde n'appréciera pas votre style éducatif.

Les deux premiers étés où j'ai emmené mon fils à l'aire de jeu, j'avais une conscience accrue du regard des autres parents sur moi. Alors que je cherchais encore à m'adapter au fait que j'étais devenue mère, ils me semblaient tous tellement bien dans leur peau de parents. Quand je poussais Myles sur la balançoire, dès qu'une famille pénétrait l'aire de jeu, je ressentais une pression terrible à abandonner notre place pour la laisser aux nouveaux arrivés. Qu'allaient penser les autres parents ? Et s'ils ne partageaient pas mes idées sur les tours longs ? Tandis que Myles grimpait du côté glissade du toboggan, ils insistaient pour que leur enfant ne monte que du côté de l'échelle... En public, j'étais très surprise de me découvrir aussi vulnérable, en tant que parent. Où étaient passés mon courage, mes convictions ?

Il est facile de se sentir dépassée. Nous sommes gênés par l'écart de nos approches respectives. Nous cherchons des amis, pas des ennuis. Il peut être incroyablement difficile de tenir ses positions quand on est seule, qu'il s'agisse de laisser notre enfant sur la balançoire pour un long tour, ou chez une grand-mère qui refuse qu'il joue aux super-héros. Être parent, c'est toujours plus dur en public, quelles que soient nos méthodes éducatives.

> LES BIENFAITS DE CETTE RÈGLE
>
> Votre enfant a besoin de votre confiance en tous lieux. La parentalité n'est pas une compétition pour savoir qui est le meilleur parent. Respecter ce en quoi vous croyez aide votre enfant à penser en ces termes :
> - Mes parents ne me trahiront pas. Ils se battront pour mes droits en public.
> - Certains endroits ont des règles différentes. C'est OK, tant que c'est clair.
> - Tous les enfants ne m'écoutent pas quand je leur indique mes limites. J'ai parfois besoin de l'aide d'un adulte.
> - Les autres familles font les choses différemment. Il y a toutes sortes de gens dans le monde.

COMMENCER PETIT, CHEZ SOI

Au début, les règles des parents rebelles sont plus faciles à appliquer chez soi, à pratiquer dans l'intimité, à l'écart du regard acéré des autres, en se concentrant sur les nouveaux outils et sur la relation avec l'enfant. Plus vous gagnez en confiance, plus vous oserez les règles rebelles en public. Vous remarquerez aussi de plus en plus quand un adulte dénie ses droits à un enfant. Pour rappel, les enfants ont le droit de :

- Jouer librement, sans directives.
- Sélectionner leurs camarades de jeu.
- Utiliser des accessoires de jeu et choisir leurs thèmes de jeu.
- Se sentir en sécurité.
- Ne pas se voir privés de jouets (partage forcé).

- Bouger et se dépenser physiquement avec vigueur.
- Sortir.
- Ressentir et manifester toute la gamme des émotions.
- Poser des questions et savoir des choses, défendre leurs droits en fixant des limites au comportement des autres.
- Être écoutés, respectés et obtenir l'invariable soutien des adultes vis-à-vis de leurs droits.
- Grandir à leur propre rythme, en suivant le cours naturel de leur développement.

Plus vous accorderez et respecterez ces droits, plus ils s'intégreront dans votre vie. Les pratiquer chez vous construira la confiance dont vous avez besoin pour les faire respecter en extérieur, en public. Vous deviendrez vite un enthousiaste parent rebelle et appliquerez les mêmes principes en franchissant le seuil de votre porte dans un sens ou dans l'autre.

Comment devenir un parent rebelle

1. Commencer par le partage : l'enfant réussira à attendre son tour à n'importe quel âge. Vous pouvez enseigner ce concept chez vous en un jour ou deux et obtenir des résultats immédiats. Puisque les enfants se bagarrent tout le temps pour leurs jouets, votre vie quotidienne en sera grandement améliorée. Après avoir mis en place le chacun son tour chez vous, vous êtes prête pour le tester chez les autres, à l'occasion d'une invitation par exemple.

2. Sélectionner une ou deux règles rebelles sur la base de vos difficultés du moment. Comme le dit ma

mère : « Si quelque chose pose problème, il est temps de changer de méthode. » Vous pouvez commencer par ces problèmes, sans espérer tout résoudre d'un coup. Si votre enfant a un comportement exubérant et bruyant, foncer sur les jeux énergiques lui permettant d'exercer son pouvoir (Règle n° 16 : Donner du pouvoir aux enfants), s'il ne peut refréner les gros mots pendant le dîner, se focaliser sur la liberté d'expression (Règle n° 24 : Laisser les enfants dire des gros mots). L'écriture des lettres est facile à mettre en place et fournit des résultats rapides (Règle n° 7 : Le bambin peut dicter). Quand vous êtes à l'aise avec ces quelques règles, vous pouvez passer aux autres.

3. Se concentrer sur la règle d'or. Vous ne savez plus quoi dire ? La règle d'or vous tire d'affaire : c'est OK si ça ne blesse personne et n'abîme rien. Elle règle la plupart des situations. Vraiment. Si vous n'êtes pas à l'aise avec un jeu, vous pouvez changer l'heure ou l'endroit. N'hésitez pas à poser des limites raisonnables : « Toutes les émotions sont OK. En revanche, certains comportements ne le sont pas. »

4. Partager avec votre conjoint ou un autre allié vos réussites et vos réactions à la mise en place des règles rebelles : en expliquant à votre entourage que vous testez de nouvelles méthodes tirées de ce livre, vous forgez de nouvelles alliances. Certaines personnes n'ouvriront jamais un livre sur la parentalité de leur vie, et pourtant, elles s'avèrent néanmoins de bons soutiens. Plus vous vous entourez de sympathisants, plus il vous sera facile d'adopter une parentalité rebelle. Penser à laisser traîner le livre à des endroits stratégiques, à portée de main du conjoint !

5. Rechercher la compagnie de parents de même sensibilité : identifier un ou deux autres adultes qui croient en ce que vous faites fera toute la différence. Vous pratiquerez les règles rebelles ensemble lors d'après-midi de jeux, chez vous, à l'aire de jeux. Vous augmentez les chances d'en rencontrer dans les écoles maternelles organisées autour d'une pédagogie alternative. De nombreuses idées rebelles, comme le jeu libre non dirigé, l'acceptation des jeux de bagarre, ne sont pas si nouvelles. Elles étaient bien plus répandues à l'époque où nos parents ont grandi.

6. Adhérez à vos principes : en tant que parent, il est essentiel de se poser en champion défenseur de son enfant. C'est parfois problématique, mais non moins essentiel. Commencer dès la petite enfance permet de construire les bases de ce qui est important pour vous. Plus l'enfant grandit, plus vous aurez l'occasion d'intervenir pour la défense de ses droits, qu'il s'agisse de demander moins de devoirs, de changer d'enseignant, de mettre en place un régime spécifique à la cantine de l'école ou de vous battre pour augmenter la durée des récréations. Ces combats peuvent être menés dans le respect de chacun. Ils vous permettront de rencontrer de nombreux autres parents rebelles.

7. Garder courage : de nombreuses idées rebelles vous aideront énormément plus tard, pendant l'adolescence et l'âge adulte de votre enfant. Adopter un nouveau parentage est difficile, mais vaut le coup à la fois pour l'instant présent et l'avenir. Si les enfants apprécient la façon dont ils ont été éduqués, en toute probabilité, ils la répliqueront plus tard quand ils deviendront parents. En changeant votre approche

aujourd'hui, vous aidez aussi vos futurs petits-enfants.

Outils pratiques

Quel que soit votre style de parentage, il occasionnera des chocs de culture. Si vous suivez les règles rebelles, les principaux sujets de discorde avec les autres parents seront : le partage, le rejet social, les jeux de bagarre et de guerre. Notre culture nous pousse à chercher à éviter les conflits. La moindre altercation entre enfants peut être insupportable pour certains parents. Vous les verrez prendre leur enfant par la main et quitter les lieux.

Comment être un parent rebelle hors de chez soi

Isabella, deux ans, et sa mère visitaient un musée pour enfants. Isabella et un autre petit garçon voulaient le même jouet. La mère d'Isabella n'a pas eu le temps d'ouvrir la bouche pour essayer une médiation de conflit que l'autre parent a pris son fils dans ses bras et l'a éloigné en lui disant avec sévérité : « Tu dois partager, si tu ne veux pas, tu dois partir. » Isabella a donc pu garder le jouet qu'elle lui avait arraché des mains.

Comment faire pour respecter l'esprit de la Règle n° 9 : Partager n'est pas une obligation, dans un endroit public ? Les autres parents réagissent tellement rapidement ! Il est rare de parvenir à mettre en place une médiation de conflit avec les enfants. De nombreux parents insistent sur le partage forcé et il est très difficile d'exprimer un autre point de vue.

Dans les zones publiques

1. Réagir rapidement. Afin d'éviter le conflit et la honte, les parents réagissent au quart de tour. Si vous voulez intervenir, il est préférable de le faire très rapidement. Le plus vite possible, s'agenouiller et se mettre à hauteur d'enfants puis solliciter leur attention. Une fois qu'ils vous écoutent, les autres parents auront tendance à ne pas vous interrompre.

2. Parler fort pour que tout le monde entende. Le parentage à voix haute, voilà une nouvelle habitude à prendre. Il est important de tout verbaliser de façon à ce que parents et enfants l'entendent. Vous renforcez ainsi les concepts de la parentalité rebelle pour vous et votre enfant et annoncez au monde entier que vous êtes à l'aise avec votre style de parentalité. Vous êtes en pleine conscience de vos actes. Nul besoin de tendre l'oreille pour deviner ce que vous faites et pourquoi. Les familles autour de vous écoutent et vous montrez l'exemple : « Je vois que tu as pris le ballon des mains de cette petite fille. Elle n'a pas terminé. Et c'est OK. Je ne peux te laisser lui prendre des mains. » Vos paroles ne s'adressent pas qu'à votre enfant, mais aussi à l'autre enfant, appelons-la Katie, ainsi qu'à ses parents. Les murmurer serait contre-productif. Après avoir résumé la situation à voix haute avec une observation (« Je vois que vous voulez tous les deux ce ballon »), vous pouvez défendre les droits des enfants (« Katie, c'est OK de continuer à jouer avec ce ballon jusqu'à ce que tu aies terminé »). Quand vous affichez votre point de vue en public, que les autres parents constatent votre position, ils se disent : « Ah ! Cette mère n'en veut ni à moi ni à

ma fille. Je ne suis pas obligée de forcer Katie à partager ce ballon. Je peux me détendre. » La plupart des adultes bondissent sur toute occasion de minimiser un conflit. Connaissant votre interprétation de l'incident, s'ils la contredisent, ils savent qu'ils créeront un conflit, ce qu'ils répugnent à faire.

3. S'expliquer. Il est utile de prendre un moment pour s'adresser directement aux autres parents. Vous pouvez commenter vos actes, fournir une raison et solliciter leur désir d'aider. « En ce moment, j'apprends à Nicky à arrêter de piquer tout à tout le monde. Merci pour votre soutien. » Ou « j'apprends à Nicky comment contrôler son impulsivité. Cela vous ennuie si j'aide les enfants à se parler ? » Une fois que les autres parents comprennent que prendre le temps de résoudre les petits conflits est votre souhait, que vous êtes volontaire pour faire cesser un comportement de votre propre enfant, ils refréneront leur envie de forcer leur fille à partager, resteront observateurs et vous laisseront le champ libre. Aider est un désir naturel à chacun.

4. Lâcher. Vous ne pourrez pas appliquer les règles rebelles systématiquement. C'est OK. Dans certaines situations, cela ne vaudra même pas la peine d'essayer. Parfois, vous manquerez d'énergie pour intervenir. On ne peut pas toujours avoir raison.

5. Poser des règles différentes. Il est souvent plus confortable de poser des règles différentes selon l'environnement, privé (chez vous, en famille) ou public. Par exemple, jouer à la guerre est OK à la maison, mais pas au parc. Prendre des tours longs est OK pratiquement partout, mais pas au musée, parce que de très nombreux enfants attendent leur tour. Expérimenter,

chercher ce qui convient à votre famille. Penser à prévenir les enfants à l'avance quand un changement de règle s'applique.

6. Expliquer à l'enfant. Si une règle ne fonctionne pas en un certain lieu, vous poussant à changer vos méthodes, il est essentiel de l'expliquer à l'enfant. Vous pouvez lui dire : « Certaines familles ont des règles différentes sur le chacun son tour », ou « Ce n'est pas comme ça que ça se passe à la maison, n'est-ce pas ? À la maison tu peux avoir un tour long. C'est différent sur l'aire de jeu. » Il n'est pas nécessaire d'insister longuement. Votre enfant appréciera le fait que vous reconnaissez que les choses se passent différemment.

Chez des amis

« Et si mon enfant va jouer chez un copain et cet enfant ne change pas de comportement quand il lui dit "Stop" ? »

Les enfants s'habituent aux façons de faire dans leur famille. Chez une amie, votre fille pourrait bien avoir la surprise de se trouver confrontée à ce type de situation. Ce n'est pas grave. Les enfants remarquent qu'il faut retirer les chaussures en entrant dans la maison de Ben et qu'il y aura des cookies au goûter chez Katie. Ils comprennent très vite que les règles diffèrent en fonction des familles.

Si votre enfant a l'habitude de poser des frontières avec ses camarades de jeu, elle continuera de le faire si elle est invitée à jouer chez quelqu'un. « Hé ! J'ai dit "Stop" et tu ne m'as pas écoutée. Je n'aime pas quand tu me pousses comme ça. » Elle peut demander l'aide d'un adulte si elle en a besoin. Chez vous, vous renforcez cette habitude au quotidien. Vous l'entraînez et la préparez précisément pour ce type de situations. Vous pouvez aussi expliquer vos méthodes à la famille qui l'invite.

Sous le regard de son conjoint

Sur le plan des principes éducatifs, les points de vue peuvent radicalement diverger entre les deux parents d'une même famille. Parfois, les divergences suffisent pour rompre une relation. Cependant, se côtoyer au quotidien avec un style parental différent n'est pas systématiquement un problème. Parfois la cohabitation est possible. Si vous n'êtes pas d'accord sur le style de parentage entre conjoints, vous pouvez vous mettre d'accord pour vous soutenir l'un l'autre. La façon dont votre conjoint gère l'heure du coucher n'est peut-être pas à votre goût, mais il est important de le soutenir. Se mettre d'accord sur les priorités et les problèmes essentiels, lâcher prise sur les détails. Les différences d'approche entre deux parents offrent aux enfants une vue plus large de la vie en société. Il est OK d'admettre vos petites incohérences. De toute façon, vos enfants les voient.

Si votre partenaire est trop occupé pour lire des livres sur le développement des enfants, cela ne veut pas dire pour autant qu'il ne soit pas intéressé par le sujet. Vous parviendrez sans doute à partager quelques petites choses de ce que vous apprenez. Mieux encore, il ou elle vous verra appliquer vos nouvelles méthodes. Et il se peut que vous l'entendiez vous demander : « Où as-tu appris ça ? Ça marche comme par magie ! » Peut-être qu'il ou elle deviendra aussi un parent rebelle.

En famille

Parfois, c'est avec sa propre famille que les différends sont les plus difficiles à vivre. C'est encore plus compliqué qu'avec les amis. De nombreux parents de tout-petits reçoivent et ressentent une pression intense de la part de leurs beaux-parents, parents, tantes et oncles.

Peut-être n'appréciez-vous pas la façon dont vous avez été éduquée, à moins que vous n'aimiez pas la façon dont votre famille étendue traite les enfants. Vous ressentez probablement une forte pression à ce que vos enfants aient un comportement parfait, ce qui est quasiment impossible lors des réunions familiales, ces fêtes si excitantes pour les enfants.

En toute probabilité, votre famille ne changera pas. Maintenir vos principes éducatifs et règles en milieu familial demeurera sans doute difficile. Voici quelques idées pour vous guider :

- Soutenir son partenaire. Promettre de se soutenir l'un l'autre lors de visites familiales. Mieux vaut demander le soutien du conjoint avant la visite. Et le lui accorder quand c'est son tour de rendre visite à sa famille.
- Définir les attentes. Avant d'arriver chez la grand-mère, autant prévenir les enfants des comportements escomptés. Peut-être qu'elle ne supporte pas le bruit. On peut s'entraîner tous à parler à voix basse pendant quelques jours avant de lui rendre visite.
- Faire le dos rond. Laisser les commentaires vous glisser dessus comme l'eau sur les plumes d'un canard. Si le discours de votre père sur l'éducation

des jeunes enfants n'est pas votre tasse de thé, il est important de décider à l'avance de ne pas réagir au mordant de ses commentaires. Laisser passer, ne pas se contrarier.

- Garder le sens de la perspective. Parfois, nous nous emportons pour défendre nos enfants. Nos enfants s'en sortiront. À moins d'un très grave problème (une maltraitance), une visite familiale ne leur fera pas de mal. Il est fort probable qu'ils ne remarquent pas les divergences qui nous sautent aux yeux et gardent d'excellents souvenirs d'oncle Jake ou de Nana. D'autre part, le problème, c'est peut-être nous et les valises émotionnelles dont nous avons hérité !
- S'entraîner à la maison. Plus vous êtes à l'aise avec votre style de parentage, plus il est facile d'avoir confiance devant les autres. Le temps et la pratique font de nous de meilleurs parents.

Des mots pour en parler

- Chez nous, nous…
- C'est OK pour moi si c'est OK pour vous.
- J'ai l'impression que quand les enfants font ça, cela vous inquiète. Mais chez nous, à la maison, c'est OK.
- On dirait que vous êtes agacée parce que Jacob est encore sur la balançoire.
- Jacob, quand tu as terminé, cette petite fille veut son tour de balançoire.
- Parfois, c'est dur pour un enfant d'attendre. Les tours longs sont OK pour moi.
- Nous rentrons à la maison dans environ dix minutes.
- Je sais que tu nous as élevés autrement.

- Chez nous, à la maison, on peut le faire.
- Chaque famille fait les choses différemment.

Les mots à éviter

- Laissez-moi vous expliquer comment gérer cette situation.
- Vous avez besoin de.../Votre enfant a besoin de...

Règle n° 29 :
On a le droit de se tromper

Vous n'avez aucune raison de suivre ce livre à la lettre. Personnellement, je ne le fais pas. C'est impossible. Les relations parents-enfants ont un nombre incalculable de nuances. Chaque enfant est différent. Certains jours, nous avons davantage d'énergie à leur consacrer que d'autres.

Quand les parents d'enfants scolarisés à la SYC se comparent aux enseignants de l'école, ils sont souvent désespérés : « Comment faites-vous ? Je n'arrive jamais à lui faire faire ça. Avec vous, tout a l'air si facile ! » Stephanie, la directrice, les rassure : « Nous n'avons vos enfants que deux heures et demie par jour. Vous vous en occupez tout le reste du temps. Vous ne pouvez pas être "branchés" tout le temps. »

Ces enseignants ont en général entre vingt et trente ans d'expérience dans des classes de maternelle. Alors que pour vous, le boulot de parent est un tout nouveau job.

Inutile de vous dévaloriser. Vous faites au mieux, aussi souvent que possible.

Pourquoi cette règle ?

Le parentage ne suit aucun règlement, même pas un règlement rebelle. Il n'existe pas de parent parfait et il n'existe pas une seule façon d'élever un enfant.

Les stratégies et techniques de ce livre sont fondées sur le développement de l'enfant : comment il comprend le monde, comment il grandit. Elles traduisent l'accumulation de sagesse d'environ soixante-quinze professionnels de la petite enfance ayant travaillé en maternelle sur une durée de quarante ans. Si vous n'aimez pas l'éducation que vous avez reçue, vous pouvez adopter cette approche rebelle. Les règles rebelles sont conçues pour rendre le parentage plus facile au quotidien en vous proposant de nouvelles tactiques, de nouvelles idées.

Il est impossible de prononcer les bons mots chaque fois. Mieux vaut déployer les techniques rebelles quand vous en avez l'énergie, tout en vous rappelant qu'elles deviendront évidentes avec le temps. En appliquant ces règles, vous crierez moins, vous ressentirez moins de frustration et vivrez davantage de communications fluides et ouvertes fondées sur les besoins et les émotions de l'enfant. Au fil de l'eau, l'adoption de nouvelles idées, outils et techniques changera les habitudes de votre famille. Vous poserez les fondations de relations positives qui se renforceront tout au long de votre vie. Ce qui fonctionne avec des élèves de maternelle aide aussi à élever des adolescents et même plus tard, à vivre avec de jeunes adultes. Vous êtes sur le point de construire un nouveau paradigme éducatif pour votre famille.

Les règles rebelles

- C'est OK si ça ne blesse personne et n'abîme rien.
- Les tout-petits apprennent mieux en jouant.
- Les gens ne sont pas faits pour être blessés, ni physiquement ni émotionnellement.
- Un enfant qui se consacre à ses centres d'intérêt travaille à son niveau optimal d'apprentissage.
- Qu'est-ce qui est le plus important : ses actes ou votre réaction ?
- Avoir confiance dans les choix de jeu de son enfant.
- Toutes les émotions sont OK ; tous les comportements ne sont pas OK.
- En premier lieu, se concentrer sur les émotions cachées par un comportement.
- Tous les comportements ont un sens. Les enfants cherchent à répondre à un besoin.
- Il n'est pas judicieux d'accélérer le rythme de développement naturel de l'enfant.
- Retirer nos lunettes d'adulte. Modifier nos attentes.
- Un enfant est prêt en son temps et en son heure.

Les bienfaits des règles rebelles

Ces bienfaits s'adressent aux mères, pères, enseignants, grands-parents, nounous et baby-sitters. Les règles rebelles transmettent de multiples leçons de vie :

- Je n'ai pas toujours l'énergie ou le temps d'être le parent que je voudrais être. C'est OK. Le parent parfait n'existe pas.
- Quand quelque chose m'inquiète, je peux changer ma façon de faire. J'ai des outils à tester.
- Mon monde ne s'arrête pas aux besoins de mon enfant. J'ai moi aussi des besoins et des droits.

- Je peux essayer de nouvelles idées, progressivement. Il faut du temps pour mettre en place de nouvelles habitudes, mais un jour elles deviendront naturelles.
- Je n'ai pas besoin de réinventer la roue. Je peux élever mes enfants avec confiance en m'appuyant sur la sagesse collective.
- C'est difficile, mais tout ce que je fais en ce moment paiera un jour. La médiation de conflit, des voies de communication ouvertes, la confiance, tout cela m'aidera à l'adolescence. Mes enfants utiliseront probablement ces méthodes quand ils deviendront parents à leur tour.

Je vous souhaite d'atteindre votre plein régime de parent avec confiance.

ANNEXE

Livres recommandés pour adultes

Le jeu

Bos, Bev et Jenny Chapman, *Tumbling over the Edge : A Rant for Children's Play*, Roseville, CA, Turn the Page Press, 2005.

Cohen, Lawrence J., *Qui veut jouer avec moi ? Jouer pour mieux communiquer avec nos enfants*, Paris, JC Lattès, 2015.

Elkind, David, *Miseducation : Preschoolers at Risk*, New York, Knopf, 1987.

———, *The Power of Play : How Spontaneous, Imaginative Activities Lead to Happier, Healthier Children*, Cambridge, MA, Da Capo Press, 2007.

Hirsh-Pasek, Kathy et Roberta Michnick Golinkoff, *Einstein Never Used Flash Cards : How Our Children Really Learn – and Why They Need to Play More and Memorize Less*, Emmaus, PA, Rodale Press, 2003.

Jones, Elizabeth et Gretchen Reynolds, *The Play's the Thing : Teachers' Roles in Children's Play*, Rev. ed. New York, Teachers College Press, 2011.

Paley, Vivian Gussin, *A Child's Work : The Importance of Fantasy Play*, Chicago, University of Chicago Press, 2005.

La médiation de conflit

Voici d'excellentes ressources pour développer vos habiletés de gestion de conflit entre enfants :

Bailey, Becky, *There's Gotta Be a Better Way : Discipline That Works !*, Oviedo, FL, Loving Guidance, 1997.

Faber, Adele et Elaine Mazlish, *Parler pour que les enfants écoutent, écouter pour que les enfants parlent*, Éditions du phare, 2012.

Les émotions et le développement de l'enfant

Dreikurs, Rudolf, *Children : The Challenge*, Éd. Rev, New York : Plume, 1990.

Faber, Adele et Elaine Mazlish, *Parents épanouis, enfants épanouis : Votre guide pour une famille plus heureuse*, Éditions du Phare, 2001.

Filliozat, Isabelle, *Au cœur des émotions de l'enfant*, Paris, JC Lattès, 1999 ; Marabout, 2013.

Galinsky, Ellen, *Mind in the Making : The Seven Essential Life Skills Every Child Needs*, New York, William Morrow Paperbacks, 2010.

Ginott, Haim, Alice Ginott et H. Wallace Goddard, *Entre Parent et enfant*, L'Atelier des parents, 2013.

Goleman, Daniel, *L'Intelligence émotionnelle*, J'ai Lu, 2014.

————, *Cultiver l'intelligence relationnelle*, Pocket, 2011.

Greenspan, Stanley, *L'Esprit qui apprend. Affectivité et intelligence*, Odile Jacob, 1998.

Kurcinka, Mary Sheedy, *Kids, Parents and Power Struggles*, New York, William Morrow Paperbacks, 2000.

Turecki, Stanley avec Sarah Wernick, *The Emotional Problems of Normal Children : How Parents Can Understand and Help*, New York : Bantam, 1994.

Les jeux énergiques, de bagarre et les garçons

Carlson, Frances, *Big Body Play : Why Boisterous, Vigorous and Very Physical Play Is Essential to Children's Development and Learning*, Washington, DC, National Association for the Education of Young Children, 2011.

DeBenedet, Anthony T. et Lawrence J. Cohen, *The Art of Roughhousing : Good, Old-Fashioned Horseplay and Why Every Kid Needs It*, Philadelphia, Quirk Books, 2011.

Gurian, Michael, *Nos garçons : Mieux les comprendre pour mieux les élever*, Albin Michel, 2011.

Hodgins, Daniel, *Boys : Changing the Classroom, Not the Child*, Flushing, MI, autopublié, 2009.

Pollack, William, *Real Boys : Rescuing Our Sons from the Myths of Boyhood*, New York, Random House, 1998.

Thompson, Michael et Teresa H. Barker, *It's a Boy ! Your Son's Development from Birth to Age 18*, New York, Ballantine Books, 2009.

Tyre, Peg, *The Trouble with Boys : A Surprising Report Card on Our Sons, Their Problems at School, and What Parents and Educators Must Do*, New York, Three Rivers Press, 2008.

Les jeux de pouvoir et les jeux de guerre

Ces livres aident à prendre conscience des atouts de jeux permettant aux enfants de déployer leur pouvoir, y compris les jeux de guerre :

Edmiston, Brian, *Forming Ethical Identities in Early Childhood Play*, New York, Routledge, 2008.

Jones, Gerard, *Killing Monsters : Why Children Need Fantasy, Super Heroes and Make-Believe Violence*, New York, Basic Books, 2002.

Katch, Jane, *Under Deadman's Skin : Discovering the Meaning of Children's Violent Play*, Boston, *Beacon Press, 2002.*

Kindlon, Dan et Michael Thompson, *Raising Cain : Protecting the Emotional Life of Boys*, New York, Ballantine Books, 2000.

Kirsh, Steven, *Children, Adolescents and Media Violence : A Critical Look at the Research*, 2e éd. Thousand Oaks, CA, Sage Publications, 2011.

Levin, Diane E. et Nancy Carlsson-Paige, *The War Play Dilemma : What Every Parent and Teacher Needs to Know*, 2e éd. New York, Teachers College Press, 2005.

LES COMPLIMENTS ET LE DÉVELOPPEMENT DE LA MORALITÉ

Bronson, Po et Ashley Merryman, *NurtureShock : New Thinking About Children*, New York, Twelve, 2009.

Coles, Robert, *The Moral Life of Children*, New York, Atlantic Monthly Press, 1986.

Damon, William, *The Moral Child : Nurturing Children's Natural Moral Growth*, New York, Free Press, 1988.

Kohn, Alfie, *Punished by Rewards : The Trouble with Gold Stars, Incentive Plans, A's, Praise, and Other Bribes*, New York, Houghton Mifflin, 1999.

———, *Aimer nos enfants inconditionnellement*, Instant Présent, 2014.

———, *Unconditional Parenting : Moving from Rewards and Punishments to Love and Reason*, New York, Atria Books, 2005.

Riley, Sue Spayth, *How to Generate Values in Young Children*, Raleigh, NC, Boson Books, 2005.

L'ÉDUCATION À LA SEXUALITÉ

Davis, Laura et Janis Keyser, « Learning about Bodies », chap. 17, *in Becoming the Parent You Want to Be : A Sourcebook of Strategies for the First Five Years*, New York, Three Rivers Press, 1997.

Rothbart, Betty *et al.*, *Right from the Start : Guidelines for Sexuality Issues, Birth to Five Years*, New York, Sexuality Information and Education Council of the United States (SIECUS), 1998.

PARENTALITÉ

Voici de bonnes ressources assez générales sur l'éducation :

Davis, Laura et Janis Keyser, *Becoming the Parent You Want to Be : A Sourcebook of Strategies for the First Five Years*, New York, Three Rivers Press, 1997.

Rogers, Fred, *You Are Special : Words of Wisdom for All Ages from a Beloved Neighbor*, New York, Penguin, 1995.

Livres recommandés pour enfants

LA COLÈRE

Riana Duncan, *When Emily Woke Up Angry*.
Edna Mitchell Preston, *The Temper Tantrum Book*.
Thierry Robberecht, *La Colère du dragon*.
Maurice Sendak, *Max et les maximonstres*.
Norma Simon, *I Was So Mad*.
Linda Urban, *Souriceau est fâché*.
Rachel Vail, *Sometimes I'm Bombaloo*.

La peur

Dr. Seuss, *What Was I Scared Of ?*
Ed Emberley, *Va-t'en, grand monstre vert !*
Ed Emberley, *Poussin qui avait peur que le ciel lui tombe sur la tête.*
Mercer Mayer, *Il y a un cauchemar dans mon placard.*
Martin Waddell, *Bébés Chouettes.*

Les émotions en général

Éric Carle, *La Coccinelle mal lunée.*
Dr. Seuss, *My Many Colored Days.*
Ed Emberley et Anne Miranda, *Monstre qui rit, monstre qui pleure.*
Mem Fox, *Tough Boris.*
Cherryl Kachenmeister, *On Monday When It Rained.*
Ezra Jack Keats, *La Chaise de Peter.*
Robert Kraus, *Léo.*
Jeanne Modesitt, *Sometimes I Feel Like a Mouse.*
Fred Rogers, *Making Friends* ; *The New Baby.*
Ann Herbert Scott, *Sam.*
Judith Viorst, *Alexander and the Terrible, Horrible, No Good, Very Bad Day.*

La séparation

Audrey Penn, *Le Bisou secret.*
Judith Viorst, *The Good-bye Book.*
Karma Wilson, *Mama Always Comes Home.*
Jane Breskin Zalben, *Don't Go !*

L'ÉDUCATION À LA SEXUALITÉ DES TOUT-PETITS

Andrew C. Andry et Steven Schepp, *Comment naissent les enfants*.

Joanna Cole, *How You Were Born*.

Lennart Nilsson, *Naître* ou *Naître : 9 mois en image*. (Les incroyables photos fascinent les enfants.)

Mark Schoen, *Bellybuttons Are Navels*.

POUR LES ENFANTS PLUS ÂGÉS (CINQ À HUIT ANS ET PLUS)

Laura Krasny Brown et Marc Brown, *What's the Big Secret ?*

Robie H. Harris, *It's Not the Stork !*

LA MORT ET LES TOUT-PETITS

Margaret Wise Brown (auteure de *Bonsoir lune*), *Une Chanson pour l'oiseau*.

Robie H. Harris, *Goodbye Mousie*.

Bryan Mellonie, *Le Temps de la vie*. (laïque)

Fred Rogers, *When a Pet Dies*.

Doris Stickney, *Water Bugs and Dragonflies*. (spirituel)

Pat Thomas, *I Miss You : A First Look at Death*.

Judith Viorst, *The Tenth Good Thing About Barney*.

Barbara Walsh, *Sammy in the Sky*.

POUR LES ENFANTS PLUS ÂGÉS (HUIT ANS ET PLUS)

Natalie Babbitt, *La Source enchantée*.

Leo Buscaglia, *The Fall of Freddie the Leaf*.

Remerciements

Je remercie mon agent, Joëlle Delbourgo, d'avoir eu confiance dans le projet dès le premier jour. C'est elle qui m'a convaincue que le monde était prêt pour ce livre. Merci à toute l'équipe de Tarcher/Penguin, et surtout à Molly Brouillette et à mon éditrice, Sara Carder. Ma profonde gratitude pour Sara : sa vision a réellement donné vie et forme à ce livre et en a fait un manifeste rebelle.

Mes remerciements reconnaissants à mon équipe de lecteurs testeurs, qui ont pris le temps dans leur agenda très chargé de parents et de grands-parents pour lire les premières versions : Elizabeth Dell, Anne Donn, Kathy Fey, Brad Gerlach, Clare Hurtgen Kwan, Lucky McKeen, Sarah Payette, Tanya Schlam, Ty Schmidt et Zane Kathryne Schwaiger. Merci aussi à mon groupe d'écriture, les « Powerfingers » (la puissance au bout des doigts) : Mardi Link, Cari Noga, Anne-Marie Oomen et Teresa Scollon. Vous êtes une bénédiction de rebelles.

Je serre dans mes bras et remercie tout spécialement la famille de la School for Young Children (SYC). Les professionnels de cette école m'ont inspirée, conseillée et accueillie dans leurs salles de classe. Un grand merci à l'équipe de la SYC qui m'a relue : Deb Baillieul, Joanne Frantz, Angela LaMonte, Ann Rigney, Susan Roscigno, Stephanie Rottmayer, Janet Stocker et Jan Waters. Je serre Stephanie tout particulièrement contre mon cœur et la remercie de son enthousiasme et engagement sans limites pour ce livre. Elle a toujours été là quand j'ai eu besoin d'elle. Merci à l'association universaliste unitarienne de Columbus d'héberger le programme de la SYC depuis plus de quarante-deux ans. De toute évidence, ce livre n'aurait jamais vu le jour sans les fondateurs visionnaires de la SYC : mes remerciements éternels et mon respect vont à Lee Row et Janet Stocker.

J'adresse ma profonde reconnaissance à Alison Burns, Jeannette Wildman Downes, Margaret Hoagg, Ariel Love et Cruz Paniagua. Sans les soins et la tendresse que vous avez prodigués à mes enfants, je n'aurais jamais pu écrire une ligne de ce livre. Enfin, à mes enfants et à mon mari Rick : c'est vous qui êtes la source de mon inspiration.

DANS LA MÊME COLLECTION :

Jessica Joelle Alexander et Iben Dissing Sandahl, *Comment élever les enfants les plus heureux du monde,* 2017.

Michele Borba, *Le Syndrome du selfie*, 2019.

Lawrence Cohen, *Qui veut jouer avec moi ?*, 2013.

Lawrence Cohen, *J'ai plus peur !*, 2016.

Elizabeth Crary, *Arrête d'embêter ton frère, laisse ta sœur tranquille*, 2012.

Elizabeth Crary, *Je veux, maintenant !*, 2015

Priscilla Dunstan, *Il pleure, que dit-il ?*, 2016.

Priscilla Dunstan, *Parler le langage sensoriel de votre enfant*, 2017.

Jan Faull, *C'est moi qui décide !*, 2012.

Angela J. Hanscom, *Dehors, les enfants !* 2018.

Dr Frances E. Jensen avec Amy Ellis Nutt, *Le Cerveau adolescent*, 2016.

Helen F. Neville et Diane Clark Johnson, *Chacun son caractère*, 2015.

Elizabeth Pantley, *Elle est où, maman ?*, 2014.

Dr Leonard Sax, *Pourquoi les garçons perdent pied et les filles se mettent en danger*, 2014.

Lea Waters, *Cultiver ses forces*, 2019.

Imprimé en France par
CPI BUSSIÈRE (18200 Saint-Amand-Montrond)
en mai 2021

pour le compte des Éditions J.-C. LATTÈS
17, rue jacob – 75006 Paris

JC Lattès s'engage pour l'environnement en réduisant l'empreinte carbone de ses livres. Celle de cet exemplaire est de : 710 g éq. CO_2
Rendez-vous sur www.jclattes-durable.fr

PAPIER À BASE DE FIBRES CERTIFIÉES

N° d'impression : 2058344
N° d'édition : 01
Dépôt légal : juin 2021